Das Buch

Kindheit im Kaiserreich – heute leben nur noch wenige Menschen, deren erste Lebensjahre nachhaltig vom äußeren Glanz der Wilhelminischen Epoche geprägt waren. Rudolf Pörtner, Herausgeber dieses Buches, hat achtunddreißig namhafte Zeitgenossen und Zeitzeugen aufgespürt, die bereit waren, in ihren Erinnerungen an lange zurückliegende Zeiten zu graben. Sie erzählen von der glücklichen Unbeschwertheit ihrer Kindertage, mitunter verdunkelt von der Ahnung drohenden Unheils, von preußischen Tugenden und von Klassenunterschieden, vom Glanz und Schimmer des fernen Hofes und von »Kaisers Geburtstag« – jenes verehrten und verachteten Monarchen Wilhelm II., der den berühmten Satz geprägt hat: »Ich kenne keine Parteien mehr, ich kenne nur noch Deutsche.« Sie erzählen von der Kriegsbegeisterung am Vorabend des Ersten Weltkriegs und von den Blumen in den Gewehrläufen der Soldaten, von Entbehrung, Hunger und Leid während der Kriegsjahre und von der tiefen Enttäuschung, als der Kaiser am 9. November 1918 abdankt und nach Holland ins Exil geht: Eine Welt ist untergegangen. Die lebendigen und authentischen Erinnerungen dieser letzten Zeugen des Kaiserreichs lassen vor dem Leser jene »gute, alte Zeit« wiedererstehen, die längst europäische Geschichte geworden ist.

Der Herausgeber

Rudolf Pörtner wurde 1912 in Bad Oeynhausen geboren. Er studierte Geschichte, Germanistik und Soziologie und arbeitete ab 1938 als Journalist. 1974 wurde er mit dem Ceram-Preis ausgezeichnet. Er veröffentlichte u.a.: ›Mit dem Fahrstuhl in die Römerzeit‹ (1959), ›Das Römerreich der Deutschen‹ (1967), ›Alte Kulturen ans Licht gebracht‹ (1980), ›Das Schatzhaus der deutschen Geschichte‹ (1982), ›Mein Elternhaus‹ (1984), ›Schatzinsel der Forscher und Erfinder‹ (1986).

# Kindheit im Kaiserreich
## Erinnerungen an vergangene Zeiten

Herausgegeben von
Rudolf Pörtner
Mit 84 Fotos

Deutscher
Taschenbuch
Verlag

dtv

Von Rudolf Pörtner
ist im Deutschen Taschenbuch Verlag herausgegeben:
Mein Elternhaus (10673)

Im Text ungekürzte Ausgabe
1. Auflage Juni 1989
Deutscher Taschenbuch Verlag GmbH & Co. KG, München

ISBN 3-430-17518-6
Umschlaggestaltung: Celestino Piatti
Umschlagabbildung: Brigitte Schneider, Lüftelberg, unter Verwendung eines historischen Fotos aus dem Besitz von Ingeborg Weber-Kellermann, Marburg
Gesamtherstellung: C.H. Beck'sche Buchdruckerei, Nördlingen
Printed in Germany · ISBN 3-423-11084-8
1 2 3 4 5 6 · 94 93 92 91 90 89

# Inhalt

# Vorwort

*Alles, was wir von der Vergangenheit aussagen, sagen wir von uns selbst aus. Wir können nie von etwas anderem reden, etwas anderes erkennen als uns selbst. Aber indem wir uns in die Vergangenheit versenken, entdecken wir neue Möglichkeiten unseres Selbstbewußtseins, machen wir neue, obschon gänzlich subjektive Erlebnisse. Dies ist der Wert und Zweck alles Geschichtsstudiums.*

*Egon Friedell*

Es war von Anfang an geplant, dem Buch ›Mein Elternhaus‹ einen zweiten Band gleicher Machart mit Reminiszenzen an die Kaiserzeit folgen zu lassen. Die Absicht ist verwirklicht, stimuliert durch den Erfolg seines Vorgängers, dem in mannigfachen Variationen bestätigt worden ist, daß er »Geschichte aus erster Hand« liefere und als historische Quelle gewertet werden könne. Verlag und Herausgeber hoffen, daß auch diesem zweiten Versuch, Vergangenheit erinnernd, beschreibend und sinnierend zu beschwören, der Beifall zuteil wird, der dem »deutschen Familienalbum« so überreich gespendet worden ist.

Die Schwierigkeiten waren diesmal freilich entschieden größer. Es ging ja, salopp gesagt, um nicht mehr und nicht weniger, als eine knappe halbe Hundertschaft rüstiger und aussagebereiter Zeitzeugen aufzuspüren und zum Schreiben zu bewegen. Ein schwieriges Unterfangen für beide Seiten. Der Verlag hat daher auch zahlreiche Absagen bekommen, von Männern wie Frauen. Der Tenor der Briefe, die sich nach dem ersten Anlauf auf dem Schreibtisch der zuständigen Lektorin häuften, war ziemlich gleichlautend – es seien »seit damals« immerhin rund fünfundsiebzig Jahre vergangen, man könne sich kaum noch an die Kaiserzeit erinnern, und diese wenigen Erinnerungen seien vage, nichtssagend, leichtgewichtig; bar jeder historischen Bedeutung.

Ein renommierter Romanautor teilte zum Beispiel ironisch mit, er sei in jener Zeit fünfmal täglich gebadet, gepudert und gewindelt, mehrfach an die Brust gelegt und einmal in seinem Kinderwagen ausgefahren worden; und als er die ersten Schritte und Blicke in die Welt getan habe, sei das Kaiserreich bereits perdu gewesen, verschluckt vom Orkus der Geschichte.

Andere Autoren zollten dem Unternehmen unverhohlenen Respekt, nannten das Verfahren nützlich oder legitim, ermunternd oder angemessen, wiesen im selben Atemzug aber auf ihr Alter und den beklagenswerten Zustand ihrer Gesundheit hin, die der schwierigen

Aufgabe, auf zehn bis fünfzehn Schreibmaschinenseiten ein Konzentrat an Kindheitserinnerungen, noch dazu mit politischem Aspekt, zu liefern, nicht mehr gewachsen sei. Ein Mann der Kirche, an der Schwelle der Achtzig angekommen, beglückwünschte den Verlag sogar zu dem »interessanten Projekt«. Das Buch, so meinte er, werde aus einer Vielzahl von Gründen außerordentlich hilfreich sein; es werde zum Beispiel deutlich machen, wie oft die Generation der »Alten« in ihrem Leben Zeuge von Brüchen in der deutschen Geschichte gewesen sei. Er müsse jedoch, und zwar nicht nur auf Anraten des Arztes, sondern auch aus eigener Einsicht, seinen Arbeitsradius deutlicher als bisher begrenzen. Mit der Bitte um Verständnis ...

Der Verlag hat in solchen Fällen darauf verzichtet, weiterzubohren oder etwa Ghostwriter zu bitten, helfend einzuspringen. Die Auswahl der Autoren, die auf den folgenden Seiten zu Wort kommen, ist also von mancherlei Zufälligkeiten diktiert worden. Leser oder Kritiker, die den einen oder anderen »prominenten« Namen vermissen oder gar gewisse meinungsbildende Absichten argwöhnen, mögen dem Herausgeber also auch diesmal zugute halten, daß er nicht wie ein Napoleon über die Federn anderer gebieten konnte.

Das Ergebnis kann sich trotzdem sehen lassen. Wer die folgenden Beiträge aufmerksam liest, wird sein Blickfeld beträchtlich erweitern, um zahlreiche Informationen reicher werden und allerlei Merkwürdigkeiten registrieren: zum Beispiel die erstaunliche Tatsache, daß ein im gesegneten Alter von hundertfünf Jahren angelangter Zeitgenosse noch einem Manne (einem Kaiser sogar, wie könnte es in einem Buch über das Kaiserreich anders sein?) die Hand gedrückt hat, der im 18. Jahrhundert zur Welt kam. Wichtiger als die Kuriositäten sind jedoch die grundsätzlichen Aussagen. Immerhin speichert das Buch ja Erinnerungen an eine Epoche, die – »von der Parteien Haß und Gunst verwirrt« – außerordentlich umstritten ist und derzeit keine gute Presse hat.

Die Urteilssprüche und Verdikte sind bekannt. Das Kaiserreich, so heißt es, sei trotz glanzvoller Fassade schon vor seinem Zusammenbruch ein morscher und brüchiger Bau gewesen, reif für den Untergang: ein Hort des Militarismus, zu wütendem Chauvinismus neigend, eitel und selbstgefällig, geprägt von Klassendünkel und Intoleranz, sozialer Ungerechtigkeit und Menschenverachtung. Vor allem die Zentralgestalt jener Zeit, der letzte Kaiser und oberste Kriegsherr selbst, steht nach wie vor in der Schußlinie – auch in den Beiträgen dieses Buches wird ihm nicht nur Reverenz erwiesen, sondern auch mancherlei am Zeug geflickt.

Trotzdem: Wer glaubt, seinen Antipathien gegen das Kaiserreich mit diesem Buch neue Nahrung zuführen zu können, wird nicht so recht auf seine Kosten kommen. Die Mehrzahl der Autoren zeichnet ein wohlwollendes Panorama und distanziert sich damit, mehr oder minder offen, von den heute gebräuchlichen Abziehbildern. Die Erinnerungen, die hier mitgeteilt werden, kommen in der Mehrzahl zu einem positiven Ergebnis. Ihr Steckbrief lautet entschieden anders. Der Staat, um den es geht, funktionierte hervorragend, öffentliche Diener fühlten sich wahrhaft als Diener. Die innere Sicherheit war gewährleistet. Vaterländische Gefühle wurden weder gebrandmarkt noch verlacht. Die Wirtschaft gedieh. Die Preise waren stabil. Das deutsche Sozialsystem galt in der ganzen Welt als vorbildlich. Deutsche Technik war führend. Schulen und Universitäten leisteten Wertarbeit. In der Internationale der Wissenschaft gaben deutsche Gelehrte den Ton an. Kulturell herrschte Weltoffenheit, ja, ausgesprochene Aufbruchstimmung. Und die Familie war ein Fels der Ordnung, des Fleißes, der Sparsamkeit.

Andererseits: Die für dieses Buch geschriebenen Erinnerungen sind keine Verklärungsrevue. Sie intonieren kein Jubelkonzert. Weder die preußisch-deutsche noch die österreichisch-ungarische Monarchie (die in die Darstellung miteinbezogen wurde) werden ungebührlich verherrlicht oder gar künstlich vergoldet. Die Kritik klingt zwar verhalten, ist aber unüberhörbar, und zwar nicht nur bei den Autoren, die durch Herkunft und Schicksal zu innerer Distanz verurteilt wurden. Kritik ist auch bei denen spürbar, die dank einer glücklichen Kindheit und der prägenden Kraft von Elternhaus und Schule sich noch im hohen Alter engagiert zum Kaiserreich bekennen; denn auch sie können gelegentlich nicht umhin, das für heutige Ohren reichlich hohl klingende Pathos, die Kraftposen und die hingebungsvolle Verehrungsfreudigkeit jener Zeit zu bedauern.

Auch der (wiederholt in höchsteigener Person auftretende) Monarch kommt, bei allem Bemühen, ihm Gerechtigkeit widerfahren zu lassen, nicht ungerupft weg. Die Hansestädte, das katholische Münsterland, das ebenso katholische, aber liberalere Rheinland und die unpreußischen süddeutschen Länder haben zu dem schwadronierenden, allzu forschen Herrn mit dem hochgezwirbelten Schnurrbart doch ein recht reserviertes Verhältnis gehabt und das von ihm zelebrierte Gottesgnadentum nur wenig honoriert.

Aber ob pro oder contra – die Autoren dieses Buches liefern, trotz aller ebenso unvermeidlichen wie gewünschten Subjektivität, einen gewichtigen Beitrag zur Zeitgeschichte. Der sensible Leser, der zwischen den Zeilen zu lesen versteht, wird leicht feststellen, daß die derzeit übliche *logificatio post festum* – mag sie tausendmal begründet sein – das Innenbild sowohl des wilhelminischen als auch des josefinischen Staates nur unzureichend wiedergibt, unzulässig vereinfacht, ohne das notwendige Sensorium für die Komplexität und Widersprüchlichkeit des menschlichen Daseins. Auch die beiden Kaiserreiche waren viel farbiger, viel freier, viel dynamischer, als es die Hohenpriester der Einäugigkeit heute wahrhaben wollen.

Die in den folgenden Erinnerungsblättern festgehaltenen Augenblicksbilder vermögen zwar ebenfalls nicht die ganze Wahrheit zu liefern (die ohnehin nur beim lieben Gott ist), wohl aber überraschen sie mit einer Fülle zahlreicher einprägsamer Details, farbiger Mosaiksteine und nachdenklich stimmender Einzelzüge, die zu kennen auch dann nützlich ist, wenn sie einander widersprechen oder über »das Anekdotische« nicht hinausreichen.

Kurzum, das Buch ist einem gewissen Herodot, ist jenem unterhaltsamen, kurzweiligen »Vater der Geschichte« verpflichtet, dessen kenntnisreiche, mit *human interest* angereicherte Historien von der zünftigen Wissenschaft, nicht zuletzt von den Philistern deutscher Ernsthaftigkeit, zwar hochmütig belächelt werden, aber eine unverwüstliche, eine unzerstörbare Lebenskraft besitzen. Ralph Waldo Emerson, der amerikanische Denker, hat ihm das einmal mit transatlantischer Offenheit quittiert. »Weil sein Werk unschätzbare Anekdoten enthält, ist es bei den Gefährten in Mißkredit geraten; aber heutzutage, wo wir erkannt haben, daß das Denkwürdigste an der Geschichte ein paar Anekdoten sind, und uns nicht mehr beunruhigen, wenn etwas nicht langweilig ist, gewinnt Herodot wieder neuen Kredit.«

Diesen (immer noch oder endlich wieder) aktuellen Kredit möchte auch das vorliegende Buch in Anspruch nehmen.

Rudolf Pörtner, Bonn-Bad Godesberg

Friedrich Wilhelm von Rauchhaupt wurde am 13. August 1881 in Westpreußen geboren. Als Professor für Rechtswissenschaften lehrte er an der Universität Heidelberg und war Honorarprofessor an der Universität Santiago de Chile. 1971 wurde er zum Dr. h. c. der Juristischen Fakultät der Universität Madrid ernannt. Er machte sich durch zahlreiche Vortragsreisen ins Ausland und mit seinen Ausführungen zu den Rechtsgebieten Völkerrecht, Rechtsvergleichung, hispanoamerikanische Rechte und auch seit 1958 Weltraumrecht einen Namen.

## Friedrich Wilhelm von Rauchhaupt
## Kaiserjagd vor hundert Jahren

Ich wurde am 13. August 1881 als Sohn des Königlich-Preußischen Revierförsters Berthold von Rauchhaupt in Wersk (Westpreußen) geboren. Der kleine Ort bei Preußisch-Friedland im Kreise Flatow war von großen Wäldern umgeben: dem Revier meines Vaters. Das Idyll des westpreußischen Forsthauses, in dem meine Eltern wohnten und ich aufwuchs, hat mein ganzes Leben entscheidend beeinflußt.

Die Weite meiner ostdeutschen Heimat, die tiefen, dunklen Wälder und die vielen Seen haben mir schon als kleinem Jungen Einblick in die Geheimnisse der Natur vermittelt, die damals – zumindest in Westpreußen – noch unberührt und unverdorben war. Bis heute hege ich das sichere Gefühl, daß die Welt in dieser herrlichen Landschaft und dem darin liegenden Haus »in Ordnung« war. Das Königlich-Preußische Forsthaus in Wersk kommt mir wie ein kleines Paradies, ein Ort des Glücks und der unendlichen Freiheit vor.

Das Forsthaus war wie die meisten Häuser in der Tucheler Heide ein Fachwerkhaus mit hölzernen Tragepfosten. Moos dichtete Dach und Fensterrahmen ab. Es hatte eine Frontlänge von dreißig Metern und enthielt dementsprechend viele Zimmer, die meisten groß und geräumig, so daß bei Festen und Familienfeiern gut und gern vierundzwanzig Gäste untergebracht werden konnten.

Schon als kleiner Junge durchstreifte ich die seenreichen Wälder, für die mein Vater als Forstmann zuständig war. Hier fühlten wir Kinder uns wohl, hier lernten wir Natur sozusagen aus erster Hand kennen und lieben. Am häufigsten hielt ich mich am Ufer der Seen auf, die reich an Fischen und Krebsen waren. Im Winter, wenn sie zugefroren waren, durfte ich mit hinaus und zuschauen, wie das Eis mit kreischenden Eissägen aufgeschnitten wurde. Dann wurden Netze bis zum Grund des Sees heruntergelassen, und bald waren sie voller Fische. Die Erträge an Fischen aller Art, die es in Westpreußen gab, waren sowohl im Sommer als auch im Winter so groß, daß ständige Lieferungen nach Berlin an den Hof des Kaisers und Königs erfolgen konnten.

Die Staatswaldungen von Wersk, die mein Vater als Revierförster verwaltete, gehörten den königlichen Prinzen. Für die Jagden, die sie regelmäßig veranstalteten, mußte mein Vater die notwendigen Vorbereitungen treffen. Meine Mutter war, zusammen mit dem Hauspersonal, für das Jagdessen und die dem Essen folgenden Festlichkeiten verantwortlich. Meine Mutter war ohnehin Herz und Hirn des Hauses. Was sie plante und organisierte, klappte auch, preußisch einfach und sparsam, aber bis ins i-Tüpfelchen.

Wenn Kaiser Wilhelm I., damals »der Große« genannt, sein Sohn Friedrich III. oder sein Enkel Wilhelm II., der letzte deutsche Kaiser, zu den großen Land-, Luft- und Seejagden nach Wersk kamen, war eine ordnende, umsichtig ihres Amtes waltende Hand auch notwendig. Es herrschte dann eine ungewöhnliche Betriebsamkeit im Hause. Es kamen ja nicht nur die hohen Gäste aus Berlin; auch die Rittergutsbesitzer und Domänenpächter aus dem Kreise Flatow waren geladen, und natürlich waren sie vollständig zur Stelle.

Meine Mutter kommandierte zwar über fünfzehn Mädchen und junge Burschen, die bei solchen Gelegenheiten allesamt im Haushalt mithalfen, aber die Verantwortung lag bei ihr, und mit dem Kommandieren allein war es nicht getan; sie mußte auch selbst kräftig Hand anlegen.

Das Personal stammte aus den umliegenden Bauerndörfern. Es waren gute, treue und hilfsbereite Menschen, die sich nicht nur als dienstbare Geister verstanden, sondern auch bereit waren, Verantwortung mitzutragen. So konnte man sich darauf verlassen, daß alles seinen vorgesehenen und richtigen Gang nahm.

Für mich als kleinen Jungen waren diese großen Jagden immer ein besonderes Erlebnis. Ich erinnere mich an eine Jagd im Winter 1885, an der auch »der alte Kaiser« teilnahm – Kaiser Wilhelm I., König von Preußen. Alles, was in der Umgebung von Friedland und Flatow Rang und Namen hatte, war geladen. Die Gäste wurden mit Leiterwagen in die Staatswaldungen gefahren. An einem der größten Seen im Amtsbezirk meines Vaters wurde »Halt« geblasen. Die Knechte blieben bei den Pferden, die bei der Försterei arbeitenden polnischen Bediensteten, insgesamt etwa dreihundert, begannen mit dem Treiben.

In der Nähe des Sees, unter den Kronen der Bäume, waren lange Tische aufgestellt, festlich geschmückt, der Bedeutung dieser Jagd in Anwesenheit des Monarchen angemessen. Die Veranstaltung wurde jedoch durch ein plötzlich ausbrechendes Unwetter gestört. Ein schweres Wintergewitter mit starkem Schneesturm tobte sich aus. Die Jagdgesellschaft beschloß, ins Forsthaus zurückzukehren und mit dem üblichen gemütlichen Beisammensein nach dem Treiben etwas früher als sonst zu beginnen. Die festlich gedeckten Tische im Wald wurden also eilends wieder abgeräumt und verladen. Das bereits geschossene Wild wurde eingesammelt. Die Gäste bestiegen wieder die Leiterwagen.

Ich kann mich an diesen Tag besonders deshalb so gut erinnern, weil ich selbst, damals vier Jahre alt, für kurze Zeit Mittelpunkt der Jagd war – freilich ohne es zu wollen. Die Leiterwagen wollten gerade abfahren, als festgestellt wurde, daß der jüngste Teilnehmer verschwunden war: ich, der vierjährige Friedrich Wilhelm von Rauchhaupt, genannt Friedhelm.

Es gab eine große Suchaktion, an der sich außer den Treibern auch die geladenen Gäste beteiligten. Ein polnischer Bedienter fand mich schließlich zusammengekauert, nicht größer als ein Bündel Heu, unter einem Pferdewagen. Die Freude war groß, denn es war inzwischen dunkel geworden, und man hatte bereits das Schlimmste befürchtet.

Ich möchte hier eine kleine Bemerkung einflechten. Die bei meinem Vater angestellten Polen, wie gesagt: etwa dreihundert, mußten »im Dienst« deutsch sprechen. Ich als Sohn des Revierförsters wuchs trotzdem zweisprachig auf. Ich konnte mich schon mit vier Jahren polnisch verständigen. Wenn ich mich mit den Waldarbeitern in ihrer Muttersprache unterhielt, waren sie hoch erfreut. Ich gewann schon als Kind ihre Sympathie, die im übrigen der gesamten Familie galt. So ist es auch zu erklären, daß diese Waldarbeiter bei meinem Verschwinden im Wald sehr besorgt waren und sich mit viel Eifer und innerer Anteilnahme an der Suchaktion beteiligten.

Überhaupt war das Verhältnis zwischen den in der Försterei beschäftigten Deutschen und den ihnen unterstehenden Polen gut und herzlich; besser jedenfalls, als es heute meist dargestellt wird. Mein

Vater selbst regierte als ein rechter Patriarch, nach außen autoritär, aber immer um das Wohlergehen seiner »Leute« besorgt, gleichgültig, ob sie deutscher oder polnischer Abkunft waren.

Der alte Kaiser hat von meinem Abhandenkommen und der dann folgenden Suchaktion wahrscheinlich kaum etwas erfahren. Er hat den vierjährigen von Rauchhaupt damals auch nicht zur Kenntnis genommen. Ein oder zwei Jahre später begrüßte er mich mit Handschlag. Ich war sehr stolz darauf und sehe ihn heute noch vor mir: mit seinem berühmten weißen Backenbart, aber immer noch kerzengerade trotz der achtundachtzig Jahre, die er zu diesem Zeitpunkt schon alt war. Würdig, aber wohlwollend; majestätisch, aber schlicht und klar.

Zu den Gästen, die an diesen Jagden teilnahmen oder sonst von meinen Eltern zu Besuch gebeten wurden, gehörten viele hohe Offiziere. Auch sie hinterließen bleibende Eindrücke, vor allem dank ihrer bunten, schmucken Uniformen. Bei ihren Damen bewunderte ich vor allem die übergroßen Hüte – man sprach damals von »Wagenrädern« – mit den langen Straußenfedern daran. Ich bestaunte sie sehr und fand vor allem die langen Federn ausgesprochen lustig.

Wir hatten häufig Gäste im Forsthaus meines Vaters. Die meisten von ihnen übernachteten bei uns. Dagegen waren der Kaiser und die Prinzen einschließlich des umfangreichen Gefolges meist im Schloß in Flatow untergebracht. Sie fuhren mit dem D-Zug von Berlin in die Kreisstadt Flatow, und wenn sie dem Zug entstiegen, war der Bahnhof festlich geschmückt.

Auch an Kaiser Wilhelm II. kann ich mich gut erinnern. Wenn er nach Wersk kam, erhielten auch die Gardeoffiziere vom Hauptmann an aufwärts eine Abschußerlaubnis. Sie galt allerdings nur für bestimmte Kleintierarten wie Rehe und Hasen; auch für geflügeltes Wild.

Wenn Kaiser Wilhelm II. zur Jagd erschien, beeindruckte mich am stärksten, daß ihm immer zwei Gewehre zur Verfügung standen. Wenn er schoß, hielt er das Gewehr immer nur mit der Rechten – wegen der Behinderung am linken Arm. Inzwischen wurde von seinem Begleiter, meist einem hohen Offizier, das zweite Gewehr geladen.

Als verantwortlichem Leiter der Försterei Wersk standen meinem Vater ca. fünfhundert Morgen Land als Deputat zu. Diese fünfhundert Morgen Ackerland mußte er selbst bewirtschaften. Auch das mit meist polnischem Personal. Ich erinnere mich noch gern an die vielen Landarbeiter und Pferdeburschen, mit denen ich lange Gespräche in polnischer Sprache führte. Das war so eine Art von Monopol für mich. Schon als Junge von acht oder zehn Jahren konnte ich so perfekt Polnisch, daß ich gelegentlich als Dolmetscher herangezogen wurde.

In den Ställen der Försterei standen zwanzig Kühe und fünf Pferde, von denen eines meinem Vater als Reitpferd diente. Die übrigen Pferde wurden für die forst- und landwirtschaftlichen Arbeiten eingesetzt. Natürlich betrieben wir auch Schweinezucht. Die Schlachttage im Spätherbst und Winter brachten viel Arbeit, zählten aber zu den jahreszeitlich wiederkehrenden Festen. Das ganze Haus roch dann nach Fleisch und frisch Gebratenem.

Unvergessen sind für mich die langen Winterabende, an denen meine Mutter sich ans Klavier setzte und musizierte. Sie spielte sehr gut Klavier. Überhaupt wurde in meinem Elternhaus Hausmusik sehr gepflegt. Zu diesen Abenden wurden auch die Söhne der angrenzenden polnischen Gutsbesitzer eingeladen, die meist in den Garderegimentern dienten und überwiegend deutsche Mädchen heirateten.

Meine Mutter ist zweiundachtzig Jahre alt geworden, hat aber bis in ihre alten Tage Klavier gespielt und, wenn es möglich war, bei solchen Anlässen fast immer die gesamte Familie versammelt.

Mein Vater mußte zweimal im Jahr nach Berlin zum Kaiser, um Bericht über den Bestand der Staatswaldungen im Kreise Flatow zu erstatten und – wie er sich selber ausdrückte – alles das zu sagen, was man schriftlich nicht sagen konnte. Bei diesen Reisen traf sich mein Vater stets mit seinem älteren Bruder Arthur von Rauchhaupt, der als Königlich-Preußischer Geheimer Hofrat und Geheimer Registrator im Ministerium des königlichen Hauses – kurz Hausministerium genannt – tätig war. So ergab es sich eigentlich ganz von selbst, daß die Familie von Rauchhaupt nach der aus gesundheitlichen Gründen frühen Pensionierung meines Vaters 1895 nach Berlin zog. Hier war er dann noch mehrere Jahre als Forstfachmann beratend für das zuständige preußische Ministerium tätig.

Die Zeit meiner sonnigen, unbeschwerten Kindheit im Forsthaus von Wersk und den umliegenden Wäldern war aber bereits vorher zu Ende gegangen. Der Ernst des Lebens hatte schon begonnen, als ich mit neun Jahren Schüler des Progymnasiums in Friedland geworden war. Eigentlich sollte ich dort bereits ein Jahr vorher eingeschult werden, die vorgesetzte Behörde in Marienwerder war damit jedoch nicht einverstanden. Auch als ich mit neun Jahren dann zugelassen wurde, wurde das von einem fehlerfreien Deutschaufsatz abhängig gemacht.

Als Schüler in Friedland mußte ich täglich vom Forsthaus in Wersk und später Linde bis zur Schule einen einstündigen Fußmarsch hinter mich bringen. Das war nicht immer ein reines Vergnügen, hat meiner Gesundheit aber gutgetan. Die meisten meiner Mitschüler wurden mit dem Landauer – einem vierrädrigen, viersitzigen Wagen mit einem Verdeck, das von der Mitte aus nach vorn und hinten zurückgeklappt werden konnte – zur Schule gefahren.

Im Winter wohnten viele Schüler, auch ich, bei »Tante« Agnes Timm, die eine Schülerpension in Friedland unterhielt. Es hätte mir zwar nichts ausgemacht, wenn ich auch im Winter den Weg vom Forsthaus zur Schule und zurück auf Schusters Rappen zurückgelegt hätte, aber die Nenntante machte es ihren Internatsschülern so gemütlich, daß wir gern an ihrem warmen Ofen in der Pension blieben.

Im Jahre 1895, ich war nun vierzehn Jahre alt, siedelten wir also nach Berlin über. Dort wurde ich in das Königlich Joachimsthalsche Gymnasium aufgenommen, zusammen mit sechzig weiteren Schülern, die aus einem Aufgebot von hundertsechzig Schülern aus dem gesamten Preußen ausgewählt worden waren. Ich kam gleich in die Untersekunda und bin dann bis zum Abitur in dieser Eliteschule geblieben.

Über die nächsten Jahre ist wenig zu berichten. Ich ging zur Schule, war fleißig, lernte zur Zufriedenheit meiner Eltern wie viele tausend andere meiner Generation – ein Dutzendschicksal in der stürmisch wachsenden Hauptstadt des Reiches.

Aber ich möchte noch kurz meinen Besuch beim letzten deutschen Kaiser schildern, in seinem Haus in Doorn (Holland), einige Jahre nach seiner Abdankung.

Ich war bereits Professor für Internationales Recht und Rechtsvergleichung in Heidelberg und nahm in dieser Eigenschaft an einer Tagung von Universitätsprofessoren in Utrecht teil. Ich hielt dort auch einen Vortrag. Der Kaiser im Exil erfuhr davon und lud mich ein, ihn in Doorn zu besuchen. Bei meiner Ankunft – es war an einem Sonntag – wurde ich von einem ehemaligen deutschen General, dessen Namen ich nicht mehr weiß, am Tor von Huis te Doorn in der vornehmen Wohngemeinde bei Utrecht empfangen. Der Kaiser habe mein Kommen bereits von der Terrasse aus bemerkt, wurde mir gesagt, werde mich aber erst nach dem Gottesdienst empfangen.

Etwa fünfzig Personen waren an diesem Sonntagvormittag zum Gottesdienst im großen Saal von Haus Doorn eingeladen. Der Kaiser selbst hielt nicht nur den Gottesdienst, sondern auch die Predigt, die er auch allein ausgearbeitet und vorbereitet hatte. Eine sehr gute Predigt, die einen großen, starken Eindruck bei mir hinterließ.

Nach dem Gottesdienst waren alle Teilnehmer zum Essen und zu einem Empfang geladen. Er begrüßte jeden einzelnen seiner Gäste. Schon beim Näherkommen wurde ich Zeuge eines Gespräches, das mich amüsierte. »Was sind Sie von Beruf?« fragte der Hausherr von Doorn einen gutaussehenden Herrn mittleren Alters. Die Antwort lautete: »Staatsanwalt.« Woraufhin Wilhelm II. fragte: »Ja, was wollen Sie denn bei mir?«

Kaiser Wilhelm II. in Admiralsuniform auf einem Gemälde von Carl Boblitz aus dem Jahr 1900.

Das kurze Gespräch zwischen dem Kaiser und dem Staatsanwalt löste Heiterkeit bei den Anwesenden aus und lockerte die Stimmung. Bei meiner eigenen Unterhaltung mit dem Exmonarchen fiel mir auf, daß er über ein respektables Wissen auf dem Gebiet des Rechtes verfügte, vor allem natürlich des deutschen Rechtes.

Im weiteren Verlauf des Gespräches erinnerte er sich sehr gut der Jagden in Wersk, an denen er schon als Prinz Wilhelm teilgenommen hatte. Ich war überrascht, wie genau selbst Einzelheiten dieser Jagden im fernen Westpreußen in seinem Gedächtnis präsent waren, obwohl damals schon fast vierzig Jahre darüber vergangen waren.

Für mich sind es nun schon mehr als hundert Jahre her, daß ich bei einer dieser kaiserlichen Jagden während eines Wintergewitters verschwand und für kurze Zeit zur Hauptperson der Veranstaltung avancierte.

Bertha Middelhauve, geb. Reichert, wurde am 9. Juni 1893 in Montabaur geboren. Von 1914 bis 1921 studierte sie Germanistik und Romanistik in Frankfurt. Von 1948 bis 1964 war sie Präsidentin des Deutschen Frauenringes, dessen Ehrenpräsidentin sie heute ist.

## Bertha Middelhauve
## Mädchen konnten nicht aufs Gymnasium

Ich bin 1893 in Montabaur geboren, einer mittleren Kreisstadt des Unterwesterwaldkreises: Landratsamt, großes humanistisches Gymnasium, bischöfliches Konvikt, Lehrer- und Lehrerinnenseminar.

Am meisten in Erinnerung ist mir die Teilnahme der Bürger an dem Geschehen der Stadt. Wenn die Studienerinnerungsfeste waren, trafen sich auf dem Marktplatz die Bürger und besonders alle diejenigen, bei denen die Schüler früher wohnten. Sie können sich denken, was dies für ein Fest in dieser kleinen Stadt gewesen ist.

Aber was mir ebenso in Erinnerung ist, sind die schrecklichen Brände, die in Montabaur waren. Ich meine mich zu erinnern, daß ich sogar später, als ich schon berufstätig war (Philologin), immer wieder von schweren Bränden in Montabaur hörte.

Mein Vater, Postbeamter, und auch meine Mutter zogen mit Eimern los, wenn es brannte. Der Brandweiher wurde abgelassen, und aus dem herabfließenden Wasser mußten die Eimer gefüllt und zur Brandstelle gebracht werden. Man kann sich heute keine Vorstellun-

Bertha Middelhauve (rechts) mit ihren Eltern (Mitte), ihren drei Brüdern und ihrer Schwester.

gen mehr davon machen, wie die Brände gelöscht werden mußten. Ich entsinne mich, daß später ein neuer Löschzug mit großen Schläuchen festlich eingeführt wurde.

Die polizeiliche Behörde war ein Veteran aus dem Krieg 1870/71 mit schleppendem Säbel und schleppendem Bein. Seine Frau war unsere Schneiderin, und ich bin gut mit ihm bekannt gewesen. Meine Brüder waren mit anderen Buben durch mich oft geschützt; denn ich meldete ihnen die »Polizei« zeitig an, wenn sie auf verbotenen Straßen Schlitten fuhren oder aus verbotenen Kanälen herauskrochen.

Montabaur hatte den Namen »Westerwald-Athen«, und Jahre später, als ich in Frankfurt immatrikuliert wurde und der Name Montabaur fiel, haben mich zahlreiche Studenten umringt und haben von ihren Montabaurer Erinnerungen gesprochen.

In dem bischöflichen Konvikt wohnten viele Schüler des Gymnasiums, und man kann sich heute keine Vorstellungen mehr davon machen, daß sie in Reihen geordnet spazierengeführt wurden. Wir nannten sie »die Hämmel«, und wenn sie vorbeigingen, hat man »mäh, mäh« gerufen. Aber das war um die Jahrhundertwende.

Ich selbst konnte, obwohl meine Brüder alle aufs Gymnasium gingen, diese Schule nicht besuchen. Das war damals für ein Mädchen unmöglich. Meine Schwester besuchte das Lehrerinnenseminar, war jahrelang Lehrerin in Montabaur, und ich kam nach Frankfurt in das Ursulinen-Institut und habe dort Abitur gemacht.

Die Zeit um 1900 in einer solchen kleinen Stadt ist heute kaum mehr zu verstehen. Trotzdem denke ich mit Freude und Nachdruck gern an meine Jugendzeit zurück und an mein Leben in dieser Kleinstadt. Ich habe dort auch um 1900 das erste Auto gesehen und den deutschen Kronprinzen. Dies waren große Ereignisse!

Die Markttage waren sehr wichtig. Die umliegenden Bauern brachten ihre Waren, und das angelieferte Obst kaufte man lose aus den Wagen. Mein Vater, ein großer Apfelesser, hat die Äpfel erst probiert, bevor er sie kaufte.

Sehr wichtig und festlich war das Fronleichnamsfest. Es gab in Montabaur wenige Andersgläubige, aber es gab viele Juden; denn von Montabaur aus wurde der Viehhandel in den Westerwald betrieben, und dieser lag großenteils in deren Händen. Aber in dieser kleinen Kreisstadt haben auch die jüdischen Bürger zu Fronleichnam die Häuser mit Fahnen geschmückt!!!

Friedrich von Wilpert wurde am 17. Juli 1893 in Siuxt (Kurland) geboren. Er war fünfundzwanzig Jahre lang Leitartikler der ›Danziger Neuesten Nachrichten‹. Nach dem Zweiten Weltkrieg war er Chefredakteur von Zeitungen in Kiel und Celle, seit 1949 Pressereferent im Bundesministerium für Vertriebene, danach Mitarbeiter im Bundespresseamt als Sachverständiger für Ost- und Vertriebenenfragen.

FRIEDRICH VON WILPERT
## Vom Zarenreich ins Kaiserreich

Nach dem russischen Kalender bin ich am 17. Juli 1893 in Siuxt (lettisch Dschukste) in Kurland, das damals zum Zarenreich gehörte, im Sternzeichen des Löwen geboren. Es tobte gerade ein schweres Unwetter – vielleicht als warnender Hinweis darauf, daß ich mich auf stürmische Zeiten gefaßt machen müsse. Das hat sich auf meinem langen Lebenswege auch immer wieder bewahrheitet.

Ich kenne also noch das alte Kurland, das es nach dem Ersten Weltkriege nicht mehr gab, weil es in dem selbständigen Staat Lettland (Latwija) aufgegangen war. Dieses alte Kurland war noch geprägt durch Lebensgewohnheiten und Umgangsformen der Feudalzeit, die Deutschland schon hinter sich gelassen hatte. Als Balten galten damals nur die Deutschbalten, nicht aber Litauer, Letten und Esten. Die deutschen Balten gliederten sich in drei Gruppen: das waren die adligen Großgrundbesitzer, die »Barone«, sodann die »Literaten«, also die Vertreter akademisch gebildeter Berufe wie Pastoren, Rechtsanwälte und Künstler, und schließlich die Angehörigen gewerblicher Berufe, Kaufleute und Handwerker. Jede dieser Gruppen hatte ihre eigene Standesorganisation. Die große Klammer, die sie zusammenhielt, war die Universität Dorpat, an der auch Professoren deutscher Universitäten lehrten, wie umgekehrt baltische Professoren oft an deutsche Universitäten berufen wurden.

Die geistigen Beziehungen nach Westen waren sehr viel stärker als nach Osten. Wenn Angehörige baltischer Familien im russischen Reich zu hohen Positionen aufstiegen, vor allem beim Militär (Rennenkampf), und sich zudem noch mit Russinnen verheirateten, gingen sie meist für das Deutschtum verloren. Die Balten fühlten sich als Deutsche und betrachteten die russische Staatsangehörigkeit nicht als ein Hindernis, sich vorbehaltlos zu ihrem Deutschtum zu bekennen. Daran änderte sich auch nichts, als die zaristischen Behörden die Verfügung erließen, den Schulunterricht nicht wie früher in deutscher, sondern in russischer Sprache zu erteilen. Soviel zur Charakterisierung der Umwelt, in der ich aufwuchs.

Seit vier Generationen war Siuxt die Heimat unserer Familie. Zum Gut gehörten insgesamt sechsundzwanzig Gebäude. Das große Herrenhaus hatte zwölf Zimmer, darunter den »Saal« und im Obergeschoß vier Fremdenzimmer. Das »kleine Haus« hatte immerhin acht Zimmer, es diente der alten Generation als Ruhesitz. Eigene Wohnhäuser hatten die Kutscher und der »Wagger«, der die Aufsicht über Knechte und Mägde zu führen hatte, die in anderen Gebäuden untergebracht waren. Im Mittelpunkt des Hofes stand das mächtige »Vahland«, im Viereck angelegt um einen geräumigen Innenhof, mit den Ställen für Arbeitspferde, Rinder, Schafe und Schweine. Die Kutsch- und Reitpferde hatten einen besonderen Stall in Verbindung mit der Koppel.

Wichtig war auch der »Eiskeller«, für die Hausfrauen geradezu unentbehrlich, weil es ja noch keine Kühlschränke gab. Aus unserem großen Teich wurden im Winter dicke Eisschollen gesägt und mit Schlitten zum Eiskeller gefahren, der unweit vom Herrenhaus nur mit seinem Dach aus dem Erdboden ragte. Dieser Keller bot den Hausfrauen die Möglichkeit, das ganze Jahr hindurch Nahrungsmittel kühl aufzubewahren.

Die »Klete« diente als Getreidespeicher, in der »Riege« wurde das Getreide, wenn es naß eingefahren war, getrocknet. Im »Holzstall« mit seinen winddurchlässigen Lattenwänden ließ man die aufgestapelten Holzscheite im Sommer trocknen, so daß sie in der kalten Jahreszeit als Heizmaterial verwendet werden konnten. Geheizt wurde ja nur mit Holz aus dem eigenen Walde. Daß man auch mit »Steinen« heizen konnte, nahmen wir Kinder mit Staunen zur Kenntnis, wenn wir bei Besuchen in Riga oder Mitau feststellten, daß dort Kohle als

Heizmaterial genutzt wurde. Schließlich gab es noch die »Badstube« am Ufer eines kleinen Teiches, eine Sauna nach finnischer Art, die abwechselnd für Männer und Frauen freigegeben wurde.

Die Freitreppe am großen Haus hatte kein Geländer, man konnte von ihr aus gleich in den Sattel steigen, wenn der Kutscher das Reitpferd herangeführt hatte. Denn geritten wurde viel, auch die Damen ritten, aber natürlich im langen Reitkleid im seitlichen Sitz. Reitjagden waren jedoch selten. Wir Jungen ritten die Pferde oft ohne Sattel von der Weide in den Stall.

Vor dem großen Haus lag der Rosengarten mit vielen Kirschbäumen, hinter dem kleinen Haus der »Bienengarten«, in dem unter Obstbäumen die Bienenkörbe standen. An der anderen Seite des Hofes dehnte sich der »große Garten« mit einem Teich und schönen alten Bäumen, daran anstoßend ein großer Gemüsegarten mit langen Erdbeerbeeten, mit Johannisbeer- und Himbeersträuchern. Ringsherum Wiesen, Felder und Wälder, so weit das Auge reichte. Das war die Umgebung, in der ich meine Kinderjahre verbrachte.

Der Schulunterricht wurde in den Anfangsklassen durch Hauslehrer oder Hauslehrerinnen erteilt, doch um in die nächste Klasse aufsteigen zu können, mußte man in einer amtlich anerkannten Schule (also in Mitau) in russischer Sprache ein Examen ablegen. So habe ich am Gymnasium in Mitau, in dem mein Vater das Russische noch als Fremdsprache erlernt hatte, in russischer Sprache ein solches Examen mit »Gut« bestanden. Geschadet hat mir das sicher nicht. Wir jungen Balten wuchsen dreisprachig auf (Deutsch, Lettisch, Russisch) und konnten außerdem Französisch oder Englisch lernen. Damals entschieden sich die meisten für Französisch, denn diese Sprache war auch die Sprache der Diplomaten. Daß im Gymnasium Latein und Griechisch obligatorische Fächer waren, galt als selbstverständlich. Alles in allem kein schlechtes Rüstzeug fürs Leben.

Charakteristisch für die Balten war ihre sprichwörtliche Gastfreundschaft. Gäste, auch wenn sie unangemeldet kamen, waren immer gern gesehen. Die Speisekammern enthielten immer ausreichend Eßbares, zumindest dann, wenn bei normalen Anlässen keine besonderen Ansprüche gestellt wurden. Ein damals weitverbreitetes Kochbuch erteilte auch Ratschläge, wie man unangemeldet eintreffende Gäste bewirten könnte. Dort hieß es: »Ist wirklich nichts anderes mehr vorhanden, dann kann man auch kalten Kalbsbraten mit Brot und Butter auftragen.« Und wenn nicht gerade Schonzeit war, fand sich in baltischen Eiskellern auch immer etwas Wild.

Als typisch baltisches Gebäck dürfen die »Speckkuchen« nicht unerwähnt bleiben. Das waren Piroggen mit eingebackenen Speckwürfeln. Nicht weniger beliebt waren die »Kümmelkuchen« und in der Osterzeit die »Stopfkuchen«, ein großes rundes Gebäck, das ausgehöhlt und mit einer süß-sauren Füllung versehen wurde. Nicht vergessen seien auch die »Palten«, mit Blut gewürzte Pfannkuchen, die warm verzehrt wurden, mir aber gar nicht schmeckten. Obligatorisch zu jedem Geburtstag war ein großer safrangelber Kringel, der mit Rosinen gewürzt wurde. Marzipan wurde in der Weihnachtszeit selbst hergestellt, Rezepte aus alter Zeit waren zur Genüge vorhanden.

Über den Weihnachtsmann, den wir »Knecht Ruprecht« nannten, bin ich durch meine fünf Jahre jüngere Schwester Ruth aufgeklärt worden, und zwar folgendermaßen: Am Heiligen Abend erwarteten wir vor der Bescherung den Weihnachtsmann im »Vorhaus«. Meine Mutter saß auf einem Stuhl, ihr zu Füßen meine kleine Schwester; wir Knaben standen zu beiden Seiten. Draußen erklang plötzlich eine Glocke, und durch den Wintergarten kam der Weihnachtsmann in einem großen Schafpelz mit einer Maske vor dem Gesicht herein. Auf dem Rücken trug er einen prallgefüllten Sack, in der Hand natürlich eine Rute. Alles verlief wie üblich. Wir Jungen beteuerten, daß wir stets artig gewesen seien und uns auch weiter so zur Freude unserer Eltern verhalten wollten. Der Weihnachtsmann war zufrieden, ging in den Saal und kam ohne Sack wieder zurück. Als er draußen war, fragte meine Mutter, die wissen wollte, ob meine Schwester den Vorgang überhaupt begriffen habe: »Wer war das?« Darauf meine Schwester: »Das war Onkel Edmund!« Der Weihnachtsmann war für sie kein Begriff, aber den Onkel hatte sie an der Stimme erkannt, wir älteren Brüder nicht.

Meine Eltern liebten Musik. Mein Vater hatte eine schöne Stimme und sang oft, von meiner Mutter am Flügel begleitet, Balladen von Loewe. Außerdem spielte er Geige. Er besaß ein wertvolles Instrument, das ehedem einem Petersburger Konzertmeister gehört hatte. Später gehörte diese Geige mir, sie ist in Danzig verbrannt. Von meinem Vater erlernte ich das Geigenspiel, nachdem ich am Klavier gescheitert war. Aber auch mit der Geige hatte ich zunächst Schwierigkeiten. Meine Arme und meine Finger waren noch reichlich kurz, und ich mußte eine Vollgeige spielen. Nun, im Laufe der Jahre wurden auch die Finger länger, und so habe ich dann mit großer Freude Geige gespielt, vor allem Beethovens Violinsonaten, am Flügel begleitet von einer Bekannten.

Meine Eltern interessierten sich aber auch für die darstellende Kunst. In Erinnerung geblieben ist mir ein Theaterabend, zu dem befreundete Familien eingeladen waren. An der einen Schmalseite unseres Saals war die Bühne improvisiert worden, der Rest war dicht gefüllt mit unseren Gästen. Darsteller waren zwei meiner Onkel: Zwillingsbrüder, die als Theater- und Kunstkritiker in Petersburg und Riga tätig waren. Der Inhalt des Einakters: Ein Mann sitzt in einem Lehnstuhl und denkt darüber nach, was alles er noch zu schaffen habe. Da betritt das Zimmer ein Doppelgänger: der Tod. Im Zwiegespräch wird vieles aus dem Leben des Hausherrn angesprochen, bis diesem schließlich klar wird, wer ihn aufgesucht hat. Er ergibt sich in sein Schicksal, lehnt sich zurück – und kein Wort fällt mehr. Der Tod drückt ihm die Augen zu, hält die Standuhr an und löscht das Licht ...

Die beiden Darsteller hatten diese Szene so ergreifend gestaltet, daß die Zuschauer tief ergriffen auf einen Applaus verzichteten und mehrere Damen die Tränen nicht unterdrücken konnten.

Natürlich gab es auch gesellige Veranstaltungen mit Tanz, und getanzt wurden nicht nur Walzer, sondern auch die polnischen Tänze Polka und Wengerka, vor allem aber Mazurka. Ich fand kein Gefallen am Tanz, ich »genierte mich« und suchte mich – sehr zum Mißfallen meiner Großeltern –, wo es ging, zu drücken. Vor allem mein Großvater mütterlicherseits schätzte das Tanzen nicht nur als körperliches Training, sondern auch als Übung im Umgang mit dem anderen Geschlecht. Später bin ich dann doch noch ein unermüdlicher Tänzer geworden.

Unvergeßlich ist mir meine erste große Reise, zu der ich mit neun Jahren von meinen Eltern mitgenommen wurde. Mit der breitspurigen russischen Eisenbahn ging es zunächst nach Moskau. Dort blieben wir einige Tage, um all die Sehenswürdigkeiten zu betrachten, an denen die Stadt so reich war. Den stärksten Eindruck hinterließ bei mir die Basilius-Kathedrale, deren halbdunkler Innenraum mit dem betäubenden Weihrauchduft mir noch heute in Erinnerung ist, ebenso der Kreml mit der Fülle der Paläste, der »Zaren-Kanone« und der gespaltenen Glocke oder die Tretjakow-Galerie mit dem Riesengemälde der »Drei Recken« Rurik, Sineus und Truwor.

Von Moskau aus ging es dann in den Süden Rußlands bis zum Kaspischen Meer. In den geräumigen Abteilen konnten die Rücklehnen hochgeklappt werden, so daß vier Reisende nachts Möglichkeit zum Schlafen hatten. Tagsüber nahmen die Fahrpläne der Bahn Rücksicht auf die Verpflegung der Reisenden, denn Speisewagen gab es damals noch nicht. Auf bestimmten Stationen hatte man immer ausreichend Zeit, die stets mitgeführten Teekannen mit heißem Wasser füllen zu lassen und im Abteil dann in aller Ruhe den Tee zu trinken. In der Mittagszeit hielt der Zug so lange, daß die Reisenden im Bahnhofsgebäude ein warmes Essen einnehmen konnten. Zehn Minuten vor der Abfahrt wurde man aufgefordert, zu zahlen und in sein Abteil zurückzukehren. Wenn dann trotzdem einige Passagiere fehlten, wurde auf die Säumigen gewartet. Man hatte Zeit im alten Rußland, viel Zeit.

Die Krim war schon damals ein Paradies. Wir unternahmen die

übliche Fahrt von Sebastopol hinauf ins Jailagebirge und hinunter nach Jalta. Zwei Pferde zogen den geräumigen Wagen, im Schritt, wenn es bergauf ging. Abends oben auf dem Kamm des Gebirges angelangt, genossen wir bei Mondschein die herrliche Aussicht. Wir übernachteten in dem dortigen Hotel, wurden aber in aller Frühe geweckt, um den Sonnenaufgang nicht zu verpassen. Wer darauf keinen Wert legte, mußte dieses Wecken abbestellen.

Nach dem reichlichen Frühstück ging die Fahrt dann – mit Bremsklötzen an den Rädern – nach Jalta. Unvergeßliche Eindrücke. Dort waren ja die Sommerresidenzen des Zaren (Livadia) und der Großfürsten (Oreanda, Alupka usw.), daher Treffpunkt der vornehmen russischen Welt. Unvergeßlich für mich ein abendliches Konzert im Park. Rote Rosen schimmerten aus den Zweigen der Zypressen, Kosakenoffiziere promenierten mit ihren Damen auf den breiten Wegen. Damals noch »unsere Kosaken«. Ich ahnte nicht, daß ich später mit ebendiesen Kosaken Kämpfe auf Leben und Tod ausfechten würde.

Unvergessen auch ein Abendessen bei einem Tatarenkhan, zu dem mein Vater eingeladen worden war. Das Essen fand in einem großen Zelt statt. Auf dem langen Tisch standen Schalen mit gebratenem Hammelfleisch und Körbe mit köstlichen Früchten. Die Tataren benutzten nur Messer und ihre Hände, die sie nachher in Schüsseln mit warmem Wasser reinigten. Wir »Europäer« bekamen natürlich Messer und Gabeln. Wir konnten uns auch am roten Krimsekt laben, der für die Tataren durch den Koran verboten war.

Aber die Zeit schritt voran. Der Russisch-Japanische Krieg leitete die große Wende im Zarenreich ein. Als einzige aus meiner Familie ging die älteste Schwester meiner Mutter als Oberin des Roten Kreuzes in die Mandschurei und kehrte später hoch dekoriert heim. Sie hatte ein Lazarett geleitet. Was sie uns erzählte, verhalf uns zu der Einsicht, daß ein Krieg doch nicht nur eine Summe von Heldentaten und Siegen darstellt, sondern unendliches Leid über Beteiligte und Unbeteiligte bringt.

So seltsam es klingen mag, unsere Sympathie galt den Japanern! Wir bewunderten das kleine Volk, das es gewagt hatte, den russischen Riesen herauszufordern. Als mittelbare Folge der russischen Niederlage kam es zu revolutionären Umtrieben. Es gärte vor allem in den von Fremdvölkern bewohnten Randgebieten des russischen Reiches. Und das war der russischen Regierung nicht ganz unwillkommen, fühlte sie sich doch selbst dadurch entlastet. Daher unterließ sie auch rechtzeitige Schutzmaßnahmen, als in den baltischen Provinzen und Polen Gewalttaten verübt und hohe Beamte und Gutsbesitzer ermordet wurden. Alle Hilferufe waren vergeblich. Damals wurde auch uns Kindern schon bewußt, wie schrecklich das Gefühl ist, rechtlos und machtlos der Willkür anderer ausgesetzt zu sein. Wir begriffen, was es bedeutet, »vogelfrei« zu sein.

In einem Gesinde unweit vom Dorf Siuxt bildete sich ein Komitee, das sich als »örtliche Regierung« ausgab, Steuern erhob, auch wenn diese längst entrichtet worden waren, und ein Nichtbefolgen ihrer Anordnungen mit Strafen ahndete. Dieses Komitee fürchtete, durch eine »Strafexpedition« aus Mitau ausgehoben zu werden, und erfand eine »schwarze Hundertschaft« (Sotnja), die nachts angeblich Überfälle verübte, plünderte und mordete. Um die Bevölkerung vor dieser »Sotnja« zu schützen, müßten nachts Patrouillen ausgesandt werden und, um diese zu bewaffnen, alle Schußwaffen abgeliefert werden. Auch mein Vater mußte seine Gewehre abliefern, selbst mein Tesching, mit dem ich Spatzen von den Kirschbäumen schoß. Und er mußte Nacht für Nacht zwei Berittene aus den Reihen unserer Knechte stellen. So hatten die Revolutionäre erreicht, daß alle Balten ihnen wehrlos ausgeliefert waren und sie sich selbst vor Strafexpeditionen gesichert fühlten.

Es war der schreckliche Winter 1905/06. Es verging keine Woche, in der der Himmel nicht gerötet war vom Feuerschein brennender baltischer Gutshäuser; in der meine Eltern nicht Drohbriefe erhielten, die uns ein qualvolles Ende ankündigten. Im letzten dieser Briefe hieß es: Wenn mein Vater den Tod nicht fürchte, dann würde man ihn entmannen, meine Mutter vor seinen Augen zu Tode quälen und uns Kindern Nägel in die Köpfe schlagen. Die seelische Belastung wurde nachgerade unerträglich.

Doch die Ereignisse überstürzten sich. Eines Nachts ermordeten Revolutionäre einen lettischen Kaufmann im Dorf Siuxt, den sie für einen Informanten der Polizei in Mitau hielten. Die Leiche eines ermordeten Kirchendieners, der aus seiner Abscheu über die Bluttaten der Revolutionäre kein Hehl gemacht hatte, fand man in unserem Birkenwäldchen. Warum sie nicht auch gleich uns liquidiert hatten, blieb ungeklärt.

Ein paar Tage vergingen, wir befanden uns in unserem Saal, da fielen vor unserem Rosengarten zwei Schüsse. Wir dachten natürlich, nun habe auch unsere Stunde geschlagen. Die Revolutionäre hätten wohl unsere Hunde erschossen und würden nun zu uns hereinkommen. Wir knieten nieder, mein Vater sprach das Vaterunser. Wir warteten – ich dachte: Soll das Leben nun wirklich schon zu Ende sein, wo es doch kaum angefangen hat? Es geschah aber nichts.

In dieser Nacht faßte mein Vater auf die dringende Bitte meiner Mutter den Entschluß, Siuxt zu verlassen und damit alles, was die Wilperts hier geschaffen hatten. Wir packten Koffer, unsere lettischen Mädchen weinten; wir bestiegen den Landauer, ich saß neben dem Kutscher auf dem Bock, und fuhren los.

Damit endete der erste Abschnitt meiner Jugend als Untertan des russischen Zaren im alten Kurland, das in Wirklichkeit schon längst nicht mehr das alte war.

Der zweite Abschnitt begann in Marienburg (Westpreußen), unserem neuen Wohnort. Ich wurde mir bald bewußt, daß es nicht nur ein anderer Staat, sondern auch ein anderes Zeitalter war, in das wir hinübergewechselt waren. Das Deutsche Reich hatte die Feudalzeit, die noch charakteristisch für das Baltikum war, längst hinter sich gelassen. Alles war hier anders als in der alten kurländischen Heimat, aber auch anders, als wir uns das vorgestellt hatten.

Natürlich überwog zunächst das Glücksgefühl, daß uns das Leben gewissermaßen neu geschenkt worden war, daß wir nachts ruhig schlafen konnten, ohne um unser Leben bangen zu müssen; daß wir nun in einem Rechtsstaat lebten, in dem jeder auch wirklich sein Recht finden konnte. Nur wer wie wir den Winter 1905/06 in Kurland durchgemacht hatte, konnte verstehen, wie befreit wir uns nun fühlten. Aber es gab ja auch den Alltag mit seinen kleinen und großen Schwierigkeiten, und was für die Reichsdeutschen selbstverständlich war, das mußten wir erst begreifen und verstehen lernen.

Dafür ein Beispiel. Wir sprachen natürlich Deutsch mit dem bekannten baltischen Zungenschlag, aber es war ein korrektes Hochdeutsch. Jetzt aber merkten wir, daß es Deutsche gab, die Dialekt sprachen und sich überdies grammatische Schnitzer leisteten. Uns Kinder störte es, wenn wir glaubten feststellen zu müssen, daß »Deutsche ein fehlerhaftes Deutsch sprachen«. So gab es auch manches andere, das uns seltsam erschien und an das wir uns erst allmählich gewöhnt haben.

Das Eingewöhnen erleichterte uns sehr der Umgang mit unseren Schulkameraden. Wir Kinder waren uns bewußt, daß jetzt Sparsamkeit oberstes Gebot war und wir mithelfen mußten, unseren Eltern unnötige Mehrausgaben zu ersparen. Vor allem ich als der Älteste fühlte mich verpflichtet, die Schule so schnell und so gut wie möglich hinter mich zu bringen. Das hat viel dazu beigetragen, daß ich schon nach dem ersten Jahr der Primus in meiner Klasse war und es blieb bis zum Abitur.

Das Marienburger Gymnasium sah es als seine Aufgabe an, den Abiturienten das nötige Rüstzeug für ein akademisches Studium zu liefern. Latein und Griechisch waren Hauptfächer, man hatte die Wahl zwischen Französisch und Englisch als Fremdsprachen; und wie in Kurland entschieden sich die meisten für Französisch, weil es die Sprache der Diplomaten war. Heute noch bin ich dem Professor, der damals den Unterricht im Griechischen erteilte, dankbar dafür, daß er häufig darauf verzichtete, »Grammatik zu pauken«, sondern uns in freiem Vortrag Verständnis für griechische Denkart und griechische Mythologie zu vermitteln suchte.

Unzweifelhaft wirkte die Umgebung auf uns Gymnasiasten ein. Die Marienburg, das Haupthaus des Deutschen Ritterordens, war ja eines der drei Wahrzeichen des deutschen Ostens neben der Danziger Marienkirche und dem Grab Immanuel Kants in Königsberg. Einer meiner Mitschüler war der Sohn des Kastellans. Bewaffnet mit einem riesigen Schlüsselbund, führte er mich zuweilen in Gemächer und Verliese der Burg, in die man sonst nicht hineinkam. So habe ich dieses gewaltige Bauwerk weit besser kennengelernt, als das sonst jemandem möglich war. Man wird verstehen, daß es für mich schmerzlich ist, die Marienburg jetzt in polnischem Besitz zu wissen.

Die Stadt Marienburg hatte natürlich auch eine Garnison. Sie trat demonstrativ in Erscheinung an Kaisers Geburtstag. Doch gerade bei dieser Gelegenheit wurde mir bewußt, daß unser Verhältnis zu Wilhelm II. doch ein anderes als das der anderen Deutschen war. Er war wirklich »ihr Kaiser«, für uns Balten aber hatte er nur den Rang wie ehemals der Zar, den wir ja auch nicht als »unseren Zaren« empfunden hatten.

Einige Ereignisse aus jener meiner Schulzeit möchte ich besonders erwähnen. Da waren die Tanzstunden, die wir als Obersekundaner und Primaner zusammen mit den Schülerinnen der oberen Klassen der höheren Mädchenschule genossen. In der Erinnerung für mich vor allem deshalb, weil eines der jungen Mädchen später meine Lebensgefährtin wurde. Gelehrt wurden nun nicht mehr die polnischen Tänze wie in Kurland, sondern hauptsächlich Walzer und Tourentänze wie Conter und Quadrille. Der baltische Tourenwalzer war hier gänzlich unbekannt.

Ferner will ich erwähnen, daß einer unserer Professoren dem Gymnasium zwei »Vierer mit Steuermann« gestiftet hatte. Wir nutzten diese Boote in den Sommermonaten gern zu Ruderfahrten auf Nogat und Weichsel. In diesem Zusammenhang sei auch der »Wandervogel« nicht vergessen, dem die meisten von uns sich voller Begeisterung anschlossen, und zwar dem »Alt-Wandervogel«. Später ist viel die Rede davon gewesen, der »Wandervogel« sei ein Aufbegehren der Jugend gegen die Bevormundung durch die Eltern gewesen. Wir selbst haben das ganz anders gesehen; wir lehnten uns gegen gar nichts auf, sondern nutzten nur gern die Gelegenheit, ohne viel Kosten die nähere und weitere Heimat wandernd kennenzulernen und naturverbunden zu leben. Das blieb in uns haften, auch als wir nicht mehr aktiv an solchen Wanderungen teilnahmen.

Ich muß auch noch von einer seit vielen Generationen gepflegten Tradition sprechen, die uns Gymnasiasten erleichtern sollte, mit den Anforderungen der späteren Studentenzeit fertig zu werden. Im Einverständnis mit dem Direktor des Gymnasiums, den wir »Scheich« nannten, durften wir, in die Prima aufgerückt, einer nach studentischem Vorbild organisierten Verbindung beitreten, Kneipabende veranstalten und uns mit studentischen Bräuchen vertraut machen. Die Oberprimaner waren die »Burschen«, die Unterprimaner die »Füchse«.

Das alles spielte sich noch im Frieden ab, aber die Zeichen der Zeit standen schon auf Sturm. Das Sommersemester verbrachte ich noch in Erlangen, wo ich Religionsphilosophie studierte mit der Absicht, später einmal an einer Universität einen Lehrstuhl in diesem Fach zu erlangen. Die Ferien nutzte ich zu einer Wanderung in den Alpen. In Zürich lernte ich einen Deutschen kennen, der als überzeugter Pazifist emigriert war und mich zu überreden suchte, das gleiche zu tun. »Wenn es zum Kriege kommt, wollen Sie sich dann wirklich an dem unmenschlichen, sinnlosen Morden beteiligen?« fragte er mich. Ich war alles andere als kriegsbegeistert, erwiderte ihm jedoch unumwunden, wenn das Vaterland mich rufen sollte, dann würde ich selbstverständlich diesem Ruf Folge leisten.

Nur noch ein paar Tage – dann war es soweit. Als ich aus den Alpen, wo ich keine Zeitung gelesen hatte, nach der italienischen Seite abstieg, blieb mir nichts anderes mehr übrig, als mir in Venedig vom deutschen Konsul eine Bescheinigung ausstellen zu lassen, daß ich als Wehrpflichtiger berechtigt sei, kostenlos alle Züge zur Heimfahrt zu benutzen. Ich hatte ja nur meinen Studentenausweis, mit dem ich damals ohne weiteres durch ganz Europa (außer Rußland) reisen konnte. In restlos überfüllten Zügen mit endlosen Verspätungen (wegen des Vorfahrtsrechts der Militärtransporte) gelangte ich nach Marienburg.

Dort befand sich in jenen Tagen die Schwadron von Kleist des I. Leibhusarenregiments Nr. I. Als Kriegsfreiwilliger trat ich in diese Schwadron ein und wurde zunächst einige Wochen lang ausgebildet, vor allem auch in der Handhabung der Lanze, der »Königin der Waffen« eines Kavalleristen. Reiten, Schießen und Fechten konnte ich ja sowieso. Dann wurde die Schwadron verladen, aber es ging nicht nach dem Westen, wo das Regiment stand, sondern nach dem Osten. Tannenberg war schon geschlagen.

Wir wurden in Mlawa (Polen) ausgeladen. Außer uns Husaren lagen dort auch Pioniere und Infanterie. Rittmeister von Kleist ließ die Schwadron beim Schein eines brennenden Scheiterhaufens auf dem Marktplatz antreten und erklärte uns die Lage. Wir hätten russische Vorstöße gegen Ostpreußen abzuwehren und zu erkunden, wie stark der uns gegenüberstehende Feind sei. Er schloß mit dem Rat: »Ihr Leibhusaren seid selbstverständlich bereit, euer Leben einzusetzen, um euren Auftrag zu erfüllen – aber vergeßt nicht, daß ein toter

Friedrich von Wilpert als Kriegsfreiwilliger bei den Leibhusaren im Jahr 1914.

Husar dem Vaterland nichts mehr nützen kann. Erfüllt euren Auftrag, aber immer so, daß ihr möglichst auch weiterhin dem Vaterland zur Verfügung stehen könnt.«

Gleich die erste Patrouille, die wir ins Niemandsland hinein ritten, bewies uns, daß wir wirklich noch sehr viel zu lernen hatten. Wir gerieten in einen Hinterhalt der Kosaken, die uns gegenüberstanden, und nur wie durch ein Wunder kamen wir ohne größere Verluste wieder aus der Falle heraus. Die Kosaken waren unsere Lehrmeister. Erst nach Monaten hatten wir das Gefühl, ihnen ebenbürtig, ja überlegen zu sein. Das zeigte sich vor allem bei der großen Offensive, die uns im Sommer 1915 zunächst bis Warschau und dann bis zu den Sümpfen der Kleinen Beresina führte.

Dort nahm mein Schicksal ganz unerwartet eine entscheidende Wende. Ich war inzwischen Leutnant geworden. Eines Nachts – ich schlief in meinem Panjehaus – öffnete sich plötzlich die Tür. Mit einer Taschenlampe leuchtete mein Schwadronschef Graf Strachwitz in den Raum hinein und rief in sichtlicher Aufregung: »Wilpert, was müssen Sie für Beziehungen haben!« Ich war perplex und konnte mir nichts erklären. Auf meine Frage, was denn los sei, erwiderte er: »Ludendorff hat Sie ins Hauptquartier Ober-Ost berufen!«

Was war geschehen? In meiner Schwadron gab es einen Oberleutnant Dolenga Koszierowski aus einer polnischen Familie, der mit einem Herrn von Brockhusen befreundet war. Dieser befand sich bei einem Kavallerieregiment in Frankreich. Koszierowski schrieb eines Tages an seinen Freund einen Feldpostbrief und erwähnte so nebenbei, daß er guten Kontakt mit einem jungen baltischen Kameraden habe, der den Osten genau kenne und die Ostsprachen beherrsche. Als dieser Feldpostbrief in Frankreich ankam, weilte der Empfänger gerade auf Urlaub in Berlin. Der Brief wurde ihm nachgeschickt, konnte aber auch dort nicht ausgeliefert werden, da Herr von Brockhusen gerade nach Kowno gefahren war, um seinen Bruder zu besuchen, der im Stabe Ober-Ost für die Verwaltung der besetzten Gebiete zuständig war. Also nahm der Kurier, der die Post für Ober-Ost zu befördern hatte, den Brief nach Kowno mit. Im großen Generalstabszimmer befand sich zufällig Ludendorff, zusammen mit den Offizieren des Stabes. Die Ordonnanz kam herein und konnte nun endlich den Brief übergeben. Sein Inhalt wurde besprochen, Ludendorff horchte auf und sagte: »Bitte noch einmal! Den Mann können wir gebrauchen.«

Zum besseren Verständnis sei bemerkt, daß kurz vorher eine unangenehme Panne passiert war. In einer Verordnung von Ober-Ost war nämlich die kirchliche Messe für »vergnügungssteuerpflichtig« erklärt worden, weil die Übersetzer die zweifache Bedeutung des Wortes »Messe« verwechselt hatten. Solchen Pannen wollte Ludendorff in Zukunft vorbeugen. Mit Hilfe der mir unterstellten Dolmetscher habe ich dann unter anderem ein ›Sieben-Sprachen-Lexikon‹ herausgebracht, das den im Gebiet Ober-Ost tätigen deutschen Beamten den Verkehr mit der Bevölkerung erleichtern sollte.

Die Tätigkeit im Stabe Ober-Ost gab mir auch die Möglichkeit, Hindenburg und Ludendorff persönlich kennenzulernen und festzustellen, wie grundverschieden sie beide waren. Hindenburg strahlte Ruhe und Zuversicht aus. Er sprach mit seinen Offizieren auch über private Dinge, er interessierte sich für ihr persönliches Ergehen und wußte auch ihnen Selbstvertrauen und Zuversicht zu vermitteln. Völlig anders Ludendorff. Er war im Grunde immer im Dienst, bedachte und plante stets irgend etwas und unterhielt sich mit seinen Stabsoffizieren nur selten über Angelegenheiten, die nicht gerade akut waren. Er war die notwendige Ergänzung seines Chefs – bis zum bitteren Ende.

Doch der Krieg ging weiter, und je länger er währte, um so unerfreulicher wurden die Begleitumstände. Daß er für uns nicht zu gewinnen sein werde, ungeachtet des Friedens von Brest-Litowsk, des Untergangs des Zarentums und der wenig erfreulichen Zustände im bolschewistischen Rußland, war uns damals nicht mehr zweifelhaft.

Aber wie sollten wir Offiziere uns verhalten, als die Soldatenräte das Sagen bekamen, als wir die Achselstücke abzulegen hatten und unser oberster Kriegsherr nach Doorn gegangen war? Hätte er nicht an der Spitze einer ihm treuergebenen Truppe versuchen sollen, die deutsche Revolution zu ersticken oder aber im Kampf gegen den militärischen Gegner den Heldentod zu suchen? Darüber ist damals in Offizierskreisen viel und kontrovers diskutiert worden.

Die überwiegende Mehrheit meiner Kameraden vertrat ebenso wie ich die Auffassung, daß es unverantwortlich gewesen wäre, einem spektakulären Abgang zuliebe das Leben von vielen Tausenden Soldaten zu opfern. Ebenso aussichtslos erschien uns der Versuch, durch einen Bürgerkrieg die Monarchie in Deutschland zu retten.

Daher sahen wir in der Übersiedlung Wilhelms II. nach Doorn nicht nur für den Kaiser, sondern auch für das deutsche Volk und die kämpfende Truppe die bestmögliche Lösung. Was nun werden sollte, das konnten wir Offiziere im Osten uns freilich nicht vorstellen.

Zurückblickend auf einen langen, sehr wechselvollen Lebensweg, kann ich nur feststellen, daß mir wiederholt in fast aussichtsloser Lage das Leben neu geschenkt wurde und daß dabei oft unglaubliche Zufälle eine entscheidende Rolle gespielt haben.

Ich habe in diesen Zufällen aber immer keinen blinden Zufall erblickt, sondern die lenkende Hand des Allmächtigen dankbar gespürt.

Ludger Westrick wurde am 23. Oktober 1894 in Münster geboren. Unterbrochen durch den Kriegsdienst von 1914 bis 1918, studierte er Rechts- und Staatswissenschaften an den Universitäten Münster, Wien, Berlin und Köln. Nach Tätigkeiten in der Industrie wurde er 1951 Staatssekretär im Bundesministerium für Wirtschaft, 1963 Staatssekretär im Bundeskanzleramt; von 1964 bis 1966 war er Chef des Bundeskanzleramtes und Bundesminister für besondere Aufgaben. Seit 1966 ist er wieder in der Wirtschaft tätig. Seit 1964 ist er Ehrenmitglied der CDU in Berlin.

## Ludger Westrick
## Die Mutter war der Mittelpunkt der Familie

»Ihr werdet es nicht glauben«, so begann einer meiner Enkel einen Schulaufsatz über das Thema ›Mein Großvater‹, »der meinige stammt noch aus dem vorigen Jahrhundert.« Er versäumte auch nicht zu erwähnen, daß außer ihm weitere einunddreißig Enkel vorhanden sind. Mit dieser Ergänzung wollte er wohl zum Ausdruck bringen, daß an seiner Familie ganz allgemein kein normaler oder jedenfalls kein Maßstab neuzeitlicher oder gar fortschrittlicher Dimensionen anzulegen sei.

Mit seiner schlichten Bemerkung über den Sachverhalt hatte der Junge recht; ob er auch mit seiner kritischen Bewertung des Sachverhaltes recht hatte, die er in knappen Worten fein säuberlich verborgen hielt, das zu beurteilen, möchte ich dem geneigten Leser dieser Zeilen überlassen (bitte, wenn möglich, *nach* der Lektüre dieser ganzen großväterlichen Darstellung!).

Nun zur Sache – wenn jemand 1894 in Deutschland geboren ist (wie ich), dann fällt das erste Vierteljahrhundert seines Lebens unweigerlich – ob es ihm nun gefiel oder nicht – in die Zeit Kaiser Wilhelms II. Münster in Westfalen, meine Geburtsstadt, war mit rund 160000 Einwohnern um die Jahrhundertwende noch zu neunzig Prozent katholisch. Wir Jugendlichen nannten daher lästerlich die Wappenfarben der Stadt: hellschwarz, schwarz, dunkelschwarz. Es ist auch nicht verwunderlich, daß in dieser Stadt damals noch Nachwirkungen und Ausläufer des Kulturkampfes zu spüren waren, der nach 1870 in Preußen ausgebrochen war.

Der Kulturkampf war der Kampf des Staates, besonders Preußens, gegen die katholische Kirche in Deutschland. Gefördert wurde diese vom preußischen Staat betriebene Bewegung durch kirchenfeindliche Zeitströmungen und durch radikale Auffassungen, besonders nationalstaatlicher Kräfte. Auch die Nationalliberale Partei betätigte sich in diesem Kampf. Bismarck hielt die damalige Zentrumspartei für reichsfeindlich und förderte daher, wohl aus politischen Erwägungen, diese Bewegung. Auch der Kaiser tat nichts gegen den Kulturkampf, obgleich er den schädlichen Einfluß des Kulturkampfes selbst empfunden hat. In seinem Buch ›Ereignisse und Gestalten‹ schrieb er später über sein Verhältnis zur Kirche: »Ich hatte schon als Prinz, während ich in Bonn studierte, den nachteiligen Einfluß des Kulturkampfes in seinem letzten Stadium zu beobachten Gelegenheit gehabt. Die konfessionelle Kluft wirkte so trennend, daß ich z.B. vom rheinisch-westfälischen ultramontanen Hochadel auf einer Jagd direkt boykottiert wurde.«

Ein Onkel von mir, Vetter meiner Mutter, war zu jener Zeit Dechant in Köln-Deutz. Ob seiner katholischen Aktivität mußte er das Land verlassen. Er ging nach Holland. In späteren Jahren wurden die kulturkämpferischen Maßnahmen stufenweise gelockert bzw. abgebaut, da Bismarck für seine politischen Ziele das Zentrum brauchte. Zu dieser Zeit wurde dann auch der Dechant von Deutz in feierlicher Prozession wieder zurückgeholt und in sein altes Amt eingesetzt. Von diesen Ereignissen hat meine Mutter uns Kindern aus frischer Erinnerung oft erzählt. Sie hatte als junges Mädchen in dem gutbürgerlichen Haushalt des Dechanten ihre vorzügliche Kochkunst gelernt und erlebte daher diese Geschehnisse aus unmittelbarer Nähe.

Der Kulturkampf hat sehr viel Ärger bei der katholischen Bevölkerung meiner westfälischen Heimat erregt. Im ›Großen Herder‹ ist nachzulesen, daß der damals wohl bedeutendste Vertreter der naturwissenschaftlich orientierten Medizin, ein Mitbegründer der Deutschen Fortschrittspartei, Rudolf Virchow, in einem Wahlaufruf seiner Partei 1873 den Kampf gegen die katholische Kirche einen Kampf *für* die Kultur nannte. Das sogenannte Jesuitengesetz von 1872 mit dem Niederlassungsverbot für den Jesuitenorden wurde als Ganzes erst 1917 aufgehoben. Wie gesagt, der Kaiser hat den Kulturkampf zwar verurteilt, aber nichts Wesentliches dagegen unternommen.

Aus Gründen der Objektivität muß aber auch folgendes gesagt werden: Kaiser Wilhelm II. hat häufig Gelegenheiten gesucht, auch den Katholiken des Landes Zeichen seines positiven Interesses zu geben. So hat er zu den Benediktinern der Beuroner Kongregation nähere Beziehungen gepflegt. Er hat dem Orden dazu verholfen, daß die damals unbenutzte Abtei Maria Laach den Benediktinermönchen übergeben wurde, und ist auch für die Ausgestaltung dieser Abtei und der dazugehörigen Kirche tätig geworden. Wilhelm II. hat, wenn ich mich nicht irre, dem Kloster für seine Kirche den »Baldachin« geschenkt, eine Prunküberdachung des Hochaltars. Über die Schönheit dieser Überdachung kann man verschiedener Meinung sein *(tamen est laudanda voluntas)*.

Bei einem Besuch Wilhelms II. in Jerusalem hat er 1898 die »Dormition«, eine Stätte auf dem Sionsberg in Jerusalem (nach der Tradition der Todesorte der Jungfrau Maria), vom Sultan erworben und sie dann den dortigen deutschen Katholiken zum Geschenk gemacht. Die Beuroner Benediktiner haben die »Dormition« übernommen, dort eine Marienkirche und 1906 ein Kloster errichtet, das zwanzig Jahre später Abtei wurde. Derartige Zeichen seines wohlwollenden Interesses für die Katholiken hat Wilhelm II. in seiner Regierungszeit mehrfach gesetzt.

Mein Vater war in jenen Jahren (das heißt bis zu seinem Tode 1899) am Königlich Paulinischen Gymnasium in Münster Lehrer für Mathematik und Naturwissenschaften. Gleichzeitig arbeitete er mit in der Redaktion der Zeitschrift ›Natur und Offenbarung‹. Der Vater starb im Alter von nur achtundvierzig Jahren und hinterließ eine Witwe mit sechs kleinen Kindern, von denen das älteste vierzehn und das jüngste (ich) viereinhalb Jahre alt war. Noch heute, also nach achtundachtzig Jahren, habe ich das Bild deutlich in meiner Vorstellung, als die Mutter uns sechs Kinder versammelte und uns zum Abschied vom Vater in sein Sterbezimmer führte.

Noch kurz vor seinem Tod hatte der Vater für die wachsende Familie eine neue, größere Wohnung in Münster gemietet, unmittelbar im Schatten der Ägidii-Kirche. Die junge Witwe also mußte alsbald nach dem Tode des Vaters mit ihren sechs kleinen Kindern und mit denkbar einfachster Ausstattung in das neue Haus mit Garten einziehen. Wir Kinder kannten unsere geliebte Mutter lange Zeit hindurch nur als tieftrauernde Witwe, die jeden Sonntag nach der Messe mit ihren Kindern zum Grab des Vaters pilgerte, um so sein Andenken in uns wachzuhalten.

Die Pension, die meine Mutter nach dem Tode des Vaters erhielt, war so bescheiden, daß sie kaum für Wohnung und Ernährung der Familie ausreichte. Der Vater hatte aber zwei Fachbücher geschrieben, deren Neuauflagen eine höchst erfreuliche, aber auch dringend

Ludger Westrick (links) mit seinem Bruder Fritz im Jahr 1902.

notwendige Aufbesserung des mageren Haushaltes brachten. Ich meine, diese sehr knappe Haushaltsführung war für uns Kinder aber nicht nur nicht schädlich, sondern sie führte zu früher Entfaltung schöpferischer Veranlagungen. Wir mußten lernen, uns selber zu helfen – und schon in frühen Jahren.

Unsere Kindheit stand zwar selbstverständlich unter dem schweren Schatten des frühen Todes des Vaters, im übrigen aber herrschte bei uns eine überaus liebevolle Atmosphäre, die von der verständnisvollen und gütigen Mutter geprägt wurde. Bei unseren Schulaufgaben setzte sie sich mit einem großen Korb Flickwäsche zu uns, hörte uns sogar die griechischen, lateinischen und französischen Vokabeln ab und überzeugte sich, daß wir unser Pensum gründlich gelernt hatten. Wer gut gelernt hatte, bekam zum Lohn, besonders im Winter, einen gebratenen Apfel, der gemütlich im »Dauerbrenner« brutzelte, während wir sechs, um einen Tisch mit einer Petroleumlampe in der Mitte versammelt, arbeiteten.

Konsequent und diszipliniert wurden wir so an Ordnung und regelmäßige Arbeit gewöhnt. Die Mutter war nun ganz und gar der Mittelpunkt der Familie; sie sorgte dafür, daß unsere Bindung an die katholische Kirche im Alltagsleben präsent war. Ebenso tat sie das ihre, daß Toleranz, mitmenschliche Hilfsbereitschaft und Rücksicht auf andere sowie Liebe zu Heimat und Vaterland in den Herzen ihrer Kinder tief wurzelten.

Alljährlich wurde in Münster, einer Stadt mit sehr großer Garnison, der 27. Januar als Geburtstag Kaiser Wilhelms II. feierlich begangen. Der Tag war schulfrei. Eingeleitet durch hunderteins Kanonenschüsse, die in der Nähe des kaiserlichen Schlosses abgefeuert wurden, fand in den späten Vormittagsstunden des 27. Januar auf dem früheren Neuplatz die große Parade statt. An dieser Parade nahm der größte Teil der in Münster stehenden Truppen teil. Der Kommandierende General (lange Zeit Freiherr von Bissing) zusammen mit den jeweiligen Kommandeuren der Truppe nahm unter den Klängen der einzelnen Regimentskapellen den Vorbeimarsch der Truppen ab. Für uns Jungen war das Miterleben dieses eindrucksvollen militärischen Schauspiels eine große Freude, auf die niemand verzichten wollte.

Nach dem Besuch der sogenannten Elementarschule ging ich, ebenso wie meine drei Brüder, auf das humanistische Königlich Paulinische Gymnasium, wo ich neun Jahre, bis zum Abitur einschließlich, geblieben bin. Auch auf dieser Schule wurde die Hochachtung vor dem Kaiserhaus sehr gepflegt. In der Aula des Gymnasiums, und zwar an ihrer Vorderwand, war eine große Tafel aus weißem Marmor angebracht, auf der in goldenen Lettern geschrieben stand: »Dulce et decorum est pro patria mori.«

Über diesen Spruch habe ich mir damals schon Gedanken gemacht. Daß es »decorum« (eine Ehre) war, für das Vaterland zu sterben, ließ ich gelten. Daß es aber »dulce« (süß) sein sollte, wollte mir nicht einleuchten. Es mag zwar kein besonders erfreuliches Zeichen für die damalige Zeit, aber doch wohl symptomatisch für sie gewesen sein, daß ich als kleiner Junge es nicht gewagt hätte, Bedenken wegen der Richtigkeit so feierlich verkündeter Worte zu äußern. Das hätte doch wahrscheinlich zu Zweifeln an meiner Vaterlandsliebe geführt, was ich nicht hätte auf mir sitzenlassen wollen.

In dieser Aula also wurde jährlich am Vorabend des 27. Januar, dem Geburtstag Kaiser Wilhelms II., eine große Geburtstagsfeier veranstaltet, zu der die Behörden eingeladen wurden, also der Oberpräsident, der Regierungspräsident, die Schulräte, der Oberbürgermeister sowie alle Eltern der Schüler, alle Lehrer und Schüler der Anstalt sowie Honoratioren der Stadt, Pressevertreter und die Kommandeure der Streitkräfte. Die Aula konnte die große Zahl der Teilnehmer nicht fassen. Deswegen mußte der hinter der Aula gelegene große Zeichensaal, der durch eine bewegliche Trennwand mit ihr verbunden war, hinzugenommen werden.

In einem solchen festlichen Rahmen zu Ehren des Geburtstages des deutschen Kaisers und Königs von Preußen sollte die Schule sich im besten Lichte vor einem wichtigen Auditorium darstellen. Einer der Lehrer mußte einen längeren geschichtswissenschaftlichen Vortrag halten, in dem meistens auch die Geschichte des Hauses Hohenzollern rühmend geschildert und ehrenvoll interpretiert wurde. Der Schulchor mit dem kleinen Schulorchester bot das Bestmögliche, was an patriotischen Kompositionen von den verfügbaren Kräften geleistet werden konnte. Und die kleinen Buben der unteren Klassen mußten ihre vaterländischen Gedichte aufsagen. Mit großem Stolz hat es mich damals erfüllt, daß ich drei Jahre hintereinander ausersehen war, diese sehr ehrenvolle Rolle zu übernehmen.

Ich werde es nie vergessen – es mag 1904 oder 1905 gewesen sein, ich war also zehn oder elf Jahre alt und hatte ein Melodrama vorzutragen, das sein Thema aus der preußisch-österreichischen Geschichte bezogen hatte und folgendermaßen begann: »'s war damals, als der Alte Fritz noch stritt um Schlesiens Besitz, kein Schwein im Stall, kein Brot im Haus ...« Während dieses martialische Gedicht von mir mit wahrhaftiger Begeisterung vorgetragen wurde, summte leise hinter mir der Schülerchor mit geschlossenen Lippen friderizianische Soldatenlieder, und aus dem Schülerorchester erschollen aus einer einsamen gestopften Trompete gedämpfte Signale wie zu einem Reiterangriff.

Nach meiner damaligen Meinung hätte man eigentlich zu Tränen gerührt sein müssen, so rührselig war das Gedicht und mein mit viel Pathos ausgestatteter und mit rührender Schülermusik begleiteter Vortrag. Es war auch mäuschenstill, im Saal hätte man eine Nadel fallen hören können, so still war es. Da auf einmal entschlüpfte einem Zuhörer aus den Reihen der Honoratioren ein kräftiger, lautstarker Schnarcher. Der Autor war gewiß jemand, der bei dem vorausgegangenen Festessen zu Kaisers Geburtstag ein oder mehrere Glas kräftigen Burgunders zuviel genossen hatte und daher bei dem rührenden Schülergedicht sanft eingeschlafen war.

Die unmittelbare Umgebung des Schläfers spendete ihm für seinen originellen, erheiternden Beitrag zur etwas langatmigen Festesfolge der Schulfeier einen freundlichen Beifall, wodurch die ganze große Zuhörerschaft zum Mitklatschen angeregt wurde, und so rauschte plötzlich ein lang andauernder begeisterter Beifall durch die beiden miteinander verbundenen Festsäle. Der so rauh aufgeweckte Schläfer wußte zunächst gar nicht, wem der laute Beifall gelten sollte, und schloß sich daher nur etwas verlegen dem Klatschen der Menge an.

Ich selbst war damals ziemlich enttäuscht, da ich natürlich feststellen mußte, daß der Applaus überhaupt nicht meinem schönen Gedicht oder seiner rührenden musikalischen Begleitung galt, sondern ausschließlich und, wie ich fand, ungerechterweise dem Schläfer aus der Reihe der Prominenten.

Meine Gedichte jedenfalls, die ich in diesen Kinderjahren zu Ehren Wilhelms II. vortragen durfte, kamen aus einer zwar kindlichen, aber ganz gewiß aufrichtigen Hochachtung vor dem herrschenden Kaiser,

Die Geschwister Westrick im Jahr 1905. Ludger ist der zweite von rechts.

der in meinen Vorstellungen immer ein guter und besorgter Vater des Landes sein wollte.

Ganz allgemein aber muß ich sagen, daß die Popularität Wilhelms II., jedenfalls in Münster und ich glaube auch in Westfalen, nicht groß war. In einem der adeligen Clubs, so wurde in Münster erzählt, habe man Überlegungen angestellt, ob man ihn überhaupt als Mitglied einer so jungen Adelsfamilie zu einem Besuch einladen solle. Auch die Beflaggung und die Schmückung der Stadt hielten sich in mäßigen Grenzen; das gleiche ist wohl zu sagen von dem Interesse, das die münsterische Bevölkerung dem Besuch des Kaisers entgegenbrachte.

Als im August 1914 der Erste Weltkrieg ausbrach, soll der Kaiser die berühmten Worte zu den ausziehenden Soldaten gesagt haben: »Wenn die Blätter fallen, seid ihr wieder zu Hause.«

Meine drei Brüder gingen bei der Mobilmachung sofort zu den Soldaten, denn sie hatten ihre pflichtgemäße militärische Ausbildung bereits hinter sich. In der allgemeinen patriotischen Begeisterung war es für mich eine Selbstverständlichkeit, mich sogleich darum zu bemühen, auch eine militärische Ausbildung zu erhalten. Im Herbst 1914 war es angesichts der überaus zahlreichen Meldungen von kriegsfreiwilligen jungen Leuten gar nicht so leicht, einen geeigneten Platz zu finden. In mehreren Kasernen erhielt ich eine Absage wegen Überfüllung. Das enttäuschte mich sehr, und heute noch erzählt man in meiner Familie, daß ich höchst unzufrieden von solchen erfolglosen Bewerbungsbesuchen nach Hause gekommen sei und geäußert hätte, wenn das so weiterginge, bestünde für mich die Gefahr, daß der Krieg zu Ende gehen würde, bevor ich die Gelegenheit bekommen hätte, daran teilzunehmen.

Wenn ich heute von meinen Kindern oder Enkeln gefragt werde, welches die entscheidenden Beweggründe für das damalige Verhalten der deutschen Jugend gewesen sein könnten, gerate ich in ernste Schwierigkeiten, wirklich einleuchtende und glaubwürdige Erklärungen zu finden. Wenn ich mich selbst befrage, ob ich wohl heute noch einmal die gleiche Entscheidung wie im Herbst 1914 treffen würde, bin ich durchaus nicht sicher, ob ich sie wiederholen würde.

Ich bin aber fast sicher, daß unter den zahlreichen jungen Männern, die sich als Kriegsfreiwillige zum militärischen Frontdienst meldeten, nur wenige waren, die es aus Verbundenheit zu Kaiser Wilhelm II. oder zur Monarchie getan haben könnten. In ihrer großen Mehrheit folgten die Kriegsfreiwilligen der allgemeinen patriotischen Begeisterung, aber nicht aus eigener Bindung an das Kaiserhaus oder an Kaiser Wilhelm II.

Auch ich habe keine besondere persönliche Verehrung oder menschliche Zuneigung zu Kaiser Wilhelm II. empfunden, möchte aber sein hohes Amt anerkennen und sein ehrliches Bemühen gelten lassen.

Daher war es für mich auch eine soldatische Auszeichnung, als ich nach der Eroberung von Riga einen Händedruck vom Kaiser bekam. Wenn das auch kein großes Ereignis war, so galt es doch als hohe Ehre, und ich selbst muß zugeben, daß ich es auch als solche empfunden habe.

Vor der Eroberung von Riga, so stellt sich dieser Vorgang in meiner Erinnerung dar, wurde das Bataillon schwerer Artillerie, bei dem ich Dienst tat, der Division zugeteilt, die von Prinz Eitel Friedrich, dem zweiten Sohn des Kaisers, befehligt wurde. Ich war damals ein junger Leutnant. In jenen Tagen fand in Riga eine Kaiserparade statt, bei der unsere Division vom Prinzen Eitel Friedrich dem Kaiser vorgestellt werden sollte. Als Prinz Eitel, der selbst noch zu Pferde saß, den Kaiser mit großem Gefolge zu Fuß ankommen sah, war er in Blitzeseile herunter vom Sattel und eilte dem Kaiser entgegen. Der Prinz ergriff die ihm dargebotene kaiserliche Hand und setzte mit einer tiefen Verbeugung oder gar einer leichten Kniebeuge (das habe ich nicht mehr genau in der Erinnerung) einen perfekten Handkuß auf die Hand seines Vaters.

Der Kaiser, geführt von seinem Sohne, ging dann die im Karree aufgestellten Truppen entlang, mit durchdringendem Blick die Soldaten prüfend und hier und da eine Frage stellend oder eine Hand schüttelnd. Auf diese Weise kam auch ich zu meinem kaiserlichen Händedruck.

Der durch die Eroberung von Riga errungene militärische Erfolg, die erholsamen und schönen anschließenden Ruhetage mit den hübschen Mädchen in dieser schönen Stadt und die verhältnismäßig bürgerlichen Lebensbedingungen, die der Truppe in diesen Ruhetagen gewährt wurden, all das hat wohl dazu geführt, daß zu jener Zeit noch eine ziemlich freundliche Stimmung in der Truppe herrschte. Je länger der Krieg aber dauerte, um so mehr begegnete man in der Heimat und bei den Soldaten in steigendem Maße Unzufriedenheit, Aufbegehren und Insubordination.

In unserem Bataillon herrschten dank der sozialen Haltung und des hohen Gerechtigkeitssinns unseres Kommandeurs noch Ordnung und Disziplin. Dies war auch einer der wesentlichen Gründe, warum es als Nachhut bei den nun beginnenden Rückzugsoperationen eingesetzt wurde. Von den übergeordneten Einheiten wurde fast täglich diejenige Linie festgesetzt, jenseits derer nach einem bestimmten Datum kein deutscher Soldat mehr angetroffen werden durfte, wenn er nicht in Gefangenschaft geraten wollte.

In dieser verwirrenden Entwicklung übernahm am 3. Oktober 1918 Prinz Max von Baden das Amt des Reichskanzlers. Er versuchte, Waffenstillstandsverhandlungen mit Präsident Wilson einzuleiten. Gemeinsam mit den Mitgliedern der Regierung drängte der Kanzler den Kaiser zu baldiger Abdankung unter Hinweis auf die hoffnungslosen Kriegsaussichten und die drohende Gefahr eines Bürgerkrieges. Gewiß waren diese entscheidenden Stunden für den Kaiser von höchster Dramatik. Überzeugt und durchdrungen von seinem Gottesgnadentum und von der Sendung des deutschen Wesens für die Welt, sah er sich, für ihn völlig unerwartet, einem totalen Verfall seiner Macht gegenüber. In diesem Dilemma fand der Kaiser dann keinen anderen Ausweg mehr, als den von allen seinen Beratern dringend empfohlenen Verzicht auf die Krone zu akzeptieren.

Nach seiner eigenen Erklärung fühlte er sich verpflichtet, auf diese Weise neues Blutvergießen zu vermeiden. Diese Beweggründe verdienen ein echtes menschliches Verständnis. Das deutsche Volk aber war durch die letzten Ereignisse so tief enttäuscht und verwirrt, daß es den kaiserlichen Entschluß zur Abdankung und zum Weggang nicht akzeptiert hat, sondern diesen Schritt verurteilte. Die deutschen Soldaten fühlten sich von ihrem obersten Kriegsherrn im Stich gelassen.

Der Kaiser hat aber auch Anspruch auf eine gerechte Beurteilung aller objektiven Elemente und seiner subjektiven Beweggründe, die zu seinem Entschluß geführt haben. Deswegen meine ich, daß er an einer totalen *Überschätzung* der eigenen deutschen Kräfte und der ebenso totalen *Unterschätzung* der gegnerischen Kräfte gescheitert ist. Das mag zumindest teilweise schuldhaft gewesen sein.

Für mich selbst ist die Erinnerung an dieses Ereignis ganz besonders erschütternd, denn ich erhielt den Befehl, diese Nachricht in einem Appell dem Bataillon, in dem ich diente, bekanntzugeben. Ich habe diesen Befehl ausgeführt, so schwer es mir auch fiel. Ohne feierliches Drum und Dran verlas ich den Wortlaut des Divisionsbefehls. Soweit ich mich erinnere, waren nur ein paar einfache Zusatzworte meines Kommandeurs hinzuzufügen. Der erwartete selbstverständlich von jedem Soldaten auch weiterhin, daß er treu und redlich an seinem ihm zugewiesenen Platz seine volle Pflicht erfülle. Die Truppe könne nur in unerschütterlich festem Zusammenstehen ihre Sicherheit im höchstmöglichen Maße bewirken.

Unter dem Kommando: »Stillgestanden!« hat die Truppe unbeweglich, mit eisernen Gesichtern diese erschütternde Nachricht von der Abdankung des Kaisers entgegengenommen. Mir selber ist bei dieser Bekanntgabe die Stimme buchstäblich erstickt. Das war wohl bei einem jungen Menschen von knapp vierundzwanzig Jahren nach all den schrecklichen Kriegserlebnissen verständlich.

Nachdem der Kaiser gegangen war, hatten die deutschen Soldaten ihren Oberbefehlshaber verloren. Da mußten wir jungen Offiziere uns in der Führung und dem Zusammenhalt kleiner Einheiten bewähren, die Ordnung bewahren und das Überleben in der Gemeinschaft, besonders auf dem Rückzug aus den besetzten Gebieten, gewährleisten. Echte menschliche Qualitäten waren gefragt, und das um so mehr, als an vielen Stellen revolutionäres Aufbegehren sichtbar wurde.

Das Ende war, rein menschlich gesehen, nach über vier Jahren schweren und gefahrvollen Kriegserlebens schrecklich für das ganze deutsche Volk. Fast als Kind – ich war noch keine zwanzig Jahre – ging ich zu den Soldaten. Nach mehr als vier Jahren erschütternden Kriegserlebens kam ich – mit fünfundzwanzig Jahren schon ein »alter Mann« – nach Hause, entlassen aus dem Heer am 31. März 1919. Meine »Kindheit« war in den Schrecken des Krieges versunken.

Elisabeth Flitner, geb. Czapski, wurde am 25. Oktober 1894 in Jena geboren. 1915 legte sie das erste Mädchenabitur an einem öffentlichen Gymnasium in Jena ab. Dann studierte sie Nationalökonomie und öffentliches Recht in Berlin, München und Heidelberg und promovierte zum Dr. rer. pol. in Jena. Von Beginn des Studiums an bis ins Alter übte sie ehrenamtliche Tätigkeiten aus, von 1955 bis 1968 in leitender Stellung im Deutschen Kinderschutzbund. 1931 bis 1933 sowie 1945 bis 1968 war sie Dozentin an der Volkshochschule und seit 1945 am Sozialpädagogischen Institut in Hamburg. Sie war Ehrenvorsitzende des Deutschen Kinderschutzbundes. Sie starb am 21. April 1988 in Tübingen.

## Elisabeth Flitner
## Auf dem Katheder brannte frühmorgens eine Kerze

Kindheit und Jugend habe ich als fünftes von acht Geschwistern in meinem Elternhaus in Jena verbracht. Es wurde von meinen Eltern nach meiner Geburt gebaut, weil ihnen die bei ihrer Heirat bezogene Wohnung der »unzumutbaren« Kinderzahl wegen gekündigt worden war.

Das Haus hatte große helle Räume und nach dem modernsten Stand damaliger Technik Zentralheizung, Gas für Herd, Badeofen und Beleuchtung, fließend Kaltwasser in Küche, Bad und Flur, im Winter Doppelfenster mit zauberhaften Eisblumen und einen handbetriebenen Aufzug von der Küche zu den Schlafzimmern im oberen Stock, der besonders bei Krankheiten von großem Nutzen war.

Wir Kinder hatten keine Einzelzimmer, sondern schliefen zu zweit oder zu dritt miteinander, die jeweils jüngsten im großen Kinderzimmer. An dessen Decke war ein blauer Himmel gemalt mit Schwalben,

Rotkehlchen und Zaunkönigen, unter denen jeder von uns seinen Liebling hatte.

In meiner frühen Kindheit war ich nie allein; immer waren viele Menschen um mich herum, Verwandte und Fremde. An Sonntagen waren wir am ausgezogenen Eßtisch stets zwölf bis vierzehn Personen. Öffentlichkeit und Gesellschaft ereigneten sich für uns in Küche und »Wirtschaftszimmer«.

Täglich kamen der Milchmann mit seinen scheppernden Kannen, der Bäckerjunge im weißen Kittel mit Broten (die Semmeln hatte er schon in aller Frühe an die Gartentür gehängt), der kräftige Metzgerbursche mit einem großen hölzernen Trog auf der Schulter, aus dem er jedem Haushalt das bestellte Stück Fleisch zuteilte. Jede Woche erschien die Hühnerfrau; sie nannte uns »mein Täubchen«, wahrscheinlich kannte sie keine anderen Lebewesen als Geflügel. Die Büglerin hantierte mit einem eisernen, abwechselnd am Handgriff zu befestigenden heißen Bolzen oder mit einem großen Instrument, das durch Holzkohle geheizt wurde.

Es kam eine Näherin, um die Leib- und Hauswäsche auszubessern, und die Schneiderin; unsere sämtlichen Kleider und Anzüge wurden im Hause angefertigt. Wenn der Schornsteinfeger kam, versäumte er nie, uns im Gesicht anzuschwärzen. Der »Leitermann«, der aus dem Gebirge Holzlöffel und Schemel brachte, schnitzte auf unsere Bitte hin aus der Spitze des Tannenbaums einen Quirl.

An jedem Morgen kam die Waschfrau. Wir Kinder schwatzten mit ihr durchs Kellerfenster, sahen ihr zu, wie sie hinten im Keller unter dem kupfernen Waschkessel Holz einlegte, wie sie die schweren eisernen Wäschestangen im Garten in die Löcher stellte und die Leine zog, und reichten ihr die Klammern zu, am Vormittag für die Weißwäsche, am Nachmittag für die Buntwäsche. Wir saßen bei ihr, wenn sie in der Küche ihren Kaffee trank und ein dick bestrichenes Schmalzbrot dazu aß. Stets sagte sie beim Abschied: »Schönen Dank auch.« Einmal fragte die Mutter, wofür sie sich denn bedanke, worauf sie antwortete: »... daß man wieder einen Tag seine Arbeit gehabt hat.«

Schon als Kinder wurden wir häufig zum Kaufmann, dem Kolonialwarenhändler, geschickt. Es sah dort genauso aus wie in den Puppenstuben, die heute in den Museen stehen. Die Wand hinter der Theke bestand aus großen Schubkästen mit Aufschrift wie Reis, Kaffee, Mehl; in Fässern sah man Gurken und Heringe, in Säcken Kartoffeln, in Töpfen Honig, Schmalz und Pflaumenmus. Alle Ware wurde auf der Waage abgewogen, auch Salz, Butter, Öl oder Honig. Man konnte für fünf Pfennig Rosinen kaufen und für zehn Pfennig Sauerkraut, sogar für einen oder zwei Pfennig eine kleine spitze Tüte mit Bonbons.

Eine Person war immer da: Aenne, die Kinderfrau. Sie zog uns an und brachte uns zu Bett. Sie bürstete geduldig unser verwirrtes Haar und übergoß uns abends mit kaltem Wasser, was ich fröstelnd und zitternd, meine robustere jüngere Schwester prustend und lachend hinnahm. Sie verband unser blutendes Knie, drückte einen Löffel gegen unsere Stirn, wenn wir gefallen waren, um Beulen zu verhindern, machte uns Halsumschläge, ging mit uns spazieren und erzählte uns unermüdlich Geschichten von armen Mädchen und verlaufenen Prinzessinnen. Sie betete mit uns und schlief bei uns. Aenne war bei meiner Geburt zu uns gekommen und blieb bis zu meinem Eintritt in die Schule. Dann ging sie zu Kindern eines Rechtsanwalts, bekam dort ein unheizbares Dachstübchen, wurde krank und starb an Tuberkulose.

Das bunte Treiben in Haus und Küche verfolgten wir mit Neugier. Doch ist es nur der Hintergrund für das Bild der Eltern, wie es mir vor Augen steht. Nach Herkunft, Natur und Bildung waren sie einander extrem entgegengesetzt.

Unser Vater Siegfried Czapski war 1860 als Sohn eines jüdischen Gutsbesitzers in der Provinz Posen geboren, auf dem Lande aufgewachsen und hatte Mathematik und Physik studiert. Unsere Mutter war in der Großstadt Paris groß geworden, in christlicher Tradition erzogen und schon sehr früh am Konservatorium im Klavierspiel unterrichtet worden. Da sie eine deutsche Mutter hatte, wuchs sie gleichzeitig in den französischen und deutschen Kulturkreis hinein und beherrschte beide Sprachen gleichwertig. Als sie sich verlobte, wurde vereinbart, daß die Kinder christlich erzogen werden sollten.

Auf Empfehlung des Physikers Hermann von Helmholtz ging der Vater nach Jena zu Ernst Abbe als dessen wissenschaftlicher Assistent im Zeiss-Werk, trat später in die Geschäftsführung ein und übernahm nach Abbes Ausscheiden die Leitung.

Ernst Abbe war eine Persönlichkeit, die gleichermaßen auf wissenschaftlichem wie auf sozialpolitischem Gebiet bahnbrechend gewirkt hat. Er hatte 1846 als Professor für Astronomie und Mathematik gemeinsam mit dem Optomechaniker Carl Zeiss eine optische Werkstatt gegründet, die später in seinen Alleinbesitz übergegangen war und von ihm 1896 in eine Stiftung verwandelt wurde. Die Herstellung optischer Instrumente, die bisher vorwiegend auf geschicktem Schleifen und »Probeln« beruht hatte, stellte er auf die Basis wissenschaftlicher Berechnung um, wodurch sie Weltgeltung erhielten.

Im Sozialbereich führte er bereits 1900 den Achtstundentag ein, gewährte Urlaub, Versorgung bei Krankheit, Schutz vor willkürlicher Entlassung, Altersrente, Mitspracherecht und Gewinnbeteiligung. Die leitenden Personen waren vom Gewinnanteil ausgeschlossen und

Die Eltern Czapski (hinten) mit ihren acht Kindern im Jahr 1904. Elisabeth ist die vierte von rechts.

bekamen nur ein mäßiges Gehalt; sie sollten wie Abbe selbst durch eine schlichte Lebensführung vorbildlich sein.

Seiner Natur und Neigung nach war unser Vater Wissenschaftler und kein Unternehmer und hat schwer unter der enormen Aufgabe und Verantwortung gelitten, die ihm zufiel. In einem späten Brief an seinen nächsten Freund klagt er darüber, daß er täglich fünfzig Entscheidungen zu treffen habe über Dinge, von denen er nichts oder nur wenig verstehe. Im Alter von sechsundvierzig Jahren ist er an einer Lungenembolie gestorben, nachdem er sich vor einer Dienstreise nach Rußland einer vorbeugenden Blinddarmoperation unterzogen hatte. Die Trauerfeier im großen Volkshaussaal, bei der die gesamte Belegschaft anwesend war und viele Reden gehalten wurden, machte mir seine Bedeutung für das Zeiss-Werk, ja für die ganze Stadt eindrücklich bewußt.

Meine Mutter war damals einundvierzig Jahre alt. Sie bezog eine bescheidene Pension, fünf ihrer acht Kinder gingen noch zur Schule und mußten Schulgeld bezahlen, das jüngste war drei Jahre alt. Kindergeld gab es nicht. Der Haushalt wurde auf Sparsamkeit umgestellt, die Köchin wurde entlassen, und bald ging auch das Kinderfräulein. Es wurde beinahe selbstverständlich, daß ich weitgehend für die beiden jüngeren Geschwister sorgte, mit ihnen spielte, ihnen vorlas und sie zu Bett brachte. Ich tat das gern, da mich die Schule wenig in Anspruch nahm, bin aber im nachhinein der Meinung, daß ich – damals dreizehnjährig – überfordert war; denn man hat mir erzählt, daß ich oft schlafwandelnd umherging und nachsah, ob sich die kleinen Geschwister aufgedeckt hatten.

Es ist mir nicht möglich, meine Mutter in der Vielfalt ihrer Begabungen und dem Reichtum ihres Wesens zu schildern. Als Braut hatte sie sich dem Gedanken, einen eigenen Haushalt zu führen – damals Wunschtraum fast jedes deutschen jungen Mädchens – nur zögernd zugewandt. In Selbstironie schrieb sie ein »Kochbuch der bezähmten Widerspenstigen«, wurde aber eine meisterhafte Köchin und bewältigte den großen Haushalt geradezu genial.

Im Prinzip haushälterisch sparsam – an einem Vormittag nähte sie mir ein Kleid aus billigem Nessel, das ich am gleichen Nachmittag bei einem Tanzfest im Freien trug; Gesamtkosten 1,50 Mark –, konnte sie auch verschwenderisch großzügig sein. So bestellte sie uns Samtkleider, die sie von einer Künstlerin mit Ornamenten besticken ließ, die dem Charakter der Trägerin angepaßt sein sollten, und ließ Kleider anfertigen für die drei kleinen Töchter eines befreundeten Lehrers, der an einer Privatschule unterrichtete (weil er aus der Kirche ausgetreten war!) und nur ein geringes Einkommen bezog.

Als meine ältere Schwester während ihres Studiums an der Breslauer Kunstakademie um einen neuen Wintermantel bat, weil sie sich mit dem schäbigen alten in der Großstadt nicht sehen lassen könne, gab sie ihr den Rat, »durch eine stolze und edle Haltung den alten Mantel ansehnlich zu machen«. Wir haben sie später oft wegen dieses Ausspruches geneckt. Denn bei allem Respekt vor der Mutter hatten wir die Devise: »Du bist unsere Königin – aber wir sind eine Republik!«

1912 gründete unsere Mutter ein Heim für uneheliche Kinder, deren Mütter für zwei bis drei Wochen nach der Entbindung mit aufgenommen und dann in eine Stellung vermittelt wurden, von der aus sie mit ihren Kindern in Kontakt bleiben konnten. Das Elend solcher Kinder bestand sonst darin, daß sie von Geburt an von ihren Müttern getrennt wurden. Die meisten Frauen gaben bei der Aufnahme an, sie seien vergewaltigt worden.

Die eigentliche Begabung unserer Mutter lag auf künstlerischem Gebiet. Sie war hoch musikalisch; wir alle mußten ein Instrument lernen, und es wurde viel im Hause musiziert. Und sie hatte einen absolut sicheren Geschmack. Unsere Kleider schnitt sie freihändig ohne Schnittmuster zu. Sie selbst trug Reformkleider und verabscheute die übliche Damenkleidung mit Rock und Bluse, ebenso Matrosenanzüge, weil sie an Uniformen erinnerten. Ihr Gang war sehr leicht, fast lautlos, ihre Stimme melodiös und warm. Ihre ganze Erscheinung strahlte Würde aus. Noch im Alter war sie schön. Trauer,

Entbehrung und Leid gruben sich den edlen Zügen ihres Gesichts nicht ein.

Die Schule war schon in früher Jugend so etwas wie ein Traumziel. Es ist mir noch ein Singsang im Ohr: »Ostern – Ostern – übers Jahr – komm ich in die Schule«, womit mir die Kinderfrau wohl den Zeitraum zwischen meinem und dem Schuleintritt meiner drei Jahre älteren Schwester überbrücken wollte. An keine Zeit meiner Kindheit habe ich so deutliche Erinnerungen wie an das erste Schuljahr. Die Erlebnisse sind geeignet, den Unterschied zu heute zu zeigen.

Der Arzt hatte mich »blutarm« befunden und einen Gebirgsaufenthalt angeraten. So nahmen mich die Eltern in den Ferien mit nach Neuhaus am Renstieg. Es war meine erste Reise mit der Eisenbahn. Bei den Mahlzeiten an der großen *Table d'hôte* waren etwa zwanzig Erwachsene, aber kein anderes Kind. Auch auf der Straße spielten keine Kinder. Mit Erstaunen sah ich in den schwarzen, mit Schiefer beschlagenen Häuschen hinter kleinen Fenstern Kinder meines Alters an großen Tischen sitzen und in Heimarbeit weiße und rosa Perlen zu Ketten auffädeln.

Genau erinnere ich mich auch an den ersten Kirchgang, wo darüber gepredigt wurde, daß ein Mann in einem Gewässer zu schwimmen versuchte, das von Schlingpflanzen durchwachsen war, so daß er sich darin verstrickte und unterging.

Einmal – das einzige Mal in meiner Kindheit – war ich in einer Konditorei mit meiner Mutter, an einem runden Marmortisch sitzend, eine goldgeränderte geschwungene Tasse mit Schokolade und Schlagsahne vor mir. Am nächsten Tag bekam ich Scharlach, wurde im Hause isoliert, von einer Krankenschwester in Tracht gepflegt und habe, als es mir besserging und mein Bruder krank zu mir ins Zimmer kam, bei ihm aus Andersens Märchen lesen gelernt.

Zu meinem sechsten Geburtstag bekam ich ein kurzärmeliges Kleid aus kariertem Kattun, das ich sommers und winters – aber nur für die Schule – tragen sollte, eine ärmellose schwarze Schulschürze, hohe schwarze Knöpfstiefel und einen ledernen Schulranzen mit Fibel, Griffelkasten und Schiefertafel, an die ein Schwamm und ein Tüchlein gebunden waren, die aus dem Ranzen heraushingen.

In den ersten Tagen wurde ich nachdrücklich vor drei Gefahren auf dem Schulweg gewarnt – ich dürfe nicht über unsere Brücke gehen, wenn ein Fuhrwerk darauf war, denn es kam vor, daß die Pferde durch einen in der Tiefe rollenden Eisenbahnzug scheu wurden und wild davonrasten; ich sollte den Jungen vom Eisengeschäft aus dem Wege gehen, weil sie den »affigen« Mädchen auflauerten und sie zu verhauen suchten; vor allem aber müsse ich darauf achten, von der elektrischen Straßenbahn nicht überfahren zu werden, denn sie könne nicht plötzlich bremsen oder ausweichen.

Die Stadt hatte erst kurz zuvor ein Elektrizitätswerk bekommen. Es dauerte noch lange, bis die Elektrizität, zunächst nur für Beleuchtung, in die Häuser geleitet wurde. Alle heute unentbehrlichen Hausgeräte, Staubsauger, Waschmaschine, Kühlschrank, elektrisches Bügeleisen und vieles andere mehr, waren in meiner Kindheit unbekannt. Vor Autos brauchte ich nicht gewarnt zu werden. Das erste Auto und jahrelang das einzige gab es in Jena erst 1905.

Wir besuchten die private höhere Töchterschule, die in einem alten Gebäude untergebracht war. Sie hatte weder Zentralheizung noch Beleuchtung. In der Nähe der eisernen Öfen war es glutheiß, am Fenster fröstelte man. Wenn es morgens noch dunkel war, brannte eine Kerze auf dem Katheder. Jeweils vier Kinder saßen auf einer Bank. Wir mußten mit gefalteten Händen still sitzen und aufstehen, wenn wir drankamen. Für die Pausen mußten wir uns in Reih und Glied aufstellen und im kiesbedeckten Schulhof im Kreise gehend unser Schulbrot essen; in den kurzen Pausen durften wir spielen, bis wir klassenweise geordnet wieder hinaufgingen.

Wenn die Direktorin Geburtstag hatte, gab es ein Fest mit Theateraufführungen, lebenden Bildern, Tänzen und Bewirtung. Kaisers Geburtstag wurde nur vom Gymnasium gefeiert – durch den »Kaiserball«. Die jungen Schüler waren wie elegante Herren gekleidet und mußten sich wie Erwachsene benehmen. Die »Damen« hatten Tanzkarten, in die sich die Herren für die jeweiligen Tänze eintrugen. Es ging alles ungemein konventionell zu. Ich habe an einem solchen Ball nur einmal, fünfzehnjährig, teilgenommen und mich später der Jugendbewegung angeschlossen, die bei ihren Geselligkeiten einen vollkommen anderen Stil hatte.

Ich hatte mehrmals Konflikte mit der Schule, weil ich vom Elternhaus her mehr Freiheit gewohnt war und mir mehr Freiheit nahm, als mir die Schule zubilligen wollte; einige Beispiele möchte ich dafür anführen.

Nach einer Montagmorgenandacht forderte mich eine Lehrerin zu einem Gespräch »unter vier Augen« nach der letzten Stunde auf. Wir rätselten in der Klasse, welche Augen gemeint seien, ob die der Direktorin oder des Schulrats oder von beiden, und ich war erleichtert, als sie mich allein empfing. Sie stellte mich zur Rede, weil ich angeblich während der Andacht gelacht hätte, und forderte mich zur Entschuldigung auf. »Bitte entschuldigen Sie, wenn ...«, setzte ich an. »Daß«, fiel sie mir ins Wort. Erneut wiederholte ich das Wort »wenn« und setzte eilends hinzu: »Ich bin mir dessen nicht bewußt gewesen.« Ohne ein Wort wurde ich entlassen. Die Lehrerin war sichtlich enttäuscht, daß ihr die Gelegenheit entgangen war, ein zehnjähriges Kind zu demütigen.

Zwölfjährig brachte ich es sogar so weit, die Note Zwei in »Betragen« zu bekommen, während man doch eigentlich in den Kardinaltugenden Betragen, Fleiß, Aufmerksamkeit und Ordnung eine Eins bekommen mußte. Ich hätte vielleicht sogar eine Fünf verdient, denn wir hatten der Schulordnung stracks zuwidergehandelt.

Bei den Herbstmanövern zum Gedenken an die Schlacht bei Jena 1906 hatten die Jungen schulfrei bekommen. Einige ältere Schülerinnen setzten ein Telegramm an die Großherzogin, Schutzpatronin unserer Schule, auf und baten, sie möge auch uns die Teilnahme an den Manövern erwirken. Ich brachte es mit einigen Mitschülerinnen in der Pause zur Post. Schon eine Stunde später wurde die ganze Schule in der Turnhalle versammelt; es ging ein Strafgericht nieder, und die Schuldigen wurden aufgefordert, sich zu melden. Von den älteren Schülerinnen rührte sich niemand. Wir jüngeren traten vor; eine schlechte Zensur in Betragen war die Strafe.

Härter, aber nicht allzu hart traf es mich, daß man mir das Amt der Klassensprecherin entzog, weil ich mich mit einem Rosenkranz im Haar auf dem Marktplatz hatte sehen lassen, um mit anderen buntgekleideten jungen Menschen in blumengeschmückten Kremserwagen zur Sonnwendfeier nach Dornburg zu fahren. Das galt als unstatthaft für eine Schülerin von sechzehn Jahren. Die übrigen Teilnehmer hatten die Schule hinter sich.

Die größten Schwierigkeiten machte mir die Schule, als ich den »abwegigen« Antrag stellte, mich in der Unterprima einige Wochen zu beurlauben, da ich die Möglichkeit hatte, gastweise in Paris ein Lyzeum zu besuchen. Ich mußte mich amtlich für ein Vierteljahr von der Schule abmelden und bei der Rückkehr eine schriftliche und mündliche Aufnahmeprüfung bestehen, sogar in Französisch.

Der Schule wurde im Elternhaus keine übertriebene Bedeutung beigemessen. Für unsere Zensuren wurden wir weder gelobt noch getadelt. Eine Belohnung anzunehmen, hätten wir uns geschämt. Daß manche Kinder Geschenke oder Geld, manche sogar Prügel bekamen, hörten wir mit Empörung.

Druck habe ich nie zu spüren bekommen, auch nicht meine dem Lernen abgeneigte jüngere Schwester. Aber nachträglich ist mir bewußt geworden, daß Kinder sogenannter »kleiner Leute« schlechter behandelt wurden als andere. Immer wurden sie mit Abfragerei gequält; ich konnte beinahe damit rechnen, nicht gefragt zu werden.

In meinem letzten Schuljahr brach der Krieg aus. Die Sommerferien hatten gerade begonnen; wir kehrten überstürzt von einer Wanderung zurück. Alle Straßen in Jena waren voll aufgeregter Menschen, die mit Empörung und Leidenschaft (»Das kann sich der Kaiser nicht gefallen lassen!«) den Krieg für unvermeidlich hielten. Man glaubte, in wenigen Tagen den Sieg erreichen zu können. Die Mobilmachung rief einen Teil unserer Freunde sofort zu den Waffen; die anderen

Elisabeth Czapski 1911 in Berlin – »erstmals in Rock und Bluse«, wie sie zu dem Foto schrieb.

drängten darauf, als Freiwillige ins Heer einzutreten. Schon rollten Züge voll singender Soldaten nach Westen. Traf man jemanden in Uniform, beschenkte man ihn mit Blumen.

Ich weiß nicht mehr, wie lange diese euphorische Stimmung angehalten hat. Schon bei Langemarck fielen einige unserer guten Freunde. Aber so schmerzlich diese Verluste auch von uns erlitten wurden und so sehr wir in steigendem Maße zu unzureichender Ernährung, Kleidung und Heizung genötigt wurden, ließen Kriegsbereitschaft und Zuversicht nicht nach. Selbst die zu einer Friedensgesinnung gefunden hatten, hielten es für ausgeschlossen, daß der militärische Erfolg durch Friedenspropaganda untergraben werden könnte.

Nur meine Mutter erhielt sich ihre unabhängige Haltung. Als wir wegen der Einnahme von Warschau schulfrei bekommen hatten und die Bevölkerung aufgefordert worden war zu flaggen, hatte mein jüngster Bruder auch eine Fahne gehißt. Die Mutter geriet in einen geradezu maßlosen Zorn, daß er das Kriegsgeschehen feiern wolle. Ihr Mitleiden galt ebenso den Polen und Russen wie ihren Landsleuten in Frankreich.

Nach den ersten, Begeisterung weckenden Siegesmeldungen war der Krieg zum Dauerzustand geworden. Man hatte sich an ihn gewöhnt. Die Heeresberichte mit ihrem monotonen »Im Westen nichts

Neues« brachten das Unsagbare zum Ausdruck. Die Briefe der Soldaten durften nichts über das Kriegsgeschehen enthalten. Sie erzählten, wie man die durch den Stellungskrieg erzwungene Muße mit Lektüre und Ausstattung der Schützengräben nütze, von Nachtwachen und Kameraden. Sie wollten die Sorgen daheim mildern und suchten vorzutäuschen, daß man gefahrlos lebe und den Strapazen und Unbequemlichkeiten gewachsen sei.

Unsere Antworten waren ebenso leicht gehalten. Daß jeder von uns »die kummervollen Nächte auf seinem Bette weinend saß«, ließen wir auch nicht andeutungsweise spüren. Die Hoffnung auf ein baldiges Kriegsende ging dahin.

Wir Frauen meldeten uns sofort nach Kriegsausbruch zu Lehrgängen für Verwundetenpflege, zur Hilfe in Kinderkrippen und -horten und anderen sozialen Einrichtungen und zum Ersatz für männliche Arbeitskräfte. Während meiner beiden Semester in Berlin arbeitete ich zwei volle Wochentage von acht bis achtzehn Uhr im Nationalen Frauendienst, den die Politikerin Gertrud Bäumer für die Betreuung der Familien von Kriegsteilnehmern eingerichtet hatte.

Wir waren im Norden der Stadt tätig, in einem Arbeiterviertel voll Mietskasernen mit bis zu zehn Hinterhäusern, in deren dunklen Höfen blasse Kinder spielten. Wir waren zu solchen Diensten bei der Immatrikulation dringlich aufgefordert worden. Auch die Frauenbewegung mit Gertrud Bäumer, Marie Baum und Alice Salomon, mit der ich in Berlin in Kontakt kam, widmete sich während des Krieges vorwiegend sozialen Aufgaben, während sie es bisher als ihre Hauptaufgabe betrachtet hatte, den Bildungsstand der Frauen auf den von Männern zu heben.

In der Überzeugung, daß wir nicht auf irgendeine Zukunft warten könnten, schlossen Wilhelm Flitner und ich Weihnachten 1917 in aller Stille die Ehe. Wir waren schon seit Jahren befreundet und hatten im täglichen Briefwechsel gestanden (Feldpost war portofrei), uns aber seit unserer Verlobung 1916 nur zweimal gesehen, da er ständig an der Front eingesetzt war. Ich fuhr von Heidelberg aus in einer Nachtfahrt nach Eisenach; die Züge waren so überfüllt, daß ich von Soldaten durchs Fenster hineingehoben wurde. Mein Verlobter kam von der Ostfront. Wir feierten bei klirrendem Frost mit meiner Mutter und seinem Vater auf der Wartburg und mußten uns nach vierzehn Tagen wieder trennen. Bis zum Kriegsende konnten wir nur einmal zwei Urlaubswochen miteinander verbringen.

Ich bin wiederholt gefragt worden, ob ich Schwierigkeiten gehabt hätte, zum Studium zu gelangen. Beim Übergang von der Schule zur Universität gab es für mich keine Hürden zu überwinden; die Hörsäle aller deutschen Universitäten standen den Frauen offen. (In Berlin gab es noch einen Sonderling, der sich »Damenbesuch« verbat.) Auch zu Prüfungen und zur Promotion – nicht zur Habilitation – waren Frauen zugelassen.

Schwierig aber war es für mich, Abitur machen zu können, da es keine Mädchengymnasien gab und keine Möglichkeit, am Unterricht eines Knabengymnasiums teilzunehmen. Man mußte sich durch Privatstunden vorbereiten und dann an einer unbekannten Schule in Anwesenheit eines Schulrats prüfen lassen. Mein Vater hatte diesen Weg mit mir besprochen, aber nach seinem Tod standen unserer Familie die Mittel dafür nicht mehr zur Verfügung, und ich hatte mich bei Beendigung der zehnklassigen Mädchenschule zu einem anderen Berufsweg entschlossen.

Da erfuhr ich durch eine Akademikerin, die uns zeitweise unterrichtet hatte, daß 1912 in Jena eine Studienanstalt errichtet werde. Die Lehrerin setzte mir zu, ich solle, ich müsse studieren, da akademisch gebildete Frauen in allen modernen Berufen gebraucht würden. Meine Mutter war sofort mit dem Plan einverstanden und ermöglichte mir, indem sie mich weitgehend von häuslichen Pflichten freistellte, in einem halben Jahr das Pensum in Latein und Mathematik zu erarbeiten und die Aufnahmeprüfung für Obersekunda zu bestehen. 1915 machten wir das erste Mädchenabitur an einer öffentlichen Schule in Jena. Der Weg zum Studium war frei.

Hermann Oberth wurde am 25. Juni 1894 in Hermannstadt/Siebenbürgen geboren. Der Physiker und Weltraumpionier war Professor an der TH Wien und in Dresden. Von 1941 an war er in der Heeresversuchsanstalt Peenemünde, von 1950 bis 1953 für die italienische Regierung tätig, von 1955 bis 1958 Mitarbeiter Wernher von Brauns in Huntsville in den USA. Oberth entwarf bereits 1917 eine Flüssigkeitsrakete, machte zwischen 1938 und 1940 Raketenversuche in Wien und hatte wesentlichen Anteil an der Entwicklung der V2-Rakete. Er veröffentlichte u. a.: Die Rakete zu den Planetenräumen (1923); Menschen im Weltraum (1956); Stoff und Leben (1959).

## Hermann Oberth
## Weltraumexperimente in der Badewanne

Ich wurde 1894 in Hermannstadt in Siebenbürgen geboren. Siebenbürgen gehörte damals zu Österreich-Ungarn. Der Habsburger Franz Joseph war Kaiser von Österreich und König von Ungarn. Die Staatssprache in Siebenbürgen wurde nach der Schlacht von Königgrätz 1866 Ungarisch, was aber die deutschsprachige Bevölkerung nicht hinderte, ihre Muttersprache auch im Umgang mit den Ämtern zu nutzen.

Im Jahre 1896 übersiedelten meine Eltern nach Schäßburg, wo mein Vater die Stelle als Spitalsdirektor (Leiter des staatlichen Krankenhauses) annahm. Ich habe Schäßburg als meinen Heimatort empfunden.

Siebenbürgen liegt im Karpatenbogen und wurde im 12. Jahrhundert von Deutschen besiedelt, die hauptsächlich aus der Moselgegend kamen. Sie sprechen auch heute noch einen Dialekt, der dem luxemburgischen ähnelt. Dieses kleine siebenbürgische Völkchen, das nie mehr als 280000 Seelen zählte, hat eine beachtenswerte Festigkeit gegen die Schläge des Schicksals bewiesen. Sein Heimatland wurde im Laufe der Jahrhunderte immer wieder von Petschenegen, Kumanen, Mongolen, Türken und anderen Völkern bedroht und zeitweilig auch besetzt. Doch konnten sich die »Siebenbürger Sachsen« immer wieder befreien und räuberische Einfälle in ihren festen Kirchenburgen überstehen. Sie haben in diesem geographischen Raum abendländische Kultur verbreitet und vermittelt, eine bodenständige deutsche Kultur entwickelt, die ersten Buchdrucke eingeführt und Schrittmacherdienste in allen Bereichen geleistet.

Ihre Widerstands- und Tatkraft beruhte auf einer im mittelalterlichen Europa kaum bekannten Sozialstruktur. Jeder Einwanderer verpflichtete sich, Adelstitel oder sonstige Privilegien abzulegen und sich in die Gemeinschaft der Siebenbürger Sachsen einzuordnen. Ein beispielhaftes Sozialwesen und später auch eine vorbildliche Kirchen- und Schulordnung sorgten dafür, daß jeder sich des Wertes dieser Gemeinschaft bewußt wurde. In Siebenbürgen wurden schon im 15. Jahrhundert deutsche Schulen errichtet, und ab 1742 gab es – zum erstenmal in der Welt – dort die allgemeine Schulpflicht. Jungen und Mädchen mußten eine Grund- und Hauptschule besuchen. Diese Schulen waren allen, ob arm oder reich, zugänglich, weil der Schulbesuch kostenlos war. Der siebenbürgisch-sächsische Dichter Michael Albert drückte diesen Geist durch die Worte aus:

> Deiner Sprache, deiner Sitte, deinen Toten bleibe treu,
> steh in deines Volkes Mitte, was dein Schicksal immer sei.

Diese Haltung begann erst abzubröckeln, als Kaiser Joseph II. von Österreich den »Königsboden« aufhob. Auf dem »Königsboden« hatten die Siebenbürger Sachsen das Recht, keinen Fremden, also Nichtdeutschen, siedeln zu lassen. Schon in meiner Jugend begann deshalb ein starker Zuzug von Rumänen in die sächsischen Gemeinden. Der Zusammenhalt unter den Deutschen war aber noch sehr stark. Strenge Sitten verhinderten die Vermischung mit Angehörigen anderer Nationalitäten.

Mit elf Jahren bekam ich die Bücher ›Von der Erde zum Mond‹ und ›Reise um den Mond‹ von Jules Verne geschenkt. Ich begann darüber nachzudenken, ob solche Reisen zu unseren Nachbarplaneten wirklich durchführbar seien. Ich entdeckte damals schon die Zusammenhänge zwischen Beschleunigung, Schwerkraft, Masse und Rückstoß. Meine Experimente waren zwar einfach im Aufbau, aber sie lieferten grundlegende Kenntnisse, die mich später befähigten, aller Kritik standzuhalten. Meine Gedanken beschäftigten mich so, daß ich oft zerstreut und unaufmerksam war. Das trug mir bald den Namen »der verrückte Mond-Oberth« ein.

Angesichts der gering entwickelten Technik in meiner Heimatstadt erschienen meine Weltraumgedanken wirklich absurd. Die elektrische Beleuchtung wurde in Schäßburg erst eingeführt, als ich acht Jahre alt war. Eine Hauswasserleitung gab es nur in der Nähe des Krankenhauses. Der Stadtkern wurde erst erfaßt, als ich zehn Jahre alt war. In der ganzen Stadt gab es nur einen einzigen Ingenieur. Zwar hatte Schäßburg schon einen Bahnhof, an welchem sogar der Orientexpreß vorbeifuhr; der Haupttransport erfolgte aber immer noch auf der Landstraße mit pferdegezogenen Leiterwagen.

Es gab im ganzen Sachsenland nur ein einziges Realgymnasium, und das lag in Hermannstadt. Sonst wurde überall die humanistische Bildung bevorzugt. Ich konnte den Wert der klassischen Sprachen und der Geschichte für den menschlichen Fortschritt beim besten Willen nicht erkennen. Die humanistische Bildung erschien mir wie ein Auto, das den Weg hinter sich mit Scheinwerfern taghell beleuchtet, vorn aber nur schwache und unzureichende Lampen hat.

Da ich mich nicht zurückhielt, dieses meinen Lehrern auch mitzuteilen, verstärkte sich mein Ruf als Querkopf und Sonderling. Nur mein Mathematik- und Physiklehrer, Ludwig Fabini, interessierte sich für meine Ideen. Ich durfte mehrmals nach der Schule zu ihm kommen und mich mit ihm über Dinge unterhalten, die mich interessierten. Leider stand er dem Rektor nicht ganz zu Gesicht und nahm deshalb bald seinen Abschied, um eine Pfarrstelle in einer evangelischen Gemeinde zu übernehmen.

Die evangelische Kirche war damals so etwas wie die Dachorganisation für alle sächsischen Belange. Sie leitete die deutschen Schulen und entlohnte Lehrkräfte und Personal. Jeder höhere Lehramtskandidat und jeder sogenannte Prediger-Lehrer hatte neben seinem eigentlichen Fach auch eine theologische Prüfung abzulegen und war verpflichtet, gelegentlich zu predigen. Dadurch kamen viele neue Gedanken in die Predigten.

Ich selbst habe zum Beispiel meine erste Predigt darüber gehalten, daß ein Automat nichts von sich weiß, daß der lebende Mensch aber ein »Ichbewußtsein« hat und infolgedessen etwas anderes ist als eine mechanisch erklärbare Maschine oder eine Summe chemischer Reaktionen. Meine zweite Predigt hielt ich über das Wort: »Der Mensch lebt nicht vom Brot allein, sondern von jedem Wort, das aus dem Munde Gottes stammt.« Diesmal führte ich aus, daß Christus sehr wohl imstande gewesen wäre, die Steine der Wüste zu Brot zu verwandeln, indem er Bewässerungsanlagen baute, daß aber ein rein materieller Fortschritt nur die sattsam bekannten materialistischen Zustände herbeigeführt hätte. Ohne den Wunsch, die Welt gerechter, besser und schöner zu machen, bliebe jede neue Erkenntnis ein zweischneidiges Schwert in der Hand des Menschen, während gemeinnüt-

Hermann Oberth (sitzend) im Alter von fünf Jahren mit seinen Eltern Dr. Julius und Valerie Oberth und seinem jüngeren Bruder Adolf.

zige Werke, um das Los der Menschen zu verbessern, nicht »Brot allein« seien. Da die Landeskirche liberal und allen Geistesströmungen gegenüber offen war, konnten sich Geistliche auch mit philosophischen Fragen befassen, die der offiziellen lutheranischen Lehre zuwiderliefen. In meiner dritten Predigt sprach ich über Spiritismus.

Bildung stand hoch im Kurs. Alle Siebenbürger, die es sich leisten konnten, schickten ihre Kinder an österreichische oder deutsche Universitäten zum Studium. Mein Vater hat in Wien bei dem berühmten Chirurgen Billroth studiert und benutzte seinen Urlaub oft dazu, an deutschen Universitäten Fortbildungsveranstaltungen mitzumachen. Wegen seines enormen Wissens und seiner ethischen Einstellung zum Arztberuf war er in Siebenbürgen und auch in den Nachbargebieten sehr gesucht. Er hätte ein reicher Mann werden können, wenn er nicht das meiste eingenommene Geld für die Verbesserung und Modernisierung des staatlichen Krankenhauses verwendet hätte. Auch bezahlte er vielen jungen Ärzten und Hebammen das Studium aus eigener Tasche. Für ihn gab es keine Dienststunden. Er arbeitete Tag und Nacht und machte sich trotzdem Vorwürfe, daß er zuwenig für die leidende Menschheit getan hätte. Er konnte es als persönliches Versagen auffassen, wenn ihm ein Patient starb.

Meine Mutter war an allen Naturwissenschaften sehr interessiert. Sie war sehr belesen und hatte ein phantastisches Gedächtnis. Leider spielte sie in der Öffentlichkeit keine Rolle trotz ihrer überraschend klaren Beurteilung politischer Situationen. Als die sozialistischen Unruhen, von Rußland kommend, nach Österreich-Ungarn übersprangen, schrieb sie an meinen Vater, der damals in Deutschland weilte, folgenden Brief:

Schäßburg, den 22. 4. 1904

Geliebter!
Die erste Schwalbe des anarchistischen Sommers hat unser stilles Städtchen mit den Spitzen ihrer Flugfedern gestreift: »Streik in Schäßburg!«, nicht unmittelbar, aber mittelbar, und – Ironie des Schicksals – dieses erste Zeichen der Großstadt, diese erste Tat weltbewegender Sozialdemokratie in unseren friedlichen Mauern nimmt uns zugleich den einzigen Verkehr mit der großen Welt. Die Eisenbahn steht! Sie steht schon seit Mittwoch früh, und bis sie wieder geht, habe ich Zeit, Dir diesen Brief in mittelalterlicher Ruhe zu schreiben ...

Ich bin froh, daß wir noch nicht auf der Villa sind,* denn die

* Die Villa war ein Sommerhaus auf einem Berg, der sich hinter dem Bahnhof erhob. Sie erhielt ihren Namen von dem Nachbarhaus, der »Villa Franka«, welches eine Ausflugsgaststätte war.

modernen Reformatoren besoffen sich neulich auf der Villa Franka und tobten dort im Walde herum. Wer weiß, ob das Licht in der Villa nicht ihren Haß gegen die »begüterte« Klasse entflammt hätte und wir nicht Unannehmlichkeiten oder doch den Schrecken davon gehabt hätten. Ich glaube zwar nicht, denn Dein Name schützt uns. Viele von den Leuten waren Deine Patienten, und Deine Patienten lieben und verehren Dich, weil sie sehen, daß Du arbeitest und kein Herrenmensch bist. Aber wenn der Mensch betrunken ist, hat er keinen Willen mehr, und ein einziger Wüstling leitet die ganze Horde.

Den Wirt Karres auf dem Bahnhofe wollten sie erstechen, weil er ihnen keinen Wein mehr geben wollte, seine Frau fiel vor Schreck in eine tiefe Ohnmacht. Auf dem Platz haben sie die Schienen der Agnethler Bahn aufgerissen, so daß auch die Agnethler Bahn stehen muß.

Dr. Zeller hat recht, der Sozialismus macht die Menschen gleichgültig gegen den Gewinn, also auch abgeneigt gegen Arbeit und Strapazen. Ein Geist, der sich einer Genossenschaft ›anpassen‹ muß, wird flügellahm, nur der freie Geist kann organisieren, jeden an seinen Platz stellen und für jeden Platz die geeignete Kraft wählen ...

Die »Verachtung« der physischen Arbeit ist nicht am Platz. Die geistige Arbeit verfeinert den Menschen und seine Bedürfnisse und gibt ihm die Macht, mehr für seine Mitmenschen zu tun, als der gewöhnliche Arbeiter kann, deshalb wird sie höher taxiert. Es ist schade, wenn ein Mensch, der geistig arbeiten könnte, physische Arbeit leisten muß.

Wenn alle Menschen gleich gebildet, fleißig und strebsam wären, na, das ginge dann an; bei den jetzigen Verhältnissen ist es nicht möglich. Eine Gleichheit der äußeren Verhältnisse kann man für kurze Zeit wenigstens erreichen, eine Gleichheit von Kopf, Sinn und Charakter ist nie erreichbar...

Die sozialistische Revolution kam damals in Rußland noch nicht zum Durchbruch. Auch der österreichisch-ungarischen Monarchie waren noch zehn Jahre bis zum Ausbruch des Ersten Weltkrieges, der gleichzeitig zu ihrem Untergang führte, vergönnt. Ich erinnere mich noch, wie einfach das Reisen damals war. Man setzte sich in den Zug und fuhr in dem großen Kaiserreich, das heute in die Staaten Österreich, Tschechoslowakei, Ungarn sowie in Teile von Polen, Jugoslawien, Rumänien und Italien zerfallen ist, herum, ohne von irgendeiner Stelle oder Grenzbehörde belästigt zu werden. Man konnte sich in diesem vielsprachigen Raum überall in deutscher Sprache verständigen, und das lästige Geldwechseln an

Grenzen fiel weg. Auch der Übergang nach Deutschland, das nach dem Preußisch-Österreichischen Krieg von 1866 stets zu den Bundesgenossen Österreichs zählte, war denkbar unkompliziert.

Ich bin ganz sicher, daß sich die meisten Bewohner der ehemaligen Donaumonarchie spätestens fünf Jahre nach dem Ersten Weltkrieg wieder nach den alten Zuständen sehnten, aber sie wurden nicht mehr gefragt. Die Sauberkeit der Verwaltung, die Unbestechlichkeit der Beamten, die Rechtssicherheit und die Toleranz gegenüber Andersnationalen und Andersgläubigen wurde, abgesehen von Österreich, in den Nachfolgestaaten nicht mehr erreicht.

Besonders gern erinnere ich mich des österreichischen Humors, der bis in die Amtsstuben reichte. Charmant war ein Lieblingswort, und jeder war bestrebt, so genannt zu werden. Die Beamten der Nachkriegszeit dagegen ließen es einen spüren, daß man als Untertan zu ihnen kam.

In diese Zeit fallen auch meine Experimente, die mir beweisen sollten, daß der Mensch die Schwerelosigkeit und damit den Weltraumflug seelisch und körperlich ertragen kann.

Ich füllte eine Sektflasche halb voll mit verschiedenen Flüssigkeiten, verkorkte sie und sprang damit vom Turm in das Wasser, die Flasche mit dem Hals nach unten haltend. Wenn ich die Spitze am Ende des freien Falles etwas nach unten bewegte, um die Verzögerung durch den Luftwiderstand zu kompensieren, sah ich, daß die Flüssigkeit tatsächlich darinnen schwebte.

Bei diesen Versuchen erkannte ich, daß ich für einige Sekunden schwerelos war, denn die Fallgeschwindigkeit war genauso groß wie die Erdanziehung. Ich konnte nun mit Sicherheit sagen, daß der Mensch diesen Zustand ein bis zwei Sekunden ertragen konnte. Daß er ihn körperlich tagelang aushalten würde, war mir klar. Ob auch seelisch, das war freilich noch fraglich, doch ein Erlebnis, das mich übrigens beinah das Leben gekostet hätte, brachte mir diese tröstliche Gewißheit.

Im Herbst 1911 badete ich an einem kalten Morgen allein im schlammigen Wasser unserer Schwimmschule. Ich wollte das Bassin in der Diagonale unter Wasser durchschwimmen und stieß dabei an eine Wand, die mir nahezu senkrecht zu sein schien. Ich hatte das Gefühl, ich sei zu weit nach rechts abgekommen, und schwamm an der Wand links entlang. Dann wollte ich auftauchen, kam aber nicht mehr an die Oberfläche.

Aus verschiedenen Anzeichen erkannte ich endlich, daß diese Wand der Boden war. Beim Heimweg überlegte ich: Über unsere Lage im Raum berichten uns

1. die Menierschen Körper im Vorhof des inneren Ohres,

2. Muskel und Gewebespannungen in unserem Körper und
3. die Hautstellen, gegen die unsere Unterlage drückt.

Infolge des kalten Wassers und des Kohlensäureüberschusses im Blut war das Gleichgewichtsorgan empfindungslos geworden. Aus dem gleichen Grunde war auch der Muskelsinn nicht mehr voll wirksam, und Auflagestellen gab es ja nicht, denn der Körper wurde durch das Wasser in der Schwebe gehalten. Es konnte daher nicht die Kantsche Denkkategorie »Oben« und »Unten«, wohl aber das Gefühl für die Richtung des Lotes verlorengehen.

Das bedeutete jedoch nicht mehr und nicht weniger, als daß ich das seelische Erlebnis der Andruckfreiheit gehabt hatte. Daraus schloß ich, daß der Mensch die Schwerelosigkeit auch psychologisch ertragen könne, zumindest einige Minuten lang. Das Gefühl für oben und unten bleibt erhalten, aber es stimmt nicht mehr mit der Wirklichkeit überein. Wenn sich inzwischen herausgestellt hat, daß die Menschen die Andruckfreiheit im Raumschiff wirklich vertragen, setzt mich das überhaupt nicht in Erstaunen. Ich wundere mich nur darüber, daß man mir dies vierzig Jahre nicht geglaubt hat.

Um diese Zeit entwarf ich auch eine Zentrifuge. Man sollte damit prüfen, ob und wie lange der Mensch erhöhte Andrucksbedingungen aushalten kann. Die Dreharme des Karussells waren fünfunddreißig Meter lang, und sie drehten sich um eine senkrechte Achse. Die erzeugte Fliehkraft sollte den Andruck auf die Insassen erhöhen, so wie dies in den Augenblicken des Raketenaufstiegs der Fall ist. Heute stehen solche Zentrifugen in allen Trainingszentren für Astronauten im Einsatz. Sie unterscheiden sich weder in der Konstruktion noch im Prinzip von meinem seinerzeitigen Entwurf.

Im Herbst 1913 zog ich nach München. Ich habe mit dem Studium der Medizin angefangen. Ich hatte mich aus Freude an der Naturforschung zu diesem Beruf entschlossen. Als ich erkannte, daß meine eigentliche Begabung bei den Fächern Mathematik und Physik lag, wechselte ich zur Physik über. In dieser Fakultät war ich schon während meines Medizinstudiums öfter anzutreffen. Die Astronomie- und Mathematikkurse oder die Vorlesungen Professor Emdens, eines namhaften Aerodynamikers, ließ ich mir nicht entgehen.

Als der Erste Weltkrieg ausgebrochen war, kehrte ich nach Siebenbürgen zurück. Ich wurde dem Infanterieregiment Nr. 31 in Hermannstadt zugeteilt. Es ging an die Ostfront, wo ich im Februar 1916 verwundet wurde. Anschließend an meine Genesung wurde ich zur Sanitätsabteilung Nr. 22 versetzt und dem Reservelazarett in meiner Heimatstadt Schäßburg zugewiesen. Hier hatte ich nun über drei Jahre lang zu allem Zugang, was mein medizinisches Wissen fördern konnte. Ich dachte mir ein Experiment aus, das mir beweisen sollte, ob der Mensch die Schwerelosigkeit auch längere Zeit aushalten könne.

Ich wußte, daß Skopolamin hauptsächlich die Gleichgewichtsorgane des menschlichen Körpers betäubt. Alkohol und Anästhesin lähmen die Muskel- und Gelenkfunktionen. Wenn also diese Organe ausgeschaltet sind, fühlt man sich wie ein Raumflieger im schwerelosen Zustand. Um auch die Empfindungen auszuschalten, die uns die Orientierung über unsere Lage im Raum geben, legte ich mich in eine große Badewanne, tauchte unter Wasser und atmete durch einen Schlauch, den ich um meinen Körper wickelte. Als die Wirkung der Gifte einsetzte, drehte ich mich ein paarmal um die eigene Achse und hielt die Augen zu. Ich hatte jede Orientierung verloren und schob den Stab, den ich in die Senkrechte bringen wollte, planlos hin und her. Die heraufbeschworene Desorientierung war also perfekt. Auf diese Art und Weise konnte ich die Erforschung des Verhaltens während der Schwerelosigkeit auf Stunden ausdehnen. Ich konnte feststellen, daß ich selbst nicht seekrank wurde, wenn ich diese Drogen benutzte.

Bei Rendezvousmanövern im Weltraum dauert die Andruckslosigkeit auch nicht länger. Während der übrigen Fahrt kann der Andruck durch Rotation und Zentrifugalkraft hervorgerufen werden.

Ich bin nicht dafür, den Menschen ohne Grund unnatürlichen Bedingungen auszusetzen. Meiner Ansicht nach ist es der Sinn und das Ziel der Technik, dem Menschen in einer ihm fremden Umwelt die Lebensbedingungen zu schaffen, die seiner inneren Natur entsprechen.

Eine erschütternde Nachricht kam 1917 vom Kriegsschauplatz. Mein einziger Bruder Adolf war in Italien bei Monfalcone am Isonzo gefallen. Diese Meldung traf unsere Familie schwer. Meine Eltern konnten diesen Verlust nie ganz verwinden.

Sie waren deswegen sehr froh, als ich auf einer Tanzunterhaltung im Burenwirtshaus in Schäßburg ein Mädchen kennenlernte, auf das ich schon lange vorher ein Auge geworfen hatte. Als ich sie meinen Eltern vorstellen wollte, lief sie weg. Den Grund erfuhr ich erst später. Sie war ein armes, einfaches Mädel, während ich der Sohn des berühmten Chirurgen Oberth war. Ich war richtig erleichtert, als ich dieses erfuhr, denn die Schäßburger, die durch ihren deftigen Humor bekannt sind, ließen auch mich nicht ungeschoren. Meine Frau Tilly erzählte mir dann später auch, daß ihr Vormund sie gewarnt hatte: »Du wirst doch nicht den verrückten Mond-Oberth heiraten!«

Meine Eltern billigten unseren Heiratsentschluß von Anfang an uneingeschränkt. Wahrscheinlich war damit auch die stille Hoffnung verbunden, Ehe und Kinder könnten den »zerstreuten Sohn« von seinen »Grübeleien« ablenken und dafür keine Zeit mehr lassen. Die Hochzeit fand am 6. Juli 1918 statt. Unsere Ehe dauerte dreiundsechzig Jahre bis zum Tode meiner Frau, und ich hätte mir keinen besseren Lebenskameraden wünschen können.

Werner Peiser wurde 1895 in Berlin geboren. Von 1914 bis 1917 studierte er Jura. Von 1919 bis 1920 war er Redakteur beim ›Vorwärts‹, 1921 bis 1931 Regierungsrat, Oberregierungsrat und stellvertretender Pressechef der preußischen Staatsregierung. 1931 wurde er nach Rom versetzt, 1933 ausgebürgert und aus dem Staatsdienst entlassen. 1938 flüchtete er aus Italien in die USA und war bis 1951 US-Staatsbürger. Von 1938 bis 1942 war er Professor für romanische Sprachen an der Universität in New Orleans. Von 1945 bis 1947 nahm er als US-Ankläger am Nürnberger Prozeß teil. 1951 kehrte er in den deutschen Staatsdienst zurück. Von 1960 bis 1966 war er als Leiter des Goethe-Instituts in Palermo, von 1966 bis 1969 in der gleichen Position in Genua.

## Werner Peiser
## Hauptmanns ›Weber‹ machten mich zum Sozialisten

Im Jahre 1895 – es ist lange her – wurde ich in Berlin geboren. Vater Gustav, Mutter Ida. Beruf des Vaters: Kaufmann, Angestellter zunächst und später selbständig. Der Vater in einer kleinen Stadt in der Provinz Posen geboren, die Mutter aus Elberfeld. Das schuf gelegentlich Spannungen. Beide Elternteile jüdisch, worauf das Jahr hindurch kaum Wert gelegt wurde. Nur an den hohen Feiertagen, dem Neujahrstag und dem Versöhnungstag, ging man in die Synagoge. Am Versöhnungstag wurde sogar gefastet. Von meinem vierzehnten Lebensjahr an entfernte ich mich von allen diesen Dingen.

Politik? Sie spielte keine erhebliche Rolle in unserer Familie. Mein Vater wählte die Fortschrittliche Volkspartei, eine Gruppe, die etwas links von der heutigen FDP stand. Er bezeichnete sich als liberal; heute würde man ihn stockkonservativ nennen.

Die Erziehung war, wie wir jetzt sagen würden, autoritär. Das Kind, ohne Geschwister, hatte kaum etwas zu sagen. Der Vater war streng, starr, ich habe ihn selten in meinem Leben lachen gesehen.

Diese Fähigkeit, die nach Aristoteles den Menschen vom Tier unterscheidet, ging ihm ab. Die Mahlzeiten erfolgten schweigend, Mutter stets still und unterwürfig. Die Pflichtauffassung spielte damals eine ungeheure Rolle. Ich empfand oft, daß Kant seiner Nation einen größeren Dienst erwiesen hätte, wenn er mehr dem Takt als der Pflicht gehuldigt hätte.

Mein Vater nahm seinen Beruf todernst. Seine Angestellten wurden »streng, aber gerecht« behandelt. Eine Sozialgesetzgebung im heutigen Sinne des Wortes existierte nicht. Auch am Sonntag ging mein Vater für einige Stunden in sein Unternehmen.

Beziehung zur Monarchie? Am Sonntagvormittag, nach dem »Dienst«, nahm mein Vater seinen Zylinderhut und ging mit mir Unter die Linden, in der Hoffnung, den Kaiser zu sehen. Wenn dieser in seiner prächtigen Kutsche freundlich grüßend »Die Linden« hinabfuhr, waren alle begeistert, und die Zylinderhüte flogen in die Luft. Vielleicht wurde damals in mir der erste Samen der Opposition gesät.

An der Schule nahmen die Eltern nicht, wie das heute vielfach der Fall ist, praktischen Anteil. War das Zeugnis gut, so wurde es hingenommen; war es schlecht, so wurde geschimpft. Das Leben lief verhältnismäßig glatt, normal und bürgerlich dahin. Es gab keine materiellen Reichtümer und keine Notlage.

Kritisch wurde die Situation, als ich mich sozialdemokratischen Ideen näherte. Darüber ein Wort mehr: Man kann sich heute nicht mehr vorstellen, was es bedeutete, Sozialdemokrat in einer bürgerlichen Familie zu sein. Ich glaube kaum, daß ein RAF-Mitglied als schlimmerer Schandfleck betrachtet wird als ein Sozialdemokrat in jener Zeit. Als ich erst fünfzehn oder sechzehn Jahre alt war und mein Herz für den Sozialismus entdeckte, zogen sich einige Bekannte meiner Eltern von uns zurück, weil man sich mit einem »Roten« nicht an einen Tisch setzte. Ich selbst, zu meiner Schande muß ich es gestehen, lehnte es ab, mit bestimmten »bürgerlichen Familien« zusammenzutreffen.

Die Haltung meines »liberalen« Vaters: »Du kannst einmal Schuster werden, deine Partei kann dich ja ernähren!« Zu meinem Studium erhielt ich deshalb kaum einen Zuschuß. Ich habe es mir durch Erteilen von Privatunterricht verdient.

So hatte die Monarchie nur indirekt durch ihre traditionelle und konservative Haltung einen indirekten Einfluß auf unsere Familie. Alles, was der Kaiser tat, wurde selbstverständlich gebilligt, auch wenn er das Land durch seine Politik (Marokkokrise, Flottenwettrüsten mit England) in die Gefahr eines Krieges brachte.

Im Jahre 1902 wurde ich in das Luisen-Städtische Gymnasium eingeschult. Daß es ein klassisches Gymnasium war, lag nicht so sehr an dem humanistischen Geist meiner Eltern als an der Tatsache, daß die Schule fünf Gehminuten entfernt von unserer Wohnung lag.

Was ist über die Schule zu berichten? Es war alles ganz anders – mit diesem Satz hat man bereits das Problem erfaßt. Zunächst war man drei Jahre auf der Vorschule, wie das damals hieß, und neun Jahre von Sexta bis Oberprima auf dem Gymnasium. Die jüngeren Unterrichtenden wurden »Herr Oberlehrer«, die älteren mit »Herr Professor« angeredet. Der Studienrat ist eine spätere Erfindung.

Von einer menschlichen Beziehung zwischen Lehrer und Schüler kann kaum gesprochen werden. Sie vertraten ihre Fächer, der eine war der Grieche, der andere der Lateiner, der dritte der Mathematiker – heute würde man sie als Fachidioten bezeichnen. Der Geist der Schule war stramm, national, konservativ, monarchisch. Am 27. Januar jeden Jahres gab es eine Kaisergeburtstagsfeier, bei der der jeweilige Direktor nachwies, daß alle deutschen Leistungen in Politik, Wissenschaft und Kultur ausschließlich auf Seine Majestät zurückzuführen seien. Wenn man einen deutschen Aufsatz verfaßte und mit den Worten endete: »Alle diese großen Leistungen aber verdanken wir der deutschen Monarchie, verdanken wir unserm Kaiser!«, dann konnte man sicher sein, das Prädikat »gut« zu erhalten, auch wenn man vorher belangloses Zeug geschrieben hatte.

Gelegentlich gab es ein Flüstern in den höheren Klassen, daß Professor Harder, der Lateinlehrer, bei den letzten Wahlen seine Stimme den LIBERALEN gegeben habe; aber das durfte nicht laut werden. Und Ernst Goldbeck, der Mathematiklehrer, stand politisch links, was niemand erfahren durfte.

Der Unterricht war nüchtern, sachlich, seriös. Von seinen Lehrern wußte man so gut wie nichts, nicht einmal, ob sie verheiratet waren und Kinder hatten. Der ganze Stil war feierlich. Viele erschienen im Gehrock zum Unterricht, und ein befreiendes Lachen war nur selten zu hören. So wäre über die deutsche Schule zu Anfang des Jahrhunderts kaum Wesentliches zu berichten, wenn es nicht ein paar antimonarchische Rebellen gegeben hätte – einer von ihnen war ich.

Im Alter von etwa fünfzehn Jahren fielen mir Hauptmanns ›Weber‹ in die Hände, und ich wurde sozusagen über Nacht Sozialdemokrat. Hier sei zu erwähnen, daß es damals kein Radio und kein Fernsehen gab und daher viel gelesen wurde. Ich selbst wagte mich an Dinge heran, von denen ich kein Wort verstand, las Kants ›Kritik der reinen Vernunft‹ und versuchte, unserer Haushälterin – damals Dienstmädchen genannt – klarzumachen, was »das Ding an sich« bedeute, obwohl ich es selbst nicht begriffen hatte und eigentlich bis zum heutigen Tage nicht begriffen habe.

Kritischer schon stand ich zu Hegel, den ich durch Schopenhauers Brille betrachtete. Viel gelesen wurde seinerzeit ein Schriftsteller, der heute nahezu vergessen ist: Hermann Sudermann. Im Berliner Schiller-Theater stand eine Schiller-Büste, um die jemand ein Schild mit der Aufschrift gelegt hatte:

> Einstmals warst Du der Mann,
> Jetzt ist's der Sudermann!

Doch zurück zum politischen Geschehen oder, wie ich es nannte, zum politischen Erwachen. Hauptmann selbst – er hat es betont – ist niemals Sozialist gewesen, aber seine realistischen, vielfach im schlesischen Dialekt geschriebenen Werke hatten einen ungeheuren Einfluß auf die deutsche Jugend. Für Menschen wie mich wurde dieser Einfluß dadurch bestärkt, daß der Kaiser es ablehnte, im Schauspielhaus einen Hauptmann aufführen zu lassen, und daß er seinen Mitarbeitern den Besuch derartiger subversiver Stücke verbot.

Der Einfluß der Monarchie machte sich auf meinem Gymnasium mittelbar wie unmittelbar bemerkbar. Wenn das Deutschlandlied gesungen wurde, stand ich mit ganz wenigen Gesinnungsgenossen unter meinen Mitschülern mit geschlossenen Lippen da. Und eines Tages geschah die Katastrophe: Mein Mathematiklehrer, bei dem ich ohnehin ungenügend war, zog mir den ›Vorwärts‹ aus der Tasche, die damalige führende sozialdemokratische Zeitung, und schrie in höchster Erregung, bei diesen Nebeninteressen könnte ich selbstverständlich nichts in Mathematik leisten.

Als ich gar noch dabei ertappt wurde, bei den Reichstagswahlen von 1912 Flugblätter für die Sozialdemokraten zu verteilen, war es um mich geschehen. Mein Vater wurde zum Direktor der Schule bestellt, und es wurde ihm eröffnet, daß ich »wegen moralischer Unreife« ein Jahr vor dem Abitur zurückgestellt würde (das Jahr mußte noch einmal abgesessen werden).

Und damit komme ich zum eigentlichen Thema, nämlich der Rolle von Politik und Jugend in der Monarchie. Als es dann zum Abitur kam, war eines der Themen, das ich selbstverständlich wählte: »Kann und soll ich in meinem künftigen Beruf meine Interessen mit denen der Gesamtheit verbinden?« Es wurde ein glühendes Bekenntnis zum Sozialismus. Damals war es üblich, die beste und die schlechteste Arbeit dem Direktor vorzulegen. Mein Deutschlehrer, der mir wohlgesinnt war, erklärte meine Arbeit für die beste, fragte mich aber, ob ich gewillt sei, ein weiteres Jahr vom Abitur zurückgestellt zu werden. Ich verneinte!

Man kann es auf eine einfache Formel bringen, ein zehnjähriges Kind in der Kaiserzeit und ein gleichaltriges im Jahre 1986: eine Wundertüte für fünf Pfennig und der Eisbecher; die Straßenbahn von Pferden gezogen, später elektrifiziert, das Auto; die Reise in die Sächsische Schweiz und auf die Seychellen. Der schlesische Dichter Friedrich Logau schrieb einmal:

Aller Mode Dinge, aller Mode Sinnen –
Wie's sich wandelt außen, wandelt's sich auch innen!

Woraus man schließen könnte: Kind bleibt Kind, und doch hat der Strukturenwandel der Gesellschaft nahezu unfaßbare Veränderungen hervorgebracht.

Die Gesellschaft der Kaiserzeit war eine Klassengesellschaft, was von der der Gegenwart kaum gesagt werden kann. Fern im Osten herrschten mit Pferd und Peitsche die Ostelbier, Junker genannt, über Länder und Arbeiter. Im übrigen sprach man von Bourgeoisie und Proletariat, wobei der Bourgeois zum Schimpfwort, der Proletarier zum Ehrennamen wurde. Diese Lebensformen prägten auch das Leben des Kindes und des heranwachsenden Jugendlichen.

Um noch einmal auf die Schule zurückzukommen: Es gab keinen Musikunterricht, sondern eine Stunde, die man »Singen« nannte. In ihr lernte man ›Heil Dir im Siegerkranz‹, ›Die Wacht am Rhein‹ und vor Feiertagen ›Ein feste Burg‹. Für die meisten eine Stunde des Hindämmerns, für die wenigen Rebellen eine Möglichkeit, heimlich revolutionäre Schriften zu lesen.

Davon machte ich weitestgehend Gebrauch. Das ›Kommunistische Manifest‹ wurde zur Bibel, die Lektüre wurde mehr und mehr intensiviert. Es geschah alles, das politische Bewußtsein zu wecken und mit wissenschaftlicher oder pseudowissenschaftlicher Lektüre zu untermauern.

Selbstverständlich war es in der Kaiserzeit den Jugendlichen verboten, sich politisch zu betätigen außer der Teilnahme an vaterländischen Kundgebungen, sich Parteien anzuschließen oder gar die Parlamente zu besuchen.

Wie verschaffte man sich Zugang zum Reichstag? Meinen ersten Versuch unternahm ich im Alter von sechzehn Jahren. Man betrat als Besucher das Parlamentsgebäude und bat in der Vorhalle schriftlich einen Abgeordneten um eine Eintrittskarte. Diese erhielt man, oder man erhielt sie nicht. Ich wandte mich an verschiedene Abgeordnete, eines Tages an Karl Liebknecht, der mir durch seine flammenden antimilitaristischen Reden aufgefallen war. Er sprach freundlich mit mir und schrieb mir einen Ausweis, dessen Text ich bis zum heutigen Tage nicht vergessen habe: »Ich bitte, mich im Reichstagsfoyer, Eingang 2, zu erwarten!«

Man kann heute nicht ermessen, was dieses Wort »Eingang 2« bedeutete: Man brauchte nicht mehr den Besuchereingang 5 zu nehmen, sondern gehörte zu den privilegierten Besuchern des Parlaments. Mit diesem Brief habe ich einen ungeheuren Mißbrauch getrieben: Ich habe ihn während der Kriegsjahre wieder und wieder benutzt, und erst in der Zeit der Weimarer Republik, nachdem ich mich aus Gründen, die hier nicht zur Diskussion stehen, von Liebknecht getrennt hatte, ihn einem fanatischen Anhänger geschenkt.

Auch ein junger Mensch, der politisch interessiert war, hatte damals die Möglichkeit, sich zu informieren, wenngleich es schwierig war, wenn er nicht parteipolitisch auf der richtigen – das heißt auf der rechten – Seite stand. Bei den Kultusdebatten in beiden Parlamenten, dem Reichstag und dem preußischen Landtag, wurde von der Linken Kritik an den Erziehungsmethoden, der Unterdrückung der Jugendlichen und dem Rechtsradikalismus geübt.

Folgende Szene ist vielleicht lehrreich und amüsant. Das preußische Abgeordnetenhaus – das muß vorausgeschickt werden – beruhte auf dem Dreiklassenwahlrecht, und es ergab sich die paradoxe Situation, daß ein *reicher* Schlachtermeister viele Dutzend Stimmen mehr bei der Wahl zählte als etwa der Reichskanzler. So kam es, daß im Reichstag hundertzwölf, im preußischen Landtag sechs sozialdemokratische Abgeordnete saßen, die einen schweren und mühsamen Kampf gegen Mitte und Rechte führten.

Einer dieser Abgeordneten war Adolf Hoffmann, der mit seinem weißen Spitzbärtchen aussah wie ein Satyr und seines Berlinertums und seiner Zwischenrufe wegen ebenso bekannt war wie wegen seines Büchleins ›Die zehn Gebote und die herrschende Klasse‹.

Bei seinen Reden verwechselte er vorsätzlich mir und mich, und wenn die Abgeordneten ihn durch Zwischenrufe berichtigten, krähte er in den Saal: »So habt ihr mir det auf euren Schulen jelernt!« Auf diese Weise wurde mir die Kritik am damaligen Schulwesen auch durch das Parlament bekannt.

Spricht man heute von der Lauheit der »Idee Europa« gegenüber, so war dies zumindest in den Schichten der Jugendlichen anders: Wer als Heranwachsender politisch interessiert war, nahm an Kundgebungen teil, begeisterte sich für den »Zukunftsstaat« und die internationale Bewegung und schmetterte bei jedem – für Jugendliche natürlich verbotenen – Umzug mit aufrichtiger Begeisterung ›Völker, hört die Signale‹ sowie ›Brüder zur Sonne‹. Das alles waren Lieder der internationalen Sozialdemokraten. Kommunistische Parteien existierten damals noch nicht!

1. August 1914. Der Weltkrieg brach aus. Vergessen war des Kaisers böses Wort von den Sozialdemokraten als »vaterlandslosen Gesellen« und seine noch schlimmere Aufforderung: »Wenn ich es befehle, müßt ihr auf Vater und Mutter schießen!« Jetzt plötzlich hieß es: »Ich kenne keine Parteien mehr, ich kenne nur Deutsche!« Schicksalstag der Menschheit. Die Jugend von damals? Im Elternhaus und in

den Erziehungsinstituten änderte sich nur die Atmosphäre. Aus einem gedämpften Konservativismus wurde ein fanatischer Chauvinismus. Man rief zwar nicht stündlich den Namen eines Führers wie im Dritten Reich, aber das unheilvolle Wort »Heil« erschien doch zweimal in der deutschen Nationalhymne: ›Heil Dir im Siegerkranz‹ und am Schluß ›Heil Kaiser Dir‹.

Hochschulprofessoren, Gymnasiallehrer, Elementarschullehrer – sie alle wetteiferten in einem Nationalismus, der heute nur schwer zu begreifen ist. Das übertrug sich zum Teil auf die Jugend, die singend und jubelnd in den Tod ging. Einige wenige behielten die Vernunft. Sie lehnten von Anfang an den von Österreich provozierten und von Deutschland unterstützten Krieg ab. Am 1. August 1914 fand die Debatte über Kriegskredite statt, eine kleine Minderheit sozialdemokratischer Abgeordneter – es waren dreizehn Mann – war gegen die Kreditbewilligung, aber, so paradox das heute klingen mag, die sozialdemokratische Partei gab durch ihren Wortführer Hugo Haase, der selbst zu den dreizehn gehörte, die berühmte Erklärung ab: »In der Stunde der Not lassen wir das Vaterland nicht im Stich!« Vergessen waren Glaube und Vertrauen in die internationale Idee der Menschheit.

Was ist abschließend von mir zu berichten? Kurt Tucholsky, der große Satiriker der Weimarer Republik, hat einmal gesagt, er schäme sich, nicht einfach den Militärdienst verweigert, sondern zu herzbeschleunigenden Mitteln gegriffen zu haben, um sich dem Dienst zu entziehen. Das gleiche möchte ich von mir sagen. Eine Dienstverweigerung war unmöglich. Es drohte die Todesstrafe. So griff auch ich zu Medikamenten, die mich zunächst untauglich für die Waffe machten. In diese Jahre fiel mein Studium der Rechte und der Volkswirtschaft an der Berliner Universität. Auf welche Weise es mir gelang, mich dem verhaßten Dienst zu entziehen, kann hier nicht geschildert werden. Endlich, Ende des Jahres 1917, wurde ich nach Spandau einberufen, und meine politischen Freunde rieten mir, nichts dagegen zu unternehmen, weil dort eine verhältnismäßig liberale Atmosphäre herrsche.

Als Student der Rechte wurde ich dem Gerichtsoffizier Hauptmann Kornfeld zugeteilt, der bald bemerkte, daß ich an den Fällen, in denen er Höchststrafen verhängte, so lange herumarbeitete, bis sie zu einer Bagatelle herabsanken. Er vergaß es mir nicht!

Vielleicht ist es in diesem Fall mit einem gewissen Interesse zu hören, was junge Menschen in diesen Jahren außerhalb des Dienstes taten. Zusammen mit Benedikt Kautsky, dem Sohn des großen österreichischen Sozialisten, leitete ich Arbeiterunterrichtskurse an der Berliner Universität. Von heute aus betrachtet, war es fast erschütternd zu sehen, wie junge und auch ältere Arbeiter nach schwerer

Tagesarbeit zu den Abendstunden herbeiströmten, um mit uns den ›Faust‹ zu lesen. Das Ziel war nicht Kühlschrank und Auto, sondern der Erwerb von Bildung. Und Wilhelm Liebknechts (Vater von Karl) weises Wort »Wissen ist Macht« durchdrang das Ganze.

Der Widerstand wuchs und ebenso der Fanatismus. Dieser erreichte im Jahre 1917 den Höhepunkt, als es aller Welt klar wurde, daß der Krieg verloren war. Es kam der 9. November 1918, der Tag der Revolution, und ich entfernte dem bösartigen Hauptmann Kornfeld die Achselstücke. Er selbst, feige und völlig verängstigt, erklärte, er möchte sich am liebsten erhängen, wogegen ich nichts einzuwenden gehabt hätte.

Am gleichen Tage ernannte mich der Stadtrat von Spandau zum Arbeiter- und Soldatenrat, den ich im gesamten deutschen Arbeiter- und Soldatenrat im Reichstag vertrat. Es war der erste Tag der Weimarer Republik! Wenige Tage später floh der Kaiser nach Holland!

William Borm wurde am 7. Juli 1895 in Hamburg geboren. 1914 machte er Abitur in Bautzen, meldete sich dann freiwillig zum Kriegsdienst und wurde 1915 Reserveoffizier. Nach dem Krieg studierte er Nationalökonomie und gründete 1928 eine Firma für elektrotechnische Spezialerzeugnisse in Berlin. Von 1950 bis 1959 war er in der DDR in Strafhaft wegen angeblicher Kriegs- und Boykotthetze. Von 1963 bis 1972 war er Mitglied des Abgeordnetenhauses von Berlin, 1965 bis 1972 Mitglied des Deutschen Bundestages, 1969 bis 1972 Mitglied des Europäischen Parlaments. Im September 1985 wurde er Ehrendoktor der Universität Leipzig. Er starb am 2. September 1987.

## William Borm
## Staatsbürgerkunde bei Hausmeister Lischke ...

Im einundneunzigsten Lebensjahr noch aktiv an der Politik, wenn auch stark eingeschränkt, teilnehmen zu können, ist nicht jedem vergönnt.

Sechs Regierungsformen habe ich durchlebt, teilweise durchlitten, so daß ich Vergleiche ziehen und in bescheidenem Rahmen Prognosen stellen kann, die sich auf Erfahrungen stützen. Die sechs Regierungsformen sind: das Kaiserreich, das ich teils in meiner Geburtsstadt, dem republikanischen Hamburg, und von meinem elften Lebensjahr an im Königreich Sachsen verlebte; dann folgten die Weimarer Republik, die Hitlerzeit, die heutigen beiden deutschen Staaten nach westlichem und östlichem Muster und endlich das nun schon vierzig Jahre andauernde Besatzungsregime in Berlin-West.

Und all das in einer Zeit, die trotz Ben Akiba erstmalig abläuft in totaler Veränderung der äußeren und inneren Lebensumstände, besonders aber in dem Tempo, in dem sich das vollzieht.

Mein individueller Lebenslauf ist von Höhen und Tiefen gekennzeichnet, wie sie selten vorkommen. Meine Familie ist im wesentlichen die meiner Mutter, vom Vater her erinnere ich mich nur noch dunkel an meine Großmutter, Hosche genannt. Großvater war Tischlermeister in einem holsteinischen Dorf, er hielt auf sich und sein Handwerk. Mein Vater hatte einen Bruder und eine Schwester. Mit seinem Bruder eröffnete er Mitte der achtziger Jahre des 19. Jahrhunderts in Hamburg eine Möbelfabrik, die Schwester wanderte aus. Damit ist die Chronik der väterlichen Familie erschöpft.

Anders die Familie der Mutter. Familienintern dominierte die Großmutter, eine Bäckermeisterstochter aus Krakow in Mecklenburg, die meinem Großvater dreitausend Taler in die Ehe einbrachte, mit denen er um 1850 in Hamburg eine Schmiede eröffnete. Er war der Jüngste von elf Kindern des Posthalters in Güstrow und sollte eigentlich als einziger der Nachkommen studieren; er sollte Pastor werden. Zielstrebig, wie er war, setzte er aber die damals fünf Jahre betragende Schmiedelehre durch und wurde schon nach viereinhalb Jahren Geselle.

Er war aus dem Holz, aus dem Industrielle geschnitzt werden. Aus der Schmiede, die mit einem Gesellen und einem Lehrling begonnen hatte, wurde durch ihn, fortgesetzt durch seinen ältesten Sohn, meinen Patenonkel William Busch, die einst bedeutendste deutsche Lokomotiv- und Waggonfabrik, Lincke-Hoffmann-Busch. Das Stammwerk lag in Bautzen/Sachsen, die weiteren Werke waren im deutschen Osten verstreut. Heute erinnert nur noch der Name im Rahmen des Salzgitterkonzerns an das Schicksal eines für die Zeit der Industrialisierung Deutschlands typischen Unternehmens. Es fiel der Politik zum Opfer. Als volkseigene Betriebe bestehen in der DDR noch mehrere der früheren Zweigwerke fort.

Wer in einem industriellen Milieu aufgewachsen ist, reagiert auf Wechselfälle des Lebens auf seine Art. Ein unbändiger Drang zur Freiheit und Selbständigkeit wohnt in mir. Das Leben hat mich unsanft gelehrt, von Freiheit den rechten Gebrauch zu machen. Freiheit hat mit Zügellosigkeit nichts gemein, Freiheit hat nur Bestand und Berechtigung durch die festeste aller möglichen Bindungen: durch die in Erfüllung der Pflicht preußisch geprägte Lebensführung, Pflicht gegenüber sich selbst und seiner Umgebung, den Menschen und der Natur.

Welche Spuren aber haben Erziehung, Familie und das untergegangene Kaiserreich hinterlassen?

Kurz nach der Jahrhundertwende schloß mein Vater seine Fabrik und ging mit meiner Mutter und mir nach Indien, um dort eine neue Existenz aufzubauen, mit Erfolg übrigens. Meine Mutter aber vertrug das Klima nicht, und wir zogen nach längerem Aufenthalt bei Freunden in London auf Betreiben meiner Großmutter zu ihrem ältesten

Bruder, William Busch, nach Bautzen. Dieser war der Chef der dortigen Waggonfabrik, die mein Großvater angekauft und in eine Aktiengesellschaft umgewandelt hatte. Er hatte das Technikum in Mittweida absolviert und war der Prototyp eines erfolgreichen modernen Unternehmers. Sein zweiter Beruf war Junggeselle aus Überzeugung mit allen Absonderlichkeiten, die einem solchen anhaften.

Meine Mutter übernahm die Führung seines Haushaltes, ich kam in die öffentliche Vorschule, nachdem ich in Hamburg die einzig dort mögliche, weil »standesgemäße« private Vorschule besucht hatte.

Der Schulwechsel glückte reibungslos, weil meine überdurchschnittlich begabte, wenn auch wenig lebenstüchtige Mutter mich in London privat unterrichtet hatte. Der Umgang mit meinen neuen Kameraden war zunächst schwierig. In Hamburg hatte ich mit den Kindern der alteingesessenen privilegierten Familien zu tun gehabt, jetzt mit dem normalen Durchschnitt aus bürgerlichem Milieu. Die vorübergehenden Blessuren waren heilsam, denn sie bauten den Hamburger Dünkel ab und machten aus mir einen ganz normalen Jungen.

Bautzen, damals wenig über dreißigtausend Einwohner, ist eine bemerkenswerte altertümliche Stadt, man nennt sie das sächsische Rothenburg. Sie ist Hauptstadt der zweisprachigen Oberlausitz. Die slawischen Sorben, auch Wenden genannt, siedeln vom Spreewald bis an die tschechische Grenze; die Symbiose mit den Deutschen hat festen Bestand. Die Wenden sind zäh, ihre Sprache und Tracht sind über Jahrhunderte hinweg bis heute erhalten geblieben.

Bautzen, das typische kleinere Zentrum einer Region, war aber auch eine bedeutende Garnisonstadt, Sitz verschiedener Stäbe und je eines Infanterie-, Artillerie- und Husarenregiments. Die Offiziere spielten jedoch keine besondere Rolle, schon gar nicht im Hause meines Onkels. Wir waren eben Hamburger, und in Hamburg traten Soldaten nicht sonderlich hervor. Das gesellschaftliche Leben in Bautzen spielte sich in getrennten Kategorien ab, in den Vereinigungen ›Société‹ und ›Ressource‹.

Das Königreich Sachsen war eingeteilt in fünf obere Verwaltungsbezirke, Kreishauptmannschaften genannt, diese ihrerseits in nachgeordnete Amtshauptmannschaften. Je eine von ihnen domizilierte in Bautzen, außerdem saßen dort Gerichte verschiedener Instanzen und die erforderlichen städtischen Behörden. Die höheren Beamten dieser Apparate bildeten die ›Société‹ zusammen mit Bürgern, die auf Exklusivität Wert legten. In der ›Ressource‹ dagegen waren das solide betuchte Bürgertum und Selbständige zu finden, nominell war mein Onkel dort Mitglied, ohne jedoch davon Gebrauch zu machen.

Zum gesellschaftlichen Leben gehörten auch noch die Besitzer der umliegenden sogenannten Rittergüter, die mit Aufhebung des Lehenswesens in deren Vollbesitz übergegangen waren. Diese Großgrundbesitzer hatten in der Stadt von alters her eigene Häuser, die Straße hieß denn auch Rittergasse. Bautzen war ebenfalls ein bedeutendes Schulzentrum mit fünf höheren Schulen und der erforderlichen Zahl von »höheren« und »zweiten« Bürgerschulen, beide letztere Arten achtklassig.

Obgleich das sächsische Königshaus, die Wettiner, die eine geraume Zeit auch Könige von Polen gewesen waren und deswegen trotz Luther wieder zum Katholizismus konvertierten (Paris ist eben eine Messe wert), war das Land mit Ausnahme der Wenden vor allem evangelisch. Die Katholiken spielten am Dresdner Hof eine Rolle. Die Bautzener Hauptkirche war geteilt, war eine sogenannte Simultankirche. Jede Konfession hat noch heute darin ihren eigenen Teil.

Der Umgang meines Onkels beschränkte sich auf wenige Familien, eine besonders frequentierte war jüdischer Herkunft. Fast jeden Sonntag hatten wir aus dem engen Kreis Gäste.

Eine bevorzugte Neigung meines Onkels war die Jagd, er hatte ein großes Revier mit einem Jagdhaus. Doch der Förster und Geschäftsfreunde besorgten den Abschuß, denn mein Onkel schoß kaum, er beobachtete lieber das Wild. Wenn er mich manchmal früh um vier Uhr mitnahm, war es ein Festtag für mich, denn besonders liebevoll wurde ich im allgemeinen nicht behandelt.

Im Jahr 1912 nahm mein Onkel auch den einzigen Sohn seiner anderen Schwester, deren Ehe gescheitert war, zu sich. Meine Mutter lebte jahrelang in Sanatorien und danach in Berlin, von 1917 wieder mit meinem Vater zusammen, der als letzter Deutscher aus Indien zurückgekommen war.

An meinen Vetter Herbert, den neuen Hausgenossen, stellte mein Onkel weit weniger Anforderungen als an mich. Heute bin ich ihm dankbar, daß er mir auch bei guten Leistungen entgegenhielt, ich könnte, wenn ich nur wollte, noch weit Besseres leisten. In schweren Zeiten meines Lebens haben mir die mir beigebrachten hohen Anforderungen an mich selbst entscheidend geholfen.

Das typisch großbürgerliche Niveau, in dem ich aufwuchs, hätte leicht zur Weltfremdheit führen können. Staatsbürgerkunde oder ähnliche Themen waren auf dem Gymnasium, das ich besuchte, ebenso wie auf allen anderen Schulen unbekannt; Politik war geradezu verpönt. Die Monarchie als Staatsform galt als sakrosankt. Der König sorgte für das Wohl seiner Untertanen, der Kaiser sorgte für das Reich und dessen Ruhm sowie für genügend Soldaten, denn besonders die Franzosen, so hieß es, trachteten uns nach Leben und Eigentum. Hätten nicht glückliche Umstände für Aufklärung gesorgt, ich wäre politisch blind geblieben wie so viele Bürgersöhne in meiner Jugend.

Meine Großeltern kamen jährlich für drei bis vier Monate aus Hamburg nach Bautzen und nahmen sich des mutterlosen Enkels an, das war der erste Glücksfall. Großvater lehrte mich auf langen Spaziergängen viel Unvergessenes. So die Relativität aller Dinge: »Der Vogel sieht die Welt anders als ein Vierbeiner, aber beide haben in ihrer Art recht.« Er übertrug das auf den Alltag. Heute erkenne ich darin seine tiefe Lebensweisheit.

Aus seinem eigenen Leben erzählte er zuweilen Begebenheiten, so diese: Zehn Jahre lang waren in seiner Schmiede in Hamburg Gesellen und Lehrlinge in Kost und Logis. Als dies zu Ende war, wollten seine Mitarbeiter, die inzwischen schlichtweg Arbeiter hießen, eine Lohnaufbesserung, die er aber nicht bewilligen wollte. Da kam der Altgeselle: »Herr Busch«, sagte er, »Ihre Frau verlangte von Ihnen für unser aller Essen und die andern Kosten auch von Zeit zu Zeit mehr Geld, und Sie haben gezahlt. Vergessen Sie das nicht.« Großvater hat es nicht vergessen, er hat mir diese Lehre vererbt.

Ein Weiteres. Von meinem 16. Lebensjahr an durfte ich nach dem Abendessen Zuhörer sein bei den Gesprächen am Kamin. Unter anderen waren Stresemann und Rathenau keine seltenen Gäste bei uns. Mit Stresemann, der damals noch strammer Nationalist war, gab es Auseinandersetzungen, denn mein Onkel lehnte jede Einseitigkeit ab. Es ging um Südwestafrika und den Herero-Krieg. Stresemann verlangte die härtesten Maßnahmen: »Totschießen, was vor die Flinte kommt, wie früher die Engländer in Amritsar.« Dort wurden die Aufständischen vor Kanonenmündungen gebunden. Mein Onkel: »Wer gibt uns das Recht, aus freien Menschen Knechte zu machen?« Und weiter: »Glauben Sie, daß Kolonien noch lange bestehen werden?« Die Probleme blieben ungelöst, vergessen habe ich nichts.

Ein Abend mit Walter Rathenau. Es ging um die industrielle Reservearmee, um Menschen, die bei Bedarf eingestellt und entlassen werden, wenn für sie keine Verwendung mehr ist. Rathenau und mein Onkel waren der gleichen Meinung, daß man diese Menschen während der Zeit der Nichtbeschäftigung nicht einfach sich selbst überlassen dürfe, sondern daß die Wirtschaft in ihrer Gesamtheit ihnen helfen müsse, sie sei ja auch auf sie angewiesen. Man bedenke, das war 1912, und es waren Industrielle. Allerdings dachten sie weiter.

Der wichtigste für mich war jedoch Vater Lischke: der Vorarbeiter in der Schmiede der Fabrik. Seine Frau und er waren Hausmeister in unserem Haus, sie wohnten im geräumig ausgebauten Dachgeschoß. Vater Lischke ist mir mein Leben lang unvergeßlich geblieben. Er ist noch heute für mich die Verkörperung des seiner selbst sicheren Sozialdemokraten, der mit Augenmaß seine berechtigten Ansprüche zu vertreten weiß. Ich verdanke ihm viel für den Umgang mit Menschen

*Links:* William Borm als Schüler im Jahr 1909. *Rechts:* William Borm (rechts) 1915 als Leutnant der Reserve.

als späterer Unternehmer in meiner eigenen Fabrik und auch in der Politik.

Das Haus verließ Vater Lischke morgens um 5.30 Uhr. Um 18.30 Uhr kam er zurück, sonnabends um 12.30 Uhr. Wenn sich Gelegenheit bot, war er gesprächsbereit, in der Regel sonntags von 11.30 Uhr bis 13.00 Uhr. Wenn dann mein Onkel aus der Fabrik nach Hause zum Essen kam, hatte ich bei Lischkes schon etwas von deren Essen abbekommen.

Vater Lischke war viel belesen und eine Art Philosoph. Er sprach mit mir aus seiner Sicht über Gott und die Welt, oft über die soziale Komponente des Lebens, und das in einer eingängigen Art, die ich als junger Mensch verstand. Über die Notwendigkeit von Streiks sprach er, über Sklaventum und Leibeigenschaft, über die in der Bibel konstatierte Gleichheit aller Menschen, über die tatsächliche Ungleichheit auf Erden und deren Gründe, über die aus der Kurzsichtigkeit der Herrschenden erwachsende Unvermeidlichkeit der Französischen Revolution und den, wie er es nannte, Verrat an ihr, über den 1905 gescheiterten Aufstand im Zarenreich (»in Rußland regiert ja gar nicht der Zar, sondern die Knute!«), über die Menschenrechte und Menschenwürde – er drückte sich weniger geschwollen aus – und über das, was in Zukunft unerläßlich sei und ich vielleicht schon erleben würde. Nichts blieb ausgespart.

Über das Gehörte sprach ich oft mit Großvater. Ich glaube, daß die beiden auch über mich und unsere Themen geredet haben, denn Großvater bestätigte das meiste, wenn auch manchmal aus anderer Sicht, desgleichen mein Onkel, wenn er mit seinem Vater in meiner Gegenwart darüber sprach. Hielten vielleicht beide mehr Wissen über soziale Fragen bei mir für erforderlich? Wie dem auch sei, ich weiß, daß ich ohne Vater Lischke in meinem Leben oft nicht richtig, das heißt in Würdigung der Interessen auch des anderen, gehandelt hätte.

Aus heutiger Sicht sehe ich in meiner Familie und bei Vater Lischke eine echte Liberalität! Liberalität als Geisteshaltung ist nicht dasselbe wie politischer Parteiliberalismus, dieser ist eng, weil er nur auf eine bestimmte Klientel und nicht auf das Ganze abzielt. Ich bin dankbar, daß die von mir nicht immer mit Erfolg angestrebte Liberalität mich einigermaßen heil durch das Leben geleitet hat. Sie ist das Öl, ohne das jede Maschine heißläuft und am Ende versagt.

Gesprächspartner unter meinen Freunden und im Lehrkörper des Gymnasiums hatte ich nicht, obgleich es eine bestbeleumdete Gelehrtenschule war, an der schon Melanchthon gewirkt hatte. Hat die damalige Ausklammerung politischer Themen aus den Schulen vielleicht heute noch Einfluß? Wie sollen in einer Demokratie Demokraten ihre Rechte wahrnehmen können, ohne von klein auf daran gewöhnt zu werden? Die Lehrsubstanz scheint mir wichtiger als der heutige Streit um die verschiedenen Schulformen.

Die Wolken zogen sich zusammen. In den Sommerferien 1914 brach der Krieg aus, die Blüte der deutschen Jugend wurde in Flandern geopfert. Keinesfalls möchte ich ein Kriegstagebuch schreiben, sondern nur das hervorheben, was mir politisch und gesellschaftlich von zeitgeschichtlicher Bedeutung zu sein scheint, es ist wenig genug. Zunächst jedoch die Chronik.

August 1914 Einjährig-Kriegsfreiwilliger bei den Bautzener Husaren, Notabitur mit einer Note, mit der sogar mein Onkel zufrieden war. Ab Oktober Meldereiter in Polen, Unteroffizier, ab April 1915 in Dresden Ausbildung am schweren Maschinengewehr, danach Frontdienst, inzwischen Leutnant der Reserve. Ende 1915 Scharlach. Nach dreimonatigem Lazarettaufenthalt bei Dresden nur noch garnisonsdienstfähig, Adjudant des Ersatztruppenteils. Ab Mitte 1916 Führer mehrerer Maschinengewehr-Scharfschützen-Kompanien bzw. -Schwadronen im Rahmen einer Eingreifdivision, die nach Bedarf überall an Brennpunkten eingesetzt wurde, unter anderem im Rumänienfeldzug. 1917 erlebte ich die russische Revolution an der Front im Baltikum. Mitte 1918 war der Militärdienst wegen offener Tuberkulose für mich zu Ende, das Kriegsende erlebte ich im Lazarett in Bad Reichenhall. Dezember 1918 Rückkehr zum Ersatztruppenteil in Dresden, April 1919 Entlassung und Übersiedlung nach Berlin zu meinen Eltern. Ende der Chronik.

Man sieht, es ist nichts Besonderes an meiner Militärzeit. Einigermaßen Bemerkenswertes über das Persönliche hinaus geschah während meiner Zeit als Adjudant nach dem Scharlach und auch während der jeweils kurzen Zeiten in der Heimat zwischen den Frontkommandos nicht. Im Stab waren zwei nur garnisonsdienstfähige Unteroffiziere tätig. Auch sie waren Sozialdemokraten und Gewerkschaftler in führender Stellung. Mit ihnen sprach ich oft und lange über Politik, Vater Lischke kam mir dabei sehr zustatten. Wir waren gegenseitig erstaunt: sie über meine und meiner Familie liberale Einstellung, ich darüber, daß die Sozialdemokratie weitere Mitglieder nach Art Vater Lischkes hatte. Der Ältere von beiden endete tragisch. Er wurde als Kriegsminister in der ersten republikanischen Regierung Sachsens von Linksradikalen von der Brücke in die Elbe geworfen und im Strom erschossen. So endete ein hoffnungsvolles Politikerleben.

Meist befaßten wir uns mit der Nachkriegszeit: »Nichts wird wieder so sein, wie es war.« Ausführlich sprachen wir zum Beispiel über das Verhältnis zwischen Staat und Wirtschaft. Wer hat den Primat? Der Gedanke an politisch mitwirkende Wirtschaftskammern wurde ins Gespräch gebracht, die in der Weimarer Republik als Wirtschaftsräte vorgesehen waren, aber nicht verwirklicht wurden. Ich halte sie mit meinen Erfahrungen auch heute noch für erforderlich. Man verzeihe, aber Erinnerungen sollten mehr sein als Belletristik, sie gewinnen an Wert, wenn daraus Lehren gezogen werden. Weitere Themen waren die vielen Berichte, die die beiden Unteroffiziere von genesenen Verwundeten bekamen. Sie enthielten nichts von dem praktizierten amtlichen Hurrapatriotismus und zeigten den Menschen in seiner Not.

Für mich begann damit ein weiterer nachhaltiger Lernprozess: Ob Kaiserreich oder Republik, ob Kapitalismus oder Sozialismus, alles wird von Menschen gemacht, und der Mensch ist das Maß aller Dinge. Je mehr eine Staatsform dem nicht nur mit Redensarten entspricht, um so größer ist ihre Existenzberechtigung, um so gesicherter ihr Bestand. Mein eigener Weg dahin heißt Liberalität.

Adrienne Gessner wurde am 23. Juli 1896 als Adrienne Geiringer in Wien geboren. Sie debütierte 1916 in Stuttgart als Schauspielerin. Nach Lehrjahren in München, Brünn und Wien kam sie 1924 zu Max Reinhardts Josefstädter Ensemble. 1933 heiratete sie den Schriftsteller und Regisseur Ernst Lothar und folgte diesem 1938 in die Emigration nach den USA. Sie zählte zu den wenigen deutschsprachigen Bühnenkünstlern, die sich in New York durchsetzen konnten, und feierte am Broadway große Erfolge. 1974 kehrte sie nach Wien zurück zum Theater in der Josefstadt und dann zum Burgtheater. 1984 stand sie zum letztenmal auf der Bühne. Sie starb am 23. Juni 1987.

## Adrienne Gessner
## Kunst und Caruso galten mehr als Politik

Als ich ein Kind war, hatte mir Katharina Schratt, die Freundin Kaiser Franz Josephs, einmal eine Puppe und einen Papagei namens Coco geschenkt. Aber ich kann nicht sagen, daß mir damals Monarchie oder Thron feste Begriffe gewesen wären. Sie waren etwas Selbstverständliches, so wie die Luft, die man atmet, ohne sich dessen bewußt zu sein. Wir lebten in der Kaiserstadt Wien. Wien war die k.u.k. Haupt- und Residenzstadt der österreichisch-ungarischen Monarchie, und in der Schule lernten wir die Kaiserhymne: »Gott erhalte, Gott beschütze unsern Kaiser, unser Land.« Das war eigentlich alles.

Gewiß hat zu dieser beinahe gleichgültigen Selbstverständlichkeit, mit der wir den monarchischen Status unseres Vaterlandes hingenommen haben, viel dazu beigetragen, daß wir nur zwei Mädeln im Haus waren, meine Schwester Gretl und ich. Mag sein, daß in Familien, in denen Buben waren, mehr von Politik und Militär und damit auch mehr vom Kaiser, vom Hof und von den Vorgängen in der Hofburg die Rede war. Bei uns war das anders, denn vor Damen – und vor allem mit Damen – sprach man nie über Politik, und was für Damen galt, galt auch für kleine Mädchen, sobald sie verstehen konnten, wovon die Rede war.

Ein zweiter Grund dürfte gewesen sein, daß sich in unserer Familie beinahe jedes Gespräch um die Kunst drehte. Mein Großvater mütterlicherseits, Karl von Bukovics, war Schauspieler und Direktor des Theaters in der Josefstadt gewesen, sein Bruder Eduard Direktor des Volkstheaters. Und mein Vater, Hofrat Gustav Geiringer, Professor an der Musikakademie, war einer der führenden Gesangspädagogen Wiens. So hatten wir, die wir eindeutig dem Bürgertum, also dem Mittelstand, angehörten und nicht der Aristokratie, dem industriellen Großbürgertum oder der »Haute Juiverie«, dennoch zu diesen drei oberen Gesellschaftsschichten Zutritt; wer mit Kunst zu tun hatte, war damals in Wien überall gelitten.

Sobald ich so gut Violine spielte (zum Gesangsstudium reichte meine Stimme leider nicht), daß ich mich »produzieren« konnte, wie man in Wien heute noch zu sagen pflegt, wenn talentierte Kinder auf Geheiß ihrer Eltern andern auf die Nerven gehen, wurde ich von meinem Vater des öfteren in Häuser, in denen er Privatstunden gab, mitgenommen, um im kleinen Kreis vorzuspielen. Mein Vater begleitete mich auf dem Klavier, und wir spielten zumeist Walzer von seinem geliebten Johann Strauß. Es war nicht lange her, daß Johann Strauß gestorben war. Drei Jahre war ich damals alt.

Drei der Häuser, in die ich so gelangte, sind mir unvergeßlich. Das eine war die prunkvolle Villa von Ida Gutmann-Wodianer, einer der reichsten Frauen Wiens. Ihr Mann war einer der berühmten »Kohlebarone« der sogenannten »Haute Juiverie«. Ida Gutmann, eine ganz und gar nicht schöne, aber sehr warmherzige und wohltätige Frau, trug früh, mittags und abends, zu Hause und in der Hofoper, auf Bällen, bei Wohltätigkeitsveranstaltungen und zu Diners lange, in verschiedenen Farben gehaltene Federboas; ich erinnere mich nicht, sie je ohne eine solche Boa gesehen zu haben.

Wenn wir mit den Eltern und der Mademoiselle – obwohl wir keineswegs reich waren: eine Mademoiselle zum Französischlernen hatten wir doch – den Sommer in Baden bei Wien verbrachten, schickte uns Ida Gutmann oft ihr geräuschloses Elektromobil. Das bedeutete nicht nur einen ebenso feinen wie gemütlichen High Tea, sondern auch, daß ich meine Geige einzupacken und vorzuspielen hatte. Ida Gutmann, die trotz einer fürchterlichen Stimme bei meinem Vater Gesangsstunden nahm, schien von meinem Violinspiel entzückt und sagte später immer wieder, daß diese musikalischen Teenachmittage zu ihren großen Freuden zählten.

Die weihnachtliche Gratulationscour hingegen – sie fand am 24. Dezember vormittags in ihrem Wiener Stadtpalais statt, wobei meine Schwester Gretl und ich französische Gedichte aufsagen mußten – sei ihr stets gräßlich gewesen, gestand sie mir einmal.

Nicht ganz so feierlich und fein – vor allem weil viel lauter – ging es im Hause des Großindustriellen Urban-Brevillier zu, der sein Vermögen einer Bleistiftfabrik verdankte. Ludwig Urban, ein Herr von großer Würde und Noblesse, hatte in zweiter Ehe eine hübsche, aber launenhafte und sehr primitive junge Frau geheiratet, die vor ihrer Heirat Knopfnäherin in Mariahilf, dem Wiener Warenhausbezirk, gewesen war. Die »Tante Emma«, wie wir sie nannten, hatte zwar eine schönere Stimme als Ida Gutmann, aber ein starkes Tremolo. In Wien sang sie wenig. Dafür um so mehr in ihrem Jagdhaus in der hintersten Steiermark, das nur über eine Schmalspurbahn und anschließend per Maultier zu erreichen war. Dort verbrachten wir einige trotz zweier Söhne und eines jungen Haushofmeisters ungeheuer langweilige Sommer, deren Höhepunkte für uns in Spazierfahrten mit einem Eselskarren und für die Erwachsenen in Karten- und Champagnerpartien bestanden. Nicht zu den Höhepunkten zählte es, wenn Tante Emma vorsang – angesichts ihrer Launenhaftigkeit blieb uns allerdings nichts anderes übrig, als irrsinnig zu applaudieren.

Das dritte Haus, in dem wir am 24. Dezember zur Gratulationscour anzutreten hatten, war das von Katharina Schratt. Frau Schratt, ihres Zeichens Hofschauspielerin und seit Jahrzehnten Freundin des Kaisers, unterhielt enge Beziehungen zu meiner Großmutter. Nach dem Tode meines Großvaters, des Theaterdirektors, war meine Großmutter beinahe mittellos, aber Katharina Schratt brachte es zustande, ihr eine kleine Pension zu verschaffen.

In dem Zimmer, in dem Frau Schratt ihre Weihnachtsgratulanten empfing, stand ein sehr langer, mit dunklem Samt überzogener Tisch. Ein seltsamer Glanz ging von ihm aus. Erst wenn man näher trat, erkannte man, was für eine Pracht hier ausgebreitet war. Da lag Schmuckstück an Schmuckstück aneinandergereiht, erlesenste, kostbarste Geschmeide: Weihnachtsgeschenke Seiner Majestät.

Wir waren nicht nur geblendet, soviel Glanz verschlug uns auch die Sprache. Meine Schwester und ich brachten die Gedichte, die wir einstudiert hatten, nicht über die Lippen. Die Großmama rettete die Situation: »Wir wollen nicht stören, nur fröhliche Weihnachten wünschen!«

Abends kam ein Diener und brachte uns als Weihnachtsgeschenk von Frau Schratt eine große Puppe und den Papagei Coco, der dadurch, daß er innerhalb weniger Tage sämtliche Familienmitglieder gebissen hatte, uns Kindern die Erinnerung an Katharina Schratt in unvergeßlicher Weise einprägte.

Das Haus von Frau Schratt war auf der Ringstraße, schräg vis-à-vis vom Hotel Imperial. Wir wohnten ganz in der Nähe, Kärtnerring 8, vis-à-vis vom Hotel Bristol und schräg gegenüber der Hofoper. In dieser recht vornehmen Gegend schloß ich in der Volksschule meine einzige innige Freundschaft ausgerechnet mit einer Hausbesorgers-

Adrienne Gessner als Schauspielschülerin in Wien etwa 1914.

tochter. Sie hieß Emma Mückl. Unser Freundschaftsband war das Gabelfrühstück. Ich bekam von zu Hause eine Schinkensemmel mit, Emma eine trockene Semmel und eine Rippe Kochschokolade. Da Emma nichts lieber als Schinkensemmeln und ich nichts lieber als Semmeln mit Schokolade aß, waren wir vier Jahre lang unzertrennlich.

Nach der Volksschule – ich habe Emma Mückl übrigens nie wiedergesehen – kam ich zuerst in ein feines Lyzeum, wo ich nicht gut tat, und dann in die evangelische Schule, in der mich vor allem Kunstgeschichte faszinierte. Vielleicht hätte ich bei diesem Gegenstand bleiben sollen. Jedenfalls habe ich es immer bedauert, nicht die Matura gemacht zu haben. Aber da kam jemand dazwischen: Enrico Caruso.

Caruso, bis heute der berühmteste Tenor aller Zeiten, gab 1911 ein Gastspiel in Wien und lernte bei dieser Gelegenheit meinen Vater kennen. Als er eines Tages bei uns im Salon erschien, führte er mit meinem Vater ein langes Fachgespräch über die Gesangskunst und ließ sich dann von ihm begleiten. Meine Mutter und meine Schwester heulten vor Glück und Ergriffenheit. Er sang uns vor, als wäre es das Natürlichste auf der Welt, und ich war in einem Taumel der Glückseligkeit und von diesem Augenblick an, dem schönsten meiner Jugendjahre, an die Welt, in der das Rampenlicht scheint, verloren.

Drei Jahre lang, 1911, 1912 und 1913, ging ich in jede Vorstellung, die Caruso an der Hofoper sang. Ich sah und hörte auch seinen letzten Auftritt in Wien als Don José in ›Carmen‹ und an diesem Abend war er so hervorragend wie vielleicht nie zuvor. Das Publikum bereitete ihm Ovationen. Nach diesem Abend ging ich nicht mehr in die Oper, und als ich ihm dies schrieb (wir korrespondierten noch jahrelang), sandte er mir eine Ansichtskarte mit den Worten: »Allez à l'Opéra, où on apprend toujours!« (Gehen Sie in die Oper, wo man immer dazulernt, Anm. d. R.)

Dann kam der 28. Juni 1914. Wir hatten an diesem Nachmittag Besuch, als plötzlich von der Ringstraße herauf Rufe zu hören waren: »Extraausgabe! Extraausgabe!« Mein Vater eilte hinunter und kam leichenblaß zurück. Auf der Titelseite des Extrablattes, das er in der Hand hielt, stand in großen Lettern: »Erzherzog Franz Ferdinand und Gemahlin in Sarajevo ermordet!« Jemand sagte leise: »Das kann ein Krieg werden.«

Ich hatte damals von Politik keine Ahnung und auch kein Interesse dafür, aber der allgemeinen Beklemmung, die den Raum erfüllte, konnte ich mich nicht entziehen. Indessen: Das Leben ging weiter, und da die Akademie für Musik und darstellende Kunst, in die ich inzwischen als Schauspielschülerin aufgenommen worden war, in die Ferien ging, zogen wir wie in den beiden Sommern zuvor mit Köchin und Stubenmädchen (der Hausrat war in Riesenkörben schon vorausgeschickt worden) wieder ins Salzkammergut auf Sommerfrische.

28. Juli 1914: Österreich-Ungarn erklärte Serbien den Krieg. Wir fuhren nach Wien zurück. Die Fahrt war ein Vorbote des Grauens, das kommen sollte. In unserem Coupé saß ein netter, junger Mann, mit dem wir uns angeregt unterhielten. Im Verlauf der Fahrt verließ er das Abteil und verschwand auf dem Gang. Wenig später hörte man einen Knall. Jemand zog die Notbremse. Der Zug blieb abrupt stehen. Polizei erschien, man brach eine Tür auf. Der junge Mann hatte sich auf der Toilette eine Kugel in den Kopf gejagt. Er war tot. In seiner Tasche fand man einen Einberufungsbefehl.

Mein Leben änderte sich. Äußerlich zumindest. Als die Akademie wieder begann, ging ich vormittags und zweimal am Nachmittag in den Unterricht, die übrigen Nachmittage verbrachte ich in der Poliklinik, wo ich mich als freiwillige Pflegerin gemeldet hatte. Auf Empfehlung der Fürstin Pauline Metternich wurde ich als Diätschwester eingesetzt. Welche Art von Diät die Verwundeten erhielten, läßt sich ahnen, wenn man weiß, daß die am häufigsten verabreichte Mahlzeit aus Kuttelfleck bestand.

So gern ich auch in die Poliklinik ging und trotz der erschütternden Erlebnisse, die ich dort hatte (ganz zum Unterschied von so mancher Erzherzogin, die sich damit begnügte, zu Weihnachten von Bett zu Bett zu gehen und Unverbindliches, doch, wie sie meinte, Tröstliches zu sagen) – mein Herz schlug, auch wenn ich am Bett eines Sterbenden sitzen und ihm die Hand halten mußte, bis er einschlief, nur fürs Theater. Wir waren ein begabter Jahrgang damals. Karl Farkas, der berühmte Komiker, hatte bereits ein Engagement. Elisabeth Bergner,

Grete Jacobsen, Martin Berliner und Valérie von Martens standen wie ich kurz vor dem Abschluß. Wir alle fieberten unserer Zukunft entgegen.

Vielleicht können es nur Künstler verstehen, wenn ich sage, daß der Krieg und alles Drum und Dran – als Verwundetenpflegerin wußte ich, um was für ein Drum und Dran es sich handelte – an uns beinahe schemenhaft vorbeizog. Sogar der Tod des alten Kaisers Franz Joseph und die Thronbesteigung des jungen Kaisers Karl haben sich meinem Bewußtsein weit weniger stark eingeprägt als der Telefonanruf eines Theateragenten namens Lanik, der mich fragte, ob ich bereit wäre, für ein Jahr ans Hoftheater nach Stuttgart zu gehen. Falls ja, würde sich der dortige Intendant, der Edle von Putlitz, der gerade in Wien sei, freuen, meine persönliche Bekanntschaft zu machen ...

Stuttgart war also die erste Station meiner Laufbahn. Wie es war, in Stuttgart, damals, im Winter 1916/17? Debütantinnen sind zu aufgeregt, um Kriege zu bemerken. Ich erinnere mich nur an die Pension Selinka in der Wührerstraße, an Raoul Aslan, der ebenfalls in Stuttgart engagiert war, an Adrienne von Bülow, mit der ich Freundschaft schloß und die mich bei einem Diner beim König von Württemberg, zu dem ich geladen war, beschützte, und an die Rollen, die ich dort zu spielen hatte. Sie waren eher klein.

1917/18 spielte ich in München an den Kammerspielen. Dort war schon so etwas wie eine Endzeitstimmung angebrochen. Ich, die völlig Unpolitische, geriet durch Otto Falckenberg, unter dessen Regie ich spielte, in den Kreis um Erich Mühsam, Lion Feuchtwanger, Leo Pasetti, Franz Theodor Csokor und Lotte Pritzel, die Königin der Schwabinger Boheme. Die immer länger werdenden Schatten der Zeit wurden in endlosen Debatten zerredet, bis der Morgen graute, oder in Alkohol ertränkt. Vornehmlich – und weil er am billigsten war – in Absinth.

1918, im Herbst, kam ich nach Brünn. Aus München, dieser so südlich angehauchten Stadt mit all ihren Höhepunkten und ihren beinahe lasterhaften Tiefen – wobei man mich aus dem allzu Bohemienhaften ohnehin herausgehalten hatte –, in eine so provinzielle Stadt wie Brünn versetzt zu werden, fiel mir von Anfang an unendlich schwer. Aber den Krieg spürte man in Brünn weniger als in Stuttgart, München oder Wien. Vor allem hatte man zu essen. Und nur Fronturlauber erinnerten einen hie und da daran, was wirklich vor sich ging.

Wenige Wochen nach meinem Debüt als Strindbergs ›Fräulein Julie‹ kam der Zusammenbruch oder der »Umbruch«, wie wir es damals nannten. In Brünn wurde er sehr gefeiert. Der Direktor des Brünner Theaters, Dr. Rudolf Beer, wurde von den Bühnenarbeitern in einer

Art Triumphzug über die Bühne getragen, als ob er etwas Entscheidendes zu diesem Umbruch beigetragen hätte.

An diesem Tag gab es keine Theatervorstellung, nur Feiern. Der größte Teil der Stadt jubelte bis in die Früh. Und auch für mich bedeutete der Waffenstillstand vom November 1918, daß das Ende des unsinnigen Massenmordens gekommen war und der Friede vor der Tür stand.

Daß dann nicht alles so rosig wurde, wie ich es in meinem ganz unpolitischen Hirn erdacht hatte, konnte ich nicht voraussehen.

Aber ich habe eine Entschuldigung. Ich war damals erst zweiundzwanzig.

Anneliese Pickel wurde am 4. Juli 1898 in der Provinz Posen auf Gut Sarbka im Kreis Wongrowitz geboren. Sie wuchs in Posen auf. Als die Stadt nach dem Ersten Weltkrieg polnisch wurde, zog sie mit ihrer Familie nach Gut Busow in Oberschlesien. Viele Jahre verbrachte sie als Frau eines Arztes in Berlin, heiratete nach seinem Tod ein zweites Mal und siedelte dann nach Bonn über, wo sie am 26. Februar 1987 starb.

## Anneliese Pickel
## Eine deutsche Stadt mit polnischer Mehrheit

Ich bin in Posen aufgewachsen, einer Stadt, die sich heut Poznan nennt. Damals, im Kaiserreich, war sie Hauptstadt der preußischen Provinz Posen. Die Mehrheit der Bevölkerung war polnischer Herkunft. Als Wirtschaftszentrum einer agrarischen Provinz sowie als Beamten- und Garnisonstadt hatte Posen jedoch durchaus »deutschen« Charakter.

Die Wirtschaft, vor allem das Bankwesen, wurde zwar mehr oder minder von Juden beherrscht, deren Zuzug bereits im späten Mittelalter eingesetzt hatte, die Verwaltung aber war ausschließlich deutsch. Und sie funktionierte hervorragend. Um 1900 überschritt die Zahl der Einwohner erstmals die Hunderttausendergrenze, und von nun an wuchs Posen, das 1793 durch die zweite Teilung Polens preußisch geworden ist und seit 1848 Provinzmetropole war, in einem solchen Tempo weiter, daß es bereits zehn Jahre später 156000 Einwohner zählte, soviel wie Krakau.

Das alles ist heute ja so gut wie vergessen.

Geboren bin ich allerdings in Sarbka, auf dem Gut meiner Großeltern mütterlicherseits, am 4. Juli 1898. Mein Großvater hieß Hermann Milbradt, meine Großmutter Emma war eine Pastorentochter aus Jenkendorf. Meine Mutter, als Paula Milbradt zur Welt gekommen, war achtundzwanzig Jahre alt, als sie mir nach meinem Bruder Kurt und meiner Schwester Margarete das Leben schenkte. Mein Vater Gustav Wittig, vom Scheitel bis zur Sohle preußischer Offizier, stand als Hauptmann des 6. Grenadierregiments in Posen.

Das Gut der Großeltern lag im Kreise Wongrowitz, etwa auf der Mitte zwischen Posen und Bromberg, und war tausend Morgen groß; sein Boden galt als mittelgut. Die Wittigs waren zwar in Posen zu Hause, verbrachten jedoch alljährlich ihre Ferien auf Sarbka. Wir fuhren dann nach umfangreichen und meist recht aufregenden Vorbereitungen mit der Eisenbahn nach Wongrowitz, wo uns eine Kutsche mit Halbverdeck erwartete, groß genug, uns alle zu verstauen. Ein zweiter Wagen stand für das umfangreiche Gepäck bereit. Auf ihm nahm auch unser »Mädchen« Platz, das selbstverständlich nach Sarbka mitgenommen wurde.

Das Gutshaus versteckte sich hinter einem Blumengarten, in dem Flieder, Malven und Nelken blühten, war aber nur einstöckig und alles andere als komfortabel. Ich erinnere mich an viele große Zimmer und eine geräumige Küche. In ihr waltete eine füllige Köchin ihres Amtes, die, ohne je in den heiligen Stand der Ehe getreten zu sein, mehrere Kinder hatte; eines davon wurde meinem Großvater zugeschrieben. Ihre Kochkünste waren eher bescheiden. Man darbte zwar nicht auf Sarbka, einfaches Leben galt jedoch als standesgemäß. Dem entsprach die Einrichtung der Küche. Der gemauerte Herd wurde mit Holz beheizt. Wasser spendete eine Pumpe auf dem Hof.

Ich bestaunte vor allem den großen Klapptisch an der Wand, an dem die Knechte und Mägde ihre Mahlzeiten einnahmen. Manchmal ließen sich auch die von Gut zu Gut wandernden Tippelbrüder an ihm nieder, um sich angemessen verpflegen zu lassen. Sie hielten das für eine Art von Deputat und murrten deshalb, wenn das Essen ihren Ansprüchen nicht genügte. Wenn die Freßpakete, die sie mit auf den Weg bekamen, keinen Speck enthielten, schimpften sie sogar. Ihr »Krieg ma hütt koa Speck?« habe ich heute noch in den Ohren.

Auch Zigeuner tauchten gelegentlich auf. Sie nächtigten, ohne zu fragen, mit ihren pferdebespannten Wohnwagen auf den Wiesen von Sarbka. Wollte man sie verjagen, wurden sie zornig und drohten damit, die Scheune in Brand zu setzen. Als Großvater sie einmal selbst zur Ordnung rufen wollte, verprügelten sie ihn jämmerlich.

Nein, mir fallen keine weltbewegenden Ereignisse ein, wenn ich an das Leben auf Gut Sarbka denke, aber viele kleine Episoden, die zeigen, daß das Dasein auf einem mittelgroßen Gutshof in der preußischen Provinz Posen seinen eigenen Gesetzen gehorchte.

Der Großvater ging gern auf die Jagd, am liebsten allein. Meine Mutter durfte ihn bisweilen begleiten. Sie war eine sportliche Frau: schlank, kräftig und gut trainiert. Ich sehe sie noch im Galopp über die abgeernteten Felder sprengen, im Damensitz natürlich.

Ich spielte gern mit den Hofkindern. Ställe und Scheunen boten ausreichend Gelegenheit, sich in stille, versteckte Winkel zurückzuziehen und somit den Augen der Erwachsenen zu entziehen. Meine beste Freundin war die Stellmachertocher Anna, mit der ich einmal im Garten des Nachbargutes Birnen stehlen ging. Der Besitzer überraschte uns und tat mächtig böse, meinte es aber nicht so. Wenn ich mit Anna durch die Landschaft streifte, trug ich meist die Holzpantinen, die ihr Vater extra für mich gefertigt hatte, auf meinen dringlichen Wunsch hin, aber heimlich, denn als Herrschaftskind durfte ich ja eigentlich nur in Schuhen gehen.

Am schönsten war immer die Erntezeit. Wenn die Gerste unverregnet eingefahren war, setzte Großvater Milbradt eine Bowle an. Zum Erntedankfest gab es außerdem Eis. Das war dann ein Festtag sondergleichen. Nicht nur für uns Kinder, sondern auch für die Erwachsenen.

Kurz darauf ging's dann nach Posen zurück, gleichsam in die große Welt, eine Großstadt mit vielen Gesichter: Beamten- und Soldatenhochburg, Kaiserstadt, kulturelles Zentrum und aufstrebender Handels- und Messeplatz zugleich.

Wir wohnten in einer Sechszimmerwohnung in einem Haus an der Nollendorfstraße, das einer Witwe gehörte, deren Mann ebenfalls Gutsbesitzer gewesen, aber hoch verschuldet pleite gegangen war. Die Wohnung bot ausreichend Raum, ließ aber manche Wünsche offen. Die Öfen blakten und qualmten, ebenso wie die Petroleumlampen, mit denen wir uns mangels Gas und Strom begnügen mußten. Immerhin gaben sie ein schummriges Licht, zumal meine Mutter dekorative Lampenschirme liebte. Sie liebte auch Blumen und üppige Blumengebinde und hatte überhaupt ein Herz für schöne Dinge, zum Beispiel für edles Porzellan, wobei sie als engagierte Preußin natürlich auf »Berlin« eingeschworen war.

Preußisch waren auch ihre Strenge und Sparsamkeit. Sie meinte es natürlich gut mit uns Kindern, aber wir hatten zu gehorchen und den Mund zu halten, wenn wir nicht gefragt waren, und damit basta. Die Töchter mußten noch an der Schwelle des Erwachsenseins um neun Uhr abends zu Hause sein, und selbst dafür benötigten sie eine Sondererlaubnis. Und selbstverständlich wurden wir ständig dazu angehalten, einen Groschen nicht nur einmal, sondern mehrfach umzudrehen. Den halbstündigen Weg zum Bäcker, der die besten »Knüppel« in Posen lieferte, hatten wir zu Fuß hinter uns zu bringen. Wenn Onkel Max aus Oberschlesien uns nach einem Besuch beim Abschied sein Standardgeschenk, ein silbernes Zweimarkstück, in die Hand gedrückt hatte, lautete ihre Standardfrage: »Hat der Max euch Geld gegeben?« Wenn wir sonntags zur Militärmusik in den Zoo marschierten, nahmen wir belegte Brote von zu Hause mit.

Das »Militärische« war damals nicht nur im Zoo, sondern in ganz Posen auf Schritt und Tritt präsent. Die Posener Garnison war sicher eine der bestbestückten des Reiches. Hier lagen drei Infanterieregimenter, die Königsjäger zu Pferde und ein Feldartillerieregiment, ein Fußartillerie- und ein Pionierbataillon, eine Maschinengewehr- und eine Fernsprechkompanie, später auch Flieger- und Luftschiffer, außerdem ein Korpskommando und die dazugehörigen Stäbe – und für die Kinder des Hauptmanns Wittig verstand es sich von selbst, daß sie sich in diesem furchteinflößenden Aufgebot an schimmernder Wehr genau auskannten.

An Anregung war ja kein Mangel. Soldaten sah man eben überall, nicht nur an Kaisers Geburtstag, am Sedanstag oder am Tag des großen Standortballes. Die Vielfalt der bunten Uniformen prägte sich ein, die dröhnenden Militärmärsche gingen in die Ohren, wir Soldatenkinder kannten sogar die Physiognomien der meist grimmig dreinschauenden Generale und Obristen, ebenso die Qualitäten und Mängel der in Posen stationierten Einheiten, die untereinander einen ständigen Konkurrenzkampf austrugen.

Auch die Schulen trugen einen immerwährenden imaginären Wettbewerb aus. Bei den Jungen lag damals das evangelische Friedrich-Wilhelm-Gymnasium vorn vor dem katholischen Mariengymnasium und der überkonfessionellen Berger-Oberrealschule. Ich selbst ging seit 1904 in die Königliche Luisenschule und verblieb dort bis zu meinem Abschlußexamen, das ich kurz vor Toresschluß noch im Jahre 1917 bestand.

Die »höhere Mädchenbildungsanstalt« trug den Namen der Prinzessin Luise von Radziwill, einer Nichte Friedrichs des Großen und Schwester des preußischen Prinzen Louis Ferdinand, die als Gemahlin des ersten preußischen Statthalters, des Fürsten Anton Heinrich von Radziwill, in der Hauptstadt des Großherzogtums Posen hofgehalten hatte. Ihre Lebensdaten zu kennen gehörte zur Allgemeinbildung. Wir wußten daher, daß sie die Mutter jener schönen Eliza von Radziwill gewesen war, die der spätere Kaiser Wilhelm I. in seiner Jugend so sehr geliebt hatte. Luisens Büste, von Rauch geschaffen, stand in der Aula, und wir Schülerinnen waren gehalten, ihr artig und respektvoll zu begegnen. Viele grüßten sie mit einem Knicks.

Die Schule selbst – sie lag in der Mühlenstraße – war, obwohl erst 1880 bezogen, ein altes verwinkeltes Haus mit vielen Treppen und An- und Umbauten und nicht gerade einladend. Aber daran gewöhnten wir uns bald, ebenso an unsere energische, autoritär regierende

Lehrerin Baldamus. Im Unterricht standen die geisteswissenschaftlichen Fächer obenan, doch wurden auch häusliche Fertigkeiten gelehrt, allerdings nicht mehr mit der Emsigkeit, wie das noch in ›Herzblättchens Zeitvertreib‹ und dem ›Töchteralbum‹ beschrieben worden war. Wir kannten diese Mädchenjahrbücher nahezu auswendig. Thekla von Gumpert, ihre Herausgeberin und Autorin, hatte nämlich ihre jungen Jahre in Posen verbracht. Ihre Bücher enthielten eine Menge Lokalkolorit, so daß es leicht fiel, uns mit ihnen zu identifizieren.

An »Kaisers Geburtstag« trugen wir selbstverständlich unseren Sonntagswichs. Dabei konnte es durchaus vorkommen, daß das Kleid der Hauptmannstochter Wittig von dem der kgl. Lokomotivführerstochter Herta Wagner – meiner besten Freundin, die das Wort »königlich« sehr ernst nahm – übertroffen wurde. Lediglich zwei Mädchen aus meiner Klasse pflegten demonstrativ in ihren Werktagsgewändern zu erscheinen. Sie waren Töchter polnischer Familien und zeigten auf diese Weise an, daß sie der Rummel um den Monarchen im fernen Berlin nichts anging. Lehrer, Lehrerinnen und Mitschüler mißbilligten das, hatten aber keine Möglichkeit, dem Übelstand abzuhelfen. Immerhin war Posen eine Stadt, deren Bevölkerung sich mehrheitlich – zu etwa 55 Prozent – zu Polen bekannte.

Die Kinder deutscher Familien hat das damals wenig beschäftigt. Aus den Gesprächen der Erwachsenen erfuhren wir gelegentlich, daß Straßenschilder abmontiert und zerschlagen, Bogenlampen mutwillig zerstört und öffentliche Anlagen verwüstet worden seien, und es verstand sich von selbst, daß man polnische Übeltäter dafür verantwortlich machte. Aber ich habe erst später erfahren, daß die Stadt Posen, in der ich so wohlbehütet aufwuchs, Zentrum der nationalpolnischen Bewegung war. Richtig klargeworden ist es mir erst, als wir zwei Tage nach Weihnachten 1918 feststellen mußten, daß sich die Stadt in polnischer Hand befand.

Die deutsche Verwaltung ist namentlich zwischen 1900 und 1914 unablässig bemüht gewesen, die ständige Zunahme des polnischen Bevölkerungsanteiles zu stoppen oder wenigstens abzuschwächen. Posen galt in dieser Zeit als Schoßkind des kaiserlichen Berlin. Die Konflikte und Spannungen, die dadurch ausgelöst wurden, sind aber ebenfalls kaum in unsere private Welt eingedrungen. Zwar wurde sowohl zu Hause als auch in der Schule Vaterlandsliebe gelehrt, die Probleme der Tagespolitik, noch dazu so lästige wie die der polnischen Widerspenstigkeit, blieben jedoch draußen.

In deutlicher Erinnerung habe ich aber noch, daß in Posen in den Vorweltkriegstagen viel gebaut wurde. Die Bautätigkeit kam – selbstverständlich – nicht zuletzt den deutschen Wohnbezirken zugute. Breite gepflegte Straßen, Villen und adrette Wohnhäuser, gepflegte

Vorgärten, eine funktionierende Kanalisation, neue Krankenhäuser und Kirchen, der Goethe-Park und der Schiller-Park, der Zoologische Garten und der Botanische Garten, das alles machte hier deutlich, wer in der Stadt das Sagen hatte.

Das kaiserliche Berlin setzte sich vor allem in der »deutschen« Neustadt in Szene. Hier entstanden schon um die Jahrhundertwende das Kaiser-Friedrich-Museum und die Kaiser-Wilhelm-Bibliothek. Um 1905 begannen nach intensiven Planungen die Arbeiten an der (1910 fertiggestellten) Kgl. Akademie, der Urzelle einer Universität, deren Tätigkeit sich zunächst allerdings nur auf die geistes- und rechtswissenschaftliche Fakultät erstreckte; äußerlich ein Ensemble im Stil der »Reichspostrenaissance« mit zahlreichen Hörsälen und einer festlichen Aula. Ebenfalls auf dem Gelände der früheren Festungsanlagen (die 1902 niedergerissen worden waren) wuchs gleichzeitig das Kaiserschloß heran, dessen wuchtigen Turm, der wie der gesamte Komplex der wilhelminischen Romanik verpflichtet war, ich noch deutlich vor Augen habe.

Am meisten hat mich allerdings das im September 1910 eingeweihte neue Theater interessiert, hinter dessen vornehmer klassizistischer Fassade sich ein amphitheatralisch ansteigender Zuschauerraum mit tausend Plätzen verbarg. Zu dieser Zeit hatte ich bereits mein Herz für die Bretter, die angeblich die Welt bedeuten, entdeckt, und da wir auch nach dem frühen Tod des Vaters (er starb 1906, ich war gerade acht Jahre alt geworden) wirtschaftlich in der Lage waren, uns gelegentlich einen (für Offiziersfamilien ohnehin verbilligten) Theaterbesuch zu leisten, wurde ich bald zu einer regelrechten Theaternärrin.

Ich muß allerdings hinzufügen, daß meine recht prüde Mutter diese Passion für extravagant, wenn nicht dubios hielt. Sie achtete also peinlich darauf, daß über dem Vergnügen die Bildung nicht zu kurz kam. Der sogenannten »leichten Muse« mißtraute sie zutiefst. Als mein Bruder, inzwischen in der Oberprima angelangt, heimlich ›Die lustige Witwe‹ besucht hatte, fühlte er sein Gewissen derart beschwert, daß er sich zu einer Beichte entschloß. Ich höre noch, wie er mit dem vielsagenden Satz »Muttchen, ich muß dir ein Geständnis machen« seine Selbstanklage begann. Muttchen war in der Tat sehr ungehalten. Sie hatte Lehárs Operette ebenfalls gesehen und hielt das Lied ›Dann geh' ich ins Maxim‹ für Primanerohren denkbar ungeeignet; sie fand es zudem ausgesprochen *shocking*, daß die Hauptdarstellerin, im Schaukelstuhl sitzend, ihre Beine bis zum Wadenansatz gezeigt hatte.

Ich selbst mußte daher erst sechzehn werden, ehe ich unbegleitet ins Theater gehen durfte. Um diese Zeit war bereits Krieg, dessen Ausbruch sich in meinem Gedächtnis ebenfalls tief eingegraben hat. Er überraschte uns auf Gut Busow in Oberschlesien.

Ich muß nachtragen, daß Gut Sarbka um 1905 verkauft worden war als Siedlungsland für deutsche Bauernhöfe. Die Großeltern Milbradt waren kurz darauf gestorben. Seitdem gehörte meiner Mutter die Hälfte des Gutes Busow, das von ihrem Bruder Max (unserem »Zweimarksonkel«) bewirtschaftet wurde. Daraus ergab sich die naheliegende Folge, daß die Wittig-Kinder einschließlich der strengen Mama ihre Ferien fortan in Busow verbrachten.

Das Gut lag nahe der Prosna im Regierungsbezirk Oppeln der preußischen Provinz Oberschlesien. Die Prosna, ein kaum vier Meter breites Flüßchen, markierte jahrhundertelang die Grenze zwischen den polnischen und schlesisch-piastischen Besitztümern, später zwischen Preußen und Österreich-Böhmen. Auf der preußischen Seite, also auf dem linken Prosnaufer, bildeten die Wasserpolacken – ihr Name wurde ohne jede Bosheit ausgesprochen – den Stamm der Bevölkerung. Im übrigen gehörte das Land einem Dutzend alter deutsch-polnischer Adelsgeschlechter, von denen allein die Lichnowskys über mehr als fünfzig Domänen verfügten.

Mit seinen 2500 Morgen war Gut Busow erheblich größer als Sarbka und dementsprechend besser ausgestattet. Das Herrenhaus lag in einem weitläufigen, von einer Steinmauer eingefaßten Park. Es war größer und komfortabler als das von Sarbka, mußte aber auch ohne Strom und fließendes Wasser auskommen. Die zahlreichen Petroleumlampen einmal täglich zu putzen war die Aufgabe des Kutschers, dessen Zeit auch für die Pflege des Schuhwerks in Anspruch genommen wurde.

Onkel Max führte das Gut, assistiert von zwei Vögten, von denen der eine für das männliche, der andere für das weibliche Personal zuständig war. Den Haushalt des unverheirateten Max hielt eine Hausdame in Ordnung. Frau Schuler war außerordentlich sparsam und umsichtig und fühlte sich dem Gut verbunden, als sei es ihr eigenes. Für die seelische Betreuung sorgte der Pfarrer, der allsonntäglich in der im Park gelegenen Kirche einen Gottesdienst abhielt, der anschließend mit einem herrschaftlichen Essen honoriert wurde.

Die Anwesenheit des Pfarrers änderte aber am Inhalt der Gespräche nichts. Nach dem obligaten Gebet sprach man über den Stand der Saaten, über den Kartoffel- und Rübenanbau, die Korn- und Mehlpreise, das Kören der Bullen und das Kalben der Kühe, das Ausmisten der Ställe und die Mucken der neuen Dreschmaschinen, und der Pfarrer wußte dabei ein sachverständiges Wort mitzusprechen. Und auch er trank seinen Schnaps aus Getreide oder Kartoffeln. Schnaps war ein Teil des täglichen Brotes, jedes Gut hatte daher eine eigene Brennerei. Sonntags gab's den Krupnik, einen sechsundneunzigprozentigen, der – mit Butter und Honig gemischt, mit Nelken und Zimt gewürzt – Leib und Seele wohlig aufheizte. Wie Onkel Max jedenfalls behauptete.

Die Ferien in Busow vermittelten jeweils eine Fülle neuer Eindrükke. Noch heute habe ich das erstaunliche Idiom der Wasserpolacken im Ohr, die zungenbrecherische Mischung aus Schlesisch und Polnisch mit undefinierbaren Einsprengseln, die wohl aus dem Jüdischen kamen. Waschechte Polen hegten erhebliche Ressentiments gegenüber diesem »verwässerten« Polnisch – daher auch der Name dieser christkatholischen Volksgruppe, die sich im übrigen durch Fleiß, Treue und Zuverlässigkeit auszeichnete.

Auch die Landschaft lebt unvergessen in mir weiter. Ich sehe sie noch vor mir: die erlenbestandene, träg dahinschleichende Prosna, in deren modrig riechendem Wasser sich so viele Fische tummelten, daß man sie mit einiger Geschicklichkeit mit der Hand fangen konnte. Auch die weiten Gevierte der Weiden und Äcker, in die sich hier und da kleine Wälder drängten, der hohe Himmel über dem flachbrüstigen Land, die armseligen Hütten mit ihren braungelben Strohdächern, die ungepflasterten, allenfalls geschotterten Straßen und dann natürlich Onkel Maxens Gutshof übten einen merkwürdigen Zauber auf die in der Militär- und Verwaltungsstadt Posen herangewachsenen Wittig-Kinder aus.

Hier in Busow also überraschte uns der Ausbruch des Krieges. Und auch hier verwandelte die Mobilmachung die dörfliche Idylle in einen Hexenkessel. Auch hier entstanden über Nacht Straßensperren, an denen Autos angehalten und auf verborgene Goldschätze oder gar Spione untersucht wurden. Die wehrpflichtigen jungen Männer rückten mit ihrem Gestellungsbefehl in die vorgesehenen Sammelstellen ab, viele betrunken, fast alle singend.

Ich erinnere mich auch noch der bedrückenden Heimfahrt nach Posen: einer Nachtfahrt, die endlos lange dauerte, weil immer wieder Militärzüge »vorbeigelassen« wurden. Wir kamen aber noch so rechtzeitig an, daß wir uns von unserem Bruder verabschieden konnten, der gerade die Kriegsschule in Potsdam absolviert hatte und nun als junger Leutnant dem Ruf des Kaisers folgte.

Die nächsten Wochen waren voller Angst und flatternder Unruhe. Die Grenze war ja nicht weit, und als sich die russische Dampfwalze schneller als erwartet in Gang setzte, war natürlich auch Posen von der Furcht erfüllt, überrollt zu werden. Diese Furcht hielt selbst dann noch an, als sich deutlich zeigte, daß die Offensive der zaristischen Armee auf Ostpreußen gerichtet war, und verschwand erst nach den Schlachten von Tannenberg und an den Masurischen Seen. Schon zur ersten Kriegsweihnacht konnten wir daher eine zeitgemäße Variation von ›O Tannenbaum‹ singen. Sie lautete:

O Hindenburg, o Hindenburg,
du kannst mir sehr gefallen ...
... Mit Ludendorff, mit Ludendorff
da kann man halt was machen.
Er ist fürwahr der rechte Mann,
den Hindenburg gebrauchen kann ...

Wir sangen das Lied mit um so größerer Inbrunst und Begeisterung, als Hindenburg ein Sohn der Stadt Posen war. Das bescheidene, klassizistisch angehauchte Bürgerhaus in der Bergstraße 7, in dem der Sieger von Tannenberg 1847 geboren worden war, verwandelte sich in eine nationale Wallfahrtsstätte, die Straße wurde in Hindenburg-Straße umgetauft, und die Zeitungen verfehlten nicht, darauf hinzuweisen, daß ein Onkel des ruhmreichen Feldherrn sowie etliche Verwandte aus der mütterlichen Familie auf dem Friedhof der Kreuzkirchengemeinde ihre letzte Ruhestätte gefunden hätten. Der Hindenburg-Rummel steigerte sich noch, als der Sieger von Tannenberg sich mit seinem gesamten Oberkommando im Posener Kaiserschloß einquartierte; allerdings nur kurze Zeit, denn nach der Eroberung von Warschau (die noch von Posen aus geplant wurde) siedelte Ober-Ost nach Kowno über. In die frei werdenden Räume im Schloß zog ein Lazarett ein.

Im übrigen verlief das Leben bald wieder normal – soweit man von Normalität sprechen kann, wenn Schlachten und Verlustmeldungen zum täglichen Nachrichtenstoff gehören. Der Posener Markt war zwar nicht mehr so reich beschickt wie in den Jahren des Friedens, da riesige Mengen Butter in brotähnlicher Form, das Pfund zu sechzig Pfennig, auch Eier in Hülle und Fülle, eine Mandel gleich fünfzehn Stück ebenfalls für sechzig Pfennig, den Wohlstand der Agrarprovinz Posen anzeigten, aber das Angebot reichte zum Leben vollauf aus. Und wer wie wir noch regelmäßigen Nachschub aus Busow bekam, konnte sich wirklich nicht beklagen. Einen Steckrübenwinter haben wir in Posen jedenfalls nicht erlebt.

So sind meine Erinnerungen an die Kriegsjahre eigentlich recht ziviler Art, fast als wenn wir auf einer abseitigen Insel gelebt hätten. Ich beendete meine Schulzeit und bereitete mich in dem der Luisenschule angegliederten Seminar auf das Lehrerinnenexamen vor. Im übrigen ging ich fleißig ins Theater, das unter seinem Intendanten Franz Gottscheid wie im tiefen Frieden weiterspielte, und zwar das gesamte gängige Repertoire, den Ansprüchen und Wünschen des deutschen Bildungsbürgers entsprechend. Im Schauspiel vor allem also Klassiker. Ich erinnere mich zum Beispiel noch einer Aufführung von Grillparzers ›Sappho‹, in der in der Rolle der Sklavin Melitta eine junge Naiv-Sentimentale debütierte, die Emmy Hildebrand hieß – als

Hilde Hildebrand gelangte sie in den zwanziger und dreißiger Jahren zu glitzerndem Filmruhm. Ihr Name war allerdings auch auf den Programmzetteln von Operetten vertreten, die gleichfalls zum festen Bestandteil des Spielplanes gehörten.

Gottscheids Hauptinteresse galt jedoch der Oper. Ich habe also ausgerechnet während des Ersten Weltkrieges fast alles kennengelernt, was in der Opernliteratur Rang und Namen hat: den ›Don Giovanni‹ und den ›Rosenkavalier‹, ›Aida‹ und ›Tannhäuser‹ – und außer Webers ›Freischütz‹ sogar den wenig gespielten ›Oberon‹. Und da ich selbst eine vielversprechende Stimme hatte, bekam ich außer den obligaten Klavierstunden, die für die »höhere Tochter« ohnehin verbindlich waren, auch Gesangs- und Sprechunterricht, den einen beim Tenor Papstdorf, den anderen beim Schauspieler Bermecker. So träumte ich bereits von einer Bühnenkarriere, obwohl meine Mutter mich vorsorglich darauf aufmerksam machte, daß sie dieser Absicht wenig Verständnis entgegenbrächte – und daß ich keinesfalls Hosenrollen spielen dürfte.

Ihre Sorgen waren unbegründet. Am 27. Dezember 1918, einen Tag nach Weihnachten, inszenierten die Polen, die sich während des gesamten Krieges ruhig, wenn nicht sogar loyal verhalten hatten, einen Aufstand. Und eh' wir so recht begriffen hatten, was vor sich ging, war Posen polnisch – und alle unsere Zukunftsplanungen Makulatur.

Einige Zeit später verließen wir die Stadt, nachdem wir uns wie die überwiegende Mehrheit unserer Landsleute für die Beibehaltung der deutschen Staatsbürgerschaft entschieden hatten. Der Abschied war schmerzlich, erfolgte aber unter Bedingungen, die sich von der Austreibung der Deutschen nach dem Zweiten Weltkrieg vorteilhaft unterschieden. Wir wurden korrekt, wenn auch nicht gerade freundlich behandelt und konnten am Ende den größten Teil unseres Mobiliars und unserer Wertsachen mitnehmen. Meine Mutter, die im Osten aufgewachsen war, verstand sich allerdings auf die sanfte Kunst, die Repräsentanten der neuen Herrschaft durch freiwillige, nicht zu gering bemessene Geschenke so weit für sich einzunehmen, daß sie ein Auge zudrückten.

Ich war zwanzig Jahre alt, als wir Posen, das sich nun Poznan nannte, verließen: ein behütetes junges Mädchen, das, mit Schule und musischer Ausbildung beschäftigt, die Dramatik des Umbruchs kaum begriffen hatte; dunkel spürte ich aber, daß meine Jugend damit zu Ende gegangen war, ein neues Kapitel im Buch meines Lebens begonnen hatte.

Ilse Langner wurde am 21. Mai 1899 in Breslau geboren. Schon mit vierzehn Jahren veröffentlichte sie ihren ersten Gedichtband. 1928 wurde das erste ihrer Dramen veröffentlicht: ›Frau Emma kämpft im Hinterland‹, das erste Antikriegsstück einer Frau. Bis in die sechziger Jahre hat sie zahlreiche Romane, Gedichte und weitere Dramen geschrieben. Sie unternahm mehrere Weltreisen und hielt im Ausland Vorlesungen an Goethe-Instituten. Ilse Langner starb am 16. Januar 1987 in Darmstadt.

## Ilse Langner
## ... da aber dröhnte Marschmusik

Blumen waren den ersten ausziehenden Soldaten an die Läufe der Gewehre gebunden, in die Knopflöcher gesteckt, an die Helme, auf die Tornister, und wie ihre Uniformen mit Sträußchen, so waren ihre heißen Gesichter mit einem Lächeln aufgeputzt, manche taten auch stolz, denn nun waren sie plötzlich Helden und wußten doch noch nicht, was das eigentlich war – nach vierzig Friedensjahren. Die Frauen waren stolz auf ihre Männer und Söhne und Brüder, mochten sie auch gestern noch mit ihnen gezankt haben – aber wo lag gestern? Im goldenen Dunst des Friedens, und sie alle, Männer und Mädchen und Frauen, blickten fast verächtlich dahin zurück.

Es gab Krieg, der Kaiser hatte von schimmernder Wehr gesprochen, und sein herrlicher Helm hatte in der Sonne geblinkt, er kannte auch keine vaterlandslosen Gesellen mehr – nur noch Deutsche, die wie Helden zu kämpfen und zu sterben bereit waren.

Krieg war herrlicher noch und blanker als selbst des Kaisers adlergeschmückter Helm, Krieg war ein hinreißendes Abenteuer – und wenn sie durch den Tunnel der sonnenglühenden Zeit, durch den Nebel des Herbstes blickten, dann strahlte am Ende ein mit bunten Glaskugeln, Schokoladenkringeln und Eisernen Kreuzen geschmückter Christbaum. Denn Weihnachten war der Krieg zu Ende. Der Kaiser und alle, die um ihn waren, hatten es prophezeit.

Ich war fünfzehn Jahre alt – und war die einzige, die weinte, als die Soldaten auszogen. Ich hatte meinen Vetter begleitet, mit dem ich noch im Juli arglos durch den Wald getobt war – ich hatte ihn geneckt, und er hatte mich mit den langen Zöpfen an eine junge Birke binden wollen, aber ich war lachend weggesprungen. Ernst genommen hatte ich den Vetter Erich nie. Nun aber war er imponierend in seiner Uniform.

Ich hatte Respekt vor ihm, schon weil ich ihn lange nicht wiedersehen würde – aber Weihnachten würde er zuerst nach Breslau kommen und dann erst nach Hütte zu seinen Eltern ins Posensche heimkehren.

Ich lachte nicht, obgleich er mich am Zopf zog, er lachte auch nicht, er schwitzte, und ihm war ungemütlich, vielleicht hatte er auch anständigerweise Angst. Nicht vor dem Tod, denn keiner würde fallen – dies war ebenso sicher wie der Sieg –, siegen hieß ja in der Übersetzung in das Soldatendeutsch: nicht sterben, nicht von Kugeln getroffen, von Granaten zerfetzt werden.

Er empfand Angst vor dem Ungewissen. Vor dem Nie-Erlebten. Von dem auch sein Vater, der Onkel Karl mit dem langen schwarzen Bart, nichts wußte – und so machte Erich ein ziemlich dummes Menschengesicht, nicht klüger als ich, er trug noch nicht die Maske des Gehorsams.

Plötzlich war alles verändert. Ein Rucken ging durch Männer und Frauen, sie mußten sich trennen, zum ersten Male war nicht der Heldenstolz der Mütter und Frauen, das gewaltsam Tapfere der jungen Einberufenen an ihren Gesichtern abzulesen, in ihren Händen, in den ungeschickten Umarmungen – sie fühlten, daß nun der Abschied da war ... Der Abschied, die Trennung – und das »Wiedersehen!« klang nicht glaubwürdig.

Einige Frauen weinten, und die jungen Burschen faßten ihre Karabiner fester. Die kleinen Töchter hörten auf, um die gestiefelten Beine des Vaters und die langen Röcke der Mutter herumzuspielen. Die Truppe trat an und verzog Mienen und Glieder vorschriftsmäßig.

Ein jäher weher Schrecken hing wie eine graue Wolke über dem Kasernenhof zwischen Sonne und Sand ... da aber erdröhnte die Marschmusik. Die Gesichter leuchteten auf, die Soldaten zogen aus – und mancher noch seinen Schatz am Arm. Die Musik zerschlug die

Ilse Langner im Alter von elf Jahren.

Angst, die dumpfe Ahnung – sie dröhnte vor Entschlossenheit. Die künftigen Helden fingen an zu singen, erst schüchtern, aber da die Trommeln und Trompeten Mut und Trunkenheit weiter in die Fortziehenden schlugen, in ihre aufgeschreckten Herzen, stieß auch bald das Lied lauter aus ihnen, es machte ihnen Luft und Lust.

Ich fing an zu heulen. Es geschah Gewalt mit der Musik, ich fühlte, daß auch meine Beine unter meinem erschrockenen Körper sich taktmäßig in Bewegung setzten, ich lief mit, ich heulte und lief, ich schluckte und marschierte und rief: »Erich!« Nur um einen Verwandten anzurufen, der mich doch verstehen mußte. Aber Erich hatte die große Verwandlung schon durchgemacht, er war nicht mehr mein Verwandter, er war nicht mehr Vetter, Sohn, Bruder, er war Soldat. Und wenn er nach Mädchenzöpfen fassen würde, dann als Sieger – und wenn sie auch davonlaufen würden, er würde sie doch einholen …

Ich entsetzte mich. Ich habe den Schrecken noch heute in den Gliedern, ich kann noch immer keine Militärmusik hören, noch keine mächtige, mich hypnotisierende, großartige Musik. Seit dem 1. August 1914 bin ich mißtrauisch gegen alle großen Töne … Weil ein Zauber in ihnen ist. Selbst wenn ich widerstrebe mit meinem Willen, meinem Verstand – und heule, daß ich nicht mehr sehen kann, ob ich Erich oder einem fremden Soldaten noch einmal die Hand zu geben versuche, spüre ich doch ein Zucken in den Armen und Beinen bis in die Seele, und es reißt mich fort, als wäre ich es nicht mehr.

Erich fiel 1917 in der Türkei auf einem Patrouillengang. Um das Forsthaus Hütte nahe Posen schrien in der gleichen Nacht die Käuzchen, und die Fensterläden schlugen, obgleich kein Wind war. Meine Tante Welly stand auf und ging durch das alte Haus. Als sie zurückkam, sagte sie: »Jetzt haben wir nur noch Hugo.«

Wenn ich einen Marsch höre, erschrickt etwas in mir noch heute, und ich möchte weit weggehen.

Herbert Richter wurde am 30. Juli 1899 in Dresden geboren. 1917 machte er das Notabitur, von 1918 bis 1919 leistete er Kriegsdienst. 1922 machte er das juristische Referendarexamen in München. 1924 wurde er als Attaché ins Auswärtige Amt einberufen und war in den folgenden Jahren bei verschiedenen Botschaften tätig. 1947 wurde er Referent für Völkerrecht im Zentraljustizamt für die britische Zone. Von 1957 bis 1964 war er Botschafter in Bagdad, Tunis und Algier. 1964 wurde er Präsident des Deutschen Orientinstituts.

Herbert Richter

## Die Armee im roten Königreich

Am 9. November 1918 lag ich, ein kaum neunzehnjähriger königlich sächsischer Leutnant, schwer verwundet auf einer Bahre im Bahnhof des kleinen flandrischen Städtchens Alst. Um mich herum stapften meuternde Etappensoldaten in aufgeschlitzten Mehlsäcken herum, die für die Feldbäckerei an der Front bestimmt waren. Ein Gefühl ohnmächtigen Zornes erfaßte mich; eine Welt, in der ich aufgewachsen war und an die ich geglaubt hatte, brach zusammen.

Das Kaiserreich, das am 9. November endete, war zweifellos ein militärischer, besser gesagt, militaristischer Staat. Der Offizier genoß im ganzen Volk hohes Ansehen dank des siegreichen Krieges von 1870/71; in Preußen, dem im Reich führenden Bundesstaat, kamen dazu noch die Feldzüge von 1864 und 1866, die Befreiungskriege und die Tradition des Alten Fritz. Mein Vater und die Brüder meiner Eltern waren aktive, zwei »wenigstens« Reserveoffiziere. So wurde ich in einem militärischen Milieu groß.

In unserem Stadtviertel Dresdens wohnten ausschließlich Offiziere. Das tägliche Leben spielte sich in allen Häusern mehr oder weniger gleich ab. Am Morgen standen die Ordonnanzen – »Burschen« genannt – mit den Pferden bereit, die Herren ritten zur Kaserne oder direkt zum Exerzierplatz, von wo sie erst am späten Nachmittag zurückkehrten. Mein Vater hielt darauf, daß auch ich frühzeitig reiten lernte, was ich manchmal etwas hart empfand; doch ist es mir später zugute gekommen.

Auch abends zu Hause gab es für die Offiziere, vor allem für die höheren, kein Ausruhen. Taktische Arbeiten wurden angefertigt, Verwaltungs- und Personalakten erledigt, und schließlich begann der gesellschaftliche Betrieb, der ebenfalls zum Dienst gehörte. Für das Privatleben blieb wenig Zeit. Es wurden hohe Anforderungen an den Offizier gestellt, die Auslese war scharf.

Mancher, auch einer meiner Onkel, scheiterte an der sogenannten Majorsecke, die überwunden werden mußte, um zu den höheren Stellen zu gelangen. Die militärischen Tugenden – Disziplin, Mannesmut, Ritterlichkeit, Kameradschaftsgeist – wurden bewußt gepflegt.

Zweifellos bildete sich im Offizierskorps ein gewisser Kastengeist mit unerfreulichen Nebenerscheinungen heraus. Es gab Rivalitäten zwischen den einzelnen Waffengattungen und Regimentern, »die Garde« blickte auf die »Linie« hinab, die »Kameraden von der hohen Nummer«, das heißt die neugegründeten Regimenter mit den Nummern über hundert. Auch zeigten manche Militärs eine gewisse Arroganz gegenüber den Zivilberufen.

Lächerlich war das weitverbreitete Streben nach Orden, waren die »Halsschmerzen«, so genannt nach dem Wunsch, mit einem Komturkreuz, also einem Orden »zum Halse heraus«, ausgezeichnet zu werden. Der ›Simplicissimus‹, damals das beste Witzblatt, karikierte den Leutnant mit Monokel und näselnder Sprache. Aber das waren doch Nebenerscheinungen, wie sie sich in einer langen Friedensperiode herausbilden. Im ganzen war das Heer ausgezeichnet geschult, kriegstüchtig wie kaum ein anderes, das wurde auch im Ausland und von Feindesseite anerkannt und zeigte sich 1914 bis 1918. Der Offizier wußte zu kämpfen und zu sterben, ohne mit der Wimper zu zucken, die Offiziersverluste waren ungeheuer, von den Leutnanten fielen vierzig Prozent.

Daß das Heer schließlich einer überwältigenden Übermacht erlag, war begründet in der Quantität, nicht Qualität, in strategischen Fehlern der obersten Heeresleitung, in der Schwächung durch schlechte Ernährung, vor allem aber in einer verhängnisvollen Außenpolitik, die dem Heer eine Aufgabe stellte, die es wegen seiner eklatanten zahlenmäßigen Unterlegenheit einfach nicht bewältigen konnte.

So wuchs ich, 1899 geboren, in einem vom Militär geprägten Elternhaus auf. Das andere erzieherische Element war die Schule. Ich liebte sie nicht, empfand sie als Beschränkung meiner Freiheit wie die meisten Kinder und kann mich nicht erinnern, auch nur einen Tag gern hingegangen zu sein. Die Vorschule, in Dresden »Bürgerschule« genannt, die zum Gymnasium hinführte, war ein düsterer, kasernenähnlicher Bau, die Klassen waren mit durchschnittlich vierzig Kindern überfüllt, in den Räumen stand entsprechende muffige Luft. Ich verlor rasch meine rotbäckige Gesichtsfarbe.

Für manche Kinder bedeutete die Schule ein wahres Martyrium; reichhaltige Hausaufgaben verdarben ihnen die karge Freizeit und ließen sie nicht zum Spielen und an die frische Luft kommen. Es wurde damals noch viel geschlagen; der Rohrstock lag griffbereit über dem Katheder und wurde fleißig gebraucht, und zwar nicht nur wegen ungebührlichen Verhaltens, sondern auch wegen mangelnder Leistungen. Ich empfand das als ungerecht, denn ich sagte mir: Was kann so ein armes Kind für seine Minderbegabung. Noch heute steht mir das Bild eines Mitschülers vor Augen, der im Diktat eine »Vier« geschrieben hatte (die »Vier« war die schlechteste Zensur). Der Lehrer griff schon zum Rohrstock, da kniete der arme Junge nieder und hob flehend seine Hände. Gott sei Dank hatte der Lehrer ein Einsehen! Die Klasse allerdings fühlte sich um ein Schauspiel betrogen, und es ist mir heute noch unverständlich, daß die Schulverwaltung das Schlagen zulassen konnte. Es weckte bei den zusehenden Kindern geradezu sadistische Instinkte.

Im Gymnasium war körperliche Züchtigung verboten, doch wurde diese Vorschrift nicht immer beachtet. Manche Lehrer teilten »Kopfnüsse« aus, einige zogen an den Ohren oder Haaren. Immerhin muß ich heute sagen, daß die meisten der »Pauker«, wie wir sie nannten, im Grunde recht wohlwollend waren und manchen Unsinn, auch manche Frechheit der Schüler mit bewundernswerter Geduld ertrugen.

Da mein Vater mehrfach versetzt wurde, mußte ich bei jedem Garnisonswechsel ein neues Gymnasium beziehen, was mich nicht weiter störte, da ich, wie gesagt, ohnehin ungern zur Schule ging. Die letzten drei Jahre vor dem Abitur war ich auf dem Vitzthumschen Gymnasium in Dresden. Es lag nahe dem Hauptbahnhof, wohin ich täglich mit dem Vorortzug von Pirna aus fuhr, der Garnison meines Vaters. Das Gymnasium war aus einer Stiftung der Grafen von Vitzthum hervorgegangen. Es wurde nach modernen Gesichtspunkten geführt und genoß einen guten Ruf, wurde auch gern von den Söhnen der zahlreichen vor 1914 in Dresden lebenden Ausländer besucht.

Sehr geschätzt wurde von uns Schülern, daß es keine Hausaufgaben gab; die Lehrer erledigten den Stoff, wie es eigentlich auch sein mußte, in den Unterrichtsstunden. Sie bildeten eine gewisse Elite wie der ausgezeichnete Pädagoge Schilling, der auch die königlichen Prinzen unterrichtete, der Historiker Guba oder der Physiker Günther, die es mit jedem Universitätsprofessor hätten aufnehmen können. Ihre Fächer interessierten mich, so erhielt ich in ihnen auch gute Noten.

Überhaupt waren meine wissenschaftlichen Leistungen immer so, daß ich mich in den oberen Regionen der Klasse bewegte – um so mehr ließ mein Betragen zu wünschen übrig. Verhältnismäßig harmlos war noch, daß ich über die Lehrer lachte, wenn mir bei ihnen eine Eigenheit, ihr altmodischer Anzug oder sonst irgend etwas komisch vorkam. Das nahmen die Herren verständlicherweise übel und verpaßten mir dafür manche Stunde Arrest, das heißt Nachsitzen.

Gefährlicher war ein Streich, den wir einem alten, schon etwas senilen, in der Kriegszeit reaktivierten Lehrer spielten. Wir drehten die Hähne der Gasleuchter, die wir damals noch hatten, halb zu, so daß das ausströmende Gas einen pfeifenden Ton von sich gab. Als der alte Herr die mißtönende Musik bemerkte, stürzte er zum Rektor. Der kam wütend herein, fragte nach den Schuldigen und drohte, die ganze Klasse in den Karzer zu schicken, wenn sich die Missetäter nicht meldeten. Es entsprach unseren Schülerehrbegriffen, daß wir uns zur Tat bekannten, und so mußte ich eine Stunde Karzer in einem Zimmer absitzen, das der Hausmeister von außen abschloß.

Zur Erziehung und Bildung gehörte damals auch die Beherrschung der französischen Sprache. Da der Schulunterricht hierfür nicht ausreichte, engagierten die sogenannten besseren Familien für ihre Kinder eine »Mademoiselle«, die ein oder mehrere Male wöchentlich ins Haus kam, gelegentlich auch permanent in der Familie wohnte. Ich mochte meine »Made«, wie wir sie nannten, ganz gern und verbesserte bei ihr mein Schulfranzösisch, das sich auf das Lesen der Theaterstücke von Molière, Racine oder anderer Klassiker konzentrierte, natürlich auch auf die Fabeln von Lafontaine. Damit allein wäre ich nicht imstande gewesen, ein Eisenbahnbillett zu kaufen oder im Restaurant eine Bestellung aufzugeben.

Französisch wurde mehr kultiviert als Englisch, dem im humanistischen Gymnasium nur in den obersten drei Klassen je zwei Wochenstunden eingeräumt waren und auch diese nur wahlweise mit Hebräisch – bei je neun Stunden Latein und Griechisch! In manchen Familien gab es deshalb neben der »Made« noch eine »Miß«.

Wie das Heer, so war im Kaiserreich auch die zivile Verwaltung gut geordnet. Sie funktionierte reibungslos. Der Landrat – in Sachsen Amtshauptmann genannt – und natürlich noch mehr der Regierungspräsident herrschten wie Könige in ihrem Bezirk. Es gab, verglichen mit heute, nur wenige und deshalb hochangesehene Beamte; der Staat griff noch nicht in so viele Gebiete des öffentlichen und privaten Lebens ein wie heute. Daß der Beamte völlig integer war, hielt man für selbstverständlich, Korruption war unbekannt.

Die Beamten, gut geschult, im höheren Dienst ausschließlich Juristen, was gelegentlich kritisiert wurde, beherrschten die Technik ihres Dienstes einwandfrei, waren korrekt und pflichttreu, aber gänzlich unpolitisch, und hierin, im fehlenden politischen Sinn, lag wohl der schwerstwiegende, fundamentale Mangel des Kaiserstaates, der schließlich zu seinem Untergang führen sollte. Die Kabinette in Reich und Ländern wurden, da wir kein parlamentarisches System hatten, von Beamten gebildet, die den versierten Politikern in anderen Staaten an Erfahrung und Kenntnis, vor allem der Außenpolitik, unterlegen waren.

Der letzte Vorkriegskanzler, Bethmann Hollweg, sagte von sich selbst, er habe von Außenpolitik wenig Ahnung, würde aber versuchen, sich »mit Fleiß« hineinzuarbeiten!

Der Kastengeist des Offizierskorps, den ich erwähnte, diente mehr der Abgrenzung gegen Gruppen des gleichen gesellschaftlichen Niveaus als gegen die »unteren« Volksschichten. Der Offizier kam automatisch durch seinen Dienst mit dem einfachen Mann zusammen und lernte ihn vielleicht besser verstehen, als das dem sogenannten höheren Beamten möglich war. Mein Vater stammte vom Lande, seine Eltern besaßen ein »Rittergut«, wie es damals hieß, in der Lausitz, und so gewann er auf ganz natürliche Weise Erfahrungen und Kenntnisse vom Leben des Volkes, die dem Städter versagt blieben. Meine Eltern hielten streng darauf, daß ich mich nicht zu einem Herrensöhnchen entwickelte, höflich und freundlich mit den Dienstboten umging und mit anderen Kindern spielte, ohne nach Stand oder Beruf ihrer Eltern zu fragen.

Die Dienstboten erhielten freie Wohnung, Kleidung und Verpflegung, waren aber nach heutigen Begriffen, ebenso wie die Arbeiter, kümmerlich bezahlt. Der Arbeiter hatte kaum Urlaub und konnte sich, besonders wenn er, wie es damals üblich war, eine zahlreiche Familie zu versorgen hatte, kaum über das Existenzminimum hinausgehende Annehmlichkeiten leisten. Zwar war er durch die von Bismarck eingeführte – das ist heute fast vergessen – und in der Welt als vorbildlich geltende Sozialversicherung bei Krankheit und im Alter vor dringender Not geschützt, aber mit zunehmender Bildung auch der unteren Schichten wuchsen die Ansprüche und damit die Unzufriedenheit mit der sozialen Lage.

Mit Industriearbeitern hatte man in meiner Situation kaum Kontakt, wohl aber unterhielt ich mich gern mit Handwerkern, wenn sie im Hause etwas zu tun hatten, und interessierte mich für ihre Instrumente. Einmal warf der Lehrbub eines Malermeisters einen Farbtopf um und erhielt dafür von seinem Herrn eine kräftige Ohrfeige. Heulend sagte er auf gut sächsisch: »'s Läm is ne Schande.« Das imponierte mir damals Fünfjährigem ungeheuer, und ich pflegte es zu wiederholen, wenn ich glaubte, daß mir oder einem anderen

Der Vater von Herbert Richter als Oberst 1916 in Koblenz auf Urlaub.

Unrecht geschah, bis meine Mutter es mir verbot; sie fand es ungehörig.

Die zitierte Redensart war übrigens gang und gäbe in Arbeiterkreisen. Die Arbeiterschaft fühlte sich ausgebeutet, nicht ganz zu Unrecht, wie ich heute einsehe. Natürlich verstand ich als Kind und Jugendlicher die sozialen Zusammenhänge nicht; man fühlte sich blamiert, wenn von Sachsen als dem »roten Königreich« die Rede war. Aber es war klar, daß unser Ländchen mit seiner vorwiegend industriellen Bevölkerung ein Hort der Sozialdemokratie war. Bei den Reichstagswahlen 1912 waren von insgesamt dreihundertsiebenundneunzig Abgeordneten hundertzehn Sozialdemokraten: ein Menetekel der Tatsache, daß fast ein Drittel der Bevölkerung dem Staat ablehnend gegenüberstand.

Mein Vater, der aufgrund langjähriger Tätigkeit im sächsischen und preußischen Kriegsministerium die Probleme deutlicher als ein gewöhnlicher Truppenoffizier sah, hatte schwere Sorgen, wie sich wohl im Kriegsfall Sozialdemokratie und Arbeiterschaft verhalten würden, und ich erinnere mich, wie erleichtert er war, als die führenden Männer der Sozialdemokratie und der Gewerkschaften sich als Patrioten erwiesen und die Kriegskredite bewilligten. In der historischen Reichstagssitzung bei Kriegsbeginn sprach der Kaiser die schönen, im ganzen Volk mit Begeisterung aufgenommenen Worte: Ich kenne keine Parteien mehr, ich kenn' nur noch »Deutsche«. Damit machte er die böse und törichte Redensart von den »vaterlandslosen Gesellen«, wie er früher einmal die Sozialdemokraten genannt hatte, bis zu einem gewissen Grad wieder gut.

Mein Vater hat die leichtsinnigen, parvenühaften Reden Wilhelms II. immer aufs schärfste kritisiert, wie er überhaupt von der ganzen Außenpolitik der Bismarck-Nachfolger das Schlimmste befürchtete. Er äußerte seine Gedanken ohne Bedenken auch im Kreise seiner Kameraden, wozu ein gewisser Mut gehörte. Sein Kommandeur in den Jahren 1908 bis 1911, der sehr kluge Oberst, spätere General von Watzdorf, teilte seine Ansichten. Ich war oft Zeuge der offenherzigen, sorgenvollen Gespräche der beiden Herren. Denunziationen gab es damals nicht.

Trotz aller Kritik gingen aber doch die Wogen der patriotischen Begeisterung hoch und ergriffen auch mich, den damals Vierzehnjährigen, als der Kaiser das Völkerschlachtdenkmal bei Leipzig einweihte, das zum Gedenken an den Sieg der Alliierten über Napoleon am 18. Oktober 1813 nach nunmehr hundert Jahren errichtet worden war. Gleichzeitig weihte der Kaiser auch eine nahe beim Völkerschlachtdenkmal stehende Kapelle der russischen Kirche ein; als Gast war hierbei der Großfürst Kyrill anwesend, der später, nach der Ermordung der Zarenfamilie, Kronprätendent wurde. Rußland war 1813 unser Verbündeter – wer ahnte, daß es uns, noch nicht ein Jahr nach dem Oktober 1913, als Feind gegenüberstehen würde! Ehrendienst bei Kyrill tat der erwähnte General von Watzdorf, der vorzüglich russisch sprach. Es war ein denkwürdiger Augenblick, als Wilhelm II. mit Kyrill und dem uniformglänzenden Gefolge der Bundesfürsten die Stufen der Kapelle hinabschritt – die ganze Macht und Herrlichkeit des Reichs schien verkörpert und ließ die Herzen, auch meines, höher schlagen. Noch heute steht mir diese Szene deutlich vor Augen.

Bei Kriegsbeginn stellte mein Vater seine Kritik aus Pflichtgefühl zurück; allerdings vertraute er mir, als er im November 1914 wegen einer Verwundung für einige Monate heimkam, seine Überzeugung an, daß wir den Krieg, der nun, nach dem Rückschlag an der Marne, längere Zeit dauern würde, nicht gewinnen könnten. Mir und meinen Altersgenossen allerdings war eine Verzögerung des Kriegsendes nur recht; wir hatten eine panische Angst, nicht mehr rechtzeitig an die Front zu kommen – so dachte man eben damals. Außerdem hatte die Meldung zur Armee den uns sehr erwünschten Vorteil, daß wir das »Notabitur« machen konnten, womit uns ein ganzes Schuljahr geschenkt wurde.

Unsere anfängliche Begeisterung verflog allerdings bald, als wir bei der Ausbildung unter die Fuchtel brutaler Unteroffiziere kamen.

Remarque hat in seinem nach dem Ersten Weltkrieg erschienenen Buch ›Im Westen nichts Neues‹ die Schikanen geschildert, denen die jungen Kriegsfreiwilligen ausgesetzt waren. Die Unteroffiziere entstammten meist den untersten Volksschichten und kosteten ihre Machtstellung gegenüber den Söhnen der »feinen Leute« weidlich aus. Zum Glück war die Ausbildungszeit kurz, wegen der starken Verluste kamen wir bald an die Front, wo das gemeinsame Schicksal die Unterschiede der verschiedenen Rangstufen milderte.

Das Regiment im Felde, an das ich nun versetzt wurde, hatte gerade schwere, verlustreiche Kämpfe hinter sich. Sachsens König Friedrich August besuchte kurz darauf das XII. Armeekorps, zu dem wir gehörten, und nahm in der Champagne eine Parade ab. Ich hätte es richtig gefunden, wenn wir dem König in den stark mitgenommenen Uniformen, die wir im Gefecht getragen hatten, vorgeführt worden wären. Statt dessen wurden uns in aller Eile funkelnagelneue Monturen verpaßt, die alten wären dem königlichen Auge nicht angemessen gewesen!

Dabei hätte der König bestimmt keinen Anstoß hieran genommen. Er war ein einfach und geradlinig denkender Mann, bei der Truppe, überhaupt im Volk wegen seiner natürlichen Art durchaus beliebt. Nach der erwähnten Parade ging er die Front ab, heftete eigenhändig den vorgeschlagenen Leuten die »Friedrich-August-Medaille«, eine für den Krieg geschaffene Auszeichnung, an die Brust und redete mit jedem ein paar freundliche Worte. Das sächsische Volk hätte bestimmt nicht gegen ihn revoltiert, aber als der Kaiser gegangen war, gab es natürlich auch für die Bundesfürsten kein Halten mehr.

Die Westfront, an der mein Regiment während des ganzen Krieges gestanden hatte, ging im Herbst 1918 langsam, aber durchaus geordnet zurück. Die letzte große Offensive, an der ich teilnahm, führte uns noch einmal über die Marne bei Château Thierry. Wir kamen recht gut vorwärts, machten Tausende von Gefangenen, mußten aber das gewonnene Gelände wieder aufgeben, weil alliierte Kräfte in unserer Front bei Villers Cotterets durchgebrochen waren und uns abzuschneiden drohten. Damit war der letzte Angriff, zu dem die Armee noch imstande war, mißlungen. Der Plan war nun, an der sogenannten Antwerpen-Maas-Linie eine Verteidigungsstellung zu beziehen.

Wir hatten an der Westfront keineswegs das Gefühl, geschlagen zu sein. Um so härter traf mich in der Nacht vom 9. zum 10. November, im Lazarettzug liegend, die Nachricht von der Abdankung des Kaisers und seiner Flucht nach Holland. Wir empfanden sie als das ruhmlose Ende eines großen Geschlechts. Trauer und Bitterkeit erfüllten uns.

Das monarchische System als solches war keineswegs schlecht. Wir hatten unter ihm und dank ihm einen tadellos funktionierenden staatlichen und militärischen Apparat. Die oberste Leitung aber war schwach, um das Mildeste zu sagen, und so mußte das Regime nach historischen Gesetzen von der politischen Bühne abtreten. Wäre bei Kriegsbeginn ein Koalitionskabinett aus allen Parteien gebildet worden – wie es nach dem oben zitierten Kaiserwort eigentlich erwartet werden konnte – und hätte die Monarchie sich auf die Maxime »Le Roi règne, mais il ne gouverne pas« beschränkt, so hätten die Ereignisse wohl einen anderen Lauf genommen.

Werner Wachsmuth wurde am 29. März 1900 in Rostock geboren. Er besuchte die Schule in Frankfurt und leistete von 1917 bis 1918 Kriegsdienst. Er studierte Medizin an den Universitäten Tübingen, Würzburg und Frankfurt a.M. Von 1946 bis 1969 war er Ordinarius für Chirurgie und Direktor der Chirurgischen Universitätsklinik Würzburg. Er veröffentlichte zahlreiche Bücher zur Anatomie und Chirurgie. Er ist Ehrendoktor der Rechte und hat zahlreiche internationale Auszeichnungen bekommen.

## Werner Wachsmuth
## Wir vertrauten einem intakten Staat

Es bedeutet ein echtes Wagnis, im siebenundachtzigsten Lebensjahre über Erinnerungen an das Kaiserreich zu berichten. Die Aufgabe verlangt die Konzentration auf einen Zeitabschnitt, der bis zum neunzehnten Lebensjahr dauerte. Dafür dürfen Erfahrungen und Erkenntnisse der nachfolgenden fünfundsechzig Jahre keinesfalls mit den »wahren« Empfindungen der Jugend vermischt werden.

Und damit komme ich bereits zu dem notwendigen Hinweis, daß es keine absolute Wahrheit in der Geschichtsschreibung gibt. Weder die subjektiv von den Zeitgenossen erlebte noch die von den Historikern aufgrund der Forschung ermittelte Geschichtsschreibung ist absolut wahr. Zu oft differiert die Beurteilung selbst des gleichen wissenschaftlichen Materials entsprechend der Auslegung durch den jeweiligen Forscher.

So können auch meine Erinnerungen und die in ihnen enthaltenen

Meinungen nur den Anspruch auf subjektive Gültigkeit haben, wie sie sich aus meiner Herkunft, meinem Lebensraum und meinem Schicksal ergeben.

Um damit zu beginnen – ich bin dem Kaiser nur zweimal begegnet. Beide Begegnungen haben auf mich einen großen, allerdings völlig unterschiedlichen Eindruck gemacht und sind mir daher genau im Gedächtnis geblieben.

Meine Mutter spazierte mit dem sechsjährigen Jungen in Berlin durch den Tiergarten, als der Kaiser mit seinem Adjutanten unmittelbar an uns vorbeiritt. Ich war so begeistert, daß ich meine Mütze vom Kopf riß und seinem Pferd vor die Vorderläufe warf. Das Pferd scheute, stellte sich auf die Hinterhand, und der Kaiser hatte die größte Mühe, sich im Sattel zu halten, da er ja durch den nach Geburtslähmung geschädigten linken Arm stark behindert war. Der Adjutant war mit einem Satz neben ihm, das Pferd hatte sich aber schon beruhigt, und der Kaiser entfernte sich mit einem höchst ungnädigen Blick. Erst viel später ist mir bewußt geworden, daß ich damals – zum einzigen Mal übrigens – die Hand am Rad der Weltgeschichte hatte.

Das zweite Mal begegnete ich dem Kaiser im Jahre 1917 in Bad Homburg, als ich auf einem kurzen Urlaub bei meinen Eltern in Frankfurt war. Ich stand vor der Schloßeinfahrt, als er auf dem täglichen Wege zum Hauptquartier nach Kreuznach an mir vorbeifuhr. Ich sehe noch sein todernstes, erstarrtes Gesicht unter dem mit grauem Tuch bedeckten Helm. Sein Gesichtsausdruck bewirkte etwas Erstaunliches bei mir. Zum ersten Male verlor ich als siebzehnjähriger Soldat die Zuversicht, und es kamen mir Zweifel an dem siegreichen Ausgang des Krieges. Es war, als sei eine dunkle Wolke über den blauen Himmel gehuscht.

Das Wort, daß das Leben im Kaiserreich bis zum Attentat von Sarajevo 1914 am besten kennzeichnet, ist wohl das Wort »Ruhe«. Es war weder die Ruhe vor dem Sturm noch die träge Ruhe, sondern es war das Gefühl der Sicherheit. Angst wie wir sie heute und seit Jahren kennen und wie sie die Mehrzahl der Menschheit ergriffen hat, war uns damals unbekannt. Um so mehr traf uns die Nachricht von Sarajevo unerwartet wie ein Blitzstrahl aus heiterem Himmel und veränderte schlagartig unsere unbekümmerte Welt.

Ich stamme aus einer Professorenfamilie, die in gesicherten materiellen Verhältnissen gut bürgerlich lebte. Fern von jedem Geiz wurde altpreußische Sparsamkeit ganz groß geschrieben. Für den Unterhalt mußten das Gehalt des Vaters und die Vorlesungsgebühren reichen, Schulden wären als unehrenhaft empfunden worden. Mein Vater pflegte uns zu sagen: »Wenn man eine Mark in der Tasche hat, ist man ein reicher, hat man eine Mark Schulden, ein armer Mann.«

Für Erziehung und Ausbildung der drei Kinder hatte das Geld

immer zu reichen, auch wenn sich die Eltern manches versagen mußten. So besuchten wir beiden Brüder das humanistische Gymnasium, die Schwester das Mädchen-Realgymnasium. Eine breitgefächerte Bildung sollte uns die Grundlage für die spätere Berufswahl bieten.

Die Prinzipien unserer Erziehung waren Pflichttreue, Leistungswille, Wahrhaftigkeit, Selbstkritik und das *noblesse oblige.* Die Verpflichtung gegenüber dem, was Eltern und Vorfahren geleistet haben, denen wir letzten Endes unseren Lebensstandard und unsere Entfaltungsmöglichkeiten verdankten, wurde uns nicht als Nötigung auferlegt, sondern entwickelte sich von selbst durch Beispiel, Überlieferung und Ansporn. So haben wir auf diese Weise die Achtung vor der Leistung der vorausgehenden Generationen gewonnen. Die Werte der Tradition wurden uns auf diese Weise unmittelbar bewußt.

Im Gegensatz zu heute spielte damals die Politik unter uns Jugendlichen weder im Elternhaus noch in der Schule eine Rolle. Der Vater war wie die meisten politisch nicht engagierten Beamten nationalliberal, das heißt, er gehörte der Liberalen Partei Friedrich Naumanns an. Kritik am Kaiser, der staatlichen Führung oder an den Urteilen der Gerichte war möglich, aber nicht üblich, da wir aus unserer Sicht keine Veranlassung zu ihr hatten. Politisch-satirische Zeitschriften wie etwa der ›Simplicissimus‹ fanden zu uns jungen Menschen kaum Zugang, und wenn dies der Fall war, wurden sie zur vergnügten Lektüre, ohne Zweifel an der Ordnung im Staate zu wecken.

Heute wird das Wilhelminische Reich als der Prototyp des Obrigkeitsstaates dargestellt und verteufelt. Aus der Sicht des Zeitgenossen lag sein Wesen nicht in sklavischem Untertanentum, vielmehr in dem großen Vertrauen des weitaus größten Teiles des Volkes in das intakte Staatswesen und die Träger der Staatsgewalt. Man wußte, daß die Beamten unbestechlich, die Richter unabhängig waren; so konnten wir uns ohne jeden Zwang in die Bedingungen fügen, unter denen wir in diesem Staate lebten.

Auch die autoritäre Erziehung, die wir fraglos – gemessen an heutigen Maßstäben – genossen, hatte mit dem »Obrigkeitsprinzip« nichts zu tun. Die Erziehung im Elternhaus war liebevoll, aber streng. Das hat uns nicht geschadet; wir hatten eine glückliche, harmonische Jugend und sind später selbständige, freie Menschen geworden, die Selbstbeherrschung und Haltung zu bewahren gelernt hatten. Die katastrophalen Folgen einer »antiautoritären« Erziehung haben wir nun täglich vor Augen.

Der Vater war das unbestrittene Oberhaupt der Familie, wenn auch die Mutter in wesentlichen Dingen das »Sagen« hatte. Vor dem Essen wurde gebetet, und die Kinder schwiegen bei Tisch, jedenfalls solange sie kleiner waren, bis sie gefragt wurden. Frühes Aufstehen und Zubettgehen waren eine Selbstverständlichkeit. Die Schule wurde sehr

Werner Wachsmuth (in der zweiten Reihe links) in seiner Vorschulklasse in Berlin-Grunewald im Jahr 1906.

ernst genommen, und die Autorität der Lehrer war unbestritten. Wir anerkannten ihre Leistung, auch wenn wir uns über ihre Eigenarten lustig machten. Bei Jahrzehnte späteren Treffen der durch den Krieg dezimierten Klassenkameradschaft sprachen wir von unseren Lehrern mit Achtung, ja Verehrung.

Unter uns Schülern spielten soziale oder Rassenunterschiede überhaupt keine Rolle. Erst im Dritten Reich, also über dreißig Jahre später, erfuhr ich zufällig, daß einer meiner Klassenfreunde Jude war, als er aus unserem Gesichtskreis plötzlich verschwand. Über sein Schicksal ist nichts bekannt geworden. Auch vom Bestehen der schon im Jahre 1914 gegründeten nationalistischen und antisemitischen Deutsch-Völkischen Partei haben wir erst nach dem Weltkrieg während der Weimarer Republik erfahren.

Daß gesellschaftliche Unterschiede bei uns keine Rolle spielten, hatte seinen Grund auch in der Erziehung im Elternhaus. Wir waren erzogen, die Hausgehilfen wie Familienangehörige zu behandeln. Wir kamen nicht auf den Gedanken, uns »bedienen« zu lassen, vielmehr hatten wir strenge Anweisung, uns selbst zu helfen, ohne die Hilfe anderer unnötig in Anspruch zu nehmen. Die Beziehungen zu Menschen, die Jahre, wenn nicht Jahrzehnte das tägliche Leben mit uns teilten, waren so eng, daß nach ihrem Ausscheiden aus dem gemeinsamen Haushalt meine Mutter bis zu ihrem Tode mit ihnen im Briefwechsel stand, der später von meiner Schwester übernommen wurde. So ist mir von Kindheit an jede Einteilung der Menschen in »Klassen« fremd gewesen und geblieben: eine Einstellung, die ich nicht erst später als Grundlage für meinen ärztlichen Beruf lernen mußte.

Wir waren von Rostock über Berlin nach Frankfurt am Main gezogen, wo im Jahre 1907 mein bewußtes Leben eigentlich erst begann. Frankfurt war damals eine vornehme, ruhige Handelsstadt, geprägt durch ihr stolzes Bürgertum. Sie lebte im Bewußtsein der Tradition ihrer großen Geschichte. Große, breite Straßen mit vornehmen Villen wie etwa die Bockenheimer Landstraße gaben ihr das repräsentative Gepräge. Die Damen der »guten« – und wohlhabenden – Gesellschaft, deren Automobile in der Garage blieben, surrten im vom livrierten Chauffeur gesteuerten Elektromobil durch die Einkaufsstraßen. »Die Bethmanns« pflegten zu den Freitagskonzerten der Museumsgesellschaft zweispännig in der Equipage zu fahren.

Die Freitagskonzerte waren der Treffpunkt der eleganten Welt. Hier war die vornehme Gesellschaft abonniert, die nicht nur Musik hören, sondern auch gesehen werden wollte. Einige Ehepaare verließen schon nach der langen Pause befriedigt das Konzert. Die »Sonntagskonzerte« brachten praktisch dasselbe Programm und dieselben Solisten, verlangten aber ein weniger anspruchvolles Auftreten; man fühlte sich freier. Meine Eltern hatten demgemäß während meiner Frankfurter Zeit zwei Plätze in den »Sonntagskonzerten«, denen ich einen unvergleichlichen Reichtum an musikalischen Genüssen verdanke und deren Erinnerung mich mein ganzes Leben lang begleitet hat. Hier erlebten wir Wilhelm Furtwängler als Vertragsdirigenten, auch Willem Mengelberg und Richard Strauss oder große Solisten wie Edwin Fischer und Fritz Kreisler, um nur einige zu nennen. Diese Konzerte bilden einen Schatz fürs ganze Leben.

Durch das »Städel« führten uns unsere Eltern immer wieder. Ich erinnere mich sehr wohl, daß wir in dem Saal vor dem Rembrandt-Gemälde ›Die Blendung des Simson‹ stets mit abgewendetem Kopfe vorbeigehen mußten, da unsere Mutter fürchtete, wir könnten davon träumen. An die Athene des Myron im Liebig-Haus habe ich sehr früh mein Herz verloren, und ich bin ihr bis zum heutigen Tage treu geblieben. Bei keiner Fahrt nach oder durch Frankfurt vergesse ich, ihr aufs neue zu huldigen.

Die wirtschaftliche und kulturelle Atmosphäre verdankte die Stadt – neben den alten Patrizierfamilien und den bedeutenden jüdischen Persönlichkeiten – ihren alteingesessenen Bürgern. Diese Gruppen fanden sich zusammen in der Sorge um das Wohl ihrer Stadt, wobei gerade die jüdischen Mäzene an den vielfachen Stiftungen besonders beteiligt waren. Dieser wohl einmalige Bürgersinn, welcher der Stadt Frankfurt zu Wohlstand und Ansehen verhalf, führte dann auch zur Gründung der ersten Stiftungsuniversität des Reiches. Die Gründungsjahre habe ich besonders intensiv miterlebt, weil mein Vater der letzte Rektor der Akademie war und dann Gründungsrektor der Universität wurde.

Die Universität ist die Schöpfung des großen Frankfurter Oberbürgermeisters Franz Adickes, der es verstand, in unermüdlicher Arbeit Frankfurter Persönlichkeiten für die Idee zu interessieren, dann zu begeistern und zuletzt durch die Zusammenführung von selbständigen Stiftungen und Instituten und durch die Spenden großzügiger Bürger diese Idee zu verwirklichen. Die organisatorische Zusammenfassung der stark differierenden Interessen zu einem Ganzen war ein Meisterwerk. Der Mann mit den blitzenden blauen Augen und dem großen Bart hat schon auf mich als Jungen einen überwältigenden Eindruck gemacht. Sein barocker Schreibtisch, auf dem ich sitze, während ich diese Zeilen schreibe, ist ein Geschenk der Witwe an meinen Vater.

Ich erinnere mich noch sehr genau des dramatischen Beginns der Universität. Am 28. Juni 1914 hatte das Attentat von Sarajevo alle Welt aufgeschreckt. Wir befanden uns seit diesem Tag in einem Zustand zunehmender Spannung. Am 10. Juni 1914 wurde die Universität durch königlichen Erlaß errichtet, die Satzung wurde am 1. August 1914 vom Kaiser vor der Abreise in das Große Hauptquartier genehmigt. Wie im Jahre 1810 die Universität Berlin, hat auch die Universität Frankfurt ohne besondere Feierlichkeit ihre Lehrtätigkeit aufgenommen.

In dieser Zeit zunehmender Spannung hatten wir alle noch gehofft, daß es nicht zum Kriege kommen würde. Als man am 31. Juli 1914 die Mobilmachung verkündete, wurde uns klar, daß die Zeit des glücklichen Friedens hinter uns lag. Der Anschlag mit der Bekanntgabe der Mobilmachung an dem Holzhäuschen der Straßenbahnhaltestelle hat sich mir für alle Zeiten eingeprägt. Man erschrak, wußte aber noch nichts damit anzufangen und ahnte nur, daß unser Leben sich grundlegend verändern würde.

Am 1. August, dem Tage der Kriegserklärung an Rußland, strömten Tausende von Menschen auf dem großen Platz vor dem Opernhaus zusammen. Sie sangen barhäuptig das Niederländische Dankgebet ›Wir treten zum Beten‹. Ein nie wieder erlebtes Gefühl von Schicksalsgemeinschaft, wie es nur in Augenblicken großer Gefahr möglich ist, erfaßte alle. Es war keineswegs Begeisterung, von der die Menge erfaßt war, vielmehr ein Gefühl tiefer Ergriffenheit und des Opferwillens, da wir uns angegriffen meinten und bereit waren, unser Land zu verteidigen.

Werner Wachsmuth als achtzehnjähriger Dragonerleutnant im Jahr 1918.

Die Hilfsbereitschaft und der Opferwille der Bevölkerung waren schier grenzenlos. Mein Vater tauschte seine goldene Uhrkette gegen eine eiserne mit der Aufschrift »Gold gab ich für Eisen«. Das kupferne Vordach unseres Hauses wurde abgenommen und durch Blech ersetzt. Meine Mutter fuhr mit einer Droschke zu allen Bekannten und Prominenten der Stadt, um Geld für die Larazette zu sammeln. Sie kam jedesmal mit großen Summen zurück. Wie in anderen Häusern wurde auch in unserem Haus Platz für Verwundete geschaffen, die nicht weiter der ärztlichen Fürsorge, sondern nur noch der Pflege bedurften. Für sie wurde wie für die eigenen Kinder gesorgt, und sie erhielten die gleiche Kost wie wir. Die menschliche Beziehung zu diesen Verwundeten führte bei vielen noch zu einem jahrzehntelangen Briefwechsel.

Die ersten Augusttage brachten die ersten Todesnachrichten und machten uns den Ernst eines Krieges erschreckend deutlich. Soweit sie noch nicht eingezogen waren, meldeten sich die Männer freiwillig an die Front; die Meldung meines Vaters wurde zurückgewiesen, weil er als Rektor der Universität nötiger zu Hause sei.

Die Folgejahre standen zunehmend unter dem psychischen und materiellen Druck der Kriegsverhältnisse. Der Schulbetrieb wurde weitergeführt, aber eingeschränkt, und die Lehrer wechselten. So sprangen die Professoren der Universität für einberufene Lehrer ein. Mein Vater unterrichtete Mathematik und Physik in zwei Schulen. Wir Schüler wurden zu Arbeiten außerhalb der Schulzeit eingeteilt. Ich fuhr mit dem Pferdewagen der Müllabfuhr von Haus zu Haus.

Ungeduldig wartete ich inzwischen darauf, hinaus »ins Feld« zu kommen, und war froh, als es im Frühjahr 1917 nach bestandenem Notabitur soweit war. Die Ausbildungszeit in der Garnison und dann in Münsingen, dem schwäbischen »Sibirien«, war hart. Es folgten die kurze Zeit an der Vogesenfront und dann der Einsatz in Flandern, aus dem ich als einziger Offizier, mit dem Eisernen Kreuz Erster Klasse geschmückt, an der Spitze der letzten siebzehn Mann meines Regiments zurückkam. (Über meine Kriegserlebnisse habe ich in meiner Biographie ausführlicher berichtet.)

Das völlig ausgeblutete Regiment wurde in die Vogesen verlegt, wo wir die Revolution erlebten. Hier sammelte sich alles, was vom Regiment bei anderen Einheiten oder bei Stäben eingesetzt gewesen war, um gemeinsam das Ende des Krieges abzuwarten. Am 9. November war es soweit. Es kam die Nachricht von der Abdankung des Kaisers, der am darauffolgenden Tage die Grenze nach Holland überschritt, und der Befehl, einen Soldatenrat zu bilden.

Der furchtlose Kommandeur, der wiederholt von meuternden Soldaten auf dem Wege zu uns beschossen worden war, ließ das Regiment antreten und hielt eine kurze Ansprache, in der er sagte, der

Kaiser habe zwar abgedankt, unser württembergischer König jedoch nicht, und wir seien daher noch an unseren Eid gebunden. Er erwarte, daß sich das Regiment so anständig zeige wie während des ganzen Krieges. Wir sollten befehlsgemäß einen Soldatenrat wählen, er erwarte aber, daß man einen Mann wähle, der den Krieg mit dem Regiment durch dick und dünn durchgestanden habe.

Es wurde ein altgedienter, uns allen wohlbekannter Gefreiter gewählt, der zunächst verkündete, daß er sich vor die Offiziere des Regiments stelle und daß kein Angehöriger des Regiments es zulassen dürfe, daß den Offizieren die Achselstücke abgerissen und die Waffen abgenommen würden. Dann setzten wir uns in Marsch. Im Vorgarten eines kleinen Häuschens stand der Divisionskommandeur, General von Heuduck, an dem unser Kommandeur das dezimierte Regiment im Paradeschritt vorbeimarschieren ließ. Dem General standen die Tränen in den Augen, er winkte uns noch lange zum Abschied nach.

Das historische Verdienst des Feldmarschalls von Hindenburg ist es, daß er nach der Abdankung des Kaisers eine chaotische Auflösung der Fronttruppen und ein unendliches Blutvergießen verhindert hat. Er blieb für die Mehrheit der Soldaten die einzige Persönlichkeit, die nicht nur genügend Autorität, sondern auch Vertrauen besaß, die Truppe von der Front relativ geordnet und ohne weitere Verluste in die Heimat zurückzuführen.

Wir marschierten durch den Schwarzwald, und ich konnte von Herrenberg aus meine Eltern anrufen, die lange nichts mehr von mir gehört hatten. In dem allgemeinen Durcheinander war ich als »vermißt« gemeldet worden, die Meldung hatte aber Gott sei Dank meine Eltern nicht erreicht. Als wir dann in unserer lieben Garnisonsstadt Ludwigsburg einmarschierten und die Gefallenengedenktafeln des Regiments an der Kirche passierten, kletterte ein Sergeant auf das Dach unserer Kaserne, holte die dort wehende rote Fahne herunter und ersetzte sie durch die württembergische schwarzrote. So zogen wir unter unseren alten Landesfarben in die Kaserne ein.

Die nächsten Tage verliefen noch sehr unruhig, da die Banken sich weigerten, ohne die Unterschrift eines hohen zuständigen Offiziers Gelder auszuzahlen. Unser Kommandeur stellte für seine Unterschrift die Bedingung, daß wir Offiziere Achselstücke und Degen behalten dürften. Nachdem dieser Vertrag mit dem lokalen Arbeiter- und Soldatenrat abgeschlossen war, konnten die Löhne ausgezahlt werden.

Ich kam um meinen Abschied ein und begann sofort mit dem Studium in Tübingen. Vom »Soldatenspielen« hatte ich genug. Ich beteiligte mich daher auch nicht an irgendwelchen Freikorps. Doch mußte ich noch zweimal die Uniform anziehen. Die sozialistische Regierung in Tübingen konnte sich gegen die spartakistische Bewegung nicht durchsetzen und bat die Studentenschaft in Tübingen um Hilfe. So wurden wir abends schnell eingekleidet und fuhren wieder in alter Weise mit feldgrauer Uniform, Stahlhelm und Karabiner, allerdings ohne Rangabzeichen, als Studentenbataillon über Nacht nach Degerloch. Als das Tübinger Studentenbataillon von Degerloch am frühen Morgen singend und im Gleichschritt nach Stuttgart hinuntermarschierte, war des Jubels in der Bevölkerung kein Ende. Nachdem wir das Gebäude des alten Marstalls als Quartier bezogen hatten, begab sich eine Delegation von drei Mann, der ich angehörte, zum Chef der sozialistischen Regierung, die sich in das oberste Stockwerk des Uhrturms des Stuttgarter Bahnhofs verzogen hatte. Wir stiegen die Treppen hinauf und wurden auf jedem Stockwerk durch schwerbewaffnete Doppelposten kontrolliert. Die Angehörigen des Führungsstabs fielen uns fast um den Hals, als sie uns als Retter begrüßten.

Nachdem sich die Situation in Stuttgart beruhigt hatte, zogen wir wieder nach Tübingen ab. Unvergeßlich ist die Beendigung dieses Einsatzes. Wir marschierten hinauf auf das Schloß, und der von uns selbst gewählte studentische Bataillonsführer dankte mit einigen wenigen Worten. Dann erscholl das Lied »Burschen heraus!« aus vielhundertfachen Kehlen weithin über die Stadt.

Den zweiten studentischen Einsatz hatte ich in Würzburg 1919, als wir zur Beseitigung der Räterepublik und zur Bewachung der Marienburg eingesetzt wurden. Von hier aus schlossen wir uns einer aus Stuttgarter und Tübinger Studenten gebildeten Einheit an, um mit den Truppen des Generals von Watter das Ruhrgebiet von der Herrschaft der Aufständischen zu befreien. Mit dem Panzerzug fuhren wir in Iserlohn ein. Unser Erscheinen allein sorgte für Ruhe, und die ganze Aktion wurde durch ein Abkommen zwischen dem sozialdemokratischen preußischen Innenminister und General von Watter beendet.

Damit hatte ich nun endgültig meine Pflichten als Soldat erfüllt. Ich konnte mich in Ruhe dem Studium der Medizin widmen. So endete für mich das Kaiserreich mit seinen revolutionären Folgen.

Leopold Reidemeister wurde am 7. April 1900 in Braunschweig geboren. Er studierte Architektur, Kunstgeschichte und ostasiatische Sprachen an den Universitäten Berlin, München und Wien und war ab 1924 in der preußischen Museumsverwaltung. Von 1939 bis 1945 leistete er Kriegsdienst. Von 1945 bis 1957 war er Generaldirektor der Museen der Stadt Köln und Direktor des Wallraf-Richartz-Museums, von 1957 bis 1964 Generaldirektor der Staatlichen Museen und Direktor der Nationalgalerie Berlin. 1967 wurde er Leiter des Brücke-Museums Berlin. Er starb am 11. Juni 1987.

## Leopold Reidemeister
## Saatkörner, die nicht verwehten

Am 7. April 1900 in Braunschweig geboren als Sohn des Regierungsrats Dr. Hans Reidemeister und seiner Ehefrau Sophie, geb. Langerfeldt, war ich November 1918 Füsilier im Feldrekrutendepot der 20. Infanteriedivision in Elsaß-Lothringen.

Wenn ich heute, mit siebenundachtzig Jahren gebeten werde, mich meiner Kindheit und Jugend zu erinnern, so sehe ich mich, so seltsam das klingen man, eher in der Tradition dieser Jahre als im Zeichen der vielfachen politischen Umbrüche, die unser Leben gekennzeichnet haben.

Sicher war es eine andere Zeit, eine vergangene Welt, Braunschweig eine kleine herzogliche Residenzstadt.

Wenn die Eltern zum Hofball gingen, war das ein großes Ereignis – 1911 gab es sogar ein Kostümfest im Stil Heinrichs des Löwen in der Burg Dankwarderode. Ich erinnere mich noch, wie ich auf ein Stühlchen kletterte, um meiner Mutter die zahllosen Häkchen ihres Ballkleides zu schließen. Ich erinnere mich auch gut der Aussöhnung

Preußens mit dem Welfenhaus, besiegelt 1913 durch die Ehe des Herzogs Ernst August mit der Kaisertochter Luise, bei der wir Schüler des Herzog-Wilhelm-Gymnasiums am Kohlmarkt antraten und Papierfähnchen für die vorüberfahrenden Hoheiten schwenkten; oder an den jungen Füsilier des Infanterieregiments 92, der 1918 auf Schloßwache das Gewehr präsentierte, wenn Seine Königliche Hoheit Herzog Ernst August in der Kalesche vorfuhr.

Gewiß, diese Zeit ist versunken, aber die Tradition der Familie, mit ihren Kenntnissen dem Staat und der Öffentlichkeit zu dienen, ist ein lebendiges Erbe geblieben. Schließlich war ja schon mein freiheitlich gesinnter Ururgroßvater, der Stadtdirektor Wilhelm Bode, ein entschiedener Gegner des Herzogs Karl II., des sogenannten »Diamantenherzogs«, der 1830 das Land verlassen mußte, weil er nur seine Rechte, nicht aber seine Pflichten wahrgenommen hatte. Mein Urgroßvater Gustav Langerfeldt war 1848 Mitglied der Nationalversammlung in der Frankfurter Paulskirche. Beide waren nicht nur Wahrer des Alten, sondern auch Wegbereiter des Neuen.

Mein Vater, als Verwaltungsbeamter zum Kummer meiner Mutter ohne beruflichen Ehrgeiz, war ein vielseitig begabter Mann, ein Polyhistor, versierter Botaniker, großer Schmetterlingssammler, sprachlich und literarisch gebildet, selbst dichtend und im Kreis der »Kleiderseller« Wilhelm Raabe freundschaftlich verbunden, ein genießendbeschaulicher, kein tätiger Mensch; in meiner Erinnerung: im Schaukelstuhl.

Mit der Welt Wilhelm Raabes waren auch wir Kinder verbunden, wenn meine ältere Schwester Marie, zärtlich Mieze oder Muschen genannt, heute viel zu fern in London lebend, und ich im feinsten Kieler Anzug und Kieler Kleidchen zum Dichter des ›Hungerpastors‹ in die Leonhardstraße gehen mußten, um ihm zu seinem Geburtstag die hausgemachte Apfelsinenmarmelade meiner Mutter zu bringen. Und dann die kleine Enttäuschung, daß er uns im schottisch-karierten Morgenrock empfing, wo wir uns doch zu diesem Besuch so fein gemacht hatten!

Das von ihm 1903 für meinen Vater signierte Bild ist mir noch heute ein kostbarer Besitz, wenn es auch nicht ständig auf meinem Schreibtisch steht wie das Photo meines Großonkels Wilhelm von Bode, das er mir an seinem achtzigsten Geburtstag am 10. Dezember 1925 widmete, als ich schon ein Jahr an den Berliner Museen tätig war. Da er jedes Jahr seine Schwester, meine Großmutter, in Braunschweig besuchte, war er mir von Kindheit an vertraut. Und ich ließ mich auch nicht von ihm ins Bockshorn jagen, wenn ich ihm als Schüler eröffnete, ich wolle Kunstgeschichte studieren, und der dem einen Dämpfer aufsetzte: »Du fällst ja durchs Abitur!« In Niedersachsen ist das eben so.

Leopold Reidemeister (ganz links) mit seinen drei Geschwistern.

Wenn man in seinem engsten Familienkreis Vorbilder hat, die für ein langes Leben taugen, kann man nur dankbar sein. Selbstverständlich gehörte der Großonkel Wilhelm von Bode dazu. Aber auch der Großvater, der Kreisdirektor und Reichstagsabgeordnete Conrad Langerfeldt, im Typus dem alten Kaiser ähnelnd, ist mir in seiner stillen Würde und Güte immer ein Vorbild geblieben. Sonntag mittags waren wir vier Kinder mit den Eltern regelmäßig zum Essen in dem alten ehemals von Veltheimschen Hause mit der herrschaftlichen Zimmerflucht im ersten Stock, das man über das geräumige barocke Treppenhaus erreichte, mit der alten Glyzinie am Haus und dem Borkenhäuschen im Garten, in dem nach der mir endlos erscheinenden Nachmittagsruhe der Erwachsenen der Sonntagskaffee eingenommen wurde. Von diesem schönen Haus hat der Zweite Weltkrieg nichts gelassen, ein Fertighaus, das eine Zeitlang der Fußballer Paul Breitner bewohnte, steht an seiner Stelle. Um so teurer sind mir die zum Teil geretteten Ahnenbilder, die alten Braunschweiger Barockmöbel und die vergoldete alte Krone, deren Kerzen wie eh und je zu Weihnachten erstrahlen.

Ein großes Vorbild war mir auch mein Patenonkel August Hampe, der Schwager meiner Mutter, Oberförster, wie es damals bescheiden hieß, heute ersetzt durch den Titel Forstmeister, in Wieda im Südharz

Die Familie Reidemeister mit Leopold in der Mitte.

und später in Mariental im Lappwald bei Helmstedt. Wahrlich ein Leitbild, ein Hüne von Gestalt mit großen, starken Händen, die sich vor jeder Mahlzeit zum Gebet schlossen, wenn sich die große Schar der Vettern und Cousinen in den Sommerferien um die lange Tafel im Forsthaus scharten. Mit ihm auf die morgendliche Pirsch oder auf den abendlichen Ansitz zu gehen waren die großen Ereignisse der Sommerferien.

Wie stolz durfte man sein, wenn man in langer, geduldiger Erwartung, als Junge mit scharfen Augen begabt, zuerst das Rotwild aus der Dickung treten sah. Das »Sich-zu-Hause-fühlen-Dürfen« im Wald mit seinem Wild bis zu intimsten Erlebnissen mit einer großen Dachsfamilie, jungen, sich balgenden Füchsen und der großen, damals im Revier noch nicht gesichteten Wildkatze, die sich auf einem Stuken in den ersten Sonnenstrahlen am frühen Morgen das Fell wärmte – das sind Bilder, die mich noch bis heute begleiten. Noch vor zwei Jahren habe ich mit meinem Vetter, Dr. Conrad Hampe, der als Forstmeister und Nachfolger seines Vaters auch in Wieda tätig war, die alten Jagdhäuser wieder besucht. Jugend, die uns für ein Leben geprägt hat, wurde wieder lebendig. Carpe diem, mein Vetter erlag vier Wochen später einem Herzversagen.

Aber nicht alle Erinnerungen an die Jugend sind angenehm – so wenn der Mathematiklehrer rückhaltlos äußerte: »Na, die Reidemeisters scheinen mir aber eine absteigende Linie zu bilden.« Aber ist es nicht verzeihlich, wenn man bedenkt, daß mein ältester Bruder Kurt später Mathematikprofessor in Göttingen wurde. Was sollte da schon an Erbmasse für den Jüngsten übriggeblieben sein! Zumal ich doch schon früh meinen eigenen Interessen nachging, von denen man in der Schule nichts erfuhr.

Meine Sammelleidenschaft – von Stehaufmännchen über Bilderserien von Liebigs Fleischextrakt bis zu Briefmarken – hatte sich schon früh auf alte Graphik ausgedehnt, was meine Mutter, Bodes Nichte, sehr förderte, als sie mir schon zu meinem siebzehnten Geburtstag Paul Kristellers ›Kupferstich und Holzschnitt in vier Jahrhunderten‹ schenkte.

Da war der für mich so geheimnisvolle Graphikhändler Emil Pahlmann im Packhof, wo ich für mein bescheidenes Taschengeld einen Daniel Chodowiecki, einen Porträtstich von Johann Friedrich Bause oder eine Radierung von Salomon Gessner erwerben konnte. Er kam immer erst die knarrende Treppe herunter, wenn die Klingel an der Ladentür einen Kunden meldete. Was mochte er da oben für Schätze haben? Es dauerte lange, bis sich an einem dunklen winterlichen Nachmittag meine Träume erfüllten und er mir mit einer Kerzenlampe die Treppe hinaufleuchtete. Der junge Graphiksammler hatte sein Herz erweicht. Als wir dann im August 1918 als jüngster Jahrgang des Ersten Weltkrieges ausrückten und singend durch die Stadt zum Bahnhof marschierten, begleitete er uns, ließ sich mein blumengeschmücktes Gewehr geben und konnte seine Tränen nur mühsam verbergen.

Aber dies greift den Ereignissen voraus. Das Entscheidende war, nachdem nun mein Vater und meine beiden Brüder im Felde waren, daß ich mich in der klein gewordenen Familie mit Mutter und Schwester als »Juniorchef« fühlen durfte und auf diese Weise das größte Problem für mich als Heranwachsenden gelöst war. Der Garten war nun »mein« Garten, was ich unter den Anordnungen meines Vaters bisher nur widerwillig getan hatte, machte ich jetzt aus eigener Initiative viel lieber. Unser Vorgarten mit seinem gepflegten Rasen und dem langgestreckten Teppichbeet, wie es damals Mode war, war unbestritten der schönste in unserer Straße.

Auch im Hause durfte ich schalten. Nachdem ich auf dem Boden die abgestellten Familienbilder entdeckt hatte und durch Erbschaft Biedermeiermöbel an uns gefallen waren, richtete ich mit diesen Dingen einen lichten, ebenso traditionellen wie modernen Wohnraum ein, in den durch helle Mullgardinen die wärmende Südsonne fiel. – »Ich komme mir vor wie ein Kanarienvogel«, sagte der aus dem Krieg heimgekehrte Vater. – In diesem Raum gab es sogar einen kleinen

Mahagoni-Empire-Schrank als Hausmuseum mit einem eigenhändigen Gedicht Schillers, einer Locke Blüchers und einem Vaterunser in einer Nußschale, eine echte Kunst- und Wunderkammer. Die spätere Berufswahl war im Grunde schon damals getroffen.

Die Familienbande zu sprengen und sich Schritt für Schritt eine eigene Welt zu schaffen, das war ein weiteres Anliegen des Siebzehnjährigen. Da war der Maler Wendling, ein merkwürdiger Outsider unserer bürgerlichen Welt, der immer meinen Schulweg kreuzte und meine Phantasie beflügelte. Bei ihm sah ich zum erstenmal chinesisches Porzellan und japanische Holzschnitte, als deren Sammler er einen Namen hatte. Von ihm bei Arthur von Franquet eingeführt zu werden war dann nicht mehr so schwierig. Er, Junggeselle wie sein Bruder, im Braunschweiger Straßenbild in seinem altmodischen Havelock eine cézanneske Erscheinung, bewohnte ein geräumiges Palais aus dem 18. Jahrhundert auf dem Steinweg. Auch er war ein Ostasiensammler, aber das aufregendste war, bei ihm erstmals Graphik von Edvard Munch sehen zu können, die ›Madonna‹ und den ›Kuß‹. Wo gab es das sonst in Braunschweig? Sicherlich nicht im Herzoglichen Museum!

Und er ging noch weiter in der Moderne. In der denkwürdigen Ausstellung der »Brücke« im Kunstsalon Dörbandt in Braunschweig 1905 hatte er einen ganz jungen, ihm unbekannten Künstler erworben, Karl Schmidt-Rottluff, der ihn dann in den folgenden Jahren öfters besuchte, wenn er im Sommer von Dresden nach Dangast fuhr und, mit einer Mappe bewaffnet, in Braunschweig Station machte, um seinen »Kunden«, Herrn Arthur von Franquet, zu besuchen. Die Lithographie »Strohfeimen« von 1907 schenkte 1917 Arthur von Franquet dem Unterprimaner Leopold Reidemeister. Sie ist noch heute in meinem Besitz.

Als Leiter des Brücke-Museums noch tätig zu sein für den verehrten, inzwischen verstorbenen Schmidt-Rottluff schließt den Kreis in meinem Leben. Frühe Saatkörner sind nicht verweht, sondern aufgegangen in einem späten Lebenswerk.

Theodor Sonnemann wurde am 2. September 1900 in Hildesheim geboren. Er leistete Kriegsdienst im Ersten Weltkrieg, studierte danach Geschichte und Nationalökonomie und schloß das Studium mit der Promotion ab. Er war Syndikus im Reichslandbund, der 1933 in den Reichsnährstand überführt wurde. 1936 wurde er wegen angeblicher Sabotage der NS-Agrargesetze entlassen und von der Reichsmarine reaktiviert. Nach dem Zweiten Weltkrieg war er Hauptgeschäftsführer des Niedersächsischen Landesvolkverbandes, von 1949 bis 1961 Staatssekretär des Bundesministeriums für Ernährung, Landwirtschaft und Forsten, danach bis Ende 1973 Präsident des Deutschen Raiffeisenverbandes.

THEODOR SONNEMANN

## Eine Jugend unter Schwarz-Weiß-Rot

Die achtzehn Jahre meiner Jugend, die in die Zeit des Kaiserreiches fielen, begannen unter schwarzweißroten und endeten unter roten Fahnen, im buchstäblichen wie in einem symbolhaften Sinne.

Am 2. September 1900, dem Sedantage, der bis 1918 als Nationalfeiertag begangen wurde, kam ich in Hildesheim zur Welt. Die ersten vierzehn Jahre einer wohlbehüteten und unbeschwerten Jugend verbrachte ich als Kind und als Schüler in meiner Heimatstadt Hildesheim, die Tage des Kriegsausbruchs im August 1914 im Ferienhaus meiner Lübecker Verwandten am Blankensee, an dem kurz danach ein Fliegerhorst entstand.

Eines Nachmittags begannen die Glocken aller Lübecker Kirchen zu läuten. Ich eilte in die Stadt und las am Postamt gegenüber dem Rathaus den Maueranschlag des Mobilmachungsbefehls.

Zwei Tage später erlebte ich in Hildesheim den Ausmarsch unseres Infanterieregimentes Nr. 79 in Feldgrau mit Blumen an den Gewehren. Als Sekundaner begeisterte ich mich an den Siegesmeldungen der ersten Kriegsjahre und trug durch Mitarbeit im Garten meines Großvaters dazu bei, die Ernährungslage der Familie erträglich zu gestalten. Als Primaner wurde ich zum Ernteeinsatz geschickt, zum Kartoffelroden auf ein Gut in der Lüneburger Heide, gemeinsam mit etwa dreißig Klassen- und Schulkameraden, bei schlechter Unterkunft und Verpflegung, Schlaf- und Aufenthaltsraum bot ein unbeleuchteter Scheunenboden über dem Kuhstall, Waschgelegenheit war eine Pumpe im Hof.

In unserem Patriotismus redeten wir uns ein, das alles sei eine akzeptable Vorbereitung auf unser baldiges Soldatsein: 1918 trat ich, noch nicht achtzehnjährig, als Seekadett in die kaiserliche Marine ein.

Das ist der Rahmen meiner Jugend im Kaiserreich. Eine niemals wankend gewordene Liebe zum Vaterland und eine immer bewußter werdende Neigung zum Denken und Handeln in soldatischen Kategorien, zu Disziplin und Präzision, zu Pünktlichkeit und Ordnung haben mir in diesen Jahren ihren Prägestempel aufgedrückt. Er ist auch in meinem Erwachsenenleben nicht verwischt worden.

Wollte ich meine Eltern – wie auch meine Großeltern – nach ihrer Herkunft, ihrem gesellschaftlichen Status, ihren Anschauungen und dem Zuschnitt ihrer Lebensführung einstufen, so würde ich sie dem gehobenen Bürgertum zurechnen. Mein Vater, 1870 geboren, war eines von zwölf Geschwistern, von denen allerdings nur fünf das reife Alter erreichten. Er hatte Maschinenbau studiert, seine erste Anstellung bei einer mittelgroßen Maschinenfabrik in Hildesheim gefunden, hatte sich spezialisiert auf Molkereimaschinen und war im Laufe der Jahre zum Oberingenieur dieses Unternehmens aufgestiegen. Verlokkende Angebote größerer Konkurrenzunternehmen hat er mehrfach ausgeschlagen, weil er sich seiner Firma zur Treue verpflichtet fühlte; er hatte allerdings auch einen Hang zu seßhafter Beschaulichkeit. Seine Tätigkeit, Molkereien einzurichten, brachte es mit sich, daß er unzählige Leute auf dem Lande kannte und dank seines offenen, hilfsbereiten, freundlichen Wesens immer neue Freunde gewann.

Unser Haushalt, den meine Mutter meisterhaft zu führen verstand, war gut bürgerlich und betont auf Solidität eingestellt. Fleischgerichte gab es außer dem sonntäglichen Braten ein- bis zweimal in der Woche, dazu viel Gemüse, das wir im wesentlichen aus Großvaters Garten bezogen. Großen Wert legte mein Vater auf Äpfel.

Damals waren die Landstraßen noch mit Obstbäumen bepflanzt, deren Ertrag an Ort und Stelle versteigert wurde. Mit Sachkunde ersteigerte mein Vater Jahr um Jahr sechs oder sieben Bäume. Dann wurde die ganze Familie mit Butterbroten, Thermosflaschen, Waschkörben, Leitern und Pflückgerät auf einen pferdebespannten Wagen der Firma verladen und zu »unseren« Bäumen einige Kilometer weit außerhalb der Stadt gefahren. Großvater, der bei der Aktion das Kommando führte, Vater und ich stiegen in die Bäume, während

Großmutter, Mutter und unser Hausmädchen Auguste die Äpfel sortenweise verpackten. Mittags wurde am Straßenrand gepicknickt, und abends erschien der Kutscher Helmke, um Menschen, Äpfel und Gerät nach Hause zu fahren: anstrengende, aber ergiebige und lustige Tage.

Bis weit in das Frühjahr hinein waren wir mit Äpfeln voll eingedeckt. Zum Schulfrühstück gehörte ein Apfel. Nach dem Abendbrot gab es ganze Schüsseln von Äpfeln. Getrunken wurde nichts. Statt dessen spielten wir Mühle und Dame, Rommé und ein etwas verharmlostes Poker, genannt Poch, um Nickelgroschen, von denen wir für diesen Zweck einige Hundert gesammelt hatten.

Wie es meinem Vater nie eingefallen wäre, andere als maßgeschneiderte Anzüge und Mäntel zu tragen, so wurde auch ich von einem Maßschneider ausgestattet, allerdings nur zum Teil. Meine praktische und auf Sparsamkeit bedachte Mutter hatte herausgefunden, daß meine Statur der des jüngsten Bruders meines Vaters, eines auf Eleganz bedachten Junggesellen, immer ähnlicher wurde. So mußte ich mich, je älter ich wurde, damit abfinden, in den abgelegten, wenn auch durchaus nicht abgetragenen Anzügen meines Onkels einherzugehen.

Oberhemden mit festem Kragen gab es noch nicht, wie auch der bloße Gedanke an Schlafanzüge frivol gewesen wäre; zur vorschriftsmäßigen Ausstattung eines Seekadetten gehörten noch 1918 sechs Nachthemden. An Schuhen wurden im Winter wie im Sommer schwarze, über die Knöchel reichende Schnürstiefel getragen, und unsere Lehrer hatten Röllchen genannte lose Manschetten in ihren Rockärmeln, wie sie Paul Henkels noch in der ›Feuerzangenbowle‹ vorführte.

Als kurz vor 1914, aus Berlin kommend, ein Junge in unserer Schule auftauchte, der einen leichten, sandfarbenen Baumwollanzug, poröse sogenannte Panamahemden und braune Halbschuhe trug und zudem noch ein Fahrrad fuhr, dessen Lenkstangen nach Rennfahrermanier heruntergebogen waren, wurde er angesehen wie ein Pfau unter Krähen; er ist 1917 in Galizien gefallen.

Zur korrekten Kleidung gehörte zu jeder Tages- und Nachtzeit eine Kopfbedeckung. Die Schüler der »höheren Lehranstalten« trugen bunte Mützen, für jede Klasse in einer besonderen Farbe. Sie waren geradezu vorgeschrieben. Wer ohne diese Mütze gesehen wurde, geriet automatisch in den Verdacht, auf dunklen Wegen zu wandeln oder gar verborgenen Lastern nachzugehen. Der reichlich dreißig Jahre alte Sohn unseres Nachbarn, königlich bayrischer Hofschauspieler, erschien eines Sommerabends zwar nicht ohne Hut, aber doch mit dem Strohhut in der Hand beim Promenadenkonzert. Er wurde nicht nur wie ein Fabeltier angestarrt, sondern auch mit Buhrufen bedacht. Und der Polizeichef, ebenfalls unser Nachbar, nahm diesen Vorfall zum Anlaß, den Vater des Schauspielers, einen angesehenen Bankier, in diskreter Weise zu bitten, er möge doch dahin wirken, daß sein Sohn nicht abermals unliebsames Aufsehen errege.

Die Schulferien? Für Familienreisen in »Sommerfrischen« war in dem von meiner Mutter straff verwalteten Etat kein Posten vorgesehen. Zwar machte meine Mutter, die nach meiner Geburt etwas kränkelte, hin und wieder eine Badekur, so in Bad Schwartau, wohin sie mit mir allmorgendlich von Lübeck mit einem vom Holstentor ablegenden kleinen Travedampfer fuhr. Aber mein Vater, der beruflich viel reisen mußte, neigte dazu, seine Ferien behaglich zu Hause zu verbringen.

Wir Kinder, meine um neun Jahre jüngere Schwester und ich, wurden bei Verwandten untergebracht, so bei der mit einem Architekten verheirateten, von uns innig geliebten Schwester meiner Mutter in Lübeck, das mir geradezu zu einer zweiten Heimat geworden ist. Oder bei dem Bruder meiner mütterlichen Großmutter in Goslar.

Mein Lübecker Onkel hatte, seiner Zeit weit vorauseilend, am Blankensee eine reedgedeckte Bauernkate als Wochenendhaus zurechtgebaut. Mit den Dorfkindern spielend, mit Schwimmen, Angeln und Bootfahren, versteckt im Knick, barfuß und dreckig haben wir dort unvergeßliche Wochen erlebt, in einer Zeit, deren sorgenlose Unbeschwertheit mir heute wie ein ferner Traum erscheint.

Ebenso deutlich sind mir die Ferien bei meinem Großonkel in Goslar vor Augen geblieben. Er war Landwirt, Ackerbürger, wohnte in einem schönen schiefergedeckten Haus in der Altstadt, hinter dem sich auch die Wirtschaftsgebäude, Stallungen und Scheunen und ein den ganzen Häuserblock durchziehender Garten befanden. Die Äkker und Wiesen lagen »vor den Toren«. Die meisten hatte er verpachtet; er hielt auch keine Kühe mehr, wohl aber aus Liebhaberei eine ansehnliche Schafherde. Ich sehe ihn heute noch, nach mehr als siebzig Jahren, wie er bedächtig durch das Gewimmel schritt, hier und dort ein Lämmchen heraushebend, das Abbild des guten Hirten.

Ebenso unvergessen sind mir die Heuernten auf Onkels großer Wiese am Steinberg. Der Onkel, mit einigen Männern in einer Reihe mit Sensen das reife Gras mähend, dahinter Großmutter und Mutter mit einigen Frauen, alle mit großen Strohhüten angetan, und ich, nach Kräften mit ihnen mit hölzernen Harken das frische Gras wendend. Und dann das Frühstück. Aus der Wiese wuchs ein großer, schwarzer Granitfelsen, geformt wie eine Sitzbank mit Rücken- und Seitenlehnen. Darauf Großmutter und Mutter, die anderen um sie herum lagernd, Butterbrote aus großen Körben und ein ortsübliches Braunbier aus Steinkrügen, unter Heuhaufen kühl gehalten. Dazu der Duft der Wiesenblumen, der Blick auf die Harzberge und die Schieferdächer der ehrwürdigen Kaiserstadt.

Das Verlangen nach diesem frischen, leicht perlenden braunen Bier hat mich mein Leben lang begleitet und ist merwürdigerweise niemals mehr gestillt worden; es gab es wohl nur damals und in Goslar.

Eine nicht wegzudenkende Rolle im Leben der drei Hildesheimer Gymnasien, die damals nur Jungen aufnahmen, spielten die Schülervereine. Ausweislich ihrer Statuten hatten sie sich legitimen und lauteren Zwecken verschrieben: der Pflege der körperlichen Ertüchtigung, dem vierstimmigen Männergesang, der Kurzschrift und der Instrumentalmusik. Daneben aber, oder wie manche sagten, vor allem, pflegten sie eine bierfröhliche Geselligkeit. Sie hatten Vereinsfahnen und Vereinslokale, Präsidenten, Schrift- und Kassenwarte, Leibburschen und Leibfüchse sowie Alte Herren. Sie trugen Bierzipfel in den drei Farben ihres Vereins und veranstalteten allsonnabendlich Kommerse nach studentischem Komment. Als das Stadttheater für eine ›Alt-Heidelberg‹-Aufführung Statisten suchte, die auch »einen Salamander reiben« konnten, waren die Schülervereine durchaus imstande, jede Menge einschlägiger Experten anzubieten.

Ich gehörte dem Orchesterverein meiner Schule an. Als einer von etwa einem Dutzend Streichern spielte ich Geige. Abgesehen davon, daß wir uns wie die anderen Vereine in der Nachahmung studentischer Gebräuche übten, musizierten wir auch: bei städtischen Festen auf dem Marktplatz, bei allen Schulfesten. Die in den ersten Kriegsjahren noch anfallenden Siegesfeiern umrahmten wir mit schneidigen Armeemärschen. Einmal im Jahr wirkten wir bei einem Konzert aller drei Schülerorchestervereine in der Halle des Rathauses mit. Unsere Spezialität aber waren nächtliche Serenaden unter den Fenstern unserer Herzensdamen oder auch derer unserer Freunde, die uns dafür sozusagen auf Bestellung ausliehen. Das Repertoire entsprach dem Zweck: die Serenade von Toselli, Mozarts Kleine Nachtmusik, das Ständchen von Boccherini. Wir spielten mit zwei oder drei Geigen, einer Bratsche und manchmal auch einer Flöte. Die Glanzpunkte aber lieferte ein Pistonbläser. Mit einem hellen Feuerwehrsignal hatte er die Adressatin zu wecken – leider weckte er auch viele andere Leute, die wir nicht meinten. Und zum Abschluß blies er aus Scheffels Trompeter von Säckingen ›O Mädchen bleibe mein‹ in die nächtliche Stille.

Ich habe immer viele Freunde gehabt, und diese Freundschaften habe ich gepflegt als ein kostbares Gut. Einige Jugendfreundschaften sind mir bis in mein hohes Alter erhalten geblieben. Dieser Freundeskreis war breit gestreut; von den Freundinnen ganz zu schweigen. Er rekrutierte sich keineswegs nur aus Schulkameraden, sondern auch aus Jungen anderer Kreise, übrigens mit voller Zustimmung meiner Eltern, die der Meinung waren, daß der Verkehr mit diesen Jungen mich Toleranz lehren und meinen Blick für die Lebensbedingungen der sogenannten kleinen Leute nützlich erweitern werde.

Mit ihnen lebten wir in einer Art von Bandenkrieg. Die »höheren Schüler« bezeichneten in einer ganz unangebrachten Überheblichkeit die Volksschüler als »Butcher«, was im niedersächsischen Sprachgebrauch etwas weniger als Rowdy besagen sollte, jedenfalls einen Menschen mit schlechten Manieren bezeichnete. Dieser Ausdruck brachte vor allem meine so gütige Großmutter in Harnisch: »Paß du nur auf, daß du nicht mal ein Butcher wirst.«

Wichtiger war unsere Freundschaft mit einigen Lehrlingen. Sie waren Wandergefährten und Sportkameraden. An ihrem Beispiel konnten wir ahnen, was der Ernst des Lebens bedeutet. Sie standen bereits im Arbeitsleben, während wir noch mit Schularbeiten beschäftigt waren. Unserem idealistischen Weltbild stellten sie den Pragmatismus des nüchternen Alltags entgegen. Aber gestützt auf uns noch fernliegende Erlebnisse und Erfahrungen, ließen sie uns auch Einblicke tun in Zustände und Einrichtungen, die uns zugleich abstießen und neugierig machten; sie wurden nicht müde, uns wegen unserer Ahnungslosigkeit mitleidsvoll zu verspotten.

Was wir in unserer reichlichen Freizeit trieben, lag weitab von den Vergnügungsrevieren unserer Arbeiterfreunde. Wir ruderten und schwammen, wanderten in der schönen Umgebung unserer Vaterstadt, die damals noch über sechshundert Häuser aus der Zeit vor dem Dreißigjährigen Kriege aufweisen konnte, liefen Schlittschuh, betrieben Leichtathletik und spielten mit Begeisterung deutschen Schlagball, der leider ganz aus der Mode gekommen ist wie auch der damals beliebte Schleuderball. Versuche unseres Englischlehrers, uns Fußball nahezubringen, verliefen hoffnungslos im Sande – wer spielte damals schon Fußball!

Außerdem tanzten wir, sooft sich eine Gelegenheit bot: im Winter im »Klub«, dem Treffpunkt der Hildesheimer Gesellschaft, unter den kritischen Augen der alten Damen, im Sommer improvisierend in Tanzlokalen der Umgebung. Damit stießen wir allerdings nach Kriegsbeginn auf Schwierigkeiten. Tanzveranstaltungen wurden genehmigungspflichtig. Die Erlaubnis mußte durch persönliche Vorsprache beim zuständigen Landrat eingeholt werden, der sie zögerlich unter Hinweis auf den Ernst der Zeit ausnahmsweise erteilte.

Die jungen Damen, die diese harmlosen Vergnügen mit uns teilten, waren etwas ganz anderes als die, die die heutige Generation junger Männer als ihre Freundinnen bezeichnet. Sie waren »höhere Töchter« aus Häusern, in denen wir nach offiziellem Besuch gesellschaftlich akkreditiert waren. Wir behandelten sie wie Marmorgöttinnen, ohne uns Gedanken darüber zu machen, wie sie selbst sich mit diesem Status abfanden.

Daneben existierten – auch das gehört zum Bild dieser Zeit – andere und andersgeartete Freundschaften: zum Beispiel mit lebensfrohen kleinen Mädchen, die tagsüber arbeiteten und gern bereit waren zu einem entspannenden Spaziergang in der Dämmerung und die sich sehr gewundert hätten, wenn wir sie als Säulenheilige behandelt hätten. Eine Moral mit doppeltem Boden? Gewiß. Aber die Frage nach der höheren Ethik oder der gesünderen Vernunft dürfte sich zwei Menschenalter später anders stellen und auch wohl anders beantworten lassen als damals.

Unter meinen Altersgenossen, Jungen oder Mädchen, wüßte ich kaum einen zu nennen, der nicht so oder so von der Jugendbewegung erfaßt worden wäre. Sie hatte ein breites Spektrum: von den fahrenden Gesellen und dem Wandervogel, deren Anhänger mit Bundschuhen, Schillerkragen und Gitarren um Sonnwendfeuer tanzten, über die Pfadfinder, die sich im Kartenlesen übten und in Zelten nächtigten, bis zum Jungdeutschlandbund, der in einer Art Uniform, in militärischen Gliederungen und mit Trommeln und Pfeifen Soldaten spielte. Unter dem Einfluß meines Vaters, der allem Extremen mit Mißtrauen gegenüberstand, wurde ich Pfadfinder. Was alle diese Bünde übereinstimmend bewegte, war die Freude an der Natur, am Volkslied, an altem Brauchtum, aber auch eine Protesthaltung gegen den Zeitgeist einer übersättigten Selbstgenügsamkeit; er kam zum Ausdruck auf der Hohen-Meißner-Tagung der Freideutschen Jugend und liefert eine Erklärung dafür, daß die Jugend – aller europäischen Völker – den August 1914 nicht als eine Katastrophe, sondern als einen Aufbruch zu neuen Ufern verstand.

Gleich nach Kriegsausbruch meldeten sich meine Freunde, soweit es altersmäßig nur irgend angehen konnte, als Kriegsfreiwillige. Der erste, knapp siebzehnjährig, fiel in der Silvesternacht 1914 in Polen, unser Pfadfinderführer im Sommer 1915 in Galizien, sein Stellvertreter 1916 in den Karpaten. Einer meiner nächsten Freunde ist noch im Oktober 1918 in der Cambraischlacht gefallen. Ich habe lange Zeit ein Photo besessen, das dreißig Pfadfinder im Alter von vierzehn bis sechzehn Jahren auf einer Wanderfahrt im Weserbergland zeigte. Genau die Hälfte unserer Gruppe ist im Kriege gefallen.

Das Erscheinungsbild der Jugendbewegung in der Kaiserzeit – von der Arbeiterjugend und dem Bund der Naturfreunde auf der Linken bis hin zum Jungdeutschlandbund auf der Rechten – ist vielgestaltig und buntscheckig. Alle stimmten überein in der Freude an der wiederentdeckten Natur und in dem Bestreben, vergessenes Brauchtum wiederzubeleben, in ihrer Mehrzahl auch in selbstverständlichem und kritiklosem Bekenntnis zu Kaiser und Reich. Aber ganz abwegig wäre es, in der bündischen Jugend Vorläufer oder gar Wegbereiter des

Rassenwahns zu sehen, der unser Land ins Unglück stürzte und unser Volk mit Schuld beladen hat.

Auch soweit die bündische Jugend sich als »völkisch« bezeichnete, hatte sie nichts gemein mit dem Antisemitismus späterer Zeiten. Gewiß war uns bewußt, daß die Juden mancherlei Sonderheiten aufwiesen, wie sie selbst ja auch ihre Eigenart deutlich betonten. Aber sie lebten mit in unseren Gemeinschaften. Sie tanzten und musizierten und wanderten mit uns, und niemand kam auf den Gedanken, sie auszuschließen oder als minderwertig zu behandeln.

Auch in ihren politischen Haltungen nahmen sie keine Sonderstellung ein. Sie verstanden sich als Deutsche wie wir. Und viele von ihnen waren vorbildlich in ihrem Bekenntnis zum Deutschtum wie in ihrer Einsatzbereitschaft. Im Lichte dessen, was später geschehen ist, mag es unwahrscheinlich klingen – der Hals-Nasen-Ohren-Arzt Dr. Krebs, Oberstabsarzt der Reserve, Vater des später nach England emigrierten Biologen Dr. Hans Krebs, in England geadelt, Nobelpreisträger und Ritter des Ordens Pour le mérite für Kunst und Wissenschaft, war es, der mir die Lektüre der Hefte des Alldeutschen Verbandes, die als einzige in seinem Wartezimmer auslagen, dringend ans Herz legte.

Meine Jugend im Hildesheimer Elternhaus, seit 1916 überschattet von Mangel und Entbehrung, aber auch von den heraufziehenden Wolken einer sich ankündigenden Zeitenwende, endete 1918 mit meinem Eintritt als Seeoffiziersanwärter in die kaiserliche Marine. Und meine Jugend im Kaiserreich endete, als ich im November 1918 auf Wache auf »S. M. S. Schlesien« sah, wie auf neben uns liegenden Schiffen der Hochseeflotte rote Fahnen gehißt wurden. In der Annahme, es handele sich um eine auf Kiel beschränkte Revolte, ließ der Kommandant der »Schlesien«, Fregattenkapitän von Waldeyer-Hartz, auslaufen.

Erst Anfang Dezember liefen wir wieder ein als letztes Schiff der alten Marine. Die Engländer waren bereits in Kiel, um die deutsche Flotte in die Internierung zu überführen, die Hochseeflotte, in der das Wilhelminische Zeitalter wohl am markantesten sich dargestellt hat. An einem nebligen Morgen traten die zweihundert Seekadetten, die die eigentliche Besatzung der »Schlesien« stellten, zum letztenmal auf der Schanze zur Flaggenparade an. »Hol nieder Flagge und Wimpel.«

Franz Thedieck wurde am 26. September 1900 in Westfalen geboren. 1918 wurde er Seekadett. Von 1919 bis 1923 studierte er Landwirtschaft, Volkswirtschaft und Jura in Bonn und Köln. Von 1932 bis 1933 war er preußischer Staatskommissar beim Westdeutschen Rundfunk, von 1940 bis 1943 Oberkriegsverwaltungsrat bei der Militärverwaltung in Belgien und Nordfrankreich, wo er auf Antrag Himmlers entlassen wurde. Von 1943 bis 1945 leistete er Kriegsdienst und geriet in amerikanische Gefangenschaft. Von 1950 bis 1964 war er Staatssekretär im Ministerium für Gesamtdeutsche Fragen, von 1961 bis 1966 Vorsitzender des Verwaltungsrates des Deutschlandfunks, von 1966 bis 1972 Intendant des Deutschlandfunks.

## Franz Thedieck
## Im Rheinland blieb man skeptisch

Aus den ersten Jahren des Jahrhunderts kann ich vom Alltag im Kaiserreich naturgemäß nur das berichten, was ich später von Erwachsenen gehört habe. Eine eigene Erinnerung habe ich nur in geringem Maße. Alles das, was ich schreibe, entspricht, wenn ich Urteile abgebe, meiner damaligen Meinung. Aus späteren Erfahrungen würde ich sicher manches anders sehen.

Als ich im Jahre 1900 geboren wurde, war mein Vater Landgerichtsrat in Hagen in Westfalen. Ich war der vierte Sohn meiner Eltern. Mein Vater wohnte gern in Hagen. Er war ein begeisterter Jäger und Wanderer, und das Sauerland lag vor der Tür. Angesichts seiner juristischen Qualifikation wäre er am liebsten Landgerichtsdirektor in Hagen geworden. Da aber ein Schwager von ihm Rechtsanwalt und Notar in Hagen war, war das nach den damaligen strengen Grundsätzen der Justizbehörden nicht möglich. Er konnte zwar beisitzender

Richter, aber nicht Vorsitzender einer Kammer des Landgerichts werden. So streng waren damals die Bräuche!

Er bewarb sich deshalb um eine Stelle in Köln und wurde 1903 dahin versetzt. So wurde ich aus einem Westfalen zu einem Rheinländer.

Ich habe diese Umsiedlung nie bedauert. Köln (damals schrieb man Köln noch mit C) war in diesen Jahren zwar schon eine Großstadt, aber eine wohnliche Großstadt mit einer sehr alten Geschichte und einer lebendigen Tradition, nicht nur im Karneval. Meine Eltern mieteten ein schönes Einfamilienhaus, man nannte so etwas damals eine »Villa«, in dem Vorort Köln-Lindenthal. Zu dieser Zeit war das nach dem Sachsenring in der Neustadt die beste Wohnlage im Wettstreit mit dem aufstrebenden Vorort Köln-Marienburg. Es hieß damals etwas zugespitzt, die Katholiken ziehen nach Köln-Lindenthal, die Protestanten nach Köln-Marienburg. Protestantisch war ein großer Teil der Geldaristokratie, die zum Teil aus alten Hugenottenfamilien stammte.

Wohnungen zu mieten oder zu kaufen war in diesen Jahren nicht schwierig. Überall sah man Schilder mit der Aufschrift »Zu vermieten« oder »Zu verkaufen«.

Als meine Eltern noch einen weiteren Sohn und eine Tochter bekamen, zogen wir in ein größeres Haus. Da meine Mutter leider schon 1911 anfing zu kränkeln, kaufte mein Vater ein sehr großes, mit allen damals modernen Einrichtungen versehenes Haus, das neben unserer großen Familie auch genügend Platz bot für eine Köchin und zwei Hausangestellte, die man damals noch Dienstboten nannte.

Meine Mutter starb zu unser aller großem Schmerz kurz nach Kriegsbeginn. Da schon drei meiner Brüder an der Front waren und mein Vater sich in seinem Haus nicht mehr wohl fühlte, verkaufte er es 1917. Den Erlös legte er in Kriegsanleihen an, die ein Jahr später bei Kriegsende nichts mehr wert waren.

Als ich 1906 schulpflichtig wurde, hatten meine Eltern die Wahl, ob ich in die Vorschule oder in die Volksschule gehen sollte. Die Vorschule galt als das feinere. Außerdem brauchte man nur drei Jahre bis zur Sextareife. Die Vorschule lag aber in der Innenstadt, die katholische Volksschule aber nur wenige Minuten von unserem Haus entfernt. Dort war ich dann vier Jahre.

Damals war das Schulwesen noch nicht so kompliziert wie heute. Lesen, Schreiben und Rechnen wurden gründlich gelehrt. Auch im Turnunterricht wurden wir kräftig rangenommen. Dagegen war der Religionsunterricht einseitig konfessionell, nichts von ökumenischem Denken!

1910 mußten meine Eltern dann entscheiden, welches Gymnasium ich besuchen sollte, ob es eines der traditionsreichen alten Gymnasien in der Innenstadt, zum Beispiel das humanistische katholische Apostelgymnasium oder das überkonfessionelle Realgymnasium in der Kreuzgasse, das damals als ganz besonders vornehm galt, sein sollte. Meine Eltern entschieden sich aber für das in unserer Nähe gelegene Köln-Lindenthaler »Realgymnasium im Aufbau«, das noch ohne Tradition war, aber ein relativ junges Lehrerkollegium hatte. Es war überkonfessionell und im ganzen recht liberal. Mein Klassenlehrer in den ersten Jahren war ein begeisterter Naturfreund, der uns in die Altwandervogelbewegung einführte und mit uns viele Ausflüge in die Eifel und den Westerwald machte.

Denkbar schlechte Erinnerungen habe ich an den Religionslehrer, der von der Art war, die ein Pfarrer aus der Eifel mit den Worten kennzeichnete: »Die Fanatiker sind schlimmer als die Häretiker«, wobei er die Betonung auf die ersten Silben legte. Dieser Religionslehrer brachte es fertig, sich in der Schulmesse am Sonntag, während der die Gymnasiasten im Mittelschiff und viele ihrer Freundinnen in den Seitenschiffen saßen, in einer Predigt zu dem Satz zu steigern: »Der Mann kann böse sein, aber das Weib ist schlecht.« Als er später in den Kriegsjahren auch Lateinunterricht gab, ließ er *nudus* mit leicht bekleidet übersetzen.

Von diesem dunklen Punkt abgesehen, war das Lindenthaler Realgymnasium eine erfreuliche Einrichtung. Die Lehrer möchte ich als überwiegend konservativ oder liberal bezeichnen. Mehrere waren Reserveoffiziere, an der Spitze der Direktor. Zwei gehörten der SPD an. Das war damals zwar ungewöhnlich. Doch waren sie als Lehrer sehr geschätzt. Einer davon war der Kölner Heimatdichter Professor Schneider-Clauss.

Höhepunkte im Alltag der Vorkriegszeit waren die staatlichen Festtage und die Ferien. Ein besonderes Ereignis war der 27. Januar, Kaisers Geburtstag. Morgens fand eine kurze Schulfeier statt, in der ein Schüler, wie es damals hieß, ein patriotisches Gedicht »aufsagen« mußte. Nach einer Rede des Schuldirektors und dem Gesang des Liedes ›Heil Dir im Siegerkranz‹ eilten die Schüler entweder, wenn es kalt war, zum Schlittschuhlaufen auf dem Stadtwaldweiher oder aber zum Neumarkt, wo eine große Parade von Formationen der in der Festung Köln stationierten Truppen abgehalten wurde.

Wir bewunderten dabei vor allem den Glanz der paradierenden Kürassiere in ihren weißen Uniformen. Diese hatten in der preußischen Armee einen besonderen Ruf. Wenn es hieß, Seine Majestät habe sieben Kürassierregimenter und die Deutzer Kürassiere, so war das natürlich etwas ironisch gemeint. Im Offizierskorps dieses Regiments waren viele rheinische Adelige und Söhne der Geldaristokratie, die nicht so ganz in die preußische Ordnung paßten.

Der »Sedantag«, der in anderen Gegenden des Reichs ebenfalls groß gefeiert wurde, fand in Köln geringere Beachtung.

Im Jahre 1911 bildete die Einweihung der Kölner Hohenzollernbrücke durch Kaiser Wilhelm das Ereignis des Jahres. Wir Schüler wurden geschlossen zur Spalierbildung in die Nähe der Brücke geführt. Allerdings bekamen wir vom Kaiser selbst wenig zu sehen.

Ich erinnere mich an das, was mein Vater von dem großen Festessen im Gürzenich erzählte. Es habe ein Menü mit vielen Gängen gegeben, der Kaiser habe aber so schnell gegessen, daß immer abserviert worden sei, ehe man mit dem Essen angefangen habe. Am Ende sei man hungrig aufgestanden.

Ein bedeutendes Ereignis im Gymnasiastenleben waren in jedem Jahr die sportlichen Wettbewerbe, die »Vaterländischen Festspiele«. Sie wurden zuerst auf dem alten Exerzierplatz vor dem Aachener Tor und später auf den Stadtwaldwiesen an der Waldschenke durchgeführt. An ihnen beteiligten sich die Schüler aller Kölner höheren Schulen. Die Sieger in den einzelnen Wettbewerben erhielten einen Eichenlaubkranz, den wir mit Stolz trugen.

Die Ferien spielten im Leben der Schüler eine hervorragende Rolle. Wie schon erwähnt, waren wir eifrige Wandervögel. In den Herbstferien allerdings unternahmen wir immer etwas Besonderes. 1910 fuhr ich mit meinem ältesten Bruder auf die Insel Borkum. In Erinnerung ist mir da das Treiben der »Jugendkompanie« am Strande geblieben. Es wurde eifrig exerziert. Aber mir mißfiel damals eine unverkennbar antisemitische Tendenz, die wir in Köln überhaupt nicht kannten. 1911 fuhr ich mit meinen Eltern nach Knokke an der belgischen Küste, einem beliebten Ferienort der Kölner. Da meine Mutter erkrankte, mußten wir zehn Wochen dort bleiben. Den Erwachsenen fiel damals ein ziemlich kühles Verhalten der Landeseinwohner, aber auch der holländischen und englischen Kurgäste gegenüber den Deutschen auf, erste Vorboten einer sich entwickelnden Krise.

Ein ganz großes Erlebnis war es für mich immer, wenn ich die Ferien im Heimatort meiner Mutter, dem Wohnort meiner Großeltern, dem Städtchen Lügde (ausgesprochen Lüde), verbringen durfte. Dieses kleine Landstädtchen mit Wall und Graben war damals die einzige Exklave Westfalens zwischen dem Fürstentum Lippe-Detmold und dem Fürstentum Waldeck-Pyrmont. Es gehörte zu den wenigen Orten Westfalens, die schon zu Beginn der Missionierung des Sachsenlandes urkundlich genannt werden. Lügde hat durch Jahrhunderte in politischer und konfessioneller Hinsicht ein Eigenleben geführt. Die Bewohner mußten nach dem Grundsatz »cuius regio eius et religio« mehrfach ihre Konfession wechseln, waren aber seit 1624 wieder katholisch, umgeben von überwiegend protestantischen Gebieten.

Eine bedeutende Sehenswürdigkeit war und ist die Kilianskirche, die in ihrer jetzigen Gestalt in der Zeit von 1130 bis 1140 erbaut wurde. Der Turm stammt noch aus der Zeit Karls des Großen.

Alles das imponierte einem wißbegierigen Knaben außerordentlich. Auch die Feuerräder, die seit alten Zeiten zu Ostern vom Osterberg herabgerollt wurden, hinterließen bleibende Eindrücke.

In diesem Städtchen hatte mein Großvater 1858 eine Zigarrenfabrik errichtet, die sich in den Gründerjahren nach dem Krieg von 1870/71 rapide entwickelte und zum eigentlichen Wirtschaftsfaktor dieses Städtchens wurde. Mein Großvater baute großzügige Arbeitersiedlungen mit kleinen Gärten, und meine Großmutter betreute die Kirche und das soziale Leben in der Stadt. Bei dem damals geltenden Dreiklassenwahlrecht bestimmte mein Großvater das kommunale Leben der Stadt. Seit 1870 war er Stadtverordnetenvorsteher.

Als ich ihn zum erstenmal besuchte, war er schon ein paar Jahre königlich preußischer Kommerzienrat. Es imponierte uns sehr, wenn wir mit ihm in der zweispännigen Kutsche oder dem offenen Jagdwagen durch das Städtchen oder die Orte der Umgebung, in denen er Zweigbetriebe besuchte, fuhren und sahen, welchen Respekt die Bevölkerung ihm entgegenbrachte. Wenn die Arbeiter und Arbeiterinnen in den Zigarrenfabriken mit ihm sprachen, war von Klassengegensatz oder gar Klassenhaß nichts zu spüren.

Auch im Alltagsleben in Köln, vielleicht von den Kundgebungen am 1. Mai abgesehen, oder gar in Köln-Lindenthal merkte man in meinen Jugendjahren wenig von den Gegensätzen zwischen den verschiedenen gesellschaftlichen Schichten. Köln-Lindenthal war damals überwiegend ein Villenvorort. Trotz der nahen Großstadt hatte es aber noch viele ländliche Züge. Die Pferdebahn, die die Verbindung zur inneren Stadt noch zu Anfang des Jahrhunderts hergestellt hatte, war allerdings schon durch eine elektrische Straßenbahn abgelöst worden. Bezeichnend für die Attraktivität der neuen Wunderkraft war, daß sie der Straßenbahn in kürzester Zeit zu der Bezeichnung »Elektrische« verhalf.

Besonders gut gefiel uns der Sommerwagen. Er bestand aus einer Folge von offenen, nicht verglasten Abteilen. Längs des Wagens verlief ein Laufsteg, über den der Fahrer von Abteil zu Abteil ging, um die Fahrscheine zu verkaufen, die man damals noch Billette nannte. Sie kosteten für Kinder und Schüler den stolzen Preis von fünf Pfennig. Der Fahrer stand vorn an der Lenkkurbel auf der offenen Plattform bei Wind und Wetter. Das Tempo war so, daß man gemütlich auf- und abspringen konnte.

Recht idyllisch ging es damals auch noch bei Beerdigungen zu. Der Leichenzug zog vom Trauerhaus durch die Straßen, unter dem Geläut der Glocken. Die Leute auf der Straße zogen den Hut und ließen dem

Franz Thedick (in der Mitte im blauen Matrosenanzug) mit seinen Geschwistern im Jahr 1912.

Trauerzug die Vorfahrt. In einem seiner Heimatgedichte schrieb Professor Schneider-Clauss: »... ne Rieche is hück gestorve, drum läutet es esu schön.«

Haustürgeschäfte waren gang und gäbe: Der Milchmann klingelte, der Brötchenjunge kam, der Brezelmann, der Fliegenfängermann, der Eismann, der Biermann. Dreimal am Tage wurde die Zeitung gebracht. Auch der Briefbote kam zweimal.

Das gesellschaftliche Leben in Köln war natürlich wie überall ständisch gegliedert. Die Juristen, die Verwaltungsleute, die Mediziner, die verschiedenen Gruppen der in der Wirtschaft Tätigen verkehrten in erster Linie in ihren eigenen Kreisen. Das gesellschaftliche Leben war in Köln noch übersichtlich im Gegensatz zum Beispiel zu Berlin, das ich später kennenlernte. Kritische Leute sagten, Köln sei ein Dorf, jeder kenne jeden.

Neben den Verkehrslokalen gab es drei große Häuser: die Bürgergesellschaft, in der sich überwiegend die Katholiken trafen, die Lesegesellschaft, den Treffpunkt der Liberalen, und das Civilkasino, das einen überkonfessionellen und überparteilichen Charakter hatte.

Was war der Gesprächsstoff der Unterhaltungen in den Jahren vor

Schüler des Gymnasiums Köln-Lindenthal bei Turnvorführungen vor dem Kölner Gürzenich im Jahr 1914.

dem Ersten Weltkrieg? Die Haltung zum politischen Geschehen der Zeit war sehr differenziert. In den alten rheinischen Familien stand man der Entwicklung im nachbismarckischen Kaiserreich teilweise recht skeptisch gegenüber. Besonders die Flottenpolitik des Kaisers wurde mit Mißtrauen beobachtet. Das Streben nach »Präsenz der deutschen Flagge auf allen Meeren« fand wenig Widerhall.

In meinem Elternhaus herrschte eine positivere Beurteilung der preußisch-deutschen Politik vor. Mein ältester Bruder trat schon Ostern 1912 in die kaiserliche Marine ein. Westfalen war zwar wie das Rheinland 1814 zu Preußen gekommen, aber ein großer Teil der Westfalen hatte ein wesentlich besseres Verhältnis zu Preußen als die Rheinländer. Wir jungen Gymnasiasten konnten trotz eifrigen Diskutierens die großen Zusammenhänge des politischen Geschehens nicht voll übersehen. Wir stimmten jedoch dem Reichskanzler von Bülow aus vollem Herzen zu, wenn er auch für die Deutschen einen »Platz an der Sonne« forderte. Doch blieben auch wir nicht unberührt von der wachsenden Sorge der Erwachsenen vor der Entente zwischen Großbritannien, Frankreich und Rußland.

Das Trauma einer Einkreisung des Deutschen Reiches durch die Ententemächte erfüllte die Menschen mit einer wachsenden Beklemmung. Als dann im Juli 1914 die Ermordung des österreichischen Erzherzogs Franz Ferdinand und seiner Gemahlin durch serbische

Nationalisten in Sarajevo die Welt erschütterte und der großserbische Nationalismus Rückendeckung bei Rußland fand, nahm das Schicksal unhaltbar seinen Lauf.

Ich erinnere mich an diese Zeit allzu gut. Eine lange Friedensperiode ging zu Ende. Es war später schwer verständlich, daß die Mehrheit der Menschen diesen Frieden damals als drückend empfand, als kaum mehr zu ertragen, daß 1914 viele ein Ende mit Schrecken einem Schrecken ohne Ende vorzogen. Die Menschen lebten in denkbar besten Verhältnissen, es ging ihnen offenbar zu gut.

Der Kriegsausbruch veränderte den Alltag im Kaiserreich von Grund auf. Einer meiner Brüder war schon Offizier, zwei meldeten sich gleich zur Truppe, einer davon war sechzehn Jahre alt. Ich selbst ging sofort zum Bahnhofshilfsdienst, der die Soldatenzüge und später die Verwundetenzüge betreute. Alle waren in bester Stimmung, unvergleichbar mit dem, was wir beim Ausbruch des Zweiten Weltkrieges erlebten. Unvergeßlich sind mir die Weihnachtstage und die Silvesternacht 1914 mit der Rotkreuzgruppe, der zahlreiche Mitglieder der Kölner Gesellschaft angehörten, auf dem Bahnhof Köln-Deutz.

Allerdings hielt diese Hochstimmung nicht lange an. Als die verlustreichen Schlachten kamen, als viele Familien Tote zu beklagen hatten, dämpfte das die Begeisterung, mindestens bei den älteren Leuten. Meine Generation betraf das nicht. Wir drängten uns zu immer neuen Aufgaben, die Schule spielte eine untergeordnete Rolle. Lange Wochen war ich mit meinen Mitschülern in verschiedenen landwirtschaftlichen Hilfsdiensten im Rheinland eingesetzt. Im Jahre 1917 gingen wir mit zweitausend »Jungmannen« in das französische Etappengebiet der Heeresgruppe des Kronprinzen zum Ernteeinsatz, für uns junge Menschen natürlich ein großes Erlebnis. Die im Inneren des Landes immer schlechter werdende Lebensmittelversorgung schwächte zwar unsere Gesundheit, aber nicht unsere Einsatzfreude.

Obwohl schon einer meiner Brüder in Galizien gefallen war und zwei als Offiziere an der Front waren, bedrängte ich meinen Vater um seine Einwilligung, mich bei der kaiserlichen Marine melden zu dürfen. Mit siebzehn Jahren wurde ich am 1. April 1918 Seekadett. Wegen einer schweren Erkrankung mußte ich zum 1. Juli zurückgestellt werden und kam so zu einer Crew, die als »Schlesiencrew« in der Geschichte der Marine einen besonderen Ruf behielt.

Auf dem Linienschiff »Schlesien« waren wir gerade im Kieler Hafen, als die sogenannte Novemberrevolution ausbrach. Während auf den meisten Schiffen von den revoltierenden Matrosen rote Flaggen gehißt wurden, fuhr die »Schlesien« unter dem Kommando von Fregattenkapitän von Waldeyer-Hartz mit der Reichskriegsflagge in die Flensburger Förde. Dort wurde der Besatzung freigestellt, das Schiff zu verlassen. Die meisten Matrosen machten von diesem Angebot Gebrauch. Die Seekadetten und ein kleiner Teil des Unteroffizierskorps und natürlich die Offiziere blieben an Bord.

Inzwischen hatte das Revolutionskomitee in Kiel einen Preis ausgesetzt für den, der die »Schlesien« versenken würde. Wir liefen in der Nacht aus der Flensburger Förde in die Ostsee in Richtung Dänemark aus. Die »Schlesien« wurde zwar nicht versenkt, aber es wurde die Nachricht verbreitet, sie wäre versenkt und mit der gesamten Besatzung untergegangen. Die großen deutschen Tageszeitungen, auch die ›Kölnische Zeitung‹, berichteten eingehend darüber. Es dauerte mehrere Tage, bis die Nachricht dementiert wurde. Mein Vater und meine Geschwister hatten mich schon betrauert.

Wir kreuzten unterdessen mit »S. M. S. Schlesien« in dänischen und schwedischen Gewässern und fuhren dann nach Swinemünde. Nach einer Vereinbarung unseres Kommandanten mit den zuständigen Stellen in Berlin kehrte unser Schiff ohne rote Flagge unter der Handelsflagge nach Kiel zurück, wo es außer Dienst gestellt wurde. Wir waren noch kaisertreu geblieben, als der Kaiser sich schon nach Holland abgesetzt hatte, für uns ein sehr bitteres Ende.

Das Ende des Kaiserreichs in Köln habe ich nicht miterlebt.

Ein Brief meines Vaters vom 20. November 1918 gibt ein plastisches Bild vom Verlauf der Novembertage in Köln. Ich zitiere: »Die Ereignisse spielten sich mit rasender Schnelle ab. Donnerstag, den 7., hier noch alles ruhig, wenn auch schon die schlimmen Nachrichten von Kiel, Hamburg, Hannover gekommen waren und jeder das Gefühl hatte, daß etwas in der Luft sei. Dann kamen in der Nacht eine Handvoll Matrosen und warfen ganz Cöln mit seiner Besatzung von vielleicht 40 000 Mann über den Haufen, weil der Gouverneur schlapp, die Truppen unzuverlässig waren; nur kein Blutvergießen, war die Parole.

Natürlich wurden zunächst alle Gefängnisse geöffnet und die Verbrecher befreit, darunter achtundzwanzig geisteskranke Schwerverbrecher, die zum Teil in den ›Sicherheitsdienst‹ des Soldatenrates eingereiht wurden. Das Straßenbild am Freitag morgen war dementsprechend, den Offizieren wurden überall die Achselstücke abgerissen und die Waffen. Die Soldaten schlugen auf dem Pflaster ihre Flinten kaputt, Autos mit roten Flaggen, besetzt mit bewaffneten Matrosen und Sträflingen, durchsausten die Straßen, ab und zu wurde mal geknallt, so daß ich froh war, als ich mit heiler Haut auf dem Gericht war.

Glücklicherweise dauerte der Zustand nicht lange; durch das diplomatische Geschick des Oberbürgermeisters Adenauer, der seine paar sozialdemokratischen Stadtverordneten immer gut behandelt hatte, kam bald Ordnung in die Sache. Der Bolschewismus wurde vorläufig zurückgedrängt, die Behörden arbeiten nun unter Aufsicht des Soldatenrates, wir haben einen Rechtsanwalt als Kontrolleur, wovon wir aber nicht viel merken. Die Sträflinge werden nach und nach wieder eingefangen, wenn sie auch schon genug Unheil angerichtet haben.«

Das war das deprimierende Ende des Kaiserreichs.

Günther Grassmann wurde am 14. Oktober 1900 in München geboren. Er studierte Architektur, Malerei und Grafik. Seit 1923 ist er freischaffender bildender Künstler. Er hat sich an zahlreichen Ausstellungen im In- und Ausland beteiligt (1934 an der Biennale in Venedig). Von 1941 bis 1945 war er Professor an der Städelhochschule Frankfurt, von 1955 bis 1973 Präsident der Münchner Secession.

## Günther Grassmann
## Man liebte russische Literatur und fürchtete die »russische Dampfwalze«

Eine Kaiserzeit hat es in Bayern eigentlich nie gegeben. Die vaterländischen Gefühle gehörten Bismarck, die dynastischen den Wittelsbachern, die immerhin genau hundert Jahre als konstitutionelle Monarchen regiert haben, während in Preußen erst mit dem Ende der Kaiserzeit das Dreiklassenwahlrecht abgeschafft wurde. In die Erinnerung leuchtet der Glanz der höchst liberalen Prinzregentenzeit.

Meine Mutter kam aus einer Familie, der es geglückt war, sich in wenigen Generationen aus einfachsten Verhältnissen hochzuarbeiten. Da hatte es nun jeder zum Geheimrat oder Staatsrat, ihr Großvater zum »Reichsrath der Krone Bayern« und sein Bruder – das gab es damals noch – zum bayerischen Gesandten in Stuttgart gebracht, dann zum bayerischen Innenminister und zum Kabinettssekretär des schwierigen »Märchenkönigs« Ludwig II.

Wenn ich es richtig sehe, wurde es in der Famlie nicht recht verstanden, daß meine Mutter anscheinend wenig Lust hatte, den bequemen Weg einer »höheren Tochter aus gutem Hause« zu gehen, tändelnd, tanzend und ein bißchen malend geduldig zu warten, einem Mann angetraut zu werden, der Vermögen und gesicherte Karriere mitbrachte. Ich weiß aus einem erhaltenen Briefwechsel mit einer ihrer Freundinnen, wie sehr sie dieses Leben fürchtete und verachtete, das die Mädchen der »besseren Kreise« von jeder Arbeit, natürlich auch jedem Studium ausschloß und ihnen nur über ein wenig »Wohltätigkeit« Kontakt mit dem Leben erlaubte.

Sie heiratete einen jungen praktischen Arzt, der aus kleinen Verhältnissen kam und wenig mehr mitbrachte als ärztliches Können, Gewissenhaftigkeit und großen Fleiß. Er ließ sich im sogenannten Lechel nieder, einem einfachen Viertel zwischen dem Münchner Hofgarten und der Isar, wo früher das Brennholz gestapelt worden war, das die Flößer aus dem Gebirge brachten, und wo die Wäscherinnen in den munter fließenden Seitenarmen der Isar die Wäsche der »Herrschaften« wuschen.

Der Anfang scheint schwierig und karg gewesen zu sein. Als ich dort zur Welt kam, waren schon zwei Schwestern und ein Bruder da.

Ich bin wohl etwa zwei Jahre alt gewesen, als es möglich wurde, von der kleinen Mietwohnung im Lechel in das große Haus umzuziehen, das mein Großvater etwa zwanzig Jahre vorher gekauft, umgebaut und erweitert hatte. Es lag in einer der damals nobelsten Wohngegenden Münchens, halbwegs zwischen Odeonsplatz und Karlsplatz, gegenüber den heute noch erhaltenen Anlagen des Maximilianplatzes mit alten, hohen Eschenbäumen, durch die man auf die Frauenkirche sehen konnte. Da waren ein schmaler Vorgarten mit Hecke und eisernem Zaun und an der Frontseite drei sehr geräumige Zimmer, die durch große Flügeltüren ineinandergingen, sichtlich für ein wenig bürgerlichen Prunk und Festlichkeiten gedacht.

So feudal ging es freilich bei uns nicht zu. Das mittlere große Zimmer war Wohn- und Eßzimmer mit einem langen, auf die doppelte Länge ausziehbaren Tisch. Hier kamen wir zu den Mahlzeiten zusammen. Von den anschließenden Zimmern diente das eine als »Lernzimmer«, in dem jedes der Kinder – es waren im Lauf von zehn Jahren sieben geworden, drei Mädchen und vier Buben – sein Schreibpult hatte und absolute Ruhe herrschen mußte und so ziemlich immer geherrscht hat. Die übrigen Räume waren Schlafzimmer, in denen wir jeweils zu zweit hausten. Die Zimmer waren sehr hoch: drei Meter fünfundfünzig, was mir in Erinnerung ist, da es mir erst nach vielen Versuchen gelungen ist, mit der großen Menge von hölzernen Bauklötzen, die ich zusammentragen konnte, einen Turm bis an die Zimmerdecke zu bauen.

Hinter dem Haus war ein Garten, vielleicht zwanzig mal fünfundzwanzig Meter groß, mit einem respektablen Kastanienbaum, an dem wir erste und wohl nicht immer ungefährliche Kletterkünste übten. Rechts und links vom Haus gab es schmale Einfahrten und Nachbarhäuser mit hohen Mauern, die den seitlichen Räumen viel Licht wegnahmen. Die damaligen Bauvorschriften verlangten da viel weniger Rücksichtnahme. Auf der einen Seite das Marienstift für alte Damen, das irgendwie mit einer sehr geschätzten Paramentenstickerei (Jörres) verbunden war, auf der anderen Seite das große Palais des Freiherrn von Kramer-Klett, der damals als der reichste Mann Bayerns galt und in dessen rundum von hohen Mauern umgebenen maurischen Prunkhof wir nur mit sehr viel Scheu mit seiner Erlaubnis gingen, wenn uns ein Ball hinübergefallen war.

Die Gesellschaft damals, das konnte man auch als Kind und Heranwachsender spüren, war viel mehr als heute in ein Oben und Unten geteilt. Um die engere Hofgesellschaft, die als leutselig und sozial galt, standen als tragende Säulen zunächst der Adel und das Militär, dann das gebildete Bürgertum, in dem die Universitätskreise und die gehobene Beamtenschaft eine führende und allgemein respektierte Rolle spielten. Zu der Schicht der Kaufleute, der Unternehmer und Geschäftsinhaber bestand nicht allzuviel Kontakt.

Der Hof knauserte nicht mit Auszeichnungen aller Art. Jeder höhere Beamte, aber auch Universitätsprofessoren und Künstler wurden mit dem Kronorden ausgezeichnet, der mit dem persönlichen Adel verbunden war. Dazu weit gestreut die Titel Hofrat und Geheimrat, die auch in der alltäglichen Anrede kaum vergessen wurden. Der Titel Kommerzienrat scheint durch Stiftungen erwerbbar gewesen zu sein. Ältere Künstlerkollegen haben mir erzählt, daß ihnen das Ministerium eine Liste von Persönlichkeiten übergab, die in diesem Sinne von ihnen um namhafte Summen für Kunstförderung angegangen werden konnten.

Ob die »Kgl. Bayer. Hoflieferanten« wirklich den Hof dauernd beliefert haben, weiß ich nicht, bei der Prinzregententorte soll es so gewesen sein. Auch in der Briefadressierung wurde zwischen dem »Hochwohlgeboren« und dem nur »Wohlgeboren« unterschieden, und den Soldaten wurde mit Schwierigkeit beigebracht, daß man zwar Herr General, aber nicht Herr Exzellenz sagen konnte.

Mein Vater hat seine Krankenbesuche in der damals schon ziemlich ausgedehnten Stadt zunächst mit dem Fahrrad bewältigt. Später stand dann jeden Morgen der Mietkutscher Martin Wick vor der Tür. In den Ferien durften wir manchmal mitfahren, vorn auf dem Bock natürlich. Erst sehr viel später wurde der Kutscher durch einen Chauffeur abgelöst. Ein eigenes Auto hat mein Vater nie besessen.

Er hatte sich allmählich einen guten Namen als Internist und guter

Diagnostiker geschaffen, und wenn er morgens meiner Mutter die Patienten angab, bei denen er telefonisch erreichbar war, so waren auch berühmte Namen dabei wie der Chemiker Adolf von Bayer, der Physiker Wilhelm von Roentgen und Carl Linde. Er war auch der erste unter den Münchner Privatärzten, der sich einen Röntgenapparat anschaffte. Die Umrisse von Herz und Lunge wurden in einem sehr primitiven Verfahren mit einem beweglichen Leuchtschirm und einem Gummibällchen, das Farbe auf eine Glasplatte sprühte, nachgezeichnet. Erst etwas später, als man wohl auch die Gefahren langer Belichtungen erkannte, ging man zur Photographie über.

Die selbstverständliche Vertrautheit mit dem durchsichtigen Körper, durch ein menschliches Skelett ergänzt, das im Röntgenzimmer stand, gehört zu den frühen Eindrücken meiner Jugend.

Natürlich ließ sich der Neunpersonenhaushalt nur mit einigen Hilfskräften bewältigen. Da waren ständig zwei Dienstmädchen, eine Köchin und ein Zimmermädchen im Haus, meistens Töchter von kinderreichen Kleinbauern, die in ihrer Heimat wenig Aussicht hatten, in einen Hof einzuheiraten, und in der Stadt als »Herrschaftsköchin« dann als gute Partie galten.

Sosehr hier das Oben und Unten gewahrt blieb, so gehörten diese Mädchen doch fast ausnahmslos zur Familie, und mit den meisten blieben wir noch Jahre und Jahrzehnte nach ihrem Ausscheiden in persönlichem und brieflichem Kontakt. Da war dann noch der Hausmeister, ein nach München verschlagener Berliner, der mit seiner Frau in einer Dreizimmerwohnung im Parterre hauste und bei festlichen Gelegenheiten oder, wenn wir an Weihnachten in den ersten Stock zu unseren Großeltern kommen durften, schwarz gekleidet und mit weißen Handschuhen servierte. Er war dann auch die erste Sprechstundenhilfe meines Vaters.

Alle vierzehn Tage kamen zwei Wäscherinnen. Vom Garten aus führte eine steile Treppe in einen vom Keller abgetrennten, gewölbten Raum hinunter, in dem ein großer Kupferkessel eingemauert war. Wenn da Feuer brannte, war vor lauter Dampf nichts zu sehen, wir hörten im Garten nur das Schrubben und Klatschen der Wäschestükke. Unheimlich dicke Butterbrote wurden als Brotzeit hinuntergetragen, und es war ganz selbstverständlich, daß nachmittags die schweren Wäschestücke in einem Korb vier Stockwerke hoch auf den Trokkenspeicher geschleppt und dann etwas leichter nach einigen Tagen wieder in die Parterrewohnung zum Bügeln und Mangeln hinuntergebracht wurden.

Es wurde damals viel mehr ins Haus geliefert, als das heute üblich ist. Sehr vornehme Häuser – wir nicht – hatten einen eigenen Lieferanteneingang. Aber auch bei uns hing morgens der Leinensack mit den frischen Semmeln an der Wohnungstür, kam der Milchmann mit seiner großen Kanne ins Haus, immer – und wohl mit Recht – beargwöhnt, daß die Milch gewässert oder sauer sein könnte. Die Post wurde täglich dreimal zugestellt, und die Briefträger gingen geduldig Haus für Haus drei und vier Treppen hoch an jede Wohnungstür. Flicknäherinnen waren tageweise im Haus, und zur Maßanfertigung unseres gröberen Schuhwerks kam alle paar Wochen die alte, dicke Frau eines Flickschusters, die unsere Füße in den verschiedensten Richtungen mit einem schmalen Streifen von Zeitungspapier, in den sie dann kleine Einrisse machte, zuverlässig vermessen hat. Unsere Alltagsschuhe waren auf Sohle und Absatz mit breitköpfigen Eisennägeln beschlagen. Im Haus durften wir sie natürlich nicht tragen.

Das für den Kühlschrank benötigte Eis wurde jede Woche in dikken Stangen geliefert und mußte kleingeschlagen werden, es war nicht nur »künstliches Eis«, nach dem Verfahren Linde hergestellt, sondern stammte auch aus dem zugefrorenen Nymphenburger Kanal, an dessen Ende riesige, aus dickem, dunklem Holz gebaute Vorratsstadel für dessen Lagerung standen, heutigen Begriffen von Hygiene nicht ganz gemäß.

Mein Vater war Mitarbeiter der ›Münchner Medizinischen Wochenzeitung‹ und ließ sich zur Besprechung nicht nur Bücher medizinischen Inhalts, sondern auch Berichte über Expeditionen und Forschungsreisen von Amundsen, Scott oder Sven Hedin zuweisen, die dann in unsere Hausbibliothek übergingen.

Man kann sich heute kaum mehr vorstellen, mit welcher allgemeinen Anteilnahme diese Abenteuer verfolgt und die Berichte darüber gelesen wurden. Denn es gab noch große Gebiete, die noch nie von einem Europäer betreten worden waren. Wer sich dorthin begab, war für Monate, eventuell für Jahre von jeder Verbindung abgeschnitten, und die Welt wartete gierig auf seinen Bericht, was er dort erlebt, was er angetroffen hatte: Steppe oder Wälder, Gebirge oder Sumpf, Einsamkeit oder fremdartige Städte und Siedlungen.

Eine kleine persönliche Erinnerung, die dies beleuchtet: Ein guter Bekannter unserer Familie, Mathematiker und Geologe, verbrachte mit drei Kameraden ein Jahr zu meteorologischen Messungen auf einer Insel, die von keinem Verkehr berührt wurde. Um sich den Schein eines Zusammenhanges mit dem Geschehen in der Heimat zu wahren, nahmen sie einen ganzen Jahrgang der ›Münchner Neuesten Nachrichten‹ mit und gaben jeden Tag die entsprechende Ausgabe des Vorjahres zur Lektüre heraus, bis sie dann nach einem Jahr von ihrem Schiff wieder abgeholt wurden.

Schlimm erging es einer Polarexpedition, die sich auf dem Rückweg verspätet hatte und ihr Schiff noch in der Ferne abfahren sah; das bedeutete für sie ein Warten in der Polarnacht bis zum nächsten Sommer, als man vereinbarungsgemäß nochmals nach ihnen schaute.

Die Eltern Grassmann mit ihren vier ältesten Kindern etwa 1901. Günther ist der Kleinste zwischen den Eltern.

Natürlich wollten auch wir Forschungsreisende werden, und wir übten uns, weite Strecken im Vorgebirge ohne Landkarte und lediglich dem Orientierungsgefühl folgend zu Fuß zurückzulegen, zum Teil durch große Wälder. Um uns frühzeitig auf Strapazen vorzubereiten, machten wir – ich war damals acht Jahre, mein Bruder und ein Freund etwas älter – die sogenannte »Hungertour«. Von Füssen im Allgäu aus, wo wir zur Sommerfrische waren, gingen wir, Notproviant im Rucksack, nach Reutte in Tirol und weiter zur Ehrenberger Klause, ohne etwas zu essen oder zu trinken – ja, wir widerstanden den Verlockungen, als uns die Eltern unseres Freundes wider alle Vereinbarung nachgegangen waren und uns, die hungernd Rastenden, mit Wurst- und Käsebroten zur Aufgabe unseres Vorhabens überreden wollten.

Dabei haben wir am Hin- und Rückweg jeweils die deutsch-österreichische Grenze überschritten ohne jeden Ausweis und unbeanstandet. Denn Personalkontrollen gab es auch für Erwachsene an den Grenzen nicht. Der Paß war ein sagenhaftes Ding, das man nur in Rußland und im Orient brauchte.

Eine weitere große Faszination ging von der Technik, speziell von der Entwicklung des Verkehrswesens und der Fliegerei aus.

Ich erinnere mich noch an den Postillion, wie er zur »guten alten Zeit« gehörte. An unserem Grundstück in Miesbach, das mein Großvater und später meine Eltern aus dem Erbe des Urgroßonkels übernommen hatten und das mit Wiesen, Obstgarten, Bach und Hochwald unser Ferienparadies war, führte ungefähr zweihundert Meter lang die hier ansteigende Straße nach Tölz vorbei. Da kam jeden Morgen die Postkutsche vorbei mit vier oder fünf Passagieren, mit dem Postillion in der klassischen Uniform mit Zylinder und allerhand weißblauem Zierat. Wir bettelten unserem Großvater eine Zigarre ab, die der Postillion dann in die Laterne neben seinen Kutschbock steckte. Zum Dank blies er dann auf seinem Horn ein Lied, das langsam in der Ferne verhallte.

Bald aber kamen Autos, Lastwagen, die auf der Bergstrecke oft steckenblieben. Die Straßen waren unbefestigt, und jedes Auto zog eine riesige Staubwolke hinter sich her. Die Scheinwerfer, keineswegs elektrisch, sondern mit Karbid betrieben, waren kilometerweit zu sehen; nicht abblendbar erleuchteten sie die ganze Gegend. Ich rief jedem Auto laut »Straßenstinker« oder ähnliches nach, und ungerecht, wie es in der Welt zugeht, durfte ich als erstes meiner Geschwister dann in einem Mietauto mitfahren, um zu erleben, wie bequem man in so einem beschimpften Fahrzeug reisen konnte.

Wenn wir Bergtouren machten, fuhren wir mit der Bahn nach Schliersee und gingen über Wiesen hinunter zum See. Dort warteten am einfachen hölzernen Steg immer ein paar Fischer mit ihren Kähnen, die uns in morgendlicher Stunde über den See ruderten und abends zur vereinbarten Zeit wieder abholten. Nirgends, auch nicht auf den leicht erreichbaren Gipfeln, gab es Trubel, meist war man allein. Als Vierjähriger habe ich meinen ersten Berg, immerhin 1600 Meter hoch, bestiegen.

Daß wir uns als Buben für die Anfänge der Fliegerei interessierten und begeisterten, versteht sich von selbst. Wir besaßen ein Luftschiffbuch und konnten es fast auswendig. Da waren mit einfachen Abbildungen alle Anfänge verzeichnet, die Heißluftballons der Brüder Montgolfier, die gescheiterte Polüberfliegung von Salomon Andrée, Lilienthal, die Gebrüder Wright und dann natürlich die Luftschiffe des Grafen Zeppelin.

Freiballone waren keine Seltenheit. Es hat mich tief beeindruckt, als mich mein Vater zum Start eines Freiballons mitnahm. Ein Bekannter hatte mit zwei oder drei Begleitern den engen, mit Sandsäcken behängten Korb schon bestiegen. Eben hatte mein Vater noch mit ihm gesprochen, doch als die Halteseile fielen, wurde er schneller, als ich mir das vorstellen konnte, in unerreichbare Höhe gerissen und entschwand in den Wolken.

Flugzeuge waren kleine Apparate mit stoffbespannten Tragflächen, in denen die Piloten zumeist frei im Fahrtwind saßen, die Mütze mit dem Schild nach hinten am Kopf, was wir – auf unseren Fahrrädern gar nicht so viel langsamer – natürlich nachmachten.

Unvorstellbar groß waren dagegen die Luftschiffe, imponierend, wenn sie in wenigen Hundert Metern Höhe brummend über die Stadt flogen. Der Flug eines Zeppelins nach Frankfurt oder München oder sogar nach Berlin war ein nationales Ereignis. Überall brauchte man militärische Haltemannschaften, um eine Landung zu bewältigen. Anfällig gegen jede Windböe, wurden sie immer wieder zerstört, aber als stolzes nationales Symbol aus Spenden des ganzen Volkes immer größer wieder neu gebaut. Ein Kindervers besang das:

Brumm, brumm, brumm,
Luftschiff fliegt herum.
Zeppelin hin, Zeppelin her,
Zeppelin hat kein Luftschiff mehr,
Zeppelin hoch, Zeppelin nieder,
Zeppelin hat sein Luftschiff wieder.
Zipp, zapp, Zeppelin,
das Luftschiff ist schon wieder hin.

Auch die Lebensspanne unserer Eltern war eine Zeit des Überganges, in der die Ahnung kommender Erschütterungen und der Glaube an die Werte der Vergangenheit gegeneinanderstanden. Dynastische Treue gegen Liberalität, kirchliche Traditionen gegen Freigeistigkeit, Romantik gegen Sachlichkeit, Elite gegen Masse. Man war vaterländisch und in diesem Sinne opferbereit, aber man fürchtete und verachtete alles Säbelrasseln.

Wir Kinder wurden kirchlich erzogen, meine Mutter ging selten, mein Vater nur dann in die Kirche, wenn er auf der Empore in einem der berühmten Kirchenchöre mitsang. Man erklärte uns das mit zwei Sätzen aus der Rede des freisinnigen Geistlichen, der die Eltern getraut hatte: »Ein Besuch bei einem Kranken ist der beste Gottesdienst«, und: »Es ist nicht sehr gottgefällig, in die Kirche zu laufen, wenn zu Hause die Strümpfe ungestopft herumliegen.«

Trotz erheblichem Wohlstand war die Lebensführung von größter, fast übertriebener Sparsamkeit geprägt. Beim Besuch des Oktoberfestes bekam jedes von uns dreißig Pfennig zur freien Verfügung, und wir sahen uns ein Karussell sehr genau an, ob es fünf oder zehn Pfennig kostete. Dann wurden wir noch »zur Bildung« in eine »Völkerschau« oder dergleichen geführt.

Den Schulweg, immerhin dreieinhalb Kilometer hin und ebensoviel wieder zurück, machten wir selbstverständlich zu Fuß, morgens im Eilschritt. Leckereien zu kaufen kam uns nicht in den Sinn, wir wurden ganz selten, zumeist wenn wir sonntags vormittags im Deutschen Museum waren, vom Vater in eine Konditorei mitgenommen. Aber ich weiß noch, daß es mir schwere Gewissensbisse bereitete, als ich mir 1915 – wahrscheinlich schon ziemlich hungernd – heimlich für zwanzig Pfennig einen Schokoladeosterhasen gekauft habe.

Das Verhältnis zu den unteren Schichten oder, wie man damals sagte, zu den »armen Leuten« war zwiespältig. Es gab großzügige Stiftungen für Altersheime oder Blindenanstalten. Aber die Grundeinstellung war doch etwa die, daß man sich selbst dank Fleiß und Tüchtigkeit hochgearbeitet hatte, was die andern versäumt hatten.

Um im einzelnen zu helfen, gab es den von »wohltätigen«, manchmal auch nur tätigen Damen geleiteten Elisabethenverein, und für die vorweihnachtliche Spende meiner Mutter durften wir Kinder im sogenannten »Krabbelsack« wühlen, wo ich statt des erhofften Taschenmessers oder gar der Spiellokomotive immer nur Kleinigkeiten herauszog, die sich nach Entfernung der aufwendigen Verpackung bestenfalls als Wischläppchen für meine Schiefertafel herausstellten.

Einen Tag vor dem Weihnachtsabend wurden bei uns etwa zehn Familien beschert. Auf großen, vom Schreiner aufgestellten und weißgedeckten Schragentischen bekam jede einen eigenen Christbaum, Gebäck und vor allem Nützliches, Stoffe, wohl auch Mäntel, Schuhe und Lebensmittel.

Die Sozialversicherung steckte in den Anfängen und wies viele Lücken auf. Aber die Tradition des uralten Spitalwesens, in dem die klösterlichen Schwestern tatsächlich für Gotteslohn arbeiteten, war noch lebendig. In der von meinem Großvater gegründeten privaten Augenklinik, aus der die Münchner Universitätsaugenklinik hervorging, haben sich Statistiken erhalten, die belegen, daß dort in jedem Jahr viele hundert Patienten unentgeltlich ambulant und stationär behandelt wurden. Auch in der Privatpraxis meines Vaters war das üblich, und Rechnungen wurden nicht schematisch nach Leistung und Tarif, sondern in jedem einzelnen Fall nach geschätztem Vermögensstand variiert.

Wir gingen zuerst vier Jahre in die Volksschule, und ich erinnere mich, daß mich das langsame Fortschreiten im Unterricht, wo viel Rücksicht auf wenig Begabte genommen wurde, recht bedrückt hat. Die Volksschulen waren nach Konfessionen und auch in eigene Knaben- und Mädchenschulen getrennt.

Am Gymnasium waren die Klassen konfessionell gemischt, aber die Mädchen gingen in zumeist private »höhere Töchterschulen«. Ich habe nie, auch nicht während der neun Jahre am Gymnasium, eine Schulkameradin gekannt. Im übrigen Leben spielten Unterschiede der Religionszugehörigkeit kaum eine Rolle, ja, sie wurden von uns, etwa bei den Pfadfindern, überhaupt nicht wahrgenommen. Das gilt auch weitgehend hinsichtlich der jüdischen Altersgenossen. Hier bestand eine gewisse Reserve gegenüber den Familien und dem andersgearteten rituellen Leben, aber nicht gegenüber den einzelnen.

Daß es so etwas wie einen prinzipiellen Antisemitismus gab, habe ich mit großer Verwunderung erstmals im Jahre 1911 in einer Tiroler Sommerfrische erfahren, als ein Gast von einem judenfeindlichen Lied im Seebad Zoppot erzählte. Auch aus Österreich kamen später solche Berichte. In den gebildeten und speziell in wissenschaftlich orientierten Kreisen gab es so viel angesehene und voll anerkannte Juden, daß ein prinzipieller Antisemitismus keinen Boden hatte.

Im Verhältnis zu den beiden wichtigsten Nachbarländern Frankreich und Rußland hielten sich Achtung und Angst die Waage.

Vertrautsein mit französischer Kultur und Sprache war genauso wie das Wissen um die klassische Antike die Voraussetzung jeder bürgerlichen Bildung. Andererseits herrschte Furcht vor französischen Revanchebestrebungen, und in den Hundertjahrfeiern der Befreiungskriege im Jahre 1913 kam wohl allerhand überzogener antifranzösischer Patriotismus zu Wort.

Nicht anders war es gegenüber Rußland. Die russischen Schriftsteller, insbesondere Tolstoi, aber auch Dostojewski, Gogol, Puschkin, hatten in der jüngeren Generation eine begeisterte Leserschaft. Andererseits fürchtete man das schwer durchschaubare Rußland, die »russische Dampfwalze« als Vollstreckerin einer panslawistischen Expansion, deren Ziele bekannt waren.

Wir Kinder hatten von Balkankriegen, Marokkokrisen und Flottenkonflikten wenig mitbekommen. Als aber an einem Abend Ende Juni 1914 die Nachricht von der Bluttat in Sarajevo an den Anschlagtafeln zu lesen war, wurden auch wir in den Strudel von Begeisterung und Sorge gezogen, der diese Wochen vor dem Ausbruch des Ersten Weltkrieges beherrschte. Ich erinnere mich sehr wohl an die vaterländische Begeisterung nach der Mobilmachung und die Zuversicht, daß durch rasches militärisches Handeln die Dinge in kurzer Zeit bereinigt werden könnten, ebenso wie an die Einsicht der Skeptischen, was ein Krieg an zwei Fronten bedeuten mußte. Deutlich aber steht in meinem Gedächtnis das tiefe Erschrecken meiner Eltern, als, von niemandem erwartet, auch England in den Krieg eintrat und eine Reihe anderer Länder, unter anderen auch Japan, seinem Beispiel folgte und Deutschland den Krieg erklärte.

Feinde ringsum – die deutsche Urangst vor Einkreisung und Zweifrontenkrieg, spontan beantwortet mit einer nie wieder erreichten Einigkeit des Verteidigungswillens und, auch das steht lebendig in meinem Gedächtnis, geschmacklos martialischen Sprüchen.

Militärische Erfolge, Erstarren der Fronten im Stellungskrieg, Glaube an Ordnung und Opferbereitschaft, langsam zersetzt durch

Skepsis und die aufkeimende Erfahrung, daß, als Hunger und Not überhandnahmen, sich der einzelne selbst helfen mußte.

Es ist mir unerklärlich, wie meine Mutter damit fertig werden konnte, die hungrigen Mäuler von sieben Heranwachsenden zu stopfen. In der Erinnerung geblieben ist mir, wie durch eines unserer großen Zimmer ein dichtes Netz von Schnüren gespannt wurde, an denen einzeln durchbohrt – in dünne Scheiben geschnitten – Mohrrüben getrocknet wurden, um den sogenannten »Dotschenwinter« zu überstehen.

Meine älteste Schwester trug in sehr jungen Jahren den schweren Dienst als Stationsschwester im frontnahen Feldlazarett in Tournay. Mein Bruder, als Gebirgsjäger an der Front, wurde zweimal schwer verwundet. Der von uns allen geliebte Bräutigam meiner Schwester fiel nach vier Jahren Frontdienst im letzten Einsatz seines Regiments. Gemessen an dem, was andere Familien zu leiden und zu tragen hatten, mußten wir dennoch froh sein, durchgekommen zu sein, als die Front und mit ihr das Kaiserreich zerbrach und Verwirrung und neuer Not Platz machte.

Herta von Schwerin, geb. von Elbe, wurde 1901 in Hamm in Westfalen geboren. 1922 heiratete sie den Landwirt und späteren Landrat des Kreises Gießen, Hans-Bone von Schwerin. Sie zog sechs Kinder groß und war viele Jahre Landfrau auf einem mittleren Gutsbetrieb und später Hausfrau in einem Stadthaushalt.

## Herta von Schwerin
## Wir feierten Kaisers Geburtstag

Der Kaiser ist ein lieber Mann,
Er wohnet in Berlin.
Und wär' das nicht so weit von hier,
So lief' ich heut noch hin.

Und was ich von dem Kaiser wollt':
Ich gäb' ihm meine Hand
Und brächt' die schönsten Blumen ihm,
Die ich im Garten fand.

Und spräche dann: Der liebe Gott,
Der schickt die Blumen Dir,
Und dann lief' ich geschwinde fort
Und wär' gleich wieder hier.

Das war das erste Gedicht, das ich, fünfjährig, lernte. Ich frage mich, was »der Kaiser« für mich in meiner Kindheit und Jugend bedeutete. Zweifellos etwas Wichtiges, eine selbstverständliche, feststehende Institution und Autorität, über die hinaus es außer den Eltern und dem lieben Gott nichts gab, an dessen Beständigkeit gar kein Zweifel aufkommen konnte.

Im Gedanken an den Kaiser fühlte ich mich wohl, sicher, aufs beste aufgehoben. Ein »Mensch wie du und ich« war der Kaiser sicherlich nicht, und das Bild von dem »lieben Mann«, wie es im Gedicht hieß, verblaßte mit zunehmendem Alter. Aber als Kinder waren wir stolz darauf, daß wir einen Kaiser hatten, der sich eine Krone aufsetzen durfte, und daß Deutschland ein Kaiserreich war. Etwas mitleidig betrachteten wir »Mademoiselle«, eine französische Sprachlehrerin, die allwöchentlich zum Mittagessen zu uns kam. Sie hatte ja »nur« einen Präsidenten, der einen schwarzen Anzug und einen Zylinderhut trug. Wie glanzvoll war dagegen das Bild des Kaisers!

Den Kaiser einmal persönlich zu sehen war unser sehnlichster Wunsch. Eines Tages sollte er in Erfüllung gehen. Während eines Besuches des Kaisers im Rheinland erhielt mein Vater – er war damals Landrat des Kreises Neuwied – von seinem Amtskollegen im benachbarten linksrheinischen Kreis den Geheimtip, der Kaiser werde zu einer bestimmten Stunde einen näher bezeichneten Ort seines Kreises im Auto passieren. Wir sollten uns dort unauffällig aufstellen, wenn wir den Kaiser sehen wollten.

Zur festgesetzten Stunde standen wir am Straßenrand und warteten klopfenden Herzens auf das bevorstehende große Ereignis. Es dauerte einige Zeit, bis sich im etwa 30-Kilometer-Tempo zwei Automobile mit zurückgeklappten Dächern näherten. Als sie uns erreicht hatten, rissen meine Brüder ihre Mützen vom Kopf, und ich starrte gebannt auf die Fahrzeuge. Als sie vorüber waren, tauschten wir erregt unsere Eindrücke aus: »Hast du den Kaiser gesehen?« fragten mich meine Brüder. »Ja, vorne im zweiten Wagen, neben dem Chauffeur, der Herr mit dem Federhut und der blitzenden Uniform.« In meiner Vorstellung konnte der Kaiser nur jemand sein, der sich schon durch glanzvolle Kleidung von anderen Sterblichen abhob.

Ich wußte allerdings nicht, daß ich diesmal den Kaiser mit seinem Leibjäger verwechselt hatte. Der Kaiser selbst hatte in Zivil mit einem Jagdhut auf dem Kopf im Fond des zweiten Wagens gesessen und war dort auch von meinen Brüdern erkannt worden. An meiner Enttäuschung und an dem Spott meiner Brüder – »Wer den Schaden hat, braucht für den Spott nicht zu sorgen« – habe ich lange Zeit getragen.

Später habe ich dann den Kaiser doch noch zu Gesicht bekommen: im August 1914, als das kaiserliche Hauptquartier in Koblenz lag. Bei einem Besuch dort sah ich in der Nähe des Schlosses den Kaiser im Auto in Begleitung des Königs von Bayern. Er saß in sich zusammengesunken, den Blick starr nach vorne gerichtet. Es war das erste und zugleich das letzte Mal, daß ich von Wilhelm II. einen persönlichen Eindruck gewann.

Die Atmosphäre einer kaiserlichen Residenz habe ich als Kind in Potsdam erlebt. Obwohl es nur drei sehr frühe Lebensjahre waren,

Die Mutter Käthe von Elbe, geb. Freiin von Richthofen, mit ihren Kindern Herta (ganz rechts), Hermann, Achim, Günter und Fritz.

die ich dort verbrachte, haben sie doch unauslöschliche Eindrücke hinterlassen, vertieft durch kurze Besuche, die mich mit siebzehn und achtzehn Jahren nach Potsdam führten. Damals lernte ich die unvergeßlich herrliche Architektur der Stadt bewundern, entzückten mich ihre Parks und Seen. Aber das kaiserliche Potsdam war seit früher Kindheit zum innersten Besitz geworden, der in den buntesten Farben leuchtete. Dort gab es die immer gegenwärtigen farbenprächtigen Uniformen der Garderegimenter, denen wir auf unseren Spaziergängen begegneten; da spielte die Militärmusik, die uns begeisterte.

Ein besonders aufregender akustischer Eindruck war das schnelle Hufgetrappel einer anrollenden gummibereiften Hofequipage – mein jüngerer Bruder nannte sie »eine kaiserliche Droschke«. Ich erinnere mich auch an zweispännige Wagen, in denen einzelne Damen saßen, vielleicht die Palastdamen der Kaiserin oder andere Hofdamen. Manchmal war es – man hörte dies schon beim Näherkommen – ein Dogcart oder ein leichter Jagdwagen, wie ihn die Kronprinzessin bevorzugte. Fuhr die schöne und sehr beliebte Kronprinzessin vorüber, machten wir »Front« an der Straßenseite, und ich versank in einen tiefen Knicks; meine Brüder verneigten sich mit einem »Diener«. Einmal erlebten wir und empfanden dies als großes Glück, daß die Kronprinzessin uns freundlich zuwinkte. So leicht hatten es damals Hochgestellte, durch eine liebenswürdige Geste ihre Mitmenschen glücklich zu machen.

Eine deutliche Erinnerung ist mir der »preußische Schutzmann« mit der Pickelhaube. Leider wurde er gelegentlich als Kinderschreck benutzt, wenn ein Kindermädchen mit seinen Schützlingen Schwierigkeiten hatte. Jedenfalls war der Schutzmann für uns eine Respektsperson, wenn ich auch niemals mit ihm persönliche Bekanntschaft gemacht habe. Das war auch nicht nötig. Er wirkte schon aus der Entfernung. Unsere Spaziergänge führten uns häufig zum »Jägertor«. Dort stand regelmäßig einer dieser ehrfurchtgebietenden Ordnungshüter. Bei seinem Anblick nahm ich meinen großen Bruder an die Hand, und wir befleißigten uns äußersten »Bravseins«, wenn wir an ihm in einiger Entfernung vorbeigehen mußten, und fühlten uns erleichtert und geborgen, sobald wir im Bewußtsein, uns mustergültig verhalten zu haben, das schützende Tor erreicht hatten.

In die Potsdamer Zeit fallen auch Einladungen der Eltern beim Kaiser, wie sie mir aus Erzählungen meiner Mutter erinnerlich sind. Meine Großmutter väterlicherseits, die als Witwe ihrem ebenfalls verwitweten Bruder, dem Staatssekretär des Auswärtigen, Oswald Freiherr von Richthofen, bis zu seinem Tod im Jahre 1906 den Haushalt führte, gehörte zur Hofgesellschaft. Es war ihr Wunsch, daß Sohn und Schwiegertochter »bei Hofe« vorgestellt wurden.

Erster Schritt zu diesem Ziel war ein Antrittsbesuch bei der Oberhofmeisterin der Kaiserin. War er erfolgreich verlaufen, wartete man, zur »Cour« befohlen zu werden. Die »Cour« war die Vorstellung vor den »Allerhöchsten Herrschaften«, dem Kaiser und der Kaiserin. Nachdem die Aufforderung, daran teilzunehmen, ergangen war, mußte meine Mutter zunächst einige Stunden bei einer Tanzlehrerin absolvieren, um den Umgang mit der meterlangen Courschleppe und den Hofknicks zu üben. Meine Mutter beherrschte ihn in der Vollendung.

Am großen Tag der Vorstellung warteten die Kandidaten mit einiger Beklemmung vor dem Thronsaal auf ihren Namensaufruf durch den Oberhofmarschall. Die Tür öffnete sich, und nachdem der Oberhofmarschall beim Eintritt mit einem Stab die meterlange Courschleppe gefällig geordnet hatte, mußte die prächtig gekleidete, mit Courschleppe und Courschleier geschmückte Novizin »hineinrauschen«, bis zur Mitte des Saales gehen, dort ihren Hofknicks ausführen, wobei laut ihr Name genannt wurde, und dann – dies war das Kunststück – rückwärts gehend durch die andere Tür verschwinden, ohne sich dabei in der Schleppe zu verheddern.

Da meine Mutter bei ihrer Erzählung nur von ihrer eigenen Erfahrung berichtete, ist mir nicht klar, welche Rolle mein Vater bei dieser Zeremonie spielte. Ich nehme aber an, daß das Ehepaar gemeinsam eintrat und vorgestellt wurde. Mein Vater sah in seiner Beamtenuniform mit weißseidenen Kniehosen überaus prächtig aus und hatte es entschieden einfacher, sich zu bewegen, als meine Mutter. Ein kaltes Büfett entschädigte für alle ausgestandenen Ängste.

Der Cour folgte nach einer Weile die Einladung zum Ball. Die Abschlußfigur des Balles war ein Stern, den – vom Thron ausgehend – die Offiziere verschiedener Garderegimenter mit ihren Damen bildeten, und zwar nach Farben geordnet: weiß die Gardedukorps; blau die Ulanen; rot die Husaren. In dieser Anordnung wurde der Schlußwalzer getanzt. Es war der Stolz meiner Mutter, die zauberhaft tanzte, einmal mit einem Husarenoffizier an dieser Tanzfigur teilgenommen zu haben.

Für meine Eltern, damals ein junges Assessorenehepaar, bedeutete es eine hohe Ehre, »zu Hofe zu gehen«, obwohl der finanzielle Aufwand doch in keinem rechten Verhältnis dazu stand. Aber dem Ehrgeiz meiner Großmutter war Genüge geschehen, und meine Eltern waren um eine schöne Erinnerung reicher.

Daß die Schleppe, die meine Mutter bei ihrer Cour trug, wohl die kostbarste von allen war, verdankte sie einem Umstand, der politische Hintergründe hatte. Beim sogenannten Boxeraufstand in China im Jahre 1900 war der deutsche Gesandte, Freiherr von Ketteler, ermordet worden. Dies führte zum bewaffneten Eingreifen der europäischen Mächte und zur Besetzung Pekings. Im Frieden von Peking mußte sich China zur Entsendung einer Sühnegesandtschaft nach Berlin unter Führung eines Mitgliedes des chinesischen Kaiserhauses verpflichten.

So erschien im Jahre 1901 in Berlin der kaiserlich chinesische Prinz Tschun, der sogenannte »Sühneprinz«. Der Kaiser verlangte, daß der Prinz persönlich bei ihm zu erscheinen habe und wegen der Ermordung des Gesandten um Entschuldigung bitten müsse. Aus Erzählungen von dieser Begebenheit erinnere ich mich, daß der Prinz beim Betreten des Thronsaales, an dessen Ende der Kaiser stand, durch ein Spalier von Gardeoffizieren gehen mußte, die ihm den Rücken zukehrten. Nachdem er seine Entschuldigung vorgebracht hatte – einen »Kotau« zu machen, hatten die Chinesen aus religiösen Gründen abgelehnt –, erscholl ein dröhnendes Kommando. Die spalierbildenden Offiziere machten eine zackige Kehrtwendung, so daß sie dem Prinzen, als er den Saal verließ, mit dem Gesicht gegenüberstanden. Dieser militärische Auftritt muß den Prinzen sehr erschreckt haben. Prinz Tschun war damals siebzehn Jahre alt. Seine Welt war der Kaiserpalast. Vom Leben draußen wußte er wohl kaum etwas.

Aber was hat diese ganze Angelegenheit mit der Courschleppe meiner Mutter zu tun? Nachdem er die demütigende Szene im kaiserlichen Schloß überstanden hatte, machte der Prinz Besuche bei den Mitgliedern der Regierung, unter anderem auch beim Staatssekretär von Richthofen und seiner Schwester, meiner Großmutter, die ihm aufs freundlichste begegnete. Für diese Besuche hatte der Prinz Gastgeschenke mitgebracht. Meiner Großmutter schenkte er sein Bild mit Unterschrift, das ich noch besitze. Es zeigt einen überaus vornehmen, zarten jungen Mann in reichbestickter kaiserlich chinesischer Hoftracht, auf dem Kopf eine mit einem großen Edelstein geschmückte, enganliegende Kappe. Außerdem erhielt meine Großmutter sieben Ballen feinster Seide aus der staatlichen Manufaktur, die nur für das Kaiserhaus arbeitete. Aus einem dieser Stoffe bestand die Courschleppe meiner Mutter.

Ich kann mich von den Potsdamer Erinnerungen nicht trennen, ohne meiner ersten Freundinnen dort zu gedenken, der drei Schwestern Holzing, Töchter des Flügeladjutanten des Kaisers, des Obersten Freiherr von Holzing-Berstett. Sie wohnten uns gegenüber in der Persiusstraße. So kam es, daß wir täglich zusammen waren: Mädi, die Älteste, konnte schon lesen, und ich ließ mir von ihr vorlesen; Lonja, die Mittelste, liebten wir, weil sie »wild« war und sich aufregende Spiele ausdachte. Nur mit »Baby«, der Jüngsten, hatten wir nicht viel im Sinn. »Baby knautscht immer«, hieß es, das heißt, sie war mißgestimmt und wenig spielfreudig.

Nachdem wir 1906 von Potsdam weggezogen waren, riß die Verbindung völlig ab. Viele Jahre später, im Jahr 1939, lernte ich in

Marburg/Lahn die Dichterin Marie Luise Kaschnitz kennen. Sie erwähnte einmal beiläufig den Namen Holzing. »Kennen Sie Holzings?« rief ich voller Freude, erstmals wieder den Namen gehört zu haben und in der Hoffnung, vielleicht etwas von den einstigen Freundinnen zu erfahren. »Ich bin eine Holzing«, kam die Antwort. Mädi? Lonja? Baby? Ach ja, hieß Baby nicht Marie Luise? In der berühmten Marie Luise Kaschnitz hatte ich »Baby« wiedergefunden. Mit ihr verband mich dann in Marburg neue Freundschaft, die mir in schwerer Zeit Trost und Hilfe wurde.

1906 wurde mein Vater von Potsdam nach Neuwied am Rhein versetzt als Landrat des gleichnamigen Kreises. Der Name der Stadt ist und bleibt für mich ein Zauberwort. Ich empfinde dabei ähnlich wie Theodor Storm: »Der Jugend Zauber für und für ruht lächelnd ja auf dir, auf dir« ... zwar nicht »Du graue Stadt am Meer«, aber »Du liebe Stadt am Rhein«. Von Neuwied zu sagen, es sei eine schöne Stadt, wäre übertrieben. Das Besondere an Neuwied ist die Entstehungsgeschichte der Stadt. Sie wurde nach dem Dreißigjährigen Krieg von den Grafen zu Wied als Heimstätte freier Religionsausübung gegründet. Sie bot Zuflucht für die Vielfalt anerkannter Religionsgemeinschaften und anderer Verfolgter: Protestanten, Katholiken, Mennoniten, Adventisten, den Juden und der Herrnhuter Brüdergemeine. Sie siedelten sich in den neuen, breiten, schachbrettartig angelegten Straßen an und entwickelten in freier Entfaltung ein blühendes Gemeinwesen. Das war praktizierter Frieden nach den furchtbaren Verheerungen des Dreißigjährigen Krieges.

In Neuwied residierten die Fürsten zu Wied, ehemals Landesherren eines Fürstentums, das 1815 an Preußen kam. Sie verliehen der Stadt den Charme einer kleinen Residenz. Es gab ein Schloß und einen Schloßgarten, Park genannt. Ähnlich wie in Potsdam sah man auch hier gelegentlich einen herrschaftlichen Wagen auf Gummirädern, von edlen Pferden gezogen, mit livriertem Diener und Kutscher durch die Stadt fahren, wenn der Fürst oder ein Mitglied der Familie zu einem Besuch unterwegs waren.

Damals gab es noch so etwas wie Standesunterschiede und Standesbewußtsein. So durfte ich auf Geheiß meiner Großmutter als Landratstochter nicht mit der Tochter des Kreisboten in dessen Haus verkehren; meine Mutter dachte da allerdings anders. Wenn wir uns auch als Neuwieder mit dem Wiedschen Fürstenhaus verbunden fühlten, so empfand man die fürstliche Familie in der Rangordnung der Stände doch als »höherstehend« oder sogar als »am höchsten stehend«. Man begegnete ihr mit dem Respekt, der ihrer historischen Stellung entsprach.

Mit der Berufung meines Vaters zum Landrat des Kreises Neuwied war der Bau eines neuen Landratsamtes, Kreisständehaus genannt,

Die Mutter Käthe von Elbe mit der kostbaren seidenen »Cour«-Schleppe.

Der chinesische Prinz Tschun, der sogenannte »Sühneprinz«, bei seinem Besuch in Berlin 1901.

verbunden. Etwa ein Drittel war Dienstwohnung des Landrats, zwei Drittel beanspruchten die Büroräume und der Kreistagssaal. 1908 war der Bau fertiggestellt. Bis dahin hatten wir ziemlich beengt in der Friedrichstraße 47 gewohnt, Eltern, fünf Kinder, Erzieherin, Kindermädchen, Stubenmädchen und Köchin, mit Kohleöfen und Petroleumlampen. So wurde der Einzug in das neue Haus ein wahres Fest voll ungeahnter Überraschungen: elektrisches Licht, Zentralheizung und ein Bad! Dazu ein großer Garten.

Im Juli sollte das Haus offiziell seiner Bestimmung übergeben werden. Die Vorbereitungen waren mit herrlich spannender Unordnung verbunden, vor allem in und um den Kreistagssaal, wo das Fest stattfinden sollte. Es waren Aufführungen, lebende Bilder und dergleichen Wunderdinge geplant. Ich durfte, siebenjährig, an einem lebenden Bild mitwirken, das von hübschen jungen Mädchen dargestellt wurde. Meine Aufgabe bestand darin, das Ende einer Blumengirlande zu halten und dabei unbeweglich still zu sitzen, solange das Bild stand.

Während der Vorbereitungen erschien ein riesiges Gepäckstück, das im Saal ausgepackt wurde. Es enthielt ein Kaiserbild, das an der Längswand des Saales angebracht wurde. Meine Mutter, mit einer Schürze angetan, war eifrig bei den Arbeiten im Saal dabei, von uns Kindern mehr oder weniger störend umschwirrt.

Da erschien, hochrot vor Aufregung, Johanna, das Stubenmädchen. »Gnädige Frau! Die Frau Fürstin und Prinzessin Luise – im Salon unten.« Meine Mutter riß die Schürze herunter, wir stoben eiligst davon, als wir vom Eingang her lachende Stimmen hörten. Es waren die hohen Damen, die Johanna gefolgt waren und sich nun der gelungenen Überraschung freuten. Meine Mutter versank in ihren Hofknicks, und wir wurden zurückgerufen, um den Fürstlichkeiten mit Diener und Knicks unsere Reverenz zu erweisen. Aber bevor es dazu kam, hatte die alte Fürstin ihre Arme ausgebreitet und uns herzlich an sich gezogen.

In Neuwied fing für mich die Schulzeit an. Es gab zwar die Schulpflicht, aber keine Grundschulpflicht, und so war die Wahl des Unterrichts frei. Meine Eltern hatten für meinen älteren Bruder und mich einen Privatlehrer, Herrn Imig, der an der Volksschule lehrte, engagiert. In unbefangener Traditionsgebundenheit hatten die Eltern übernommen, was in Berlin und Potsdam üblich war, und nicht daran gedacht, uns in eine öffentliche Schule zu schicken. Sie sollten bald erfahren, daß es da zwischen Ost und West Unterschiede gab. Anlaß dazu war ein Dinergespräch meiner Mutter mit Karl Remy, dem Besitzer vom »Rasselstein«, einem Eisenhütten- und Walzwerk, dem größten Industrieunternehmen im Kreis Neuwied.

Ursprung des Rasselsteins war ein Gräflich Wiedscher Eisenhammer, den ein Vorfahr von Herrn Remy, der aus einer hugenottischen Einwandererfamilie stammte, 1760 zunächst pachtete und 1787 erwarb. Dank dem technischen Pioniergeist der Remys entwickelte sich das Werk rasch zu einem führenden Unternehmen. Im Rasselstein wurden die ersten deutschen Eisenbahnschienen für die 1835 eröffnete Bahn von Nürnberg nach Fürth hergestellt. Meinem Vater hatte man bei seiner Ernennung zum Landrat in Neuwied in Anspielung auf den Rasselstein scherzhaft gesagt: »Sie kommen in einen Kreis, wo das meiste Blech gemacht wird.«

Mitten im Werkgelände, das sich am Wiedbach hinzog, stand noch 1906, als wir nach Neuwied kamen, ein uraltes Häuschen, sorgfältig erhalten und geschützt: der alte Wiedsche Eisenhammer. Leider war es dann doch eines Tages im Wege, und Tradition mußte dem Fortschritt weichen.

Ich erinnere mich der Hochachtung, mit der mein Vater stets von Karl Remy und seinen vorbildlichen Sozialeinrichtungen sprach. Seine Arbeiter waren meist Westerwälder Bauernsöhne. Es gab Werksiedlungen, in denen jede Familie ein Stück Land und eine gute Wohnung besaß. Mein Vater sagte einmal, daß, wenn ein Werkmeister vom Rasselstein seinen Sohn als Lehrling am Landratsamt anbringen wollte, er ihn unbesehen nehmen könne, denn er sei ohne weiteres überzeugt, daß er ausgezeichnete menschliche Eigenschaften besitze. Nach dem Ersten Weltkrieg ließ sich der Rasselstein nicht mehr im Familienbesitz erhalten. Er blüht aber heute noch als industrielles Großunternehmen im Wiedbachtal und auf dem linken Rheinufer bei Andernach.

Aber zurück zum Privatunterricht, von dem die Rasselstein-Geschichte ihren Ausgang nahm. Meine jüngeren Brüder waren nun an der Reihe, mit Privatunterricht bei Herrn Imig anzufangen, als meine Mutter im Gespräch bei einem Diner mit Herrn Remy, der sich nach ihren Kindern erkundigte, in aller Unschuld von dem bevorstehenden Privatunterricht ihrer Söhne erzählte. Da erlebte sie zu ihrer Überraschung, daß ihr von Herrn Remy höflich, aber bestimmt »die Leviten gelesen wurden«. Die Volksschule, so erfuhr sie, sei für alle da, also auch für ihre Kinder.

Der Gegensatz zwischen Ost und West, zwischen dem konservativen Potsdam und dem liberalen, demokratischen Rheinland wurde ihr dabei zum erstenmal bewußt. Jedenfalls zogen die Eltern die Lehre aus diesem Zwischenfall und schickten meine drei jüngeren Brüder von Anfang an in die Volksschule. Im übrigen hatten meine Eltern mit der rheinischen Wesensart keine Schwierigkeiten. Sie haben sich dank ihres natürlichen, herzlichen und offenen Wesens schnell und gut in Neuwied eingelebt.

Meine Mutter entwickelte bald zu den Prinzessinnen Luise und

Elisabeth zu Wied ein warmes, persönliches Verhältnis, das auf der gemeinsamen Liebe zur Musik gegründet war. Meine Mutter hatte eine schöne, konzertmäßig ausgebildete Singstimme und begleitete sich selbst auf dem Flügel. Schon bei ihrem Antrittsbesuch bei der Fürstinmutter wurde sie aufgefordert, etwas vorzusingen, am Flügel begleitet von Prinzessin Luise, einer vollendeten Pianistin.

Oft kamen die Prinzessinnen zu uns zum Tee. Um Prinzessin Elisabeth, die wegen einer fortschreitenden Verkalkung der Gelenke vollständig gelähmt war, bemühten sich stets zwei Bedienstete, der Chauffeur und ein begleitender Diener, die die Prinzessin in ihrem für das Auto konstruierten Rollstuhl die Treppe hinauftrugen. Das geschah so selbstverständlich und lautlos, daß mir als Kind das Besondere an Prinzessin Elisabeth kaum zum Bewußtsein kam. Sie war von strahlender Liebenswürdigkeit, voll Humor und Rücksichtnahme auf ihre Umgebung. An Prinzessin Luise beeindruckten die vornehme, Würde ausstrahlende Haltung und ihre große Freundlichkeit, die uns half, eine gewisse Scheu vor der »Durchlaucht« zu überwinden. Nach dem Tee wurde der Bechstein-Flügel geöffnet, und meine Mutter und Prinzessin Luise musizierten und sangen nach Herzenslust. Ich hörte begeistert zu.

Zum Bilde des kaiserlichen Deutschland in meiner Kindheit und Jugend gehören die alljährlichen Kaisergeburtstagsfeiern am 27. Januar. Die erste Erinnerung daran, daß es mit diesem Tag auch für Kinder eine besondere Bewandtnis hatte, stammt aus der Zeit des Privatunterrichts mit Herrn Imig.

Wir sollten an diesem Tag, »um Kaisers Geburtstag zu feiern«, in seine Schule kommen, hatte er uns gesagt, in die Klasse, die er unterrichtete. Mit Herzklopfen betraten wir zum erstenmal eine Schule, saßen in der vordersten Reihe. Dann gab es wohl, woran ich mich nicht mehr erinnere, Singen und Gedichtaufsagen. Im Mittelpunkt der Feier stand – und das ist mir noch sehr deutlich – ein großer Waschkorb voller Riesenbrezeln. Es gab ein allgemeines »Aaah!«, als er hereingetragen wurde. Alle in der Klasse erhielten eine »vom Kaiser« spendierte Brezel, die von den meisten gleich mit Genuß verspeist wurde.

Im Lyzeum, in das ich nach dem Privatunterricht eintrat, gab es zu Kaisers Geburtstag keine Brezeln. Ich durfte aber bei der Schulfeier für meine Klasse ein Gedicht aufsagen. Eine Zeile darin hieß »Kürzlich wurd' ich sieben Jahr«. Ich hatte große Skrupel, wegen des Wortes »kürzlich«, denn der 18. April im Vorjahr, an dem ich sieben Jahre alt wurde, war ja schon so lange her. Aber da ich die einzige Siebenjährige in der Klasse war, glaubte ich diese kleine Ungenauigkeit verantworten zu können.

Kaisers Geburtstag war immer ein wichtiges Datum und ein großes

Fest. Am Vormittag Schulfeier und Gottesdienst, gefolgt von einer Parade, die der Kriegerverein, ein Veteranenverband, vor dem Kriegerdenkmal (zum Gedächtnis der in den Kriegen 1864, 1866 und 1870/71 Gefallenen) auf dem Marktplatz veranstaltete. Mein Vater erschien dazu in seiner Landratsuniform. In der vordersten Reihe, die von Schülern gebildet wurde, standen auch meine Brüder in ihren Uniformen, die sie sich zu Weihnachten gewünscht hatten: Ulan, Husar und sogar Gardedukorps mit einem adlerbekrönten Helm, der meinem Bruder viel zu schwer war und regelmäßig Kopfschmerzen verursachte.

Höhepunkt des Festtages war für uns die traditionelle Einladung bei Bacmeisters, dem Landgerichtspräsidenten und seiner stattlichen Frau, einer geborenen Wermuth, Schwester des Berliner Oberbürgermeisters, zu Kuchen und Schokolade. Im ersten Stock des geräumigen Hauses saßen die Erwachsenen bei feierlichem Tee. Im großen Eßsaal im Parterre war die Kindertafel gedeckt. Junge Mädchen der Gesellschaft sorgten für das allgemeine Wohl, arrangierten Spiele und leiteten die Aufführung, meist ein patriotisches Stück, das schon Wochen vorher von der Jugend eingeübt worden war und auch von den Erwachsenen besucht wurde. Dann gab es schwarzweißrotes Fürst-Pückler-Eis, ein wegen seiner Seltenheit stets hochgeschätzter Genuß. Den Abschluß bildete eine Polonaise durch das ganze Haus, vorbei an den Gastgebern, denen mit einem Knicks oder einer Verbeugung gedankt wurde.

Nur einmal, so erinnere ich mich, verlief das Fest nicht nach dem gewohnten Schema. Bacmeisters hatten, was bisher nicht üblich gewesen war, die Fürstin Pauline mit den Prinzen Hermann und Dietrich (neun und elf Jahre alt) zur Nachmittagsfeier von Kaisers Geburtstag eingeladen. Die Prinzen kamen nur selten mit Altersgenossen zusammen, so daß ein Fest wie dieses etwas Neues für sie war. Alles verlief zunächst wie immer. Man saß an schön gedeckter Tafel. Herrliche Kuchen lockten, und als besonderer Schmuck waren ungeöffnete Papierluftschlangen auf dem Tisch verstreut. Als die Schokolade schon eingegossen war, flog auf einmal, von prinzlicher Hand geschleudert, eine Luftschlange durchs Zimmer und landete gezielt in einer Schokoladentasse. Das war das Startzeichen! Nach dem Motto »Was die Prinzen dürfen, dürfen wir auch« entspann sich ein wahres Jubelfest von spritzenden Schokoladetassen und lärmenden, außer Rand und Band geratenen Kindern. Wie alles endete, weiß ich nicht mehr. Ich glaube aber, nach dieser gab es keine Einladung mehr.

Der Ausbruch des Ersten Weltkrieges kündigte das Ende der Kaiserzeit an. Und schon bald trat die Person des Kaisers hinter Hindenburg und Ludendorff zurück, denen das allgemeine Vertrauen galt, soweit man überhaupt noch an einen glücklichen Ausgang des Krieges glaubte. Dann kam nach vier Jahren von Entbehrungen, Tod und enttäuschten Hoffnungen wie ein letzter dröhnender Paukenschlag in einer Kakophonie die Abdankung des Kaisers. Nichts konnte uns den Sturz von stolzer Höhe deutlicher vor Augen führen. Es gab keinen Kaiser mehr. Die Welt der Kindheit und Jugend war endgültig versunken.

Bei einem Besuch in Berlin in den zwanziger Jahren besichtigte ich das alte Königs- und Kaiserschloß an der Spree (das nach dem Zweiten Weltkrieg die Machthaber im sowjetischen Sektor von Berlin trotz weitgehend guterhaltener und restaurierungsfähiger Bausubstanz bis auf den letzten Stein abtragen ließen). Im »Weißen Saal« gedachte ich der Eltern, die hier den Glanz von Hoffesten erlebt hatten. Der Touristenführer machte auf die Wandnischen aufmerksam, in denen Büsten oder Standbilder aller Hohenzollern aufgestellt waren, angefangen vom ersten Kurfürsten der Mark Brandenburg, dem ehemaligen Nürnberger Burggrafen Friedrich, bis zu den preußischen Königen und den deutschen Kaisern Wilhelm I. und Friedrich III. Die letzte Nische war leer. Sie war für das Abbild Wilhelms II. bestimmt.

Da lief mir doch ein Schauer über den Rücken. Wer hatte und wann den Weißen Saal gebaut und die Zahl der Nischen geplant? Wer hatte gewußt, daß sie »ausreichen« würden? Ich weiß es nicht. Das Schicksal hatte ein Zeichen gegeben.

Walter Dirks wurde am 8. Januar 1901 in Dortmund geboren. Er studierte Theologie, Philosophie und Soziologie. Von 1924 an arbeitete er als Journalist bei der ›Rhein-Mainischen Volkszeitung‹, von 1935 an bei der ›Frankfurter Zeitung‹. Im Dritten Reich wurde er verfolgt. 1946 wurde er Mitbegründer der ›Frankfurter Hefte‹, von 1956 bis 1967 war er beim Westdeutschen Rundfunk. Seitdem ist er als freier Schriftsteller tätig.

WALTER DIRKS

# Ade, Kaiser Wilhelm, gründlich ade

Ich bin 1901 geboren, in der Industriestadt Hörde, die damals noch nicht Dortmund-Hörde hieß, aber sie lag schon sehr nahe an der Großstadt. Für mich wurde sie von 1911 an die Stadt der höheren Schule, des Schwimmbades, des Theaters, der Buchhandlungen und der beiden Notengeschäfte.

Habe ich den Kaiser je gesehen? Wenn ja, so müßte es in ebendieser Stadt Dortmund gewesen sein, wo er einmal war. Ich finde da im Gedächtnis einen Bahndamm und einen Zug; vielleicht habe ich ihn gesehen, am Fenster winkend, und dann werde auch ich die Mütze geschwenkt haben, die grüne der Sexta vielleicht.

Ganz anders ist mir der Tag präsent, an dem dieser deutsche Kaiser die Mobilmachung befahl. Die Straße meiner Kindheit ist die Chausseestraße; darin wohnten wir im Hause des Großvaters, und links schräg gegenüber lag das Haus der Hörder Zeitung. Da waren die

Extrablätter ausgehängt, zum erstenmal eben an jenem verhängnisvollen Augusttag 1914 – oder fiel die Mobilmachung etwa noch in den Juli?

Später waren es vor allem die Siegesmeldungen, und nach zwei Jahren kam die Zeit, da man sie kaum noch zur Kenntnis nahm. In der ersten Zeit aber mag es vor unserem Haus noch Hurrarufe gegeben haben, denn das Stück der Chausseestraße zwischen der »Schlanken Mathilde« – einer in der Tat sehr schlanken Uhrensäule – und jener Zeitung war so etwas wie ein Versammlungsraum oder besser: ein Ort zum Zusammenlaufen. Im ersten Stock unseres Hauses waren die Fensterbänke sozusagen Logenplätze mit bester Aussicht straßauf Richtung Mathilde, straßab Richtung Zeitung und »Hörder Verein«: dem Stahlwerk.

Am Tag der Mobilmachung aber war ich dreizehn Jahre alt, Schüler der Untertertia des Humanistischen Königlichen Gymnasiums zu Dortmund, erst Straßenbahnfahrer, dann Radfahrer, dann, als mir im August 1915 am Fredenbaum, wo sich zum glorreichen Abschluß des ersten Kriegsjahres alle Schüler Dortmunds versammeln mußten, das Rad gestohlen worden war, eine Weile Fußgänger. Fünfundfünfzig Minuten über die Kluse und die Märkische Straße oder zwischen der schwarzen Schlackenhalde des Hochofenwerkes und der nicht weniger schwarzen Emscher und durch den Kaiser-Wilhelm-Hain zur Penne. (Als mein Großvater zur Zeit meiner Geburt den soeben angelegten Hain besuchte, entfuhr ihm angesichts der großen Wiesenfläche der Satz: »Wat künnt hie Tuffeln wassen!« [Ich überliefere diesen wahren Satz, der mir zehn Jahre später überliefert wurde, hiermit fünfundsiebzig Jahre später den Enkeln.])

Als der Krieg anfing, durften (und mußten) wir wie alle Schüler der Mittel- und Oberklassen Soldaten durch die Stadt führen; ob zu Quartieren, ob zu Sammelstellen, ob zu Bahnhöfen? – ich weiß es nicht mehr. Weitere nationale Dienste wurden, wenn ich mich recht erinnere, erst in den Hungerjahren von uns verlangt. Ich erinnere mich ans Bucheckernsammeln. Daß wir im nahen Sauerland Beeren holten, war kein nationales Verdienst mehr, sondern fast eine Lebensnotwendigkeit: Sie gehörten nicht dem Vaterland, sondern dem Haushalt. Pilze habe ich erst im zweiten Krieg in die Küche geholt.

Ging es im Unterricht national zu? Ich erinnere mich nicht an solche Töne. Der preußische Staat hatte einige Jahre vor meinem Schulbeginn das simultane Gymnasium faktisch für den allmählich erheblich gewachsenen katholischen Volksteil der protestantisch geprägten Stadt Dortmund eingerichtet als Angebot eines vor allem für zukünftige Priester dringend nötigen altsprachlichen Gymnasiums mit katholischem Direktor und vorwiegend katholischen Lehrern. Da hätte eine nationale Ausrichtung nahegelegen; die wegen ihres »Ultramontanismus« verdächtigen Katholiken betonten ja oft, daß sie »auch« national seien. Das verdächtige »auch« hätte zu Übertreibungen nötigen können.

Schwarzweißrot waren denn auch durchaus unsere Farben, aber, wie gesagt, ich erinnere mich nicht an ein auffälliges Verhalten dieser Art, und vor allem: Der einzige von uns (mindestens von mir) geliebte Lehrer, Religionslehrer durch neun, Deutschlehrer durch viele Jahre, war völlig frei davon, obwohl er, als Priester ein rarer Vogel, ein Goethe-Fan gewesen ist, also doch ein guter Deutscher. (Westhoff hieß er: Ehre seinem Namen. Geschädigt hat er mich höchstens durch repressive Toleranz, gefördert hat er in seinen beiden Fächern uns weit darüber hinaus; eben ein rarer Vogel.)

Zu Hause? Der Vater, gütig, weich, gerade in jenen Jahren lange bettlägerig krank, angstfrei respektiert und geliebt; war er vom Geist der großen Zeit ein wenig angeweht? Er ließ uns Fähnchen zum Frontverlauf in die Karten Frankreichs und Rußlands setzen. Aber ich habe auch eine harmlosere Deutung für diese Aktion: Er war ein Pedant, übrigens nach meiner Erfahrung der einzige Pedant, der nur für sich selber pedantisch war und nie andere damit belästigt hat: So wie er später in Frankfurt, wohin es mich und uns nach dem Krieg verschlagen hatte, systematisch die Straßen abwanderte und auf der Karte das Abgewanderte eintrug, fand er es in Ordnung, fand er es ordentlich, die Front zu bezeichnen.

Er erfand für mich – so muß ich es deuten: die älteren Geschwister waren schon zu groß, der Nachkömmling zu klein dafür – den Soldaten Heinrich Krüger, von dem er alle paar Tage, anfangs gar täglich neue Geschichten erzählte. Der Mann hat vieles erlebt, aber mehr als lieber Kleinbürger in Uniform denn als scharfer Krieger. Mein Vater war nämlich auch der einzige Pedant, der Humor hatte.

Nun, er war gütig und schwach. Stark aber waren zwei andere Erwachsene unserer kleinen Welt. Dazu gehörten außer dem Großvater, den Eltern und einem »Dienstmädchen« zwei Schwestern und ein Bruder über mir, ein Bruder gewaltig unter mir: acht Jahre jünger, 1914 ein Knirps von fünf Jahren. Stark waren der kleinwüchsige, aber zähe Großvater, und stark war seine Tochter, meine Mutter. (Später habe ich sie in der ›Frankfurter Zeitung‹ als »mulier fortis« beschrieben.) Diese beiden dominierenden Menschen meiner Kaiserjahre aber wollten mit dem schwarzweißroten protestantischen Militaristen und seinen deutschnationalen und nationalliberalen Anhängern sowenig wie möglich zu tun haben.

Mein Großvater starb 1909, als ich acht Jahre alt war, aber seine Tochter hat sehr dafür gesorgt – ich nehme an: bewußt wie unbewußt –, daß seine Worte und daß sein Wesen lebendig blieben. Er war ein Bauerndemokrat und lehrte einen Geschichtsverlauf, der dem im

Königlichen Gymnasium gelehrten Unterricht schroff widersprach: In Königgrätz hätten 1866 die falschen Soldaten gewonnen, die guten österreichischen dagegen verloren; die Österreicher hätten den mit einem kräftigen Tropfen demokratischen Öles gesalbten Kaiser des ganzen Deutschlands stellen sollen; dann wäre alles anders gelaufen. Am besten gelaufen sei es im ländlichen Westfalen unter der Herrschaft des Napoleon-Neffen Jérome, den wir in der Schule als »König Lustik« zu verachten lernten. Jérome hatte nach meines Großvaters Worten mit dem Code Napoléon ein Stück Bauernfreiheit und der Grafschaft Mark bessere Straßen beschert.

Zwar hat mein Großvater kaum wegen Majestätsbeleidigung vor Gericht gestanden – ich wüßte Genaueres, wenn diese Familiensaga die Wahrheit berichtete –, wohl aber hatte er, das wird der wahre Kern der Saga sein, mit dem nationalliberalen Bürgermeister prozessiert.

Zum Krieg konnte er sich nicht mehr äußern, und die schwarzrotgoldene Fahne hat er schon gar nicht begrüßen können, aber da sein Geist in seiner Tochter lebendig war, blieb er gegenwärtig. Auch sie hielt es nicht mit den Siegern, sondern mit den Schwachen. Als einmal – es war einige Jahre vor dem Krieg – auf der Chausseestraße berittene Gendarmen mit den Scheiden ihrer Säbel auf streikende Bergarbeiter eindroschen, lenkte sie meine Sympathie – ich mag sechs oder sieben Jahre gewesen sein – von den imponierenden Reitern weg auf die Geprügelten.

Sie war erst ehrenamtlich – welch ein Wort in diesem Zusammenhang! –, dann, als unser Vermögen dahin war und mein Vater krank, beruflich Fürsorgerin. Sie war wahrhaftig nicht für den Krieg, sie hat sich immer nur mit Trauer über ihn geäußert, und was den obersten Kriegsherrn betrifft, so wußte sie von ihm vor allem zu berichten, daß seine preußische Regierung in den polnischen Bereichen Westpreußens und Posens eine Germanisierungspolitik betreibe; sie war einige Male in Ostdeutschland, etwa wenn Kinder zu transportieren waren.

Nein, sehr kaiserlich und sehr kriegerisch ging es in der Familie nicht zu. Ich erinnere mich an Gespräche im kritischen Jahr, im Epochenjahr 1917: als die Russen Revolution machten, als die Amerikaner zum erstenmal über den Atlantik in den europäischen Krieg eingriffen, als in Deutschland Munitionsarbeiter zu streiken begannen, als sich die Unabhängigen von den Mehrheitssozialdemokraten trennten und als auch diese sich im Reichstag in der Debatte über die Friedensresolution vom Siegfrieden lossagten.

Ich war sechzehn Jahre alt, sehr wach für das, was geschah. Wir hatten empfunden, daß Großes passierte, daß eine Welt zu Ende ging. Im Bücherschrank meines Vaters – damals reichte im Mittelstand noch ein Schrank – waren Bücher versammelt, die in den ersten Jahren des Krieges noch gegolten hatten: Von diesem Kriegswinter 1917/18 an, von diesem ersten Hungerwinter an stimmten sie nicht mehr.

Ich erinnere mich, daß wir zwischen Angst und Hoffnung hin und her gerissen wurden, sehr konkret auch im Blick auf den Bruder Ewald, der alt genug geworden war, um auch in den Krieg ziehen zu müssen. Nach den Kämpfen um Verdun und speziell um das Fort Douaumont erhielten wir die Todesnachricht und bestellten die Totenmessen. Aber nach Wochen kam eine Postkarte aus dem Gefangenenlager in Südfrankreich: Unser Bruder war schwer verwundet, aber er lebte. (Die Franzosen waren erst 1920 so friedlich, ihn nach Hause zu lassen; daß er im Jahr 1923 erschossen wurde, gehört nicht mehr in diesen Bericht über meine Jugend zur Kaiserzeit.)

Wie stand es in der Penne? Sie lebte sozusagen neben dem Krieg her. In ihren humanistischen und antihumanistischen, halbmodernen, antimodernen Geschäften. Aber ich hatte von 1912, dem Jahr der Quinta, an einen Klassenfreund, der bald der Freund schlechthin geworden ist. Wir wiederum lebten neben der Schule her und gegen sie, neben der Klasse und auch gegen sie.

Die Stube in Dortmund, in der mein Freund und sein jüngerer Bruder schliefen und arbeiteten, hieß – warum eigentlich? – »die Kaaba«. An der Wand hing ein Stadtplan von Paris. Hätte uns zur Zeit der Mittelklassen ein Mitschüler hier besucht, der hätte gemeint, wir wollten die Stadt mit den deutschen Truppen erobern – Fähnchen auf Saint Germain, den Bois de Boulogne und dann auf den Eiffelturm setzen; aber die Karte hatte einen ganz anderen Zweck: Wir suchten in ihr die Boulevards und Straßen, die in den Romanen Balzacs vorkamen. Wir verschlangen sie, Vorstufen zu Flaubert und Stendhal.

Literarisch lebten wir in der Opposition gegen die nationale Schule, gegen Körner und Uhland, in der Nähe Kleists und Hölderlins, Flakes und Gerhart Hauptmanns, lange bei Stifter, den es für die Schule noch nicht gab, bei Huysmans und Baudelaire auch – noch nicht bei Proust und Joyce.

Wir studierten nachts die Sterne. Da ich ihn mit dem Jupiter verwechselte, der so strahlend in mein Zimmer leuchtete, aber als Planet leider nicht in der Sternkarte stand, habe ich in einer dieser unvergeßlichen Nächte den Aldebaran zu meinem Stern erkoren. Er ist es geblieben.

Auch als solide und beständige Wanderer waren wir drei – denn unterwegs war der jüngere Bruder meines Freundes zugelassen und geachtet – ohne Kontakt mit der Klasse. Die Natur gehörte neben der Literatur zu den Elementen des »Widerstandes« – wir kannten das Wort natürlich noch nicht –, des Widerstandes gegen die Schule und gegen den Staat, eines Widerstandes, durch den wir uns zu uns selber bildeten.

Nur jenen geliebten Deutsch- und Religionslehrer nahmen wir positiv, ihn und allerdings in genau begrenzter Funktion auch den musikbegeisterten Chef, der im übrigen nicht in Frage kam, aber sehr als der engagierte Musiker, der er war. Wir durften in seinem Chor die ganzen neun Jahre die alten und neuen Oratorien im Musikverein mitsingen, die häufigsten wie die beiden Oratorien Haydns wohl nacheinander in Sopran und in Tenor, und samstags dozierte unser Direktor im Konservatorium einige Jahre lang Musikgeschichte, und nach seiner halben Stunde Berichterstattung sangen wir anderthalb Stunden lang alles, was zu singen war, etwa von den griechischen Fragmenten an bis zu Brahms, und schließlich sangen wir alles vom Blatt, selbst sechzehnstimmige Doppelchöre der Venezianer Gabrieli.

Diese intensive musikalische Anregung war der eigentliche Beitrag der Schule zur individuellen Ausprägung unser beider und meiner Existenz, und hier darf ich noch vor dem sonderbar zwiespältigen Chef wieder meinen Vater nennen, der schon früh für guten Klavierunterricht sorgte und mit dem ich dann unzählige Petersbände vierhändiger Musik gespielt habe. Ich durfte sogar oben spielen; er war mit dem Baß zufrieden. Als ein großartiges Tor ins Reich der Musik empfinde ich, wenn ich zurückdenke, die mit meinem Vater (und später mit meinem Freund) gespielten Londoner Sinfonien von Joseph Haydn.

Das Ernstspiel Musik ist die andere Seite meiner ernsten Existenz geworden: der christlichen und der politischen. In allen Bereichen ist die Wilhelminische Epoche das gewesen, wogegen ich mich abzugrenzen hatte. Bezeichnet das Epochenjahr 1917 den Augenblick des ersten bewußten Absprungs, so haben Erfahrungen in der Jugendbewegung der frühen zwanziger Jahre und die Auseinandersetzung mit den Frühschriften von Karl Marx den weiteren Verlauf bestimmt, beide übrigens so, daß sie den ererbten Christenglauben zwar beunruhigen, aber nicht zerstören konnten, daß sie ihn bereichert und geklärt haben.

Kaiser Wilhelm ade, gründlich ade.

Margarete Buber-Neumann wurde am 21. Oktober 1901 geboren. Sie ist Schriftstellerin. Von 1925 bis 1929 war sie mit Rafael Buber, dem Sohn Martin Bubers verheiratet. 1926 wurde sie Mitglied der KPD, emigrierte 1933 in die UDSSR, wo sie mit dem Politbüromitglied der KPD Heinz Neumann zusammenlebte. Von 1938 bis 1940 war sie in einem sibirischen Zwangslager, wurde 1940 der SS übergeben und ins KZ Ravensbrück gebracht. 1977 erhielt sie den Freiheitspreis des Freien Deutschen Autorenverbandes. Sie lebt heute in Frankfurt. Sie veröffentlichte u.a.: ›Als Gefangene bei Hitler und Stalin‹ (1949), ›Von Potsdam nach Moskau‹ (1957), ›Kafkas Freundin Milena‹ (1963), ›Kriegsschauplätze der Weltrevolution‹ (1968), ›Freiheit, Du bist wieder mein‹ (1978).

## Margarete Buber-Neumann
## Eine Potsdamer Kindheit*

Von jenseits der Grenze, von Böhmen herüber, hörten wir die aufgeregten Glocken bis in das kleine oberfränkische Dorf, wo wir im Jahre 1914 wie in allen anderen Sommern meiner Kindheit die Ferien verbrachten. Diese Glocken verkündeten den Ausbruch des Krieges, ihr Klang beendete eine lange Friedenszeit. Krieg! Für mich, die Zwölfjährige, war es nur ein Wort, nur ein Lieblingsthema des Geschichtsunterrichts. Ich begriff nicht, daß Krieg etwas Gegenwärtiges sein konnte, etwas, das die Welt, in der ich lebte, zu beherrschen und zu vernichten drohte. Ich begriff auch die tränenüberströmten Gesichter der Bauersfrauen nicht. Ich fragte: »Werden denn heute in einem Krieg noch Menschen getötet? Das kann doch nicht möglich sein!«

* Die folgenden Passagen wurden mit freundlicher Genehmigung des Deutschen Ärzte-Verlages den Büchern ›Als Gefangene bei Hitler und Stalin‹ (1949) und ›Von Potsdam nach Moskau. Stationen eines Irrwegs‹ (1957) von Margarete Buber-Neumann entnommen.

Die traurige Stimme meiner Mutter belehrte mich eines anderen. Ich sah, daß sie litt, und mit dem Instinkt des Kindes verstand ich plötzlich, und mit diesem Verstehen begann ich selber, eine dumpfe, schmerzliche Furcht zu empfinden. Krieg mußte etwas Schreckliches sein, auch jetzt noch, in dieser klaren Welt meiner Kindheit, die ich bis dahin so gut zu kennen geglaubt hatte.

Während meine Mutter beim Klang der Kriegsglocken von tiefer Trauer erfaßt wurde, schienen diese Glocken meinen Vater völlig zu verwandeln. Die Nachricht der Mobilisierung machte ihn zum Mittelpunkt des Dorfes. Er stand plötzlich da in einer ganz neuen Würde. Die erregten Menschen scharten sich um ihn, er strahlte Sicherheit und Selbstvertrauen aus, man hatte das Gefühl, daß nur er allein imstande sei, die kritische Situation zu meistern. Bei ihm löste diese schreckliche Nachricht keine Bestürzung aus, sie gab ihm keinen Anlaß zur Verzweiflung. Im Gegenteil, er schien aufzuleben.

Zwanzig Stunden dauerte die Heimfahrt. An uns vorüber rollten unablässig die Züge mit singenden Soldaten. Es war, als ob sie alle nur ein einziges Lied gelernt hätten: »Es braust ein Ruf wie Donnerhall!« Die Leute in unserem Abteil schienen von einem seltsamen Taumel erfaßt. Aus allen Fenstern des Zuges schrien aufgeregte Simmen den singenden Soldaten Antwort, Abschiedsgrüße, Glückwünsche zu. Ich sah das bedrückte Gesicht meiner Mutter, und zum erstenmal, wenn ich es auch nicht hätte ausdrücken können, ergriff mich ein Schauder vor dem nationalistischen Rausch. Als wir erschöpft in Potsdam ankamen, verkündeten die Extrablätter: »Die ersten russischen Verluste! Die ersten russischen Verluste!«

Wie eine Rettung nach furchtbarer Gefahr empfand ich das sommerliche Grün unseres Gartens, das vertraute Knarren der Pforte und all die geliebten Gerüche der Kinderheimat.

Der Teltower Vorstadt, in der ich groß wurde, fehlte eigentlich das typische Potsdamische. Hier gab es keine Barock- und Rokokoschlösser, auch keine nachgeahmten Renaissancepaläste. Hier waren die Häuser häßliche Ausgeburten der Gründerjahre oder bescheidene Vorstadtvillen und dicht dabei ärmliche Arbeiterquartiere.

Von dem Potsdam, dem die preußischen Könige das Gesicht gegeben hatten, war unser Stadtteil durch die Havel getrennt. Die historische Stadt begann jenseits der Kaiser-Wilhelm-Brücke. Nur zwei Gebäudekomplexe ließen auch in unserem Außenbezirk keinen Zweifel darüber, daß man sich in der Geburtsstadt des preußischen Militarismus befand. Das waren die Kadettenanstalt in der Saarmunder Straße und die Kriegsschule oben auf dem Brauhausberg. An diesen beiden Stätten wuchs das preußisch-deutsche Offizierskorps heran.

Die Straße, in der ich meine Kindheit verlebte, war sozusagen die Verbindungslinie zwischen Kadettenanstalt und Kriegsschule. Vor den Fenstern unserer Wohnung fuhren die frischgebackenen Fähnriche in ihren Dogcarts vorüber oder karriolten mit ihren Kremsern mitten in der Nacht in wilder Fahrt den Berg hinauf. Sie, die angehenden Offiziere, hatten glücklich die Zeit der strengen Disziplin im Kadettenkorps hinter sich gebracht und drangen nun in das Leben der Herrenkaste ein. Für die Kadetten, diese Jungen aus Offiziersfamilien oder jener Schicht des Bürgertums, die hoch hinauswollte, für diese Kinder, die man in dunkelblaue Uniformen gesteckt hatte, die man schon drillte wie die Soldaten, empfand ich keine Sympathie. Ich schrie ihnen genau wie die anderen Straßenkinder den Spottvers nach: »Kadett, Kadett, Kaldaunenfresser! ...«

Mein ganzes Kindermitleid aber galt den anderen kleinen Soldaten, den Militärwaisen. Wenn sie in Reih und Glied in ihren plumpen, benagelten Schuhen über die Straßen klotzten, lächerlich ausstaffiert wie Liliputrekruten, meinte ich auf den blassen, aufgedunsenen Gesichtern die Lieblosigkeit ihres Kasernendaseins zu sehen. Militärwaise zu sein wurde für mich zum Inbegriff eines trostlosen Schicksals.

Der Brauhausberg war nur auf der einen Straßenseite mit Wohnhäusern bebaut. Auf der anderen Seite lag hinter einer langen Mauer das Schützenhaus mit dem ausgedehnten Biergarten und seinen Schießständen. Durch alle Sommer meiner Kindheit schmetterten die Konzerte der Wirtshauskapelle und knallten die Schüsse der Schießstände. Die Schützen, zu denen auch mein Vater gehörte, waren brave Potsdamer Bürger, die sich zum weidmännischen Beruf hingezogen fühlten, ohne ihn ausüben zu können, und die sich deshalb damit begnügten, nach aufgemalten Hirschen und Rehen zu schießen. So lagen sie denn im Schützenhaus auf Anstand und hatten es auf diese Art sehr viel bequemer als richtige Jäger, denn frisches Bier und andere Genüsse waren jederzeit zur Hand, und im Hintergrund spielte die Kapelle: »Ich schieß' den Hirsch im wilden Forst ...«

Unsere Straße, eigentlich glich sie mehr einem breiten Fahrweg, denn statt Trottoirs hatte sie nur Rinnsteine an beiden Seiten, führte geradewegs auf das Gartenportal der Kriegsschule zu. Anspruchsvolle Terrassen, die allem Anschein nach an Sanssouci erinnern sollten, stiegen zum Eingang des Haupthauses den Berg empor. Der ganze große Gebäudekomplex war ein Gebilde, das stilgeschichtlich unmöglich einzuordnen war. Nach Entwürfen Kaiser Wilhelms II. gebaut, stellte es etwa eine Kreuzung zwischen englischem Landhaus und deutscher Ritterburg dar. Kaiser Wilhelm II. der von wilder Bauleidenschaft besessen war, hatte von den Potsdamer Stadtbehörden gefordert, daß sie alle unterhalb der Kriegsschule gelegenen Häuser und Straßenzüge bis hinab ans Ufer der Havel abreißen sollten, damit man diesen Abhang zu Grünanlagen und Gärten umgestalten und so der Alma mater der angehenden preußischen Offiziere einen gebührend imposanten Rahmen verleihen könne. Nachdem dieses Ansinnen von den Potsdamer Stadtvätern abgelehnt worden war, weigerte sich der beleidigte Herrscher, jemals die Kriegsschule zu betreten.

All diese protzige Pracht ging über in den Potsdamer Wald, einen richtigen märkischen Forst mit Kiefern und Birken und spärlichen Eichen, mit einem bescheidenen Sandhügel, der den merkwürdigen Namen »Feuerfreudenberg« trug. Eigentlich hätte er »Freudenfeuerberg« heißen sollen, denn hier brannte man an jedem 2. September zur Erinnerung an Sedan einen Holzstoß ab. Tiefer im Wald, wo man auf Einsamkeit und Stille hoffte, knallte unablässig von allen Seiten Gewehrfeuer. Dort übten die Soldaten auf den Schießplätzen der in Potsdam stationierten Regimenter. Dort lagen auch die vielen Exerzierplätze.

Wir waren fünf Geschwister, drei Mädchen, zwei Jungen, und es ging daheim oft recht lebhaft zu. Allerdings nur, solange unser Vater nicht zu Hause war. Meine Mutter ließ uns gewähren. Es gab zwei Antworten, die zu Hause immer wiederkehrten. Sie waren für unsere Eltern charakteristisch. Kamen wir mit einer Bitte zur Mutter und war diese Bitte nicht gar zu ausgefallen, dann sagte sie regelmäßig: »Meinetwegen!« Baten wir unseren Vater um irgend etwas, dann antwortete er meistens: »Nein!« Dieses »Nein« entsprach ebenso vollkommen seiner Auffassung von Disziplin, der höchsten Tugend, die er kannte, wie das »Meinetwegen« der liberalen Großzügigkeit meiner Mutter. Zwischen diesen Prinzipien bewegte sich unsere Erziehung.

Mein Vater war der Sohn eines oberfränkischen Bauern. Nur unermüdlicher Fleiß hatte ihn dorthin gebracht, wo er stand. Er war Leiter eines mittleren Industrieunternehmens. Wen sollte es wundern, daß er aus Arbeit und Disziplin eine Art Religion machte? Er, der Bayer, fühlte sich in der preußischen Umgebung nicht nur wohl, er hatte den straffen Geist Potsdams beinahe fanatisch in sich aufgenommen. Widerspruch duldete er nicht, weder von uns Kindern noch von seinen Untergebenen. Einmal hörte ich, wie er auf dem Hofe der Brauerei einen Arbeiter anschrie: »Nehmen Sie die Hände aus den Hosentaschen, wenn ich mit Ihnen rede!«

Mein Vater verlangte »Haltung«. In ihm verband sich der preußische Feldwebel mit dem bäuerlichen Patriarchen. Seiner Härte entsprach allerdings ein starkes Verantwortungsgefühl. Er trat für seine Arbeiter ein, vorausgesetzt, daß sie sich unterwarfen und nicht etwa Ansprüche stellten, die seiner Meinung nach unberechtigt waren. Selbstverständlich mußte für diesen Mann der Sozialismus das rote Tuch sein. Er, der länger als zwölf Stunden täglich arbeitete, und zwar aus freien Stücken, der außer dem ›Intelligenzblatt‹ und der ›Brauerei-Zeitung‹ nie etwas las und den die Lesewut meiner Mutter aufbrachte, weil er sie für Zeitverschwendung hielt, sah zum Beispiel in der Forderung nach dem Achtstundentag nur eine empörende Anmaßung.

Ich konnte, als ich älter und reifer wurde, immer besser verstehen, wie bitter es ihn treffen mußte, daß ausgerechnet seine drei Töchter sich zu überzeugten Sozialistinnen entwickelten. Er muß schwer darunter gelitten haben, aber dies Leiden führte ihn nicht zur Selbsterkenntnis. Er gab meiner Mutter die Schuld, schob die »Entartung« der Töchter auf ihre liberale Erziehung.

Meine Mutter war das zwölfte Kind einer wohlhabenden Bauernfamilie aus dem kleinen Dorfe Schmergow in der Mark Brandenburg. Einmal fuhr sie mit mir in ihre Heimat, und wir besuchten den alten Dorffriedhof mit der niedrigen Steinmauer. Sie führte mich zu einer Reihe grasüberwucherter Kindergräber, wo sechs ihrer Geschwister lagen. Alle waren an Diphtherie gestorben.

Sie wuchs in Potsdam im Hause eines um fast zwanzig Jahre älteren Bruders auf. Ihre Großzügigkeit war wohl vor allem seinem Einfluß zu verdanken. Dieser Bruder befaßte sich schon früh mit sozialistischen Ideen, und wahrscheinlich stammte daher auch meiner Mutter Mangel an Ehrfurcht vor den Einrichtungen der Monarchie, ihr Vertrauen auf ihren Instinkt, ihren gesunden Menschenverstand, den sie sich auch an der Seite ihres so ganz anders gearteten Mannes bewahrt hatte. Obwohl sie niemals versuchte, uns ihre Meinung aufzuzwingen, übte sie einen entscheidenden Einfluß auf ihre Kinder aus. Sie besaß eine angeborene Achtung vor den Rechten der Persönlichkeit, und in ihren Augen waren auch wir, so klein wir noch sein mochten, Persönlichkeiten.

In einer Art »Flüsterpropaganda« übertrug sie ihre Ansichten auf uns. Wenn sie uns am 1. Mai zur großen Militärparade im Lustgarten, bei der alle Schulklassen Potsdams Spalier stehen mußten, die weißen Schürzen umband und die sonntäglichen Haarschleifen in die Zöpfe flocht, dann murmelte sie etwas von »lächerlichem Theater« und nannte »unseren Kaiser« sogar einen »größenwahnsinnigen Säbelraßler«.

Wie vertrug sich das mit dem überlebensgroßen und untadeligen Bilde, das uns in der Schule vom Kaiser vermittelt wurde? Die kritischen Äußerungen der Mutter stürzten mich in schwere Konflikte, denn es war mir natürlich nicht möglich, die Wahrheit von der Schönfärberei zu unterscheiden. Sie lehrten mich aber auch, sehr frühzeitig selbständig zu denken. Die ketzerischen Selbstgespräche meiner Mutter und die unklugen Erziehungsmethoden meines Vaters legten den Grundstein für meine spätere Entwicklung.

Es gibt wohl kaum einen Teil Potsdams, der nicht an der Havel liegt. Von allen Seiten umfließt sie mit ihren Windungen die Stadt und bildet auch am Fuße des Brauhausberges einen breiten See. Aber ihre Ufer sind an dieser Stelle alles andere als schön, denn sie werden von schmutzigen Fabriken, Speichern und einem Schlachthof verschandelt. Nur an einem schmalen Streifen, der sogenannten »Aufschwemme«, kann man überhaupt das Wasser erreichen.

Dahin hatte ich mich mit einem Spieleimer und einem Kescher auf den Weg gemacht. Das war für ein so kleines Kind ein Wagnis, denn es war immerhin ein Stück Weg. Ich hatte vor, Fische zu fangen, da ich neue Bewohner für mein Aquarium brauchte, und ich bildete mir ein, man könne sie einfach aus der Havel holen. Am Anfang ging alles gut. Ich kam zur Aufschwemme, zog Schuhe und Strümpfe aus, krempelte die Höschen mit den Lochstickereirüschen so hoch wie nur möglich, steckte den Kleiderrock in den Gürtel und patschte vorsichtig ins Wasser mit dem Kescher in der Hand. Weit und breit von Fischen keine Spur.

Ich strebte also vorwärts dem tieferen Wasser entgegen. Da entdeckte ich Fische, und die Jagd ging los. Bis der erste gefangen war und halb tot im Eimer landete, trieften bereits Hose und Rock. Aber mein Jagdfieber ließ deshalb nicht nach. Kein anderes Kind störte mich, kein Erwachsener war zu sehen. Nur vom Wasser her näherte sich langsam ein Schwan, einer von den Hunderten, die es damals auf der Havel gab.

Als ich noch nach ihm blickte, kam über den See direkt auf mich zu ein Vogel. Er flog so niedrig, daß er fast den Wasserspiegel streifte. Zwei-, dreimal hatte er schon das Wasser berührt, als er nur einige Meter von mir entfernt in den See fiel. Es war eine Taube, die nun mit ausgebreiteten Flügeln zappelnd auf der Oberfläche trieb. Vergeblich versuchte ich, die Stelle zu erreichen, wo das Tier kämpfte. Es war zu tief. Im gleichen Augenblick ruderte der Schwan mit starken Stößen auf die zuckende Taube zu und begann, mit dem Schnabel auf die Ertrinkende einzuhacken, daß die Federn nur so flogen. Unbeweglich stand ich im Wasser und sah dem Entsetzlichen zu.

Plötzlich ertönte vom Ufer her eine durchdringende Kommandostimme: »Was machst du denn da?« Ich sah mich erschrocken um, kaum fähig, nach diesem Erlebnis überhaupt etwas zu begreifen. Da stand ein »Blauer«, ein Polizist mit Pickelhaube. »Komm mal sofort raus!!« Naß und schmutzig watete ich langsam auf ihn zu. Ängstlich, aber ganz ohne schlechtes Gewissen. »Hast du nicht gelesen, daß es streng verboten ist, an der ›Aufschwemme‹ zu fischen und zu baden?!« Dabei zeigte er auf eine Tafel am Ufer.

Ich kam gar nicht dazu, ihm zu sagen, daß ich noch nicht lesen könne, denn schon hatte er sein Notizbuch herausgezogen, verlangte kategorisch meinen Namen und meine Adresse und erklärte, daß das, was ich getan habe, strafbar sei. Mich packte eine furchtbare Angst, daß der Vater es nun erfahren werde, und ich begann zu weinen. Sagte dann aber doch meinen Namen und wo ich wohne. Und er schrieb wirklich. Er befahl mir noch, die Schuhe zu nehmen, die Fische ins Wasser zu werfen und sofort den verbotenen Ort zu verlassen.

Zu Hause schwieg ich. Wochen hindurch klopfte mir bei jedem Klingeln vor Aufregung das Herz. Ich erwartete den Polizisten. Nicht einmal meiner Mutter wagte ich die Geschichte von dem grausamen Schwan und der armen Taube zu erzählen, und es wäre ganz undenkbar gewesen, daß ich etwa den Auftritt mit dem strengen Polizisten erwähnt hätte. Die Wochen vergingen, und kein Hüter der Ordnung erschien an unserer Tür. Mir aber war die Furcht so nachdrücklich in die Glieder gefahren, daß ich noch lange Zeit keine Polizeiuniform sehen konnte, ohne Angst und ein schlechtes Gewissen zu haben ...

Ich hatte es nicht leicht in der Schule, weil sich meine eigentlichen Interessen nur mit wenigen Unterrichtsfächern deckten. Es ist deshalb kein Wunder, daß in fast jedem meiner Zeugnisse die Bemerkung erschien: »... ihre Aufmerksamkeit läßt zu wünschen übrig.« Ich frönte nämlich einer Leidenschaft, die mich restlos ausfüllte: meiner Tierliebe.

Nicht nur in den Schulstunden, schon morgens, bevor ich mich auf den Weg machte, war ich völlig in Anspruch genommen von der Sorge um das Wohlbefinden aller meiner Tiere. Sie mußten gestreichelt, gefüttert und getränkt werden, und so kam es, daß ich fast täglich in der letzten Minute von zu Hause fortlief, dann in wilden Sprüngen über die Kaiser-Wilhelm-Brücke rannte und die »Bittschriftenlinde« am Stadtschloß erst dann erreichte, wenn das Glokkenspiel der Garnisonkirche bereits mit dem Vorspiel zu »Lobet den Herren«, das die volle Stunde anzeigte, begann. Dann wußte ich, daß mich nur noch ein Dauerlauf vor dem gefürchteten Zuspätkommen retten konnte, und es ging mit fliegenden Zöpfen durch den Lustgarten, vorbei an den exerzierenden Rekruten und den Offizieren auf der Reitbahn.

Bei den letzten Tönen des lang ausgezogenen Glockenspiels überquerte ich meistens die Plantage am historischen Marstall, um bei den darauffolgenden acht gewichtigen Schlägen der Turmuhr am Denkmal des »Alten Fritz« vorbei über die Brücke des Stadtkanals glücklich die Schule zu erreichen und atemlos ins Klassenzimmer zu stürzen.

Meine Abneigung gegen die Schule wurde noch dadurch verstärkt, daß mein Vater stets die Partei der Lehrer als der Obrigkeit ergriff und wir, was auch immer geschehen sein mochte, unrecht bekamen. Zu allem Unglück war meine Schwester Babette auch noch eine Musterschülerin, die fast in jedem Jahr beim Schulschluß öffentlich ausgezeichnet wurde. Das wirkte auf uns, meine Schwester Trude und mich, schon niederdrückend genug, wurde aber vom Vater noch entsprechend unterstrichen, indem er sie uns als leuchtendes Beispiel vorhielt. Aber er hatte damit nicht den geringsten Erfolg, sondern es führte nur dazu, daß wir zwei eine Einheitsfront des Protests bildeten.

Einmal erwartete Trude einen »blauen Brief«. Aus Angst vor dem Vater beschlossen wir zwei, diesen Brief abzufangen. Es gelang. Mit Herzklopfen öffneten wir ihn und lasen: »Wenn Ihre Tochter Gertrud ihre Leistungen in Französisch und Englisch nicht wesentlich verbessert, so wird sie das Ziel der Klasse nicht erreichen ...« Wie gräßlich! Wir warfen den Brief sofort ins Feuer ...

Meine entscheidenden Schuljahre fielen in die Zeit des Ersten Weltkrieges. Hatte der Nationalismus preußischer Färbung in Potsdam und nicht zuletzt in den Schulen dieser traditionsreichen Garnisonstadt immer eine wesentliche Rolle gespielt, so überschlug er sich in jenen Jahren.

Vielleicht spürten die uniformierten Repräsentanten des preußischen Geistes damals schon unbewußt, daß der Glanz bald ein Ende haben werde. Andererseits aber überließen sie sich nur zu gerne dem Rauschgefühl dieses Krieges, von dessen siegreichem Ausgang sie völlig überzeugt zu sein schienen. Doch unter den Potsdamer Offizieren gab es nicht nur steifnackige Eisenfresser. Manche von ihnen versuchten, mit der neuen Zeit Schritt zu halten, wie die Eltern meiner Schulfreundin Svea von Krieger, obwohl ihr Vater hoher Generalstabsoffizier war.

Eines Tages spielten wir während der Pause auf dem Schulhof, als ich zufällig Herrn von Krieger in seiner Uniform mit den roten Streifen des Generalstäblers auf einen unserer Lehrer zugehen sah. Er wollte sich nach den Leistungen seiner Tochter erkundigen. Gleichzeitig aber sah ich auch die Veränderung, die plötzlich mit dem Lehrer vor sich ging. Ich sah ihn zusammenknicken, als habe sein Rückgrat keinen Halt mehr, und ich sah sein unterwürfiges Lächeln.

Dieser Lehrer machte es dem Offizier völlig unmöglich, mit ihm zu verkehren wie ein Bürger mit dem anderen. Der Untertanengeist saß ihm allzu tief in den Knochen ...

Die Gestalt, die drohend meine Schulzeit überschattete, war der Divisionspfarrer Thüm, ein mittelgroßer, gedrungener Mann mit fetten Schenkeln und einem von zu hohem Blutdruck geröteten Gesicht. Er erschien mir wie eine wilhelminische Ausgabe Martin Luthers, ein Mann, in dem sich auf gefährliche Weise der protestantische mit dem nationalistischen Fanatiker verband.

Thüm wurde später mein Klassenlehrer. Mit besonderer Leidenschaft malte dieser merkwürdige Gottesmann uns Zehnjährigen die

Qualen der Hölle aus, wobei sich seine Stimme zu einem donnernden Gebrüll erhob, dem er mit selbstgefälliger Bewunderung zu lauschen schien. Er verfügte über eine an sämtlichen puritanischen Eiferern geschulte Phantasie und schickte nicht etwa nur die Sünder ganz allgemein in die ewige Verdammnis. Er nagelte bestimmte Vergehen fest, deren Bestrafung er unermüdlich ausmalte. Wenn unsere Eltern zum Beispiel sonntags nicht in die Kirche gingen, sei ihnen die Hölle gewiß, da gebe es kein Entrinnen. »Da wird sein Heulen und Zähneklappern ...«, brüllte er, daß wir uns in den Bänken duckten. Mir wurde angst und bange um meine arme Mutter, die doch nie zur Kirche ging. Was konnte ich tun, um sie vor diesem entsetzlichen Schicksal zu bewahren? Schon am nächsten Samstagabend begann ich, diplomatisch vom Kirchgang zu reden und behandelte dieses Problem von allen Seiten, fragte sie zum Schluß sogar in meiner Herzensnot ganz direkt: »Gehst du morgen vielleicht in die Kirche?« Sie sah mich an: »Sag mal, bist du nicht gesund?« Ich verdrückte mich stotternd. Ich wiederholte diesen Versuch, aber immer vergeblich. Meine Mutter begriff mich nicht, da ich ihr niemals von den Exzessen des Divisionspfarrers zu erzählen wagte. Sie lebte weiter in Gottlosigkeit, und ich überwand meine Sorge um ihr Seelenheil erst nach manchen inneren Kämpfen.

Während einiger Jahre des Krieges unterrichtete Professor Thüm unsere Klasse in Deutsch und Religion, und er benutzte den Deutschunterricht ausgiebig, um uns mit der Lage auf den Kriegsschauplätzen vertraut zu machen. An und für sich interessierte mich dieses Thema sehr, und ich begeisterte mich für jeden deutschen Sieg, nicht nur, weil wir dann schulfrei bekamen, sondern weil man sich als Kind der patriotischen Atmosphäre einfach nicht entziehen kann, noch dazu, wenn sie so massiv auf einen eindringt wie im damaligen Preußen. Aber es müssen wohl die Kommentare des Herrn Divisionspfarrers gewesen sein, die in mir einen dumpfen Widerstand gegen solche Art von Hurrapatriotismus auslösten. Dieser Widerstand steigerte sich langsam zu einer schwer bezähmbaren Abneigung. Dazu sollten einige Erlebnisse mit diesem Pädagogen entscheidend beitragen. Einmal machten wir mit Herrn Thüm einen ganztägigen Schulausflug an einen der märkischen Seen. Es war ein drückendheißer Sommertag, und alle hatten Lust zum Baden. Es ist für einen Lehrer eine schwere Aufgabe, zwanzig Kinder im Wasser zu überwachen, und deshalb war es nur zu verständlich, daß Thüm uns verbot, weit hinauszuschwimmen. Weshalb ich es trotzdem tat, weiß ich nicht mehr. Jedenfalls näherte ich mich dem gegenüberliegenden Ufer, war also über den ganzen See geschwommen, wohin einige meiner Mitschülerinnen gelaufen kamen und mir warnend zuriefen, daß ich sofort herauskommen solle, weil Thüm »entsetzlich wütend« sei. Da machte ich einfach kehrt im Wasser und schwamm das ganze Stück zurück, dorthin, wo die Klasse lagerte. Beim Anziehen überbrachte man mir die Nachricht, daß ich einen »Tadel« bekommen werde – eine Strafe, die in mein Zeugnis eingetragen werde, falls ich nicht sofort Thüm um Verzeihung bitte. Höhnisch hatte Thüm hinzugefügt, es werde mir jetzt so ergehen wie dem Drachentöter aus Schillers Gedicht ›Der Kampf mit dem Drachen‹, der trotz seiner Heldentat einer schweren Strafe nur dadurch entgehen konnte, daß er den Ordensfürsten um Verzeihung anflehte. Diesen Vergleich fand ich zutiefst widerwärtig. Ich tat keinen Schritt, um mich zu entschuldigen, und steckte lieber den Tadel ein; selbst Schiller mochte ich auf Jahre hinaus nicht mehr.

Ein nächster Zusammenstoß hatte schon ernsthafteren Charakter. Während des Krieges jagte auch in der Schule eine Sammlung die andere. Die Kinder wurden aufgefordert, nicht nur Kriegsanleihe zu zeichnen, Gold zu opfern, sondern auch unter allen möglichen anderen Vorwänden Geld zu spenden. Wieder einmal betrat Thüm die Klasse und verkündete im Befehlston: »Also morgen früh bringt jeder von euch für die Kaiser-Wilhelm-Spende Geld mit! Weniger als eine Mark nehme ich gar nicht erst an!« Da überwand ich die Kinderschüchternheit, stand auf und erklärte, daß man so etwas nicht befehlen dürfe, daß ich gar nicht daran dächte, eine Mark mitzubringen, denn wir seien zu Hause fünf Kinder, und so etwas könne man wohl nicht verlangen ... Darauf überschüttete mich der Pfarrer Thüm mit wüstem Geschimpfe und ließ lange Zeit keine Gelegenheit vorübergehen, mich zu demütigen. Gerade zu dieser Zeit erfuhr ich von meiner Schwester Trude, daß der gleiche Thüm sie ebenfalls verfolge und schikaniere, weil sie mit einer Jüdin befreundet sei.

Ich hatte während meiner Schulzeit im Potsdamer Lyzeum natürlich auch Lehrer, die ich liebte und verehrte. Da war der kleine Philipps, unser Geschichtslehrer, der jede Unterrichtsstunde zu einer Art Theatervorführung machte. Mit dem Zeigestock als einzigem Requisit ließ er die jeweiligen Helden komisch-linkisch das Schwert ziehen oder sprengte als Ritterkarikatur, den Stock wie eine Lanze gesenkt, zur Attacke durch das Klassenzimmer. Zu seinen besonders liebenswürdigen Seiten gehörte, daß er fast nie auf dem Stuhl hinterm Katheder saß, sondern rittlings auf einem Pult der vordersten Bankreihe balancierte. Außerdem trug er immer einen dunkelblauen Bleylestrickanzug, so daß er trotz seiner grauen Haare wie ein großer Junge aussah, von dem man gar nichts anderes erwarten konnte, als daß er uns vor allem mit den amüsanten Seiten der Menschheitsgeschichte vertraut machte.

Der Krieg ging seinem Ende entgegen. Noch hatte das patriotische Feuer in den Stimmen meiner Lehrer nicht spürbar abgenommen, und nicht nur Thüm und einige besonders eifrige Monarchisten, sondern mit wenigen Ausnahmen eigentlich alle waren davon überzeugt, daß Frankreich zum Untergang verdammt sei.

Zu den beliebtesten Liedern im Gesangsunterricht, die wir auch in den Schulferien unseren Eltern vorsangen, gehörten immer noch: »Es krähte drüben ein frecher Hahn, er krähte nur immer Rache ...«, und: »Sie sollen ihn nicht haben, den freien deutschen Rhein, ob sie wie gier'ge Raben sich heiser danach schrein ...« Die Bevölkerung Frankreichs, so lernten wir, sei völlig degeneriert, dort bekämen die Frauen nur noch zwei Kinder, und »der Franzose« sei ein miserabler Soldat. England war ein für allemal das »perfide Albion«, und Sprüche wie »Jeder Schuß ein Russ', jeder Stoß ein Franzos'« wurden überall mit entsprechenden Bildern auf Postkarten verkauft, in der Turnstunde führte man militärische Kommandos ein. Aber von Monat zu Monat wurde das Brot knapper und schlechter, und wir liefen auf Holzsohlen.

Die Stadt Potsdam hatte ihr Aussehen verändert. Nach wie vor beherrschte zwar Militär das Bild, aber die Gesichter waren ernster geworden, die jetzt in den feldgrauen Uniformen steckten. Auf das Erlernen des Stechschritts wurde nun weniger Wert gelegt, doch immer noch verfügten die Unteroffiziere und Feldwebel im Lustgarten über das gleiche Vokabularium an Flüchen und Schimpfworten.

Aus dem Schützengarten am Brauhausberg klangen schon lange weder Schüsse noch Musik. Haus und Garten hatte man in ein Lazarett verwandelt, und über die Mauer blickten die verwundeten Soldaten in blauweiß gestreiften Kitteln und machten meiner hübschen Schwester Babette verliebte Augen ...

Der Herbst dieses Jahres brachte den Zusammenbruch der deutschen Fronten, die Novemberrevolution und den Sturz der Hohenzollernmonarchie. Aber so, als sei dies alles nicht geschehen, veranstalteten Potsdamer Regimenter einen offiziellen Einzug der heimkehrenden Truppen. Mit Fahnen und Musik ging es über die Kaiser-Wilhelm-Brücke, vorbei an der Bittschriftenlinde und am Stadtschloß. Treu und fest hielt man zu den alten Traditionen. Was hatten die Potsdamer Militärs schon mit dieser neuen Demokratie zu schaffen, die sich ja ohnehin niemals »durchsetzen« konnte?

Hans Wendt wurde 1903 in Magdeburg geboren. Nach dem Studium in Berlin war er ab 1923 Redakteur bei der ›Deutschen Allgemeinen Zeitung‹, dann Auslandskorrespondent in Paris, London, Kopenhagen und Stockholm. 1947 wurde er stellvertretender Chefredakteur der ›Kieler Nachrichten‹. Ab 1950 war er Kommentator in Bonn und stellvertretender Studioleiter beim Nordwestdeutschen Rundfunk. Außerdem war er u.a. ständiger Mitarbeiter des Österreichischen Rundfunks und des Europäischen Bildungswerks sowie Europa-Korrespondent und stellvertretender Studioleiter Bonn der Deutschen Welle. Er lebt heute in Hinterzarten.

Hans Wendt

## Als Hindenburg zum Ersatzkaiser avancierte

Jeden Schultag begannen wir im Magdeburger Reform-Realgymnasium, genannt »Bismarck-Schule«, indem wir im Treppenhaus des modernen Gebäudes an einem großen Buntglasfenster mit dem Bilde des Reichsgründers vorbeistiegen. Darunter standen die Zeilen: »Es wird die Spur von seinen Erdentagen / Nicht in Äonen untergehn.« Unsere Schülermützen hatten das Gelb der bismarckschen Kürassiere. Zu Hause in der guten Stube, die nur an Festtagen wie zu Weihnachten benutzt wurde, stand auf einem Podest unterhalb eines Bildes der Königin Luise ein kleiner Keramik-Bismarck als Reichsschmied mit einem winzigen Stahlschwert.

Daß selbst Bismarck nur ein unvollständiges Nationalstaatsgebilde geschaffen, seinen Nachfolgern ein zu schweres Erbe hinterlassen hatte, erkannten wir erst später. Die »Äonen« sollten, ach, nicht lange dauern. Damals waren wir Jungen stolz auf dieses Deutsche Reich, durch das die mühsam gelernte Kaisergeschichte des Mittelalters in unseren Augen einen Sinn bekam. Ehrfürchtig traten wir mit den Eltern im Dom zum Grabmal Ottos des Großen, der die zu seiner Zeit hereingebrochenen wilden Scharen der Ungarn und Slawen zurückgeschlagen hatte. Und wir vernahmen von der Weltgeltung, die das Kaiserreich errungen habe.

Seltsam: Der Kaiser, Wilhelm II., selber mit dem emporgezwirbelten Schnurrbart und dem Adlerhelm, war uns nicht so vertraut wie der verstorbene Bismarck trotz der vielen Fotos und der markanten Aussprüche, über die die Erwachsenen – manchmal etwas kritisch – diskutierten. Einmal, als ich zu Besuch bei den Näherinnentanten in Berlin war und wir vorm Schloß in einen Pferdebus umstiegen, sah ich das kaiserliche Auto aus dem Portal kommen und mit »Tatütata« in Richtung Linden rollen. Eine Gestalt in Uniform winkte, als viele auf dem Platz die Hüte abnahmen.

Selbstverständlich hatten wir zu Kaisers Geburtstag eine große Schulfeier. Aber über das Kinderliedchen ›Der Kaiser ist ein lieber Mann, er wohnet in Berlin‹ waren wir hinaus. Auch sangen wir ›Heil dir im Siegerkranz‹ oder ›Ich bin ein Preuße, kennt ihr meine Farben?‹ nicht so gern wie das Deutschlandlied. Bei aller Bewunderung für den Alten Fritz, die Freiheitskämpfer von 1813 und die anderen Siege des vorigen Jahrhunderts: Wir fühlten uns nicht so sehr als Preußen – sosehr dieses machtvolle Gebilde alles um uns bestimmte, mehr als wir wußten –, sondern als Deutsche.

Daß es neben dem Kaiser noch Könige, Großherzöge und andere Fürsten, daß es im Reich noch andere Staaten gab, erschien uns fremd, wie eine Benachteiligung im Vergleich mit den Nachbarn, wie ein Überrest der verhaßten Kleinstaaterei aus Napoleons Zeiten. Statt Schwarzweiß empfanden wir Schwarzweißrot als »unsere« Fahne mit besonderer Freude für die »Reichskriegsflagge« der Marine. Wenn wir »Deutschland, Deutschland über alles« sangen, dann durchaus im Sinne des Dichters als Bekenntnis zum größeren Vaterland, nicht als Herausforderung an »die Welt«, von der wir wenig wußten im Gegensatz zur heutigen weltläufigen Jugend. In der Vorschule gehörte zu meinen Freunden der kleine Neger Ben Barnes, sein Vater war Tambourmajor in einem Magdeburger Regiment.

Wir wurden zu Vaterlandsliebe, nicht zu »Hurrapatriotismus« erzogen. Was kannten oder wußten wir auch schon von den Nachbarländern? Der Mittelstand konnte sich Auslandsreisen kaum leisten. Aber ich entsinne mich einer ersten »europäischen« Veranstaltung. Nachdem in Holland eine Königstochter geboren war, fand ein Kinderfest statt, ein Umzug in einem schönen Parklokal mit einem als holländische Prinzessin ausstaffierten Baby. Eine große Schar in Sonntagskleidern oder Kinderuniformen bildete das Gefolge. Damals noch ein Knirps, war ich dabei mit Helm und Holzgewehr, Geschen-

Hans Wendt an seinem ersten Schultag im April 1909.

ken meines Großvaters. Daß man von klein auf mit militärischen Sachen beschenkt wurde, entsprach der Tradition vom Weihnachtsmann, der, wie es im Liede hieß, »Trommel, Pfeifen und Gewehr« brachte. Solche Requisiten gehörten zum Räuber-und-Gendarm-Spielen wie Indianderpfeil und -bogen oder der Matrosenanzug zum Sonntagsspaziergang. Dazu eine Menge Schachteln mit Zinnsoldaten und Gesellschaftsspiele für den Winter, allerlei Sportsachen für den Sommer.

In unserem Bismarck-Reform-Realgymnasium, das in jeder Hinsicht sehr aufgeschlossen war mit Lehrern, die wir gern hatten, wurde viel Sport getrieben, auch gab es Werkunterricht. Die erste Fremdsprache war Französisch vor Latein und Englisch. Daß Frankreich trotzdem unser »Erbfeind« sei, vor dem man immer auf der Hut sein müsse, erfuhren wir im Unterricht über Ludwig XIV. und über die Kriege Napoleons zur Genüge.

Von England, vollends von seinem Weltreich, hatten wir nur einen ziemlich verschwommenen Begriff. Wir hörten aus Gesprächen, daß Wilhelm II. zu seinen englischen »Vettern« kein gutes Verhältnis habe, daß es »britischen Handelsneid« gebe und der Kaiser deshalb eine so großartige Flotte gebaut habe. Neben Märchenbildern schmückten Postkarten mit Photos von illuminierten Kriegsschiffen mein Jungenzimmer.

Magdeburg war eine aufstrebende Stadt, eine große Industrie- und Garnisonstadt mit vielen Fabriken und häufigen Paraden. »Kommandierender General« war hier ein Herr von Hindenburg gewesen. Die frühere Festung, deren Glacis in friedliche Spazieranlagen mit viel Grün umgewandelt worden waren, war auch ein Handelszentrum mit regem Schiffsverkehr auf der Elbe, den wir gern beobachteten, und mit der Börde als reichem landwirtschaftlichen Hinterland. All das erfuhr man schon von früh auf mit Stolz. Aber auch die Erinnerung an die Zerstörung der Stadt im Dreißigjährigen Krieg, der ganz Deutschland verheert hatte, war bei uns mit Bewunderung für den Magdeburger Otto von Guericke und einige schöne alte Gebäude sehr gegenwärtig.

Wenn wir die Erwachsenen über Frankreichs »Revanche«-Pläne und die »Einkreisungsgefahr« reden hörten, dann übertrug sich schon auf uns Kinder etwas von den Sorgen, die hinter dem Stolz auf die Magdeburger Regimenter, die Marine oder die Kolonien umgingen. Diese brachten, so hörten wir mit, offenbar Verwicklungen mit anderen Mächten. Was wir sonst an politischen Diskussionen aufschnappten, betraf Ärger über das Wahlrecht und anderes, was rückständig genannt wurde. Zufrieden waren Vaters Freunde mit der Bismarckschen »Sozialversicherung«, für uns noch kein Begriff.

Die lange Friedenszeit seit Gründung des Kaiserreichs hatte bei großen Fortschritten in Industrie und Handel manche Krisen und Konflikte mit den Nachbarn überstanden, wovon wir mit gespitztem Ohr vernahmen. Sie waren vorübergegangen. Deutschland wurde »führend im Bund der Mittelmächte« genannt und wegen der Stärke seiner Verteidigung gerühmt. Also schien uns alles in Ordnung. Aber als wir eines Abends am Himmel den Halleyschen Kometen sahen, sagten die Eltern, der gelte für viele Leute als ein Zeichen, das kommendes Unheil ankündige. Ich fand den Stern mit dem leuchtenden Schweif schön.

Mein Vater, Angestellter in den Krupp-Gruson-Werken, war entsprechend den damaligen Arbeitszeitregeln die ganze Woche über im Dienst, auch am Sonnabend. Immerhin gab es eine tägliche Mittagspause. Wenn ich ihn auf meinem »Holländer«-Ruderfahrer abholte, betrachtete ich neben den imponierenden Bürobauten und Fabrikhallen mit Bedrückung die benachbarten engen und dunklen Arbeiterwohnstraßen. In der Fabrikvorstadt Buckau bekam ich Klavierstunde. Da war es vollends grau und unfreundlich. Immerhin lag dort eines der ersten Kinos mit lockenden Photoauslagen. Aber für derlei hatten meine Eltern nichts übrig. Zum Bilderbesehen ging man ins »Kaiser-Panorama« mit seinen Guckkästen.

Von unserer Miethauswohnung oberhalb der lindengesäumten Straße in der Fläche zwischen den Vorstädten hatten wir freien Ausblick auf Holzläger und weite Felder. Wir wohnten im obersten Stockwerk, Kohlen, Koks, Kartoffeln oder Eingemachtes mußten vier Treppen hochgetragen werden, was natürlich Sache des Sohnes war. Seitlich am Hof stand ein sogenanntes Hinterhaus, mit dessen Bewohnern wir im Vorderhaus wenig Kontakt hatten. Dahinter lag ein Garten, in dem jede Mietpartei ein Beet besaß. Die benachbarten Häuser waren weniger schön. Aber es gab auch einige Villen mit Gärten.

Das kinderreiche Haus und die verkehrsarme Straße, durch die nur ab und zu eine Straßenbahn bimmelte, boten reiche Gelegenheit zum Spielen. Abwechslung brachten im Sommer die städtischen Sprengwagen oder die Eiswagen, deren Inhalt für die Kühlschränke der Hausfrauen unentbehrlich war. Nur wenn Streiks stattfanden, was gelegentlich passierte, kam auch in unsere Umgebung etwas Unruhe. Der Schutzmann von nebenan in seiner dunkelblauen Uniform mit Pickelhelm und Säbel an der Seite hatte gelegentlich mit Betrunkenen zu tun. Er verkörperte den Staat und die Ordnung; sein Bauch wies ihn als Respektsperson aus.

Sonntags gingen wir mit den Großeltern auf der geliebten großen Elbinsel »Rotes Horn« spazieren oder zu einem Gartenlokal nahe den Rennwiesen, wo Kaffee aufgebrüht und den Militärmusikern (in weißen Sonntagshosen) zu ihren Märschen oder Operettenmelodien applaudiert wurde. Wenn wir am Strom entlang nach Hause pilgerten, sahen wir auf der Chaussee hinter dem weiten Exerziergelände die Kette der Equipagen, deren reiche oder vornehme Insassen vom Pferderennen zurückfuhren. Aber Neid war uns fern. Wir waren zufrieden. Den meisten, so schien es jedenfalls, ging es gut. Die Ansprüche waren, wenn man zurückblickt, bescheiden. Von dem sozialen Problem wußten wir noch nichts trotz der gelegentlichen Streiks und Protestversammlungen der Arbeiter.

Werktags lockte die Rennbahn uns Jungen aus einem anderen Grund. Da bewunderten wir den Magdeburger Hans Grade und andere Pioniere der jungen Fliegerei, wie sie mit ihren Apparaten die ersten Sprünge versuchten. Es ging zu wie bei Spielzeugen, mal klappte es, mal klappte es nicht. Häufig verweigerten die Motoren den Dienst. Aber wie eine Verkörperung der Größe des kaiserlichen Deutschland erschien uns der gigantische Zeppelin, den wir eines Tages majestätisch über die Stadt dahinschweben sahen. Da war ein deutscher Traum Wirklichkeit geworden. Damals ahnten wir noch nicht, daß nicht dem Riesen die Zukunft gehören sollte, sondern den so zerbrechlich scheinenden weißen Drahtgestellen.

Gern ging mein Vater, ein Verehrer alter Kunst, mit mir ins Kaiser-Friedrich-Museum, das Wilhelm II. zu Ehren seines Vaters gestiftet hatte. Wir bestaunten den Reichtum an Bildern, auch neuen aus

Die Eltern von Hans Wendt mit ihrem Sohn im Jahr 1914.

Frankreich, an Statuen und historischem Mobiliar. Die Vorhalle schmückte ein großes Wandgemälde vom Einzug Kaiser Ottos in die zum Bollwerk gegen Osten bestimmte Festungsstadt. Meine Eltern liebten Vorträge bei der Inneren Mission, oder sie musizierten zu Haus. An Rundfunk und Fernsehen war ja noch nicht zu denken. Sie hatten bei aller Eingeschränktheit ihres Lebensstils ein Abonnement im Stadttheater.

Mein Vater hatte, auch durch Gesang- und Turnverein, viele Freunde. Die meisten waren, wie man es heute nennen würde, wie er liberal. Es herrschte ein reger gegenseitiger Besuchsverkehr. Man war sich nahe und oft fröhlich. Über Parteien oder über den Reichstag wurde, soweit ich mich entsinne, wenig gesprochen. Derlei war nicht sonderlich populär. Familien- und Lokalereignisse waren wichtiger. Spürbar blieben, und dies noch für lange, als ein Überrest der Glaubenskriege die konfessionellen Gegensätze. Viele Protestanten in unserer Stadt blickten auf die katholische Minderheit herab. Meine Eltern taten das nicht, sie gehörten auch nicht zu den eifrigen Kirchgängern. Aber zur Frömmigkeit wurde ich, wurden wir Kinder alle erzogen.

Unternahmen wir mit den Großeltern einen Ausflug, so fuhren wir entweder mit einem Elbdampfer oder mit der Bahn ein Stück weit, im Zug natürlich »vierter Güte«, billigste Holzklasse. Ferien leisteten wir uns in einem thüringischen Dorf oder im Harz, einmal sogar in Ahlbeck an der Ostsee, alles sehr bescheiden. Wir »kleinen Leute« vom Mittelstand waren in der Lebensführung gewiß das, was man preußisch hätte nennen können: fleißig, staatstreu und auf Ersparnisse bedacht.

Daß meine Eltern mich trotz relativ hohem Schulgeld ins Gymnasium schickten, entsprach ihrem Sinn für Bildung. Sie lasen viel und sorgten zusammen mit der Krupp-Bücherei für genügend Stoff auch für mich. Ich bekam neben viel anderem, neben schönem Spielzeug, das ›Buch der tausend Wunder‹, das den Ausblick auf eine Epoche der Entdeckungen und Technikwunder zu eröffnen verhieß, und durfte den ›Guten Kameraden‹ abonnieren, den auch alle meine Freunde zu Hause hatten.

Es gab viele Hausaufgaben. Die Schule verlangte damaligen Vorstellungen gemäß viel Auswendiglernen: Gedichte, Choräle und andere Texte. Manches Schöne blieb lebenslang haften. Die Eltern halfen abends beim Vokabelabfragen. Wir Kinder murrten zuweilen wegen der vielen Schularbeiten. Aber es gab ja noch keine »Krimis«. Wir hatten genug Zeit fürs Spielen und Tummeln im Grünen. Selbst Vater und Mutter, trotz harter Büro- und damals noch sehr schwerer Hausfrauenarbeit, gingen gerne aus, zu Fuß, die Straßenbahngroschen sparend.

Es war ein friedliches Leben, ruheliebend, ohne Ansprüche gegen Nachbarländer, gewiß sehr verschieden von dem Bild, das die Außenwelt vom »Wilhelminischen« Reich hegen mochte. Jedoch, das bemerkte auch ein Kind: Wohlstand, Uniformen, Standesunterschiede und Titel bedeuteten viel. Bei meinem Großvater, der sich vom thüringischen Bauernburschen zum königlich preußischen Rechnungsrat emporgearbeitet hatte, bewunderte ich den in einem Etui aufbewahrten Roten Adlerorden Dritter Klasse. Uns Jungen imponierten schneidige Offiziere und Lehrer, die immerhin Reserveoffiziere waren. Das Militär war in unserer Stadt ein mächtiger Faktor; aber auch die Industrie und schon damals, das verspürten wir sogar in unserer kleinbürgerlichen Gegend, die aufstrebende Arbeiterschaft.

Das Kaiserreich, so schien es, ruhte fest in sich selbst. Der Wellenschlag der unruhigen Welt draußen wurde fast nur in den Zeitungsüberschriften sichtbar, die mich zunehmend fesselten. Dieser Alltag endete jäh mit dem Sommer 1914. Das Kaiserreich »schlitterte«, wie der vielgebrauchte Ausdruck später lautete, mitsamt all den anderen europäischen Mächten in den Ersten Weltkrieg.

Das große Unheil für Europa begann.

Elfjährig erlebte ich mit plötzlich gewecktem Bewußtsein die Ängste von Eltern und Verwandten in den Wochen nach der Ermordung des österreichischen Thronfolgerpaares in Sarajevo. Hinter dem Attentat serbischer Verschwörer vermuteten die Erwachsenen den russischen Geheimdienst. Wir waren gegen Serbien, für das verbündete Österreich-Ungarn, von dessen Schwächen wir nichts ahnten. Aber wir bekamen etwas mit vom Schwanken der Führung des eigenen Reiches, die einerseits bemüht war, den Frieden zu wahren, andererseits der befürchteten Einkreisung zuvorzukommen suchte.

Ich sehe einen Augustabend im Hause wohlhabender entfernter Verwandter in Jena. Durch die geöffneten Fenster drang von ferne die ›Wacht am Rhein‹, vielleicht von vorüberziehenden Studenten gesungen. In dem dunklen Wohnraum herrschte bedrücktes Schweigen, fast greifbare schwere Sorge. Was würde kommen? Ein zur Familie gehörender Getreidehändler trat ein und berichtete über große Mehlkäufe. Wenn anderswo dem heraufziehenden Unwetter wie dem befreienden Ende lang lastender Spannungen entgegengesehen, dem großen Kräftemessen vielleicht gar entgegengefiebert wurde, hier und gewiß in vielen anderen Familien gab es keine Kriegsstimmung.

Zurück in Magdeburg, erblickten wir an den Litfaßsäulen überall die Mobilmachungsplakate. Da fühlten wir uns eins mit allen anderen. Die übergroße Mehrheit der Deutschen damals im Kaiserreiche – das ist die deutliche Erinnerung auch von den Berichten der Eltern – lebte im Bewußtsein eines aufgezwungenen Verteidigungskampfes, besonders durch die russisch-französische Bedrohung. Es beeindruckte meine Eltern sehr, daß sogar die oppositionellen Sozialdemokraten – mit den »Sozis« hatten sie sonst nicht viel im Sinn – für die Kriegskredite stimmten. Da war auch der Kaiser noch einmal populär.

In den Tagen des allgemeinen Aufbruchs meldete ich mich zum Bahnhofsdienst des Roten Kreuzes. Ich schleppte Eimer mit Kaffee zu den Truppenzügen, deren Waggons Kreideaufschriften mit markigen Parolen trugen. Ich bewunderte die Soldaten in ihrem neuen Feldgrau. Wie sie sangen, wie stark und stolz sie sich fühlten. Mein

Vater, schon zu alt, um eingezogen zu werden, sprach vom Geist der großen Jugendbewegung.

Unsere schwarzweißrote Fahne am Fenster wetteiferte mit vielen ihresgleichen: Siegesmeldungen vom Westen brachten schulfreie Tage. Von dem schweren Rückschlag an der Marne erfuhren wir erst später. Noch wurde ein baldiges Kriegsende erhofft.

Aber eine schwere akute Sorge bedrückte uns alle: der Russeneinfall in Ostpreußen. Die Kosaken, vor hundert Jahren Verbündete gegen Napoleon, waren zum Alpdruck ganz Deutschlands geworden. Aber dann, wie wir hörten, bei Tannenberg, begann jene Reihe großer Siege, die den Namen des Generals von Hindenburg in alle Lande trugen. Der Befreier Ostpreußens errang da den Nimbus, die Volkstümlichkeit als Retter, die vieles Spätere erklärt.

Wir Jungen begeisterten uns auch für die Helden auf U-Booten und Kaperkreuzern oder für Flieger wie Boelcke, Richthofen, Immelmann. Wir glaubten an den Sieg der Flotte beim Skagerrak, obwohl doch damit, uns unbekannt, die Blockadevorherrschaft Englands besiegelt worden war. Wir fuhren aufs Land, um für Kriegsanleihen zu werben ... und vielleicht für die Eltern ein paar Eier zu ergattern.

Denn inzwischen hatte der Hungerkrieg begonnen.

Das war der neue, der Kriegsalltag im Kaiserreich. Zunehmend von 1915 an bestimmte der Kampf ums Überleben unsere Tage. Was im Zweiten Weltkrieg der Bombenterrorkrieg werden sollte, das war im Ersten Weltkrieg die britische Hungerblockade. Das kaiserliche Deutschland hatte für einen solchen Krieg offenbar zuwenig oder keine Vorsorge getroffen.

Die U-Boot-Waffe, mit der dann ein Gegenkrieg eröffnet wurde, reichte trotz mancher Erfolge nicht aus. Schlimmer, der U-Boot-Krieg führte zum Kriegseintritt der Vereinigten Staaten, deren Rüstungen freilich, wie wir lasen, den Westalliierten schon vorher zugekommen waren. Die entscheidende Bedeutung dieser Wendung blieb uns verborgen unter Durchhalteparolen. Die hinter Hindenburgs Namen geschaffene geheime Diktatur des Generals Ludendorff wurde erst später erkennbar.

Neben dem Reichstagsgebäude in Berlin war aus Holz eine große Hindenburgstatue errichtet worden zum Benageln für patriotische Zwecke. Auch ich schlug während eines Besuchs bei den Tanten meinen Nagel ein. Immer mehr wurde für uns alle, groß und klein – je mehr der Kaiser aus dem Blickfeld entschwand –, Hindenburg, der Generalfeldmarschall, zum Mittelpunkt. Bereits im Krieg wurde er – um ein Wort aus der Weimarer Republik vorwegzunehmen – der »Ersatzkaiser«, der den Glanz des echten Kaisers verdunkelte. Wir hungerten nicht für Wilhelm II., sondern für Hindenburg. Und im Zuge einer allgemeinen, mit patriotischem Opfergeist aufgenommenen Sammlung »Gold gab ich für Eisen« spendeten Großeltern, Eltern und Tanten goldene Ketten und Ringe, wofür sie eiserne bekamen.

Ich machte mit Begeisterung bei Rote-Kreuz-Sammlungen für die Verwundeten mit. Wir verkauften Papiermargueriten. Der Krieg lehrte uns Geschichte und Geographie. Aber wir sahen voll Mitleid, wie schwerverletzte Kriegsgefangene in nahe gelegene ehemalige Tanzsäle gebracht wurden, die nun als Notlazarette eingerichtet waren.

Die Blockade zwang zur Notbewirtschaftung. Wir bekamen von nun an alles, was vorhanden und rationiert war, auf Marken, vom Brot bis zu den Pappsohlen. Damals entstand sehnsuchtsvoll der Begriff »Vorkriegszeit« und das berühmt-berüchtigte Wort »Ersatz«. Selbst an unserer Petroleumlampe wurde gespart, auch an Kochgas und Koks. Als wir Schüler 1917 in die Konfirmandenstunde gingen, konnten die Mütter uns nur noch dünne Scheiben Brot mit draufgekratzter Rübenmarmelade mitgeben. Um so fataler wirkte auf uns der dicke Pastor, der noch dazu nach Alkohol roch. Dieses Erlebnis hinterließ als Kontrast zu den frommen Reden bei dem Vierzehnjährigen lange nachwirkend ein gespaltenes Verhältnis zur Kirche oder doch zu manchen ihrer Diener. Aber abends wurde gebetet für den Frieden.

Tief erregte uns der in der Presse angeprangerte Propagandakrieg der Alliierten mit Behauptungen über »abgehackte Kinderhände« in Belgien und mit wilden Anklagen gegen den Kaiser. Um so mehr hielten wir jetzt wieder zu ihm und zum Glauben an einen Endsieg.

Im dritten Kriegsjahr meldeten sich die meisten von uns Untersekundanern zum freiwilligen Hilfsdienst in der Landwirtschaft. Im eisigen Herbst rodeten wir Rüben. Im Sommer 1918 wurden wir dann durch die Jungmannen-Organisation aus der Schule geholt. Die Unterbrechung war uns recht, obwohl wir zu unseren »Paukern«, den einberufenen, an die wir ins Feld schrieben, wie zu den als Ersatz herangeholten alten ein gutes Verhältnis hatten. Bewunderung hegten wir für den bismarckähnlichen Direktor, der so großartige Ansprachen zu halten verstand und obendrein den besten Englischunterricht gab. Und der dann seine beiden Söhne verlor.

Die Verlustlisten wurden immer länger, immer mehr Leute gingen in Schwarz. Die Trauerzüge mit gestorbenen Verwundeten bewegten sich durch unsere Straße immer häufiger zum Friedhof. Wir lasen zwar weiter von Siegen, aber es wurde sogar uns erkennbar, daß die weitausgedehnten Fronten die Kräfte des Kaiserreichs erschöpften. Von den schwachen Verbündeten imponierten uns am meisten die Türken. Die Hoffnungen auf günstige Folgen aus der russischen Revolution schlugen fehl. Im Reichstag schwelten, wie wir lasen und hörten, schwere Gegensätze um Schritte zur Beendigung des Krieges.

Aber der Weltkrieg griff immer weiter um sich. Die meisten Staaten der Erde standen im Lager der Alliierten.

Durch die Hilfsdiensttätigkeit lernten wir Schüler erstmals einiges von der sozialen Wirklichkeit kennen, nicht nur in der Landwirtschaft, sondern auch in der Kriegswirtschaftsbürokratie. Als einige von uns in einem Speicher der Reichsgetreidestelle zum Säckesortieren eingesetzt wurden, einer wahren Staubhölle, solidarisierten wir uns mit streikenden Frauen, die bei dieser schweren Arbeit Zusatzlebensmittelmarken verlangten. Der Vorfall blieb für uns ohne Folgen, erschütterte auch nicht unsere Einsatzbereitschaft. Gemeinsam mit einem nichtverpflichteten Freund, dessen Arztvater eine Schreibmaschine besaß, brachten wir eine getippte »Zeitschrift« für unsere Kameraden heraus, wenige Seiten, der wir den stolzen Namen ›Die deutsche Zukunft‹ gaben.

Dann kam es auch in Magdeburg zu Streiks in der Rüstungsindustrie und zu Demonstrationen. An den Fronten setzte sich – mit Truppen aus aller Welt und den neuen britischen Tanks – die feindliche Übermacht durch. Der österreichische Verbündete, für den das deutsche Kaiserreich in den Krieg eingetreten war, suchte nach dem Tode des alten Kaisers Frieden. Der habsburgische Staat, ein Vielvölkergebilde, aber ein unentbehrliches Element des alten Europa, war am Ende. Fast gleichzeitig erfuhren wir erschüttert vom Waffenstillstandsgesuch der Obersten Heeresleitung und den Anfängen der Revolution bei der Flotte. Und wir waren so stolz auf diese Marine Wilhelms II. gewesen ...

Ich erlebte den düsteren 9. November 1918, da ich wegen Grippe meine letzte Arbeitsstätte bei einem Bauern in der Mark hatte verlassen müssen, zu Haus. Auch meine Eltern, bis auf die Knochen abgemagert, waren grippekrank. Ich sah aus dem gegenüberliegenden kleinen Lokal, in dem Genesende untergebracht waren, einen Feldwebel herausstürzen, mit gezogenem Säbel, gefolgt von einigen Soldaten. Sie liefen zum Stadtinneren.

Dann stürzten ganze Katarakte von Umsturznachrichten auf uns ein. Die Revolution setzte sich überall im Inland durch. Nicht, wie wir hörten, bei den Fronttruppen. Sie hielten durch, sich langsam zurückziehend, wie es hieß.

Um so schlimmer traf uns die Meldung vom Übergang des Kaisers nach Holland. Wir empfanden das als Flucht, auch wenn einige Freunde des Vaters geltend machten, daß Wilhelm II. einen Bürgerkrieg habe vermeiden wollen. Vom »Hause Doorn« wollten wir dann nichts mehr hören. Mürbe und überfällig stürzten auch die Throne der Landesfürsten.

Als wir dann hörten, der Sozialdemokrat Scheidemann habe, um den Kommunisten zuvorzukommen, die Republik ausgerufen, regte sich auch bei uns kaum Widerstand. Die Hohenzollernmonarchie Wilhelms II. hatte in unseren Augen sich selbst aufgegeben. Nach dem Waffenstillstand war Fortsetzung des Krieges unmöglich. Der Sozialdemokrat Ebert vereinbarte mit Hindenburg geordnete Heimführung der Fronttruppen.

Tiefe Niedergeschlagenheit lastete auf unserer ganzen Umgebung, nicht nur ob der Niederlage, sondern auch angesichts der furchtbaren Menschenverluste, die dieser Weltkrieg verlangt hatte. Unsere Eltern und Lehrer sagten, mit dem alten Europa sei es vorbei. Alles lebte von nun an in der Furcht vor der »roten Gefahr«.

Erleichtert sahen wir die ersten Truppenverbände von der Front zurückkehren. Welch ein Bild in unserer verödeten Straße! Die Soldaten marschierten oder fuhren an uns vorüber, schweigend, müde. Sie hatten abgezehrte Gesichter und zerschlissene Uniformen. Doch sie hielten vorbildliche Ordnung. Dankbar und traurig hängten wir noch einmal die schwarzweißrote Fahne aus dem Fenster.

Wir sahen jetzt ein: Das Kaiserreich war besiegt, Wilhelm II. weltweit ein Verfemter, wir Deutschen mit ihm. Die Blockade dauerte an. Es begann, was dann der Nachkrieg genannt wurde. Bald hatten wir noch mehr Hunger als im Kriege selbst. Aus einer öffentlichen Notküche holte ich für meine Eltern und mich in einem Eimerchen sogenannte Fischsuppe.

Erschrocken lasen wir oder erlebten es mit, wie in den Resten des Kaiserreichs blutige Kämpfe zwischen den Spartakisten und der neuen Regierung tobten, die Teile von Fronttruppen und Freiwillige zu ihrer Unterstützung heranholte. Auch in Magdeburg gab es Gefechte. Eines Nachts wurden wir von Gewehrfeuer geweckt, und auf dem Schulweg sahen wir die von Einschüssen gemaserte Fassade des Polizeipräsidiums. Auf der Treppe neben unserem Klassenzimmer postierte ein Freikorpssoldat sein Maschinengewehr.

Und bald waren auch diejenigen unserer Bekannten, die noch an dem alten festhielten, sichtlich erleichtert, daß Ebert und Scheidemann sich durchsetzten und entgegen den Forderungen der Radikalen anstelle des Rätesystems Wahlen herbeiführten.

Wir damals Fünfzehnjährigen, die Kindergeneration aus dem Kaiserreich, teilten mit unseren Eltern und Lehrern die Hoffnung auf baldigen und gerechten Frieden. Aber sie wurde nicht erfüllt. Wir sahen aus dem Unglück für Europa, das 1914 begonnen hatte, neues Unheil heraufziehen, auch für den neuen Staat, den wir im Gegensatz zu vielen Erwachsenen bejahten, der aber von Anfang an bedroht war. Für die damals entstehende Weimarer Republik, die den Namen Deutsches Reich beibehielt, aber das schwere Erbe des Kaiserreichs antreten mußte, wurde das – damals sofort begonnene – Ringen um Lebensrechte und Revision zum Schicksal.

Heinrich Lützeler wurde am 27. Januar 1902 in Bonn geboren. Er besuchte das Gymnasium und die Universität in Bonn und schloß das Studium der Kunstgeschichte 1924 mit der Promotion ab und habilitierte sich 1930. Von 1930 bis 1940 lehrte er als Privatdozent in Bonn, bis ihm die Lehrbefugnis entzogen wurde. Von 1942 bis 1945 hatte er Rede- und Schreibverbot. Ab 1946 war er ordentlicher Professor für Kunstgeschichte in Bonn. Er starb am 13. Juni 1988 in Bonn.

HEINRICH LÜTZELER

## Der »Weltkrieg« kostete fünf Pfennig

Ich bin am 27. Januar 1902 geboren, unter dem Sternbild des Wassermannes. In ihm begegnet Lützeler unter anderen Mozart und Kaiser Wilhelm II. Diese Tatsache grenzt die Überzeugungskraft der Astrologie überzeugend ein.

Ich erhielt den Vornamen Heinrich und ärgerte mich schon als kleiner Junge über unsere Waschfrau, die den scheußlichen Schlager sang:

Heinerich, was machst du da?
Kitzelst ja die Großmama.
Heinerich, das darfst du nich!
Großmama ist kitzelich.

Mein Vater war Porzellanmaler und konnte reizend zeichnen und malen. Aber er verlor seinen Beruf, weil das Abziehbild auch die Keramik eroberte. So wurde er ein Opfer der Technik, und wir gerieten unverschuldet in Armut. Das Haushaltsgeld meiner Mutter war oft schon Donnerstagabend zu Ende. Wir mußten hungern und waren auf milde Gaben der Nachbarn angewiesen. Erst Samstagabend brachte der Vater den Lohn für die Woche. Er und meine beiden Schwestern wurden oft auch am Sonntag zur Arbeit gerufen. Einen sozialen Schutz gab es nicht.

Mein Vater, meine Mutter (die ich sehr liebte) und Eva, die eine meiner beiden Schwestern, waren musisch und vor allem musikalisch begabt. Mein Vater verfügte über einen gewaltigen Baß. Als er einmal in der Bonner Remigiuskirche am Ende der Messe ›Großer Gott, wir loben dich‹ sang, sprang der Organist vom Spieltisch auf und sagte hastig: »Herr Lützeler, etwas leiser, ich höre das Vol(e)k nich mehr!«

Musik war unsere große Freude. Wir waren deshalb in einem Kirchenchor: der Vater, Eva und ich. Wie gern hätte die Mutter mitgetan! Aber sie mußte den Haushalt führen und durch Nähen hinzuverdienen. In einem Kirchenchor vollziehen die Sänger die ganze Musikgeschichte mit: vom gregorianischen Choral angefangen über Palestrina, Orlando di Lasso, Johann Sebastian Bach und Georg Friedrich Händel bis zur Gegenwart.

Auf der Orgelbühne bildeten wir ein Reich für uns und nahmen wie aus der Proszeniumsloge an allen Kirchenfesten tätig teil. Darüber kamen Geselligkeit und Lustigkeit nicht zu kurz. Nörgler merkten an, die frechsten Jungen seien die Meßdiener, die zweitfrechsten die Sänger im Kirchenchor. Ich gehörte also zu den zweitfrechsten. Unser Dirigent im Münsterchor, Johann Joseph Veit (1871–1947), war großartig. Er zauberte uns Knaben die Musik in Herz und Verstand. Er komponierte selber: Messen, Werke für Chor und Orchester, Fugen. Auch ich versuchte mich damals im Komponieren – harmlos; aber man lernt dabei das Handwerkliche und erkennt das Hervorragende.

Selbstverständlich sangen wir auch Schlager. 1909 war das Rollschuhlaufen volkstümlich geworden, und so tönten wir rhythmisch:

Ein junger Klavierspieler,
Eduard Biermüller,
Der war in 'ne Jungfrau verliebt.
Er sagte: »Du Kleine,
Ach, werde die meine!
Ick bin ja so sehr in Dir valiebt!
Rrr, rrr, Rollmädel, roll auf der Rollschuhbahn!
Reizendes Rollmädel, du mit dem Rollrädel, roll,
Roll mir, Rollmädel, roll mir ins Herz hinein!«

Der Vater betätigte sich auch als sogenannter Coupletsänger. Er trat gegen ein bescheidenes Honorar in Vereinen auf, singend und tanzend. Die Noten fürs Klavier hatte er in zwei Mappen untergebracht. Eines Tages forderte ihn der Vorsitzer eines katholischen Vereins auf, bei einer festlichen Veranstaltung etwas vorzutragen, »aber ganz dezent«, fügte er hinzu. Da sagte mein Vater: »Ja, dann nehme ich die andere Mappe.«

Ich durfte oft in die Veranstaltungen mitgehen. In einer sang er die Ballade von einem jungen Mädchen, das plötzlich ein Kind bekam und behauptete, es wisse nicht, wieso; sie habe doch nur ein paarmal die Beine an die des Geliebten gestellt. Dazu sang der Vater auf berlinerisch:

> Mit de Beene
> Janz alleene,
> Macht man solche Sachen nich.

Der Vater spielte auch gern Theater, natürlich Possen. In einem Lustspiel mußte er sich jäh verstecken und in einem Faß verschwinden, das die Spieler von der Bühne rollten. Bei der Generalprobe, die ich mitmachte, fragten sie ihn besorgt durchs Spundloch: »Jeht es, Döres?« (= Theodor). Da hörte ich meinen Vater aus dem Faß dumpf antworten: »Rollt wigge!« (= weiter). Gott, bekam ich einen Schrekken! Für meine literarhistorische Zukunft gab mir mein Vater einen wichtigen Hinweis; er sagte: »In einem guten Lustspiel lacht der Zuschauer immer und die Bühne nie.«

Die herrliche Landschaft in und um Bonn wurde Teil meines kindlichen Lebens. Ich sammelte im Sommer auf dem Venusberg Waldbeeren. Die Schiffe und die Schiffbrücken, auf denen wir herumturnten, entzückten uns. Dann gab es noch etwas Seltsames: Ich »spielte Altar«, wie man es damals nannte. Das heißt, ich sägte und leimte mir mit Vaters Hilfe einen kleinen Altar zusammen und zierte ihn mit Kerzenleuchtern. Mit Mutters Hilfe erhielt ich Gewänder in allen liturgischen Farben. Ich las die Messe und veranstaltete Maiandachten. Weihrauch, den ich mir beschaffte, entrückte mich in eine andere Welt. Das Latein des *Missale Romanum* kannte ich, noch bevor ich Latein lernte: als eine Sprache ferner Hoheit.

Ich wurde zweimal vom Schulbesuch zurückgestellt: wegen körperlicher Schwäche (welch ein Unsinn! Bemerkung am fünfundachtzigsten Geburtstag). So kam ich erst mit acht Jahren in die Schule, freilich gleich in die zweite Klasse. Das verdankte ich meiner Schwester Eva, die, erst dreizehnjährig, mir vorzüglich Lesen beigebracht hatte. Die gute Betonung erlernte ich in der häuslichen Theateratmosphäre. Der Lehrer Wolbert fiel fast um, als er mich »vortragen«

hörte; seine Schüler leierten die Texte des Lesebuches eintönig und stotternd herunter. Freilich war ich im Rechtschreiben und Rechnen nur maßvoll tüchtig – wie die Schwester Eva.

Nach meiner geglückten Aufnahmeprüfung mußte ich Evchen aus der benachbarten Mädchenschule holen und zum Lehrer Wolbert bringen. Er bot ihr an, sie zur Volksschullehrerin ausbilden zu lassen. »Nein«, wehrte Evchen ab, »noch mehr lernen? Das mag ich nicht.« Sie wurde dann Modistin (= Hutmacherin).

Lehrer Wolbert konnte Latein, Griechisch und Englisch. Er brachte mir Latein bei mit dem Ziel, daß ich ein weiteres Schuljahr einsparen sollte. Er gab mir ein Jahr lang Unterricht, zweimal zwei Stunden in der Woche. In der Schule kommt man nur manchmal dran; ich kam bei Wolbert immer dran. Daraus erklärt es sich, daß ich am Ende das Latein sagenhaft konnte; ich konnte sogar Latein sprechen – natürlich nur in einfachen Sätzen.

Wolbert hatte sich das Englische selber beigebracht. Damals gab es noch keine akustisch nachhelfenden Schallplatten. So war seine Aussprache märchenhaft; aber in der Rechtschreibung war er so firm, daß er die Briefe seiner englischen Freunde mit vielen roten Korrekturzeichen wieder an sie zurücksenden konnte.

Die Musik war nicht seine starke Seite. Eines Tages war man auf die Idee gekommen, sämtliche Noten durch Zahlen zu ersetzen, wobei die Halbtöne etwas merkwürdig bezeichnet wurden. Wolbert begriff das System nicht und brachte auf seiner Geige trotz mehrfachen Anlaufs immer wieder einen falschen Ton hervor. Da sprang ich als Achtjähriger erregt auf und rief in die Klasse hinein: »Fis, Herr Lehrer, fis!«

Im Jahr 1913 kam ich aufs Gymnasium. Einer meiner Lehrer war der Jesuitenpater Stanislaus von Dunin-Borkowski (1864–1934), ein polnischer Graf, der uns gelegentlich in sein Haus gegenüber unserem Gymnasium zur Geselligkeit einlud, wie man heute sagen würde, im Stil der »offenen Tür«. Zwei Räume waren mit Spielsachen gefüllt.

Zwischendurch konnte man ihn wegen undurchsichtiger Schulaufgaben um Rat fragen. Es ging lustig und ungezwungen zu, und nicht im leisesten war von Religion und Kirche die Rede. Der Graf mit den durchgeformten Gesichtszügen veröffentlichte 1929 ein Buch ›Miniaturen erzieherischer Kunst‹ mit einem besonders wichtigen Kapitel ›Lernpausen‹. Sie bescherte er uns öfters. Man merkte dem wahrhaft weisen Mann nicht an, daß er auch ein bedeutender Spinoza-Forscher war und Autor einer vierbändigen Spinoza-Biographie.

Er stand uns zur Seite in unserer Kritik an der vermotteten Schule und versorgte uns mit einschlägiger, ja revolutionärer Literatur.

Im übrigen begann das Gymnasium für mich mit entsetzlicher Langeweile. Wir wirkten dem mit einigen Einfällen und allerlei Unfug entgegen. Ein Lateinlehrer mit hoher Stimme begrüßte uns in jeder Stunde mit dem Satz: »Salvete, pueri!« Dann antworteten wir: »Salve, Magister!« Wir siedelten um soviel Würde Unwürdiges an und variierten die Antwort, doch nur in der Pause unter uns. Das Unglück wollte es, daß wir dahindösend dem Lehrer eines Tages mit unserer Pausenvariation antworteten. Er rief klassisch: »Salvete, pueri!«, und wir antworteten: »Salve geschisse!« Die Schule geriet in Aufruhr. Wir hätten uns gegen den Anstand vergangen; was das denn für Zustände seien in unserer Quarta! Wir hatten die Grundlagen der damaligen Gesellschaft angetastet.

Ich freute mich im Schülerchor von neuem an der Musik. Den Chor leitete ein Lehrer namens Wenner, der Fugen komponieren konnte und uns in die Musikgeschichte packend einführte. Auch mit unseren unzulänglichen Tenören und Bässen sangen wir gleich nach dem Stimmbruch, vom großen Stil begeistert, aus Richard Wagners ›Lohengrin‹ (Vers 288 ff.):

*Der König:*
Des Reinen Arm gib Heldenkraft,
Des Falschen Stärke sei erschlafft:
So hilf uns, Gott, zu dieser Frist,
weil unsre Weisheit Einfalt ist!
*Alle Männer:*
Des Reinen Arm gib Heldenkraft,
Des Falschen Stärke sei erschlafft:
So hilf uns, Gott, zu dieser Frist,
Weil unsre Weisheit Einfalt ist!
So künde nun dein wahr' Gericht,
Du Herr und Gott, nun zögre nicht!

Warum blieb ich nicht bei der Musik? Ich hätte am Klavier lernen müssen; aber ich besaß keins – aus Armut. Ich sparte bis zur Oberprima für den Kauf eines Klaviers, indem ich Privatstunden für dumme oder faule Schüler gab, damit sie Ostern versetzt würden – bis zwanzig Stunden in der Woche. Doch die Inflation zerstörte alles.

Ich war nicht so eitel, Dirigent werden zu wollen. Ich hätte gern in einem Streichquartett gespielt in der Überzeugung, daß man auch die Bratsche stetig hören würde, wenn Lützeler sie spielte. Ich wollte selber ein Quartett schreiben über das erschütternde Volkslied:

Maikäfer, flieg!
Der Vater ist im Krieg.
Die Mutter ist im Pulverland.
Pulverland ist abgebrannt.
Maikäfer, flieg!

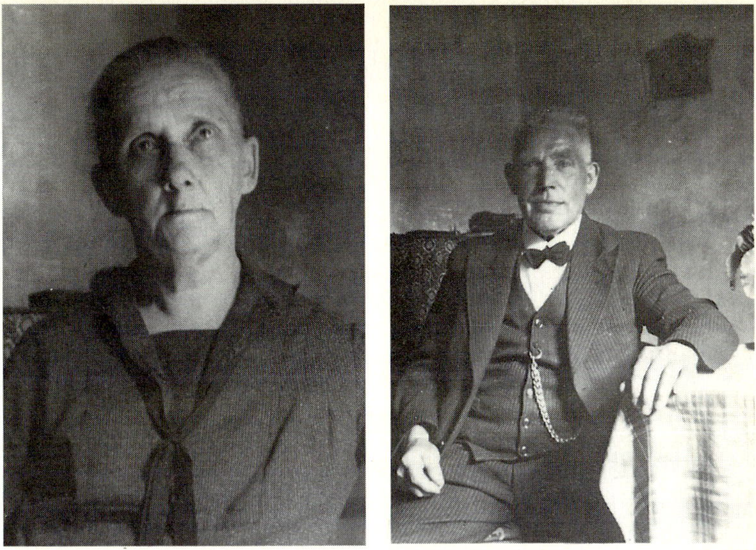

Die Mutter (links) und der Vater (rechts) von Heinrich Lützeler.

Das Haus, in dem die Lützelers in Bonn wohnten. Der Junge vorne rechts mit der Schürze ist Heinrich Lützeler.

Das Gymnasium, das ich besuchte, wechselte zwischen 1913 und 1921 dreimal seinen Namen. Es hieß erst »Königliches Gymnasium«, dann »Staatliches Gymnasium«, dann »Beethoven-Gymnasium«. Ein Stück Zeitgeschichte.

Die Schule veranstaltete 1917 in der Beethovenhalle einen sogenannten Unterhaltungsabend. Auch ich stand im Programm: »Heinrich Lützeler: Vortrag eigener Lyrik.« Ich las drei Gedichte von mir. Zwei waren harmlos. Aber das dritte harmlose Gedicht ersetzte ich durch einen neuen Titel ›Gewitterlandschaft‹. Mir ging es darum, freie Rhythmen zu erproben. Dabei beschwor ich eine Einheit aus erregter Natur und wesensverwandter Weiblichkeit:

> Hinten ein Blitz ... ein schmaler Streif ...
> Dein Leib ist schwül und überreif ...
> und überreif ...

Was passierte nun? Nichts. Wahrscheinlich blieb der Gymnasialleitung schlicht die Spucke weg. Mich selber aber, der ich bis dahin noch nie einem Mädchen einen Kuß gegeben hatte, schlug das Schicksal. In meinem ganzen weiteren Leben bis heute lernte ich keinen Leib kennen, der schwül und überreif war. Ob mir in der ewigen Seligkeit der »Leib, schwül und überreif« zuteil wird? Theologisch zweifle ich daran.

Doch Schluß mit dem poetischen Plemplem! Ich begegnete der Lyrik Stefan Georges (1868–1933), die mich bis heute begleitet und prägt. Sein hohes Maß beendete meine kindische Reimerei.

Dann kam der Erste Weltkrieg. Wir Schüler wurden zu Hilfsdiensten herangezogen. Mein Mitschüler Schenk verunglückte dabei und starb. Er geriet zwischen die Puffer zweier auszuladender Eisenbahnwagen. Wir hielten dies schlicht für ein Unglück, ja sogar für eine Art von Heldentod und folgerten nichts daraus.

Ich bezog damals die Zeitschrift ›Weltkrieg!‹, die Tag um Tag die Ereignisse mitteilte. Sie kostete zunächst fünf Pfennig und vom 2. Februar 1918 an siebeneinhalb Pfennig. Der »Hilfsverein Deutscher Frauen« im Preußischen Herrenhaus, Berlin West 66, gab sie heraus »zum Besten der Kinder im Felde stehender Männer«. Ehrenvorsitzende war »Frau Generalfeldmarschall Gertrud von Hindenburg, Exzellenz«.

In dieser Zeitschrift, deren Titel ›Weltkrieg!‹ mit einem Ausrufezeichen versehen war und sich in dem Untertitel ›Kriegs- und Ruhmesblätter‹ fortsetzte, siegten die Deutschen immer. Noch am 28. Februar 1918 hieß es stolz: »Im bisherigen Verlauf des Krieges machten die Mittelmächte 3450000 Gefangene. Diese Zahl überschreitet die Gesamtzahl der männlichen Erwerbstätigen Schwedens, Norwegens und

Dänemarks um mehr als eine halbe Million. Sie übersteigt ein Fünftel der männlichen Erwerbstätigen Deutschlands im Frieden. Die Mittelmächte gewannen damit ein Arbeiterheer, das auf wichtigen Gebieten der Volkswirtschaft wertvolle Dienste leistet und einen großen Teil der zum Kriegsdienst einberufenen eigenen Arbeitskräfte ersetzt.«

Eine Nummer galt den gefallenen Fliegern (1918, Nr. 207). Sie waren in Photos festgehalten, wobei die Zahl der Abschüsse die Reihenfolge der Abbildungen bestimmte: an der Spitze Rittmeister Freiherr von Richthofen, achtzig Flugzeuge abgeschossen, und am Ende Oberleutnant Kirmaier, elf Flugzeuge abgeschossen. Seit dem 18. Juli 1918 wurde es an der Westfront kritisch: »Französische Angriffe zum Scheitern gebracht«, am 9. August: »Engländer und Franzosen unter schweren Verlusten zurückgeschlagen.« Aber dann wird mitgeteilt: »Die deutsche Heeresleitung nahm Truppen in rückwärtige Linien zurück«; am 31. August: »Verkürzung der deutschen Front bei Ypern«; im September: »Angriffe bis auf kleine Einbruchstellen abgewiesen«; am 8. Oktober zwischen Cambrai und St. Quentin neue Angriffe »unter gewaltigem Einsatz aller Kriegsmittel«.

Am 9. November 1918 war es soweit. Wilhelm II. verzichtete auf den Thron und floh nach Holland; er starb also nicht ehrenvoll kämpfend an der Front. Ich las mit meinem Freund Harling im Bonner ›Generalanzeiger‹ die auf großen Schrifttafeln mit Kreide verzeichneten Bedingungen für den Waffenstillstand, unter anderem: Räumung der besetzten Gebiete und Elsaß-Lothringens binnen vierzehn Tagen; Deutschland hat 5000 Kanonen, 30000 Maschinengewehre, 3000 Minenwerfer, 2000 Jagd- und Bombenflugzeuge abzuliefern; das linke Rheinufer und die wichtigsten Brückenköpfe werden von den Alliierten besetzt; auf dem rechten Rheinufer wird eine dreißig bis vierzig Kilometer breite neutrale Zone geschaffen; die Räumung dieser Gebiete muß in weiteren elf Tagen erfolgt sein; Deutschland hat 150000 Eisenbahnwagen, 10000 Lastkraftwagen und 5000 Lokomotiven abzuliefern und sämtliche Vorräte an Kohlen, Eisenbahnbetriebsmaterial usw. während der Dauer des Waffenstillstandes vollzählig und in gutem Zustand zu erhalten; die Besatzungstruppen haben das Requisitionsrecht; Freigabe der Kriegsgefangenen ohne Gegenseitigkeit ... Übergabe von hundertsechzig deutschen U-Booten, sechs Schlachtkreuzern, zehn Geschwader-Panzerschiffen, acht leichten Kreuzern, fünfzig Zerstörern; sofortige Abrüstung der deutschen Flotte und der Luftstreitkräfte.

Wir Gymnasiasten konnten es nicht verstehen; wir glaubten doch an den Kaiser und das immer siegreiche Militär. Wir weinten vor der Schrifttafel. Mein Mitschüler Franz Decker nahm sich aus Verzweiflung das Leben.

In tiefer, lautloser Hochachtung geleiteten wir die zurückziehenden deutschen Soldaten auf ihrem Weg durch Bonn ins innere Deutschland. Die letzte Nummer der Zeitschrift ›Weltkrieg!‹ teilte am 1. Dezember 1918 mit:

> Deutsches Reich
> Die Gesamtziffer der deutschen Verluste bis zum 30. November d. J. beträgt 1600000 Tote, 203000 Vermißte, 618000 Gefangene, 4064000 Verwundete, zusammen also 6490000. Die Verluste des deutschen Offizierkorps betragen 58500 an Toten und über 200000 an Verwundeten und Siechen.

Auf der letzten Seite der Zeitschrift war wie von ihrem Anfang an die von Kriegsgewittern flammende Erdkugel abgebildet; noch immer hieß der Kolumnentitel: ›Kriegs- und Ruhmesblätter 1918.‹ Darunter stand: »Friede auf Erden 1919!«

Was nun?

Willi Schäferdiek wurde am 19. Januar 1903 in Mülheim a. d. Ruhr geboren. Von 1926 bis 1944 war er Dramaturg beim Nordwestdeutschen Rundfunk, Chefdramaturg und Literarischer Leiter des Reichssenders Saarbrücken und des Deutschen Kurzwellensenders Berlin. Danach war er freier Schriftsteller und schrieb Bühnenwerke, Hörspiele, Romane und Erzählungen. Er lebt heute in Siegburg.

WILLI SCHÄFERDIEK

## Der Krieg begann mit Glockengeläut*

Es war, wenn ich den Erinnerungen meiner im Alter von fünfundneunzig Jahren verstorbenen Mutter trauen darf, ein klirrender und beißender Frosttag, als ich am 19. Januar des Jahres 1903 in Speldorf, einem damals noch ganz dörflichen Vorort der Ruhrgebietsstadt Mülheim, das Licht der Welt erblickte. Damit erwachte ich zu einer Kindheit, die von mancherlei Not und Bitternis geprägt sein sollte.

Mein Vater, einer alten niederrheinischen Bauern- und Kötterfamilie entstammend, war als Kind nahezu blind gewesen. Wenn sich sein Augenleiden im Laufe der Jahre auch besserte, so blieb doch eine gewisse Sehbehinderung sein ganzes Leben hindurch. Sie mag wohl, so will mir scheinen, mit ein Grund für die ihn beherrschende Unrast gewesen sein, die ihn durch die verschiedensten Berufe trieb. Er sollte

* Die folgenden Passagen wurden mit freundlicher Genehmigung des Droste Verlags der Autobiographie Willi Schäferdieks, ›Lebens-Echo. Erinnerungen eines Schriftstellers‹, entnommen.

nach den mir vorliegenden Urkunden in die Fußstapfen seiner Vorfahren treten und Landwirt werden. Dies findet Bestätigung durch seinen zweijährigen Besuch einer jener landwirtschaftlichen Winterschulen, wie sie zu Ende des vergangenen Jahrhunderts zur fachlichen Ausbildung und Weiterbildung für den Nachwuchs der Landwirtschaft eingerichtet worden waren. Er scheint diesen Schulbesuch auch mit Erfolg abgeschlossen zu haben; denn in der Folge arbeitete er eine Zeitlang als Eleve auf Gütern am Niederrhein. Etwa zu Anfang des Jahres 1901 kam er dann dreiundzwanzigjährig als landwirtschaftlicher Verwalter auf das Gut eines Herrn Wunderlich nach Weißenthurm, einem Ort gegenüber Neuwied am Rhein.

Auf dem Gut traf er die dort als Jungmamsell tätige Marie Willrich. Die eben Achtzehnjährige war als Tochter eines Eisenbahnschlossers in Göttingen geboren und hatte in der Familie eines Universitätsprofessors den Haushalt erlernt. Auf dem Weißenthurmer Gut hatte sie durch ihr sanftes Wesen und ihre Anstelligkeit sehr bald das Ansehen und das Vertrauen ihrer Gutsherrschaft gewonnen.

Zwischen den beiden jungen Menschen, dem Verwalter und der Jungmamsell des Gutes, entwickelte sich schon bald ein inniges Liebesverhältnis, das auf die Dauer nicht ohne Folgen bleiben sollte. So mußte die Jungmamsell Marie Willrich ihrem Geliebten Fritz Schäferdiek Ende Mai oder Anfang Juni 1902 das Geständnis machen, daß sie sich von ihm guter Hoffnung fühle. Der werdende Vater setzte sich im Laufe des Sommers mit den Eltern der heimlich mit ihm Verlobten in Verbindung, erbat ihre Tochter Marie zur Ehefrau und setzte schließlich gemeinsam mit ihnen für Ende September des gleichen Jahres die Trauung fest, die dann auch am festgelegten Tage in Göttingen, der Geburtsstadt der Braut, stattfand.

Da die Gutsherrschaft trotz des guten Verhältnisses, welches bislang zwischen ihr und den beiden nun Jungverheirateten bestand, kein Ehepaar in den ihnen gestellten Aufgaben tätig sehen wollte, mußte der bisherige Gutsverwalter Ausschau nach einer neuen Stellung halten. Und da er auch für eine Wohnung sorgen mußte, nahm er kurz entschlossen im Hause seines älteren Bruders, der in Speldorf eine gutgehende Bäckerei und eine gleich gutgehende Kolonialwarenhandlung besaß, mit einer Kleinstwohnung im Dachgeschoß vorlieb und zog dort mit seiner jungen Ehefrau ein. In dieser Wohnung wurde ich dann von Frau Biesgen, der Speldorfer Hebamme, ans Licht der Welt gehoben.

Mein Vater, der in dem ländlichen Speldorf natürlich keine Stellung als Gutsverwalter finden konnte, beschaffte das tägliche Brot für seine wachsende Familie zunächst als Hilfsarbeiter in einer der am Ort befindlichen großen Ledergerbereien.

Als ihm, einem wenig starken Mann, diese Arbeit zu schwer wurde, sattelte er um und richtete mit Pferd und Wagen einen Milch-, Käse- und Butterhandel ein. Zugleich verlegte er seine bisherige Wohnung in eine größere im Raume des waldreicheren Ortsteiles von Speldorf. Als der Milchhandel sich auf die Dauer als nicht eben ertragreich auswies, verließ er seinen Heimatort und nahm eine Stelle als Brotausfahrer in einer Brotfabrik in dem einstigen Zechenort Karnap in der Nähe von Essen an. Auf diese Weise kam ich als Vierjähriger ins Herz des Ruhrgebietes.

Hier – in dem heute zu Essen gehörenden Karnap – wurde ich dann als Sechsjähriger in die dortige evangelische Volksschule eingeschult. Ich sehe mich heute noch, den Tornister auf dem Rücken, voller Stolz an der Hand meines Vaters erstmalig den mir dann sehr bald geläufigen Schulweg gehen.

Im ersten Schuljahr hatten wir einen jüngeren Klassenlehrer, der sich die Herzen von uns Sechsjährigen im Fluge eroberte und dem wir mit aller kindlichen Inbrunst verfallen waren. Dieser Lehrer wurde von einer ganz plötzlich aufgetretenen Krankheit hinweggerafft. Auf Wunsch des Leiters unserer Schule nahm die ganze Klasse an der Beerdigung teil, und in geschlossenem Zuge folgten wir dem Leichenwagen von der Wohnung des Toten bis hin zum Friedhof und der Begräbnisstätte.

Dieser ersten Begegnung mit dem Tode sollte einige Monate später eine weitere folgen. Nach der Geburt meiner um gut ein Jahr jüngeren Schwester hatte ich noch ein kleines Brüderchen bekommen, an dem ich mit geradezu abgöttischer Zuneigung hing. In den Osterferien zu Beginn meines zweiten Schuljahres, die ich auf dem Hof meiner Großeltern in Speldorf verbrachte – wie ich es während meiner Kindheit fast immer in den Ferien hielt –, erkrankte mein gut ein halbes Jahr altes Brüderchen an Diphtherie. Ich hörte von seiner Erkrankung durch die Schilderung meiner Großmutter.

Ich muß an dieser Stelle einige Bemerkungen zu den Eltern meines Vaters machen. Der Vater meines Vaters war sehr früh verstorben und hatte meine Großmutter mit vier Söhnen zurückgelassen. Um diesen noch jungen Kindern einen Vater zu geben, heiratete die Mutter meines Vaters den Lokomotivführer Wilhelm Terjung, den zu meiner größten Verwunderung mein Vater und seine drei Brüder stets nur mit seinem Familiennamen anredeten, obschon sie zu ihrem Stiefvater ein betont herzliches Verhältnis hatten. Das gleich gute Verhältnis waltete späterhin auch zu den vier Stiefgeschwistern, die meine Großmutter ihrem zweiten Ehemann geboren hatte. Meine Großmutter, ich sehe sie in ihrem gescheitelten weißen Haar immer noch deutlich vor mir in ihrem Lehnstuhl sitzen, hatte trotz der von ihr überstandenen acht Geburten etwas Matriarchalisches und Imponierendes an sich, das von allen Kindern aus ihren beiden Ehen stets achtungsvoll respektiert wurde.

Um nun wieder zu meinem Brüderchen zu kommen: Sein Zustand, wie mir die Großmutter auf schonende Weise beizubringen versuchte, verschlechterte sich mehr und mehr. Schließlich nahm meine Großmutter mich zur Seite, um mir klarzumachen, daß mein Brüderchen gestorben sei. Um mir das Geschehene einigermaßen zu verdeutlichen, sprach sie, wie es in den Zeiten meiner Jugend allgemein üblich war, keineswegs davon, daß mein Brüderchen nun als Engel von der Erde in den Himmel entschwebt sei. Nein, sie erinnerte mich an den Tod meines Lehrers, der, wie ich erkannt hatte, auf Nimmerwiederkehr von uns gegangen war. Ein gleiches, so erklärte sie mir mit sanften Worten, sei nun mit meinem Brüderchen geschehen. Ich sehe mich noch heute vor den Worten meiner Großmutter zur Wand hin entweichen. Hier blieb ich starr und steif wie ein Stock stehen, bis sich meine Augen mit Tränen füllten. Damit fiel der über mich gekommene große Kummer, mein Brüderchen niemals mehr wiederzusehen, von mir ab und löste sich in einem Strom von Tränen.

Mein Vater hatte trotz seiner bisweilen ungeistigen Tätigkeiten ein reges geistiges Interesse. So hatte er sich unter erheblichen finanziellen Opfern eine zwanzigbändige Klassikerausgabe und eine, wie ich mich zu erinnern glaube, zwölf Bände umfassende Ausgabe des Großen Lexikons von Brockhaus angeschafft. Ich sah ihn an den Feierabenden und an den Wochenenden ziemlich regelmäßig in den Büchern lesen oder darin blättern, als suche er etwas.

Eines Samstagnachmittags, als ich mit einigen Freunden vor unserem Haus auf der Straße spielte, rief Vater mich vom zweiten Stockwerk aus dem Fenster unserer Wohnung laut mit meinem Namen. Als ich hinaufschaute, sah ich, daß er einen enorm großen Ball zum Fenster hinaushielt. Zugleich rief er mir zu, heraufzukommen. Ich glaubte in meiner kindlichen Phantasie allen Ernstes, er habe in beiden Händen einen Luftballon, wie ich einen wenige Tage zuvor unter dem Blau des Himmels hatte vorüberschweben sehen, so daß ich neugierig und mit großen Sprüngen die Treppen bis zum zweiten Stockwerk hinaufeilte. Meine Enttäuschung war groß, als Vater mir statt des von mir erwarteten Luftballons nur einen Holzständer mit einem darauf befestigten großen Ball voll bunter Farbflächen entgegenhielt. »Das ist ein Globus!« rief er mir zu. »Sieh ihn dir genau an!« Ich warf zwar gehorsam einen flüchtigen Blick auf das mir unbekannte Ding in seinen Händen, wandte mich dann aber, sicherlich wohl auch zu seiner Enttäuschung, uninteressiert ab und lief wieder zurück zu meinen Spielkameraden auf der Straße.

Zu den eindrucksvollsten Begebnissen meiner Karnaper Kindheit gehörte der Besuch des Luftschiffes »Graf Zeppelin« in der Kruppstadt Essen. Schon Tage zuvor stand der Besuch des Luftschiffes immer wieder im Mittelpunkt der allgemeinen Gespräche. Dann endlich war der große und mit Spannung erwartete Tag da, und wir fuhren mit der Straßenbahn von Karnap zum Hauptbahnhof Essen. Hier wartete bereits auf dem Vorplatz und in den anliegenden Straßen eine riesige Menschenmenge auf die Ankunft des Zeppelin-Luftschiffes. Nach einigem Warten sahen wir, eingekeilt in eine wogende Menschenansammlung, das Luftschiff verhältnismäßig niedrig über unseren Häuptern unter dem Gedröhn seiner Motoren wie eine große silberne Zigarre vorüberfliegen und eine große Schleife um die Innenstadt ziehen.

Kurze Zeit nach dem Zeppelin-Besuch zogen wir aus dem Ruhrgebiet in die westfälische Leineweberstadt Bielefeld. Mein Vater hatte sich zu einem totalen Berufswechsel entschlossen und hier in Bielefeld die Zweigstelle einer in verschiedenen Städten arbeitenden Auskunftei mit dem protzig klingenden Namen »Deutscher Anker« übernommen. Die Aufgabe dieser Auskunftei bestand, wenn ich mich recht erinnere, im wesentlichen darin, diskret Auskünfte über Firmen oder Privatpersonen zu ermitteln und der Zentralstelle zur weiteren Bearbeitung weiterzuleiten. Ob mein Vater sich nun mit der an sich ihm fremden Tätigkeit übernommen hatte oder ob es sich um ein auf lockerem Sand erbautes Schwindelunternehmen handelte, vermag ich nicht zu sagen. Ich weiß nur noch, daß mein Vater eines Tages die Bielefelder Zweigstelle »Deutscher Anker« ganz einfach zumachte und daß wir eine andere Wohnung bezogen. Sie gehörte zu einer kleineren Seifen- und Waschmittelfabrik, in der mein Vater eine feste Anstellung gefunden hatte. Sie schien seinen Neigungen besser zu entsprechen als die vorherige Tätigkeit und wurde von ihm auch recht erfolgreich ausgeübt.

In der Zeit, als all dieses sich begab, hatte sich im September des Jahres 1911 unsere Familie, ohne daß wir Kinder es recht bemerkten, um meinen Bruder Fritz vermehrt, den die Mutter in einer Bielefelder Klinik zur Welt gebracht hatte. An Erinnerungsbildern ist mir aus diesen Tagen kaum ein leidlich faßbares Bild haftengeblieben. Allerdings sehe ich ab und an noch die ganze Familie, den Nachwuchs im Kinderwagen, an schönen Sommerabenden auf unserem Balkon sitzen. Dabei erzählte der stets gutgelaunte Vater meiner aufmerksam zuhörenden Schwester und mir in zahlreichen Fortsetzungen die teilweise von ihm erheblich ausgeschmückte und ausgeweitete Geschichte von Robinson, dem auf eine einsame Insel verschlagenen Schiffbrüchigen, und seinem Gefährten Freitag. Er tat es derart anschaulich und ausdrucksvoll, daß uns oft der Atem stockte.

Zu den winzigen Erinnerungsfetzen an Bielefeld, die mir geblieben sind, gehören meine Erinnerungen auch an die gemeinsamen Wanderungen mit Vater und Schwester in die schöne Umgebung der Stadt. Sie endeten zumeist auf einem meinem Vater bekannten Bauernhof, wo er für uns Kinder bei der Bäuerin eine Schüssel Dickmilch und eine Scheibe Pumpernickel zum Verzehr erbat, ein großartiges Labsal für uns ermüdete und verschwitzte Wanderer.

Es war von Beginn meiner Einschulung an ein besonderes Anliegen meines Vaters, dafür zu sorgen, daß mir eine gute Bildung vermittelt würde. So meldete er mich kurz vor Beendigung meines vierten Volksschuljahres als Schüler bei der Bielefelder Realschule an, deren Ausbildung mit der mittleren Reife abschloß. Damit ich die bevorstehende Aufnahmeprüfung auch bestehen konnte, mühte er sich vor der Prüfung an einer Reihe von Abenden ab, um mir die noch fehlenden Geheimnisse der Mathematik, soweit sie ihm selber bekannt waren, beizubringen. Ob es diesem seinen Bemühen zu danken war oder ob ich von mir aus die entsprechenden Voraussetzungen mitbrachte – jedenfalls bestand ich die Aufnahmeprüfung mit der Note »Eins«.

Doch ehe es dazu kam, daß ich zu Beginn des neuen Schuljahres als Schüler in die Realschule eintrat, hatte meines Vaters Leben bereits eine neue Wendung genommen. Auf Zureden seiner Brüder hatte er plötzlich und unerwartet einen Pachtvertrag über eine ländliche Gastwirtschaft unterschrieben. Da der bisherige Pächter bereits ausgezogen war, mußte der gepachtete Betrieb möglichst umgehend übernommen werden. So kam es zu einem überstürzten Umzug in das neue Heim. Dieses Heim und die mit ihm verbundene Gastwirtschaft, die den Namen »Bergerbusch« trug, befand sich in der bäuerlichen Ortschaft Laupendahl. Die Ortschaft Laupendahl gehörte zu der Gemeinde Mintard zu Kettwig vor der Brücke, wie die amtliche Bezeichnung lautete.

Die so eigentümlich benannte Gemeinde lag unmittelbar am linken Ufer der Ruhr. Auf der gegenüberliegenden Seite befand sich die eigenständige Stadt Kettwig an der Ruhr, wie sie offiziell hieß. Kettwig an der Ruhr und Kettwig vor der Brücke waren, wie der Name besagte, durch eine Brücke miteinander verbunden, die sowohl von Menschen und Tieren als auch von allen möglichen Gefährten nur nach Zahlung einer besonderen Brückengebühr benutzt werden durfte.

Gleich nach dem Einzug in unser neues Heim erfolgte meine und meiner Schwester Einschulung in die evangelische Volksschule zu Kettwig vor der Brücke. Sie lag in der Ortsmitte und bestand wie die am nördlichen Ortsausgang gelegene katholische Volksschule nur aus drei Klassen. Außerdem gab es im Ort noch eine einklassige und von etwa sechs Kindern besuchte jüdische Volksschule, deren Lehrer zugleich der Rabbi der kleinen, etwa acht Familien umfassenden israelischen Gemeinde war.

Der Weg von unserer neu bezogenen Wohnung bis zur Schule beanspruchte einen Fußmarsch von gut einer Stunde Dauer. Da zu jener Zeit an fünf Tagen in der Woche auch nachmittags von zwei bis vier Uhr Unterricht erteilt wurde, konnten wir während der Mittagspause wegen des weiten Weges nicht zum Essen heimgehen, sondern mußten in der Schule bleiben, wo wir zu Mittag die uns von der Mutter mitgegebenen Butterbrote aßen. Hinterher trieben wir mit den Schulkameraden, die ebenfalls wegen der weiten Wege ihre Mittagspause in der Schule verbrachten, allerlei Unfug.

Für meine Eltern brachte die gepachtete Gastwirtschaft ein neues und unbekanntes Leben. Sie fanden sich aber verhältnismäßig schnell mit ihren neuen Aufgaben und ungewohnten Tätigkeiten zurecht und hatten schon in kurzer Zeit eine Reihe von Stammgästen. In diesem Zusammenhang muß ich einer ganz eigenen Gästegruppe gedenken. Es waren die aus der Stadt Kettwig zu uns aufsteigenden Mitglieder der Ortsgruppe Kettwig der damaligen Sozialdemokratischen Partei, die hier alle vier oder acht Wochen in aller Heimlichkeit und Vorsicht ihre Mitgliederversammlungen abhielten. Die Heimlichkeit und Vorsicht waren notwendig, weil im damals noch kaiserlichen Deutschland die Sozialdemokraten weitgehend als Freiwild angesehen wurden und bei ihren Versammlungen wegen angeblicher Konspiration gegen den kaiserlichen Obrigkeitsstaat mit Verhaftung bedroht waren.

Um nun bei den Versammlungen in unserer Gastwirtschaft vor Überraschungen durch den etwa plötzlich auftauchenden Ortspolizisten oder den Landgendarmen sicher zu sein, wurden meine Schwester und ich als Posten an eine günstig gelegene Aussichtsstelle beordert. Von diesem Aussichtspunkt aus mußten wir die zu unserem Anwesen führenden Wege im Auge behalten und sofort Alarm schlagen, wenn sich eine der beiden Amtspersonen nähern sollte. Leider – jedenfalls sahen wir es so aus unserer kindlichen Sicht, zumal wir auf ein Abenteuer erpicht waren –, leider näherte sich nie einer der gefürchteten Gesetzeshüter, so daß die Versammlungen stets ungestört zu Ende geführt werden konnten.

Die Umsätze der gepachteten Gastwirtschaft »Bergerbusch« waren nicht derart ertragreich, wie es mein Vater wohl erhofft hatte. So ergriff er die ihm plötzlich gebotene Gelegenheit und übernahm die Leitung des Werkskonsums, der von einer großen Kettwiger Tuchfabrik und der ihr angeschlossenen Kammgarnspinnerei gegründet worden war.

In unseren Vorbereitungen zum Umzug begab sich nun etwas, was nicht nur für uns, sondern für die ganze Welt von ungeheurer Bedeutung werden sollte – der Erste Weltkrieg brach aus. Er wurde uns angekündigt durch rote Plakate, die an unsere Hauswand geklebt waren und die in großen Buchstaben die Mobilmachung verkündeten. Am Abend dieses Mobilmachungstages war in der Gaststube unserer Wirtschaft erheblicher Betrieb. Außer den gewohnten Stammgästen fand sich eine ganze Anzahl weiterer Besucher ein. Mit mehr oder minder starkem Stimmaufwand wurde das alle erregende Thema der Mobilmachung und des damit in Aussicht stehenden Krieges besprochen. Dieser und jener berichtete dabei von geheimnisvollen Zeichen und Erscheinungen, die er in den letzten Abenden und Nächten am Himmel gesehen haben wollte und die auf einen baldigen Kriegsausbruch hindeuteten. Alle Anwesenden aber waren sich übereinstimmend darüber einig, daß angesichts der vielen modernen Waffen ein Krieg nur von sehr kurzer Dauer und zudem für Deutschland siegreich sein werde.

Unser familiäres Leben, das nur durch den bevorstehenden Umzug von Laupendahl nach Kettwig vor der Brücke etwas in Unruhe geriet, blieb durch die eingetretenen politischen Ereignisse nicht sonderlich betroffen. Da mein Vater bei seiner einstigen Musterung als Zwanzigjähriger als untauglich für den Wehrdienst befunden worden war, brauchte er der allgemeinen Mobilmachung natürlich keine Folge zu leisten und durfte unbesorgt seine neue Stellung als Konsumverwalter antreten. Er konnte dabei jedoch nicht ahnen, daß der Konsum mit der Einführung der staatlichen Bewirtschaftung zahlloser Verbrauchsgüter und aller Lebensmittel im zweiten Kriegsjahre geschlossen werden mußte. Daß er bei dieser Maßnahme nicht außer Arbeit und Brot geriet, hatte er seinem jüngeren Bruder Wilhelm zu danken. Onkel Wim, wie wir Kinder ihn nannten, war als Oberinspektor der Stadt Mülheim (Ruhr) tätig. Aufgrund seiner langjährigen Tätigkeit in der städtischen Verwaltung verfügte er begreiflicherweise über ausgedehnte Beziehungen innerhalb der Verwaltung und brachte seinen Bruder Fritz – meinen Vater – als Protokollführer oder, wie die amtliche Dienstbezeichnung lautete, als Bürogehilfen ohne Schwierigkeiten bei der Kriminalpolizei Mülheim (Ruhr) unter. Uns Kinder berührte dieser Stellungswechsel nicht sonderlich. Wir lebten, nachdem wir den Umzug von Laupendahl nach Kettwig vor der Brücke gut hinter uns gebracht hatten, trotz Krieg und Kriegsgeschrei unser eigenes Leben, obschon wir stolz den Kopf erhoben, wenn die auch für uns zuständige evangelische Kirche der Stadt Kettwig – was in den beiden ersten Kriegsjahren noch verhältnismäßig häufig vorkam – mit ihrem Sondergeläut einen neuen deutschen Sieg verkündete.

Ungefähr in einer Entfernung von drei bis vier Kilometern von der Ortsmitte erhob sich oberhalb der gepflasterten Landstraße Kettwig-Düsseldorf auf einer waldigen Bergkuppe das mittelalterliche Schloß Landsberg. Besitzer von Schloß Landsberg war zu jener Zeit der Großindustrielle August Thyssen, der prominenteste Einwohner un-

Weihnachten etwa 1910: In der Bildmitte die Eltern Willi Schäferdieks, Fritz und Marie Schäferdiek, unten rechts Willi Schäferdiek mit seiner Schwester.

seres Gemeinwesens. Er hauste in dem modern umgebauten Schloß nahezu eremitenhaft mit seinem Diener, seinem Kutscher, der zugleich auch als Gärtner arbeitete, einer Köchin und einer Hausdame, die bei den sehr seltenen gesellschaftlichen Ereignissen der Festtafel vorstand. Ab und an kam damals der gut siebzigjährige August Thyssen, der trotz seines hohen Alters nahezu täglich sein von ihm begründetes Unternehmen in Mülheim aufsuchte, zu Fuß den etwa halbstündigen Weg vom Schloß in unseren Ort und besuchte hier seine einstmalige Geliebte, der er in der Ortsmitte eine nette Einfamilienvilla als Wohnsitz eingerichtet hatte.

Für uns Kinder war das Auftauchen des ein wenig kleingewachsenen und infolge einer künstlichen Nase, wie wir es uns erschauernd zuraunten, außergewöhnlich häßlichen Großindustriellen stets ein großes Vergnügen. Wir liefen dann geschlossen hinter ihm her und riefen laut und im Chor in dauernder Wiederholung immer wieder den Namen »Maria! Maria!«. Mit diesem Vornamen meinten wir seine einstige Geliebte, von der man uns nicht ohne Abscheu erzählt hatte, ohne daß wir wußten, was der Ausdruck Geliebte eigentlich bedeutete. August Thyssen nahm unser kindliches Geschrei ohne sichtbare Gefühlsregung hin und schritt völlig gelassen weiter.

Zu Anfang oder um die Mitte des Kriegsjahres 1915 besuchten nun Mitglieder des Sobranje, des Parlaments der mit Deutschland verbündeten Bulgaren, das kaiserliche Deutsche Reich. Auf Einladung August Thyssens sollten sie auf ihrer ausgedehnten Rundreise durch Deutschland auch Gast Thyssens auf Schloß Landsberg sein.

Für die Besichtigungsreise durch das Deutsche Reich war der bulgarischen Delegation von der kaiserlichen Regierung ein luxuriös ausgestatteter Sonderzug zur Verfügung gestellt worden. Um nun zu Schloß Landsberg zu gelangen, mußte der Sonderzug mit den Gästen aus Bulgarien eine einspurige Stichbahn benutzen. Diese von der Hauptstrecke Essen-Düsseldorf abzweigende Stichbahn führte von Kettwig aus über die Stationen Kettwig vor der Brücke, Mintard, Mülheim-Saarn und Mülheim-Broich bis hin nach Mülheim-Styrum als Endstation. Auf diese Weise verband sie die Hauptstrecke Essen–Düsseldorf über Kettwig mit der nördlicher gelegenen Hauptstrecke Düsseldorf–Duisburg–Ruhrgebiet.

Irgendwie hatte sich der vorgesehene Besuch der bulgarischen Parlamentarier auf Schloß Landsberg im Ort herumgesprochen. So hatte sich denn bei Eintreffen des Sonderzuges unterhalb des Schloßberges nicht nur eine große Anzahl von Kindern, sondern auch ein gutes Dutzend Erwachsener eingefunden.

Der von Kettwig anrollende Sonderzug hielt unmittelbar an einem von der Landstraße ortseinwärts führenden Übergangsweg über die Eisenbahnschienen. Die bulgarischen Gäste stiegen aus und sammelten sich zu einer geschlossenen Gruppe um ihren deutschen Begleiter, der sie hinauf zum Schloß Landsberg geleiten sollte.

Während sich die Bulgaren zusammenfanden, löste sich aus dem Kreise der mit uns wartenden Erwachsenen der allen bekannte Rendant der Gemeindesparkasse Mintard zu Kettwig vor der Brücke und feierte, auf die Straße tretend, in einer begeisterten patriotischen Rede die bulgarischen Parlamentarier als tapfere Bundesgenossen. Anschließend übermittelte er ihnen die herzlichsten Grüße der Bürgerschaft und beschloß seine Ansprache mit einem dreifachen Hurra auf Bulgarien, in das wir Kinder, nicht weniger begeistert als der Rendant, lauthals einfielen. Daraufhin machten sich die Bulgaren mit ihrem deutschen Führer auf den Weg zum Schloß, während wir Zurückbleibenden den Heimweg antraten.

Dies war das einzige Erlebnis, welches uns Heranwachsende mit der politischen Gegenwart in Beziehung brachte.

Die Zeit verrann. Das Siegesgeläut von jenseits der Ruhr ertönte immer seltener und verstummte schließlich ganz. Der Bewegungskrieg im Westen glitt mehr und mehr in einen mit immer stärkeren Opfern verbundenen Graben- und Stellungskrieg hinüber. Und wenn wir auf den Höhen der Ruhrberge standen, glaubten wir von weit her das dumpfe Grollen und Murren der Materialschlachten mit ihren zahllosen Geschützen zu vernehmen. Mehr jedoch als das eigentliche Kriegsgeschehen, über das wir in den Zeitungen lasen, bewegten uns Kinder die anwachsenden Nöte des alltäglichen Lebens. Wir lernten allmählich den Hunger kennen und die Steckrübenwinter der Jahre 1917 bis 1919. Wir sammelten Buchenblätter als Futter für die Militärpferde und Brennesseln, deren Fasern als Spinnstoffe für unsere Kriegskleidung Verwendung fanden. Und unsere Wohnungen wurden immer weniger geheizt, weil es an Heizmaterial mangelte.

Die sogenannte staatliche Bewirtschaftung fast aller Güter, mehr oder minder offen auch als Zwangsbewirtschaftung gekennzeichnet, war längst schon in Gang gesetzt worden durch die Ausgabe von Lebensmittelmarken, Kleiderkarten und Bezugsscheinen für alle möglichen Verbrauchsgüter. Kurz – der Krieg zeigte immer nachdrücklicher seine grausame Fratze.

Aber nicht nur die allgemeinen Nöte griffen bedrohlich in unser aller Leben, auch über unsere eigene Familie legten sich dunkle Schatten. Mein Vater wurde von einer rätselhaften Krankheit befallen, die kein Arzt zu benennen wußte und der er schließlich erlag. Wir wären in der Folgezeit elendig zugrunde gegangen, hätte unser Vater nicht kurz vor seinem Tode aus dem Verkauf einer Scheune und einiger Felder aus seinem väterlichen Erbe einen Erbanteil von zehntausend Mark erhalten, die er auf ein Sparkonto gelegt hatte. Meine Mutter, die mich bald Vierzehnjährigen immer mehr zu ihrem Berater und

Ansprechpartner machte, ging nur mit allergrößtem Zaudern und mit kleinsten Abhebungen an den aufs Sparkonto gelegten Betrag.

Wie sehr wir Kinder in dieser Zeit schon zu sparen wußten, dafür ein Beispiel. In dem jenseits der Ruhr gelegenen Städtchen Kettwig gab es in unmittelbarer Nähe der alten evangelischen Kirche eine Schreibwaren- und Spielzeughandlung. Anläßlich der bevorstehenden Weihnachtszeit hatte dieses Geschäft, wie meine Schwester und ich wußten, ein Schaufenster mit lauter Spielzeug dekoriert. Wir beiden Älteren wollten nun unserem dreijährigen Bruder gern die ausgestellten Spielzeuge zeigen. Das bedeutete, daß wir zunächst die über die Ruhr führende Brücke passieren mußten. Das wiederum bedeutete ein Brückengeld von je zwei Pfennig für den Hin- und für den Rückweg. Um diese insgesamt vier Pfennig zu sparen, trugen meine Schwester und ich unseren dreijährigen Bruder wechselweise im Huckepack über die Brücke und brauchten auf diese Weise kein Brückengeld für ihn zu zahlen.

Während meine Schwester nach beendeter Schulzeit in der großen Kettwiger Tuchfabrik eine kaufmännische Lehre antrat und mein jüngerer Bruder eingeschult wurde, bemühte meine Mutter sich um eine Arbeitsstelle, um damit in Verdienst zu kommen. Ihre Bemühungen waren erfolgreich; sie fand im nahen Mülheim in den Kasernen des hier stationierten Infanterieregiments 159 eine Anstellung. Gemeinsam mit einer zweiten Frau hatte sie unter Anleitung durch den Kammerunteroffizier die Verwaltung und Ausgabe von Uniformstücken, Drillichzeug, Bett- und Leibwäsche, Schuhzeug und Stiefeln, Gasmasken, Kochgeschirren und anderen militärischen Utensilien an die Soldaten zu erledigen. Ich selber aber war inzwischen auf Antrag meiner Mutter vorzeitig aus der Schule entlassen worden und als Arbeitsjunge in einer Schreinerei untergekommen. Nie habe ich in meinem weiteren Leben meinen ersten Arbeitstag in der erwähnten Schreinerei vergessen, der mich unvermittelt mit der oft unbarmherzigen Brutalität des Lebens konfrontierte.

Ich war an jenem Tage morgens um sieben Uhr pünktlich zum Arbeitsbeginn in der Schreinerei erschienen und hatte mich beim Meister gemeldet. Nach kurzer Begrüßung – er wohnte immerhin in unserer unmittelbaren Nachbarschaft und hatte mir auch die Arbeitsstelle beschafft – übergab er mich dem Altgesellen, der mich weiterhin betreuen sollte. Dieser führte mich zunächst durch den ganzen Betrieb und wies mich dann in meine Tätigkeit ein. Als erste Arbeit mußte ich vom großen Holzlager aus durch eine fensterähnliche Öffnung in der Werkstattwand dem dort wartenden Gesellen lange Bretter anreichen, die dieser mit der Kreissäge zu kleineren Brettern zersägte, wie er sie für den Zusammenbau von Munitionskisten brauchte. Dabei mußte ich ihm das angereichte Brett immer wieder ein Stück weiterschieben. Nach der Frühstückspause kam er zu mir ins Lager und sagte: »So, mein Junge – du kommst jetzt mit. Wir müssen einen Sarg abliefern.«

Der Sarg wurde vom Lager geholt, gemeinsam von uns auf den Hof gebracht und hier auf eine Ziehkarre geladen. Danach zogen wir los. Es ging, wie mir der Geselle gesagt hatte, zum Krankenhaus am Rande der Stadt. Allerdings nicht zum Krankenhaus selbst, sondern zu der Totenkapelle im Krankenhausgarten. Wir hielten dort an, öffneten die unverschlossene große Eingangstür der Kapelle und trugen gemeinsam den Sarg hinein. Im inneren Raum der Kapelle stand auf dem Boden eine Bahre mit dem Toten, den wir einsargen mußten, wie mir der Geselle bedeutete. Er schlug dazu das große, weiße Laken, mit dem die Leiche zugedeckt war, zur Seite. Daraufhin sah ich ein etwa vierzehn- oder fünfzehnjähriges Mädchen auf der Bahre liegen.

Mich überkam zunächst ein Gefühl von Übelkeit. Schließlich aber überwand ich mich und faßte mit zittrigen Händen die erstarrten, eiskalten Beine der Toten, während der Geselle ihr unter die Schultern griff. Gemeinsam hoben wir die mit einem langen Nachthemd bekleidete Verstorbene hoch und legten sie in den bereitgestellten Sarg. Während der nun folgenden Zeit, in welcher der Geselle dem im Sarg ausgestreckt liegenden Mädchen das etwas verrutschte Nachthemd zurechtstrich, den Deckel wieder auf den Sarg legte und ihn zuschraubte, kämpfte ich mit einem Gefühl der Abscheu und des Widerwillens. Anschließend verließen wir die Kapelle. Noch völlig verstört und aufgewühlt, ergriff ich draußen die Holme der Ziehkarre, und wir machten uns schweigend auf den Heimweg. Das Entsetzen aber lebte noch eine ganze Zeit in mir fort.

Wie ich schon vermerkt habe, war es stets ein ernsthaftes Anliegen meines Vaters gewesen, mir eine möglichst gute Bildung mit auf den Lebensweg zu geben. Deswegen hatte er mich auch in Bielefeld als Schüler in der Realschule angemeldet; nur hatte eben unser überstürzter Umzug zurück ins Rheinland den Besuch dieser Ausbildungsstätte vereitelt. Die von mir besuchte dreiklassige Volksschule war ein mehr als schwacher Ersatz für die vorgesehene Realschule, zumal mit der längeren Dauer des Krieges immer stärkere Behinderungen des Schulbetriebes auftraten. Diese Behinderungen lagen vor allem in dem ständigen Lehrerwechsel. Kaum nämlich hatte ein uns zugewiesener Lehrer sich einigermaßen bei uns eingelebt, so erhielt er seine Einberufung zum Militärdienst, und an seine Stelle trat ein neuer Lehrer. Mein Vater hatte den Wechsel noch zu seinen Lebzeiten mit einem gewissen Mißbehagen zur Kenntnis genommen. Dennoch sah er meiner weiteren Ausbildung ohne allzu große Sorgen entgegen. Er war sich nämlich inzwischen darüber klargeworden, was aus mir werden sollte, und hatte es auch mehrfach mit mir besprochen. Kurz gesagt – ich sollte Volksschullehrer werden.

Die Ausbildung zum Volksschullehrer erfolgte im kaiserlichen Deutschland und auch noch in der ersten Zeit der Weimarer Demokratie in den sogenannten Lehrerseminaren, welche alle konfessionsgebunden waren. Sie setzte nach dem Ende der achtjährigen Volksschulzeit mit dem Besuch der auf das eigentliche Seminar vorbereitenden Präparandenanstalt ein. Man mußte zuvor eine Aufnahmeprüfung bestehen und wurde dann für drei Jahre Schüler der Präparandie, wie diese Lehranstalt auch genannt wurde. Im unmittelbaren Anschluß an die drei Jahre Präparandenanstalt wurde man für weitere drei Jahre in das eigentliche Lehrerseminar aufgenommen. Jedem Lehrerseminar war eine von Volksschülern besuchte Übungsschule angegliedert. Während des dritten Jahres ihrer Seminarausbildung mußten die angehenden Lehrer einige Stunden in der Woche in der Übungsschule regulären Unterricht erteilen und konnten sich auf diese Weise mit ihrer künftigen Schulpraxis vertraut machen. Damit erwies sich, was auch von allen drei Seminarjahren zu sagen ist: daß die einstigen Lehrerseminare in ihren Ausbildungszielen sehr stark praxisbezogen arbeiteten, nicht zuletzt in Verbindung mit den zu den Hauptfächern gehörenden Lehrfächern Pädagogik und Psychologie.

Für meine Mutter und mich war es beschlossene Sache, daß ich, dem Willen des verstorbenen Vaters entsprechend, nach meiner halbjährigen Arbeitszeit in der Schreinerei und dem Bestehen der Aufnahmeprüfung als Schüler in die Kettwiger Präparandie eintrat. Damit begann nun ein völlig neuer Lebensabschnitt für mich.

Meine Klasse hatte etwa dreißig Schüler, die zumeist dem Mittelstand entstammten. Aber auch Arbeiterkinder waren wegen der kostenlosen Ausbildung in einer gewissen Anzahl vertreten. Ich stürzte mich mit aller Energie auf das Wissen und die Aufgaben und galt schon nach gut einem Monat als Primus der Klasse. Mir machte das Lernen und vielfältige Wissen nach den beiden letzten dürren Volksschuljahren großes Vergnügen. Allerdings mißfielen mir im Verlauf des zweiten und mehr noch im Verlauf des dritten Präparandenjahres die meisten unserer Lehrer. Viele Mitglieder unseres Lehrerkollegiums waren seelenlose Pauker und Reaktionäre der finstersten Art. Durch bittere Notjahre und die erwachende Pubertät bestimmt, entwickelte ich mich unter den Zeitereignissen mehr und mehr zum Revolutionär. Inzwischen war nämlich, kurz vor dem Ende meines zweiten Präparandenjahres, die Revolution des 9. November 1918 ausgebrochen und zog mich magisch in ihren Bann. Kein Wunder, daß ich, immer von den Künsten angezogen, statt mich in meiner Freizeit mit Studien und der Lösung der uns gestellten Aufgaben zu beschäftigen, etwas völlig anderes tat – ich malte, rezitierte oder schrieb Gedichte.

Meine besondere Aufmerksamkeit galt jetzt vor allem der eben ausgerufenen jungen deutschen Republik. Allerdings war zu meinem größten Bedauern von all den turbulenten Geschehnissen jener Novembertage, die sich in Kiel, Berlin und anderen Städten ereigneten, in unserer Ruhrstadt Kettwig nicht viel zu sehen gewesen. Nur einmal streifte uns ein ganz kleiner Ausläufer der sich im übrigen Deutschland begebenden revolutionären Ereignisse.

Am Nachmittag des 10. oder 11. November des Revolutionsjahres 1918 rollte ein offener Lastwagen in unser kleines Städtchen ein und fuhr einige Male kreuz und quer durch die den Markt umgebenden Straßen. Auf der offenen Ladefläche des Lastwagens saßen oder standen etwa fünfundzwanzig sich lautstark bemerkbar machende blauuniformierte Matrosen mit umgehängten oder schußbereit in die Luft gehaltenen Gewehren. War der Anblick dieser Aufrührergruppe aus Kiel schon für die höchst konservativen Kettwiger Bürger ein ausgesprochenes Ärgernis, so stieg dieses unverhohlene Ärgernis ganz erheblich an, als man unter den randalierenden Matrosen in ihrer Mitte den Sohn einer bekannten und sehr angesehenen Kettwiger Familie erkannte, dessentwegen die Fahrt der Matrosen nach und durch Kettwig wohl überhaupt erfolgt war.

Natürlich bildete dieser Vorfall noch wochenlang ein Gesprächsthema. Als dann der jugendliche Revoluzzer nach einiger Zeit als harmloser Zeitgenosse wieder in sein heimatliches Kettwig zurückkehrte, um ein Studium zu beginnen, hatte er große Not und große Mühen, um in seiner Heimatstadt und bei ihren Menschen allmählich wieder einigermaßen Fuß zu fassen.

Doch mit diesem Bericht bin ich schon mitten ins Zukünftige gelangt. Ich kehre daher zunächst zu der Zeit im Gefolge der Novemberrevolution zurück. Ich stelle dabei fest, daß mein Verhältnis zu den Lehrern des Seminars immer unleidlicher wurde. So ging es, für beide Seiten gleich unerfreulich, durch die Jahre 1919 und 1920. Dann endlich, im Frühsommer des Jahres 1921, erfolgte schließlich die lange schon fällige Explosion. Zum größten Gaudium der ganzen Klasse kam es im Juni 1921 zu einer lautstark geführten politischen und kontroversen Auseinandersetzung mit unserem erzreaktionären Geschichtslehrer. Zu ihrem Schluß standen wir uns mit erhobenen Armen einander gegenüber, um uns gegenseitig zu ohrfeigen, was jedoch durch den herbeieilenden Klassensprecher verhindert wurde. Doch nun hatte ich den Gipfelpunkt meiner Auflehnung erreicht, und mir blieb keine andere Wahl, als den Platz zu räumen; ich mußte also das Seminar verlassen.

Damit war Mitte des Jahres 1921 meine eigentliche Jugendzeit beendet, und ich mußte mich den harten Erfordernissen des Broterwerbs zuwenden. So folgte dem Ausbruch aus dem Lehrerseminar mein Aufbruch ins Leben.

Walther von Loewenich wurde am 3. März 1903 in Nürnberg geboren. Ab 1946 war er ordentlicher Professor und Vorstand des Seminars für Kirchengeschichte und Kunstgeschichte der Universität Erlangen. 1956 und 1957 war er Rektor der Universität Erlangen, von 1964 bis 1975 Präsident der Luther-Gesellschaft. Er veröffentlichte zahlreiche wissenschaftliche Bücher. Er lebt heute in Erlangen.

## Walther von Loewenich
## Es herrschte das Gefühl völliger Sicherheit

Am 3. März 1903 wurde ich als zweiter Sohn meiner Eltern, des Clemens von Loewenich und seiner Frau Lina, geb. Heinlein, in der Wielandstraße 13 in Nürnberg geboren. Mein Vater war damals Landesgerichtsrat in Nürnberg. Später wurde er dort Senatspräsident.

Die Loewenichs waren eine alte Kaufmannsfamilie, jahrhundertelang reiche Tuchhändler in Burtscheid bei Aachen. Mein Urgroßvater Bartholomäus von Loewenich zog 1813 nach Erlangen und errichtete dort eine Tabakfirma. So kam unsere Familie aus dem Rheinland nach Franken, und Franken ist mir zur Heimat geworden. Die Firma meines Urgroßvaters übernahmen seine beiden älteren Söhne; mein Großvater (geb. 1828, gest. 1919) wurde von ihnen ausbezahlt und ließ sich als Apotheker in Bayreuth nieder. Dort ist mein Vater 1860 geboren (gest. 1936).

Meine Mutter stammte aus einer Nürnberger Familie. Meine Großmutter mütterlicherseits war eine geborene von Merz, deren Vorfahren nach Altdorf, der früheren Nürnberger Universitätsstadt, zurückweisen. Beide Familien gehörten dem Protestantismus an; die Heinleins dem milden melanchthonischen Luthertum der Reichsstadt; die Loewenichs waren lange Zeit Mennoniten, später Calvinisten. Mein Großvater trat zur lutherischen Kirche über.

Natürlich war ich mir als Kind dieser historischen Familienzusammenhänge nicht bewußt. Erst als Student, wo ich zeitweilig bei meinem Onkel, dem letzten Inhaber der Erlanger Tabakfirma, in dem schönen alten Haus wohnte, das mein Urgroßvater 1813 erworben hatte, bin ich geistig und seelisch in die Geschichte der Familie von Loewenich eingedrungen. Trotzdem glaube ich, daß unbewußt auch im Kind die Familienabstammung nachwirkt. Darum habe ich hier kurz darauf hingewiesen.

Zu den Erinnerungen aus meiner Kindheit in der Kaiserzeit gehören die Erzählungen meines Vaters über die Kriege von 1866 und 1870. Wenn ich ihnen lauschte, wünschte ich mir im stillen, auch einmal so etwas Interessantes zu erleben. Ich ahnte damals nicht, daß mir zwei Weltkriege bevorstanden. Meine Großeltern in Bayreuth hatten viel preußische Einquartierung, unter anderem einmal zehn Pommern. Jeder Soldat bekam täglich sechs Zigarren; mein Großvater, der die Preußen nicht leiden konnte, kaufte die billigsten. Später kam ein Offizier mit seinem Burschen. Er verlangte ein Wohn- und Schlafzimmer und als Verpflegung mittags eine Suppe, Braten mit Beilagen und eine Mehlspeise. Als der Offizier erklärte, in Bayreuth würden sie nun bald preußisch werden, wurde mein Großvater wütend: Er wolle lieber von Bayreuth wegziehen als preußisch werden. Von dieser Preußenfeindschaft war in meinem Elternhaus nichts mehr zu spüren. Immerhin fiel es noch in meiner Kindheit auf, wenn jemand preußisch und nicht fränkisch redete; es erschien uns beinahe lächerlich.

Als zehnjähriger Junge hatte mein Vater den Krieg von 1870/71 erlebt. Der Geist des aufstrebenden Kaiserreiches und des Bismarckzeitalters beherrschte auch noch meine Kindheit. Wir waren selbstverständlich Monarchisten. Über unserem Klavier hing ein Bild des Kaisers in Felduniform, für das ich mich kindlich begeisterte. In der Grundschule hatten wir ein kleines Geschichtsbüchlein mit dem Titel ›Heil unserm König, heil‹. Dieses Lied schmetterte ich aus vollem Hals. Bei einem Kaiserbesuch um 1907 hielt ich allerdings den voranreitenden Offizier für den Kaiser. Anfang des Krieges standen wir dann als Schüler Spalier.

Tief beeindruckt hat mich auch, als unser Lehrer am 12. Dezember 1912 den Tod unseres Prinzregenten Luitpold mitteilte, dessen Reiterstandbild früher vor dem Nürnberger Bahnhof stand.

Mein Geburtshaus, in dem ich auch meine Jugendzeit verbrachte, lag in der damals völlig stillen Wielandstraße, einer Seitenstraße der

Walther von Loewenich im Jahr 1903, seinem ersten Lebensjahr, (links) und im Alter von etwa sechs Jahren (rechts).

Bucherstraße. Gegenüber war ein riesiger Gemüsegarten, in dem meine Mutter abends Rettiche und Salat kaufte. Das Bier holte man vom Faß in einem wenige Häuser entfernten Ausschank. Licht spendeten Gaslaternen, die bei Einbruch der Dunkelheit von einem Laternenanzünder in Betrieb gesetzt wurden.

In der heute ungeheuer belebten Bucherstraße konnte man damals um die Mittagszeit einen Kavallerieoffizier mit seiner Frau – diese in elegantem Reitkleid im Damensitz – gemächlich reiten sehen. Wenn meine Eltern bei Beginn der Ferien zum Bahnhof wollten, bestellten sie den Kutscher Bock, der mit seinen zwei Pferden pünktlich in aller Frühe eintraf. Ich selbst habe zum erstenmal ein Taxi benutzt, als ich 1929 von einer Italienreise nach Hause kam. Ansonsten begnügte man sich mit der Straßenbahn, die damals noch offene Anhänger hatte. Mit dem Kutscher Bock unternahm mein Großvater Heinlein gelegentlich Fahrten in die nähere Umgebung, was uns Enkeln großes Vergnügen bereitete, zumal wenn wir neben dem Kutscher Bock auf dem Bock sitzen durften.

Meine Eltern wohnten in einem stillen vierstöckigen Mietshaus neben dem Hausbesitzer im Parterre zusammen mit vier Parteien. Einfamilienhäuser gab es noch verhältnismäßig wenig. An der Peripherie zu wohnen war wegen der wenigen Verkehrsmittel nicht empfehlenswert. Von unserer Wohnung waren es bis zum Hauptmarkt, dem Zentrum der Altstadt, knappe zehn Minuten. Der Lebensstil des Mittelstandes war im Vergleich zu dem heutigen Komfort bescheiden. Es gab zum Beispiel noch keine Waschmaschinen; statt dessen kam alle vier Wochen eine Waschfrau ins Haus. In den Wohnzimmern hatten wir Gasbeleuchtung, in den Schlafzimmern Kerzen. Zentralheizung und Dauerbrandöfen waren uns fremd; der gute alte Kachelofen aber schenkte angenehme Wärme.

Selbstverständlich hatten wir ein Dienstmädchen, zeitweilig auch ein Kindermädchen. So hatte meine Mutter vor dem Krieg viel freie Zeit. Ihr Steckenpferd waren moderne Sprachen. Sie beherrschte fließend Englisch, Französisch und Italienisch. Mit meinem neun Jahre älteren Bruder Wilhelm und später mit mir erwarb sie gediegene Lateinkenntnisse. Eine Liebhaberei von ihr war die Ölmalerei; als Kind saß ich andächtig am Vormittag neben ihrer Staffelei. Um unsere religiöse Erziehung hat sie sich sorgsam bemüht. Regelmäßig machte sie mit uns größere Spaziergänge, wobei sie, ausgestattet mit einem vorzüglichen Gedächtnis, uns mit ausführlichen Erzählungen erfreute.

Der kleine Garten an unserem Haus konnte von uns nicht benutzt werden. Aber wir hatten dafür einen großartigen Ersatz. Meine Eltern waren Mitglieder des Vereins Colleg, dessen weiträumiger Garten nur fünf Minuten von unserer Wohnung entfernt war. Hier konnte ich wundervoll mit meinen Kameraden spielen. Es gab noch kein Radio, kein Fernsehen, keine Schallplatten. Wer nicht in einer Stadt mit einem größeren Orchester wohnte, konnte sich etwa eine Beethovensymphonie nur vierhändig auf dem Klavier erspielen. Das war primitiv, aber für das Eindringen in die innere Struktur der Partitur nachhaltiger als der heutige perfekte Musikkonsum.

Vor dem Krieg gab es in meinem Elternhaus an Werktagen so ziemlich das gleiche Mittagessen: Suppe, gekochtes Rindfleisch und eine Mehlspeise. Als das Fleisch um zehn Pfennig teurer wurde, war man entsetzt. Man war trotz der Aussicht auf eine nicht geringe Erbschaft im täglichen Leben sparsam. Aber jahrelang haben sich meine Eltern (vor dem Kriegsbeginn) eine vierwöchige Schweizreise geleistet. Freilich bekam man damals für fünf Franken (gleich vier Mark) eine ausgezeichnete, reichliche Verpflegung.

In unseren Kreisen war man stolz auf das deutsche Militär, vor allem auf die Marine, die die vielzitierte »Zukunft auf dem Wasser« sichern sollte. Als Knabe trug ich einen Matrosenanzug aus blauem Stoff, am Sonntag einen weißen. Der Stolz auf die »schimmernde Wehr« übertrug sich auch auf den Nachwuchs, wenigstens in Beamtenkreisen. Auf dem Wege zwischen unserer Wohnung und dem Colleggarten lag die pompöse Villa des Kommandierenden Generals. Auf dem Vorplatz war ein Wachlokal. Um zwölf Uhr mittags fand die Wachablösung statt, ein militärisches Schauspiel, das wir uns nach Möglichkeit nicht entgehen ließen.

In Nürnberg lagen ein Infanterieregiment, ein Artillerieregiment und ein Regiment leichte Kavallerie, die sogenannten Chevaulegers. Die Infanterie war hellblau, die Artillerie dunkelblau und die Kavallerie grün uniformiert. Die Infanterie trug die Pickelhaube, die Artillerie einen Helm mit rotem, die Kavallerie einen mit weißem Busch. Meine besondere Sympathie genoß die Artillerie. Es war imposant, wenn sie an Kaisers Geburtstag unter Musikklang in die Sebalduskirche einbog. Bei Gartenfesten des Collegs spielte auf der Terrasse die Artilleriemusik; sie zog mich magisch an. Ein besonderes Schauspiel waren die Paraden auf der Deutschherrnwiese.

Übrigens trugen auch die höheren Beamten bei feierlichen Anlässen wie etwa bei dem Geburtstag des Prinzregenten Uniform. Mein Vater hatte als Jurist eine prächtige dunkelblaue Montur mit Generalsstreifen, viel Goldstickerei und einem Admiralshut. Dazu trug er in Lederscheide einen kostbaren Degen mit reichverziertem Griff. Es war für mich jedesmals ein großes Ereignis, der Einkleidung beizuwohnen. Mein Vater wurde dann in der Kutsche abgeholt, auf deren Bock der Gerichtsdiener saß. Als dann mein Bruder eingezogen wurde, studierten wir mit Eifer die Felddienstordnung und das Buch von General Bomhard ›Der Einjährig-Freiwillige der Artillerie‹.

Als Kind machte ich mir natürlich noch keine Gedanken über die politische Lage des Kaiserreiches, die in den Jahren vor dem Krieg manchmal bedrohlich aussah. Auch die zweifellos vorhandenen Klassengegensätze haben uns nicht bekümmert, wenn wir auch etwas stutzten, daß gelegentlich Buben von der Straße Steine in den Colleggarten schleuderten. Insgesamt herrschte damals das Gefühl vollkommener Sicherheit. Daß einmal das Geld entwertet würde, konnte man sich nicht denken.

Mein Großvater in Bayreuth hatte ein Vermögen von 400 000 Goldmark und konnte somit bequem von den Zinsen leben. Da ihm sein Apothekerberuf nicht zusagte, hat er sich bereits mit neunundvierzig Jahren zur Ruhe gesetzt. Zu jedem Geburtstag erhielt ich von ihm ein Zwanzigmarkgoldstück. Als mein Bruder geboren wurde, sagte ein etwas spöttischer Onkel: »Der Junge kann so dumm sein, daß er die Türe nicht findet; für den ist gesorgt, der wird nie in Not kommen.« Als Beamter erwarb man vorzugsweise Pfandbriefe, die als garantiert sicher galten.

Mit sechs Jahren kam ich in die private Vorschule des Dr. Behringer; es gab dort im Unterschied zu der normalen Volksschule nur am Vormittag Unterricht. Ich hatte dort mehrere jüdische Mitschüler. Wir hatten mit ihnen das beste Verhältnis. Mein spezieller Freund

Walther von Loewenich (links) mit seinem Bruder Wilhelm im Jahr 1913.

war ein Enkel des reichen Bankiers Cohn. Er wohnte in einem feudalen Mietshaus am oberen Ende der Frommannstraße gegenüber der Burg. Mir imponierte dort alles. Die Wohnung hatte einen eigenen Aufgang für Lieferanten. Mein Freund hatte ein Spielzimmer, das frei von Möbeln war, und eine komplette Uniform.

Sein Vater war unser Hals-Nasen-Ohren-Arzt, unser Hausarzt ein Dr. Goldschmidt, dessen Sohn gleich zu Beginn des Krieges gefallen ist. Diese Juden fühlten sich als gute Deutsche und waren das auch. Wir spielten miteinander Soldaten in dem großen Garten der Cohnschen Villa. Der jüdische Apotheker Hirsch trug während des Krieges auch im Laden mit Stolz die deutsche Uniform. Wer hätte damals gedacht, daß es einmal die sogenannten Nürnberger Gesetze geben würde!

Bezeichnend für die damalige Zeit war auch, daß man wenigstens in unseren Kreisen mit der sexuellen Aufklärung lange zögerte. Bei meiner Geburt fragte mein neunjähriger Bruder voll Staunen und Begeisterung: »Weiß es denn die Mutter schon?«

Früh regte sich bei mir die musikalische Begabung. Unser Lehrer in der ersten Vorschulklasse begleitete unseren Gesang mit der Geige; andere Möglichkeiten gab es damals im Unterricht nicht. Ich ruhte nicht, bis ich auch eine Geige hatte. Das musikalische Ideal war in der Zeit vor 1919 noch ganz vom 19. Jahrhundert bestimmt, wie eigentlich überhaupt das 20. Jahrhundert erst mit 1914 begonnen hat. Man sparte nicht an Gefühl. ›Es ist bestimmt in Gottes Rat‹ und ›Harre meine Seele‹ waren bevorzugte geistliche Lieder. Erst nach Kriegsende entstand die Singbewegung, wurde die Barockmusik zurückerobert. Die heute blühende Kirchenmusik gab es im normalen Gottesdienst nicht.

1913 kam ich auf das humanistische Gymnasium in der Sulzbacher Straße. Der stattliche Neubau war erst 1911 bezogen worden. Wir waren stolz auf unsere Schule und wurden zu peinlicher Schonung ihrer Einrichtungen erzogen. Ein Jahr später begann der Erste Weltkrieg.

Mit seinem Ausbruch hatte man in meinem Elternhaus nicht gerechnet. Freilich war das Attentat von Sarajevo am 28. Juni 1914 ein gewaltiger Schock, aber man beruhigte sich wieder. Man konnte sich nicht vorstellen, daß daraus ein Weltkrieg entstehen würde. Als sich die Lage trotzdem zuspitzte, bemächtigte sich meiner Eltern allerdings schwere Sorge. Anfang August kam dann die Mobilmachung, und die Kriegserklärungen setzten ein. Mit einem Schlag war eine völlig neue Lage geschaffen. Zweifellos waren die meisten Menschen von nationaler Begeisterung erfaßt. Das kaiserliche Wort »Ich kenne keine Parteien mehr, ich kenne nur noch Deutsche« fand ein starkes Echo. Auch die Formel »Viel Feind, viel Ehre« imponierte vielen.

Das Straßenbild war von den neueingekleideten Feldgrauen beherrscht; man fühlte sich mit ihnen verbunden. Überall meldeten sich Freiwillige. Ein Schulhaus in der Wielandstraße wurde als Notkaserne eingerichtet; wir standen am Zaun und beobachteten das Exerzieren, das noch in Zivil stattfand. Die ersten Kriegsgottesdienste waren überfüllt. Die anfänglichen Siegesnachrichten wurden mit Begeisterung und mit nationalen Reden gefeiert. Daß die mißglückte Schlacht an der Marne Anfang September 1914 eine Wendung zum Schlimmen war, wurde uns nicht bewußt; und die es vielleicht wußten, sagten es dem Volk nicht. Die Soldaten lebten in der Zuversicht, Weihnachten wieder zu Hause zu sein. Statt dessen begann im Westen der unselige Stellungskrieg.

Im Osten hatte Hindenburg eine günstige Wendung herbeigeführt. Ein riesiges russisches Gefangenenlager ließ uns staunen über die zum Teil abenteuerlichen Gestalten, die da hinter dem Stacheldraht zu sehen waren. Interessanter noch war der erste französische Gefangenentransport, zu dem mich mein Vater zum Bahnhof Stein bei Nürnberg führte. Sie hatten meist noch ihre roten Hosen an, und etliche hinkten jämmerlich.

Mein Bruder Wilhelm hatte sich mehrmals freiwillig gemeldet, wurde aber zunächst aus Gesundheitsgründen zurückgestellt; er arbeitete statt dessen in einem Lazarett. 1915 rückte er dann bei dem Feldartillerieregiment in Fürth ein. Der Alltag im Kommiß war sehr ernüchternd. Selbst Freiwillige wurden von manchen Unteroffizieren als »Kanonenfutter« apostrophiert. Auch waren viele Unteroffiziere für Bestechungen empfänglich, die sie mit gewissen Erleichterungen quittierten. Bei einem verwandten älteren Major beklagte sich meine Mutter über diese Zustände und machte aus ihrem Herzen keine Mördergrube; er war ganz entsetzt und wollte ihr einfach nicht glauben. Und doch war es so.

Später kam mein Bruder ins Feld und machte unter anderem die furchtbare Flandernschlacht mit. Nun warteten die Eltern von Tag zu Tag auf Feldpost, die freilich oft nicht mehr als ein knappes Lebenszeichen enthielt. Am 29. September 1918 geriet mein Bruder in französische Gefangenschaft, aus der er im April 1919 zurückkehrte. Erst nach bangen Wochen erreichte meine Eltern die erste Notiz von der Gefangenschaft.

Im Frühjahr 1915 trat meine Mutter als Pflegerin in ein kirchliches Lazarett ein. Auch ich habe mich dort betätigt, indem ich mit meiner Geige die Verwundeten erfreute. Da das eine der beiden humanistischen Gymnasien ebenfalls Lazarett wurde, wurde an unserer Schule abwechselnd Vormittags- und Nachmittagsunterricht eingeführt. Der Nachmittagsunterricht dauerte von vierzehn bis achtzehn Uhr. Meine Schulaufgaben konnte ich meist noch am Abend erledigen, so daß ich dann den ganzen Vormittag frei hatte. Diese Zeit verwendete ich hauptsächlich auf das Üben mit der Geige.

Im Lauf des Krieges wurden immer mehr Abgaben und Einschränkungen erforderlich. 1915 wurden Brotmarken eingeführt, denen nach und nach Marken für alle notwendigen Lebensmittel folgten. In der Großstadt Nürnberg – sie hatte damals 400000 Einwohner – war die Ernährungslage besonders ungünstig. Mein Vater hat während des Krieges und in der Nachkriegszeit, in der ja die englische Blockade fortgesetzt wurde, nicht weniger als sechzig Pfund verloren. Dazu hat beigetragen, daß er das damals vielverbreitete »Hamstern« bei den Bauern aus Gewissensgründen und mit Rücksicht auf seine Beamtenehre nicht mitmachte.

1917 war der berüchtigte Scherrübenwinter (Steckrübenwinter). Aus den Scherrüben, die man früher als Schweinefutter ansah, wurde auch die »Hindenburgmarmelade« gewonnen. Es gab Kaffee-Ersatz und Dünnbier. Den »Armeezwieback« nannte man in der Bevölkerung »Armenzwieback«. Es gab bald nichts mehr als Ersatz.

Von dem bekannten Nürnberger Hauptprediger Geyer wurde folgende Geschichte erzählt. In einer Gesellschaft meinte eine Frau, es gäbe jetzt sogar Mäuse als Nahrung. Worauf Geyer antwortete: »Vor der Maus bin ich nicht bange; aber vor der Ersatzmaus habe ich Respekt.«

Schon bald mußten Goldmünzen, goldene Uhren, goldene Ringe und Kupferkessel abgeliefert werden. Man bekam dafür eiserne Ringe und eiserne Uhrketten. »Gold gab ich für Eisen«, nannte man das. Mein Bayreuther Großvater soll viertausend Goldmünzen abgeliefert haben. Der Gehalt wurde seither in Papiergeld ausgezahlt. Wegen der Lederknappheit hat man unter die Stiefelsohlen Holzklötzchen genagelt. Aus alten Servietten nähte meine Mutter für mich Unterhosen. In Schülerversammlungen wurde für das Zeichnen von Kriegsanleihen geworben. Ich hörte allerdings, wie einer meiner Mitschüler das bereits boshaft glossierte.

Eine besondere Belastung für meine Mutter war das stundenlange Anstehen an den Geschäften. Da wurde viel gemeckert, da wurden auch Klassengegensätze hochgespielt. Wehe, wenn meine Mutter beim Anstehen einen Hut aufgesetzt hätte! Das Volk wurde langsam kriegsmüde. Die »Durchhalteparolen« zogen nicht mehr. Als wir 1918 in der Bahn nach Traunstein fuhren, waren meine Eltern erschüttert über die Schimpfkanonaden, die ein Mitreisender gegen die Regierung wegen der Fortsetzung des Krieges losließ. Ebendort erlebten wir, daß deutsche Landser einen Zug tschechischer Soldaten, die an die Westfront gebracht werden sollten, bei einem Aufenthalt auf dem Bahnhof bewachten, um Desertationen zu verhindern. Das waren bedrohliche Zeichen des bevorstehenden Zusammenbruches.

An politische Gespräche in meinem Elternhaus kann ich mich nicht erinnern. Ich weiß, daß mein Vater der Vaterlandspartei beitrat, die ein Durchhalten bis zum »Endsieg« um jeden Preis befürwortete. Natürlich gab man sich in diesen Kreisen verhängnisvollen Illusionen hin. Die Übermacht der Gegner war zu groß, der Druck im Innern zu stark, als daß man noch an ein gutes Ende glauben konnte. Aber noch 1918 las ich in einem Heftchen, das ich in einem Laden erstand, den Satz: »Belgien liegt in der Rheinprovinz.«

Als die Revolution ausbrach, lag ich mit Grippe im Bett. Aber meine Eltern waren zutiefst erschüttert. Es gab in Nürnberg einige kleinere Schießereien, die sich aber nicht mit denen an anderen Orten vergleichen ließen. Die Soldaten, die mit offenen Mänteln und roten Kokarden durch die Straßen streiften, weckten wenig Sympathie. Andererseits, obwohl wir doch ganz monarchistisch erzogen waren, hat mich das Ende der Monarchie merkwürdig wenig bewegt. Ihr Glanz war allerdings einem Nürnberger Kind lange nicht so augenfällig wie etwa einem Münchener oder Berliner. Ich war wohl noch nicht reif genug, um die Bedeutung der Wende klar zu erfassen.

In der Rückschau möchte ich aber doch behaupten, daß mich das Revolutionsgeschehen innerlich stärker beeinflußt hat, als mir damals bewußt wurde. Es fiel in meiner Biographie zusammen mit dem Eintritt ins Pubertätsalter, das damals später eintrat als heute. So erlebte ich in der Zeit, in der ich aus dem bloßen Autoritätsverhältnis zu meinem Elternhaus heraustrat, einen der größten Autoritätsstürze der deutschen Geschichte. Sang- und klanglos traten die Geschlechter ab, die jahrhundertelang die deutsche Geschichte gelenkt hatten. Daß so etwas möglich ist, schuf in mir ein kritisches Bewußtsein gegenüber aller geschichtlichen Autorität.

In der Geschichte gibt es keine Absolutheit. Diese Erkenntnis muß damals in mir erwacht sein, und sie bestimmt mein Denken bis auf den heutigen Tag.

Johann Baptist Gradl wurde am 25. März 1904 in Berlin geboren. Er studierte an den Universitäten Berlin und Halle und schloß das Studium mit der Promotion ab. Von 1927 bis 1930 war er Redakteur der ›Germania‹, dem Zentralorgan der Zentrumspartei Berlin-Kreuzberg. Danach war er im Bankwesen tätig. Von 1948 bis 1965 war er Verleger der Berliner Tageszeitungen ›Der Tag‹ und ›Der Kurier‹. Von 1953 bis 1971 war er Vorstandsmitglied der CDU, von 1957 bis 1980 Abgeordneter für Berlin im Bundestag, 1965 und 1966 Bundesminister für Vertriebene, Flüchtlinge und Kriegsgeschädigte. Er starb am 2. Juli 1988 in Berlin.

## Johann Baptist Gradl
## Als Kreuzberg noch kaiserlich war

Von den »großen« Ereignissen während meiner ersten Lebensjahre – am 25. März 1904 wurde ich in Berlin (Kreuzberg) geboren – weiß ich natürlich nichts. Erst später habe ich angelesen: 1904/05 Russisch-Japanischer Krieg, 1905 gescheiterte Revolution in Rußland, 1905/06 Marokkokrise, 1908 Österreich-Ungarn annektiert Bosnien und Herzegowina. Am ersten Balkankrieg 1912/13 war ich allerdings schon mit Neugier interessiert. Doch selbst wenn man wie ich heute im dreiundachtzigsten Lebensjahr steht, bleibt der »Zeitraum Kaiserreich«, in dem sich eigene Erinnerung bilden konnte, nur kurz und, von den letzten, den Kriegsjahren 1914/18, abgesehen, ohne Tiefe.

Meine Eltern waren um die Jahrhundertwende aus Bayern (aus der Oberpfalz) nach Berlin gekommen und haben von da an immer zu Füßen des eigentlichen Kreuzbergs gewohnt, in Seitenstraßen der sogenannten Paradestraße, der Belle-Alliance-Straße, die heute Mehringdamm heißt; sie führte von der Stadtmitte zum Tempelhofer Feld, damals einem der großen Exerzierplätze Berlins.

In den Nebenstraßen konnten Kinder unbehelligt vom Verkehr spielen. Autos waren noch selten, belebten nur die Hauptstraßen, aber selbst dort herrschten Pferdefuhrwerke vor. Ein einmaliges lärmendes Ereignis am Tage war der »Bolle-Wagen«, der mit einer lauten Glocke Milch anbot. Im Sommer kam auch der »Eiswagen«; er verkaufte Eisstücke für Kühlbehälter. Uns Kindern war streng verboten, auch nur ein kleines Stückchen in den Mund zu nehmen. Das Eis war im Winter aus den Seen rings um Berlin »gestochen« worden.

Auf der Straße kam neben Ballspiel das Murmelspiel in Frage. Jeder Teilnehmer mußte abwechselnd aus etwa anderthalb Meter Abstand eine bestimmte Anzahl Kugeln in eine Murmelgrube schieben; ging eine Kugel daneben, kam der nächste an die Reihe. Wer zuerst seine Kugeln im »Murmelloch« hatte, war Sieger. Beliebt war auch »Hopse«. Dabei mußte eine mit Kreide auf dem Bürgersteig eingezeichnete, eng unterteilte Fläche Feld für Feld bis zum Ziel auf einem Bein abgesprungen werden. Wer umfiel oder eine Feldgrenze übersprang, schied aus dem Wettbewerb aus. Nicht zu vergessen ist das Kreiselspiel; die Berliner nannten den Kreisel »Triesel«. Man brauchte dazu noch einen handlichen Stock, an dem eine etwa einen Meter lange Schnur (auf berlinisch Strippe) zu befestigen war. Bevorzugt waren Asphaltstraßen. Gewonnen hatte, wer eine Straßenlänge mit dem Triesel schaffte, ohne daß dieser umfiel. Das Kreiselspiel hatte den Vorzug, daß man es auch allein spielen konnte.

Natürlich waren uns auch die allgemein üblichen Kinderspiele wie Räuber und Gendarm, Einkriegezeck, Reifenspiele, Seilhüpfen vertraut. An Kriegs- und Waffenspiele auf der Straße erinnere ich mich nicht. Beim Spielen in der Wohnung waren für Jungen allerdings nächst dem Baukasten und der Eisenbahn vornehmlich Zinnsoldaten, dazu Burgen mit Zugbrücken und Türmchen üblich.

Bei schönem Wetter verließen wir die Straße und suchten je nach Laune den Kreuzberg mit seinen Sandspielplätzen oder hinter dem Kreuzberg in Neu-Tempelhof eine neue Grünanlage mit ihrem Wasserbecken (das »Planschbecken«) oder das Tempelhofer Exerzierfeld (heute Flughafen Tempelhof) auf, das damals eine weite Fläche zwischen Tempelhof, Neukölln, Schöneberg und Kreuzberg einnahm. Platzpatronen waren beliebtes Suchobjekt, Ballspiele die Regel, im Herbst auch Drachensteigen.

Der Wasserfall des Kreuzbergs wurde zweimal wöchentlich in den Abendstunden der Sommerwochen farbig angestrahlt; jetzt geschieht es übrigens wieder. Wie viele Kreuzberger ging auch mein Vater, von mir gedrängt, öfter zu dem Schauspiel.

Ein einmaliges Ereignis war 1910 der Halleysche Komet. Ich verstand davon gar nichts, hörte nur die Leute ständig darüber sprechen, daß ein Komet vielleicht die Erde träfe, daß die Welt unterging – und dergleichen. Der Kreuzberg als damals höchste Erhebung der Stadt wurde an dem entscheidenden Abend von vielen Berlinern aufgesucht. Man lagerte auf der Westseite, die noch nicht als Park angelegt war, und wartete; Sterne waren zu sehen, aber ich jedenfalls habe keinen Kometen erkannt. Die Erwachsenen schienen am nächsten Tage recht zufrieden, daß der Komet ohne Schaden vorübergezogen war.

Auf dem Kreuzberg unterhielt die Schultheiss-Brauerei ein großes Gartenrestaurant. Hier wie auch mannigfach anderswo in Berlin spielte im Sommer am Sonntagnachmittag eine Militärkapelle. Auf dem Kreuzberg machte man, sonntäglich gewandet, nicht nur seinen Sonntagsspaziergang, sondern ging auch zu der Militärmusik. Ich bekam – wohl als Trostpreis, da für mich Bier ausfiel – ein Zehnpfennigstück, mit dem ich mir aus einem Stollwerckautomaten ein Täfelchen Schokolade oder Sahnebonbons ziehen konnte. Wichtiger waren allerdings die Reklamebilder, die mit der Verpackung oder sonst beim Verkauf serienweise von vielen Firmen ausgegeben wurden; für uns waren sie begehrtes Tausch- und Sammelobjekt.

Überhaupt gehörte zu den Sonn- und Feiertagsvergnügen der Berliner ein Ausflug. Blieb man nicht in der Nähe, so fuhr man mit der Straßenbahn oder Vorortbahn in die Umgebung. Da fällt mir ein Kuriosum aus den letzten Vorkriegsjahren ein. Die Frauen trugen damals sehr breitrandige Hüte, die sie mit einer langen Hutnadel befestigten. Weil nun in vollbesetzten Zügen die Menschen dicht gedrängt standen, führten plötzliche Bewegungen nicht selten zu Gesichtsverletzungen der Nachbarn durch die Hutnadeln. So kam es schließlich zu einer Verordnung des Polizeipräsidenten, daß die Nadeln durch Aufstecker gesichert werden mußten.

Als traditionelles Ausflugsgebiet »ins Grüne« erkenne ich heute nur – aber immerhin noch – den Grunewald wieder. Alles andere ist längst dichtes Stadtgebiet. Man machte einen langen Spaziergang und ließ sich dann in einem der Gartenrestaurants nieder. Den Kaffee und den selbstgebackenen Kuchen brachte man mit, eine Kanne kochendes Wasser und das Geschirr erhielt man für eine Gebühr – und im übrigen war für die Männer das Bier da. Mißhelligkeiten habe ich nicht in Erinnerung. Auch im weiten Rückblick glaube ich sagen zu können, daß die große Mehrzahl der Menschen, obwohl ihr Alltag sehr viel härter war als heute, zwar nicht immer zufrieden, aber sicherlich nicht ausgesprochen unzufrieden war.

Vielleicht ist noch ein Wort über »meinen« Stadtteil Kreuzberg angebracht, dessen Bild heute sehr viel anders erscheint als einst. Bis zum Ende der Kaiserzeit war Kreuzberg stark bestimmt von Kasernen und ansehnlichen Wohngebieten der Offiziere und der höheren Beamtenschaft; daneben von meist in der Gründerzeit entstandenen

Straßenzeilen, in denen solide »kleine Leute« wohnten: Facharbeiter, Handwerker, Angestellte, Beamte. Mein Vater gehörte als Postbeamter dazu.

Der Bombenkrieg, zumal der verheerende Luftangriff am 3. Februar 1945, hat von Kreuzberg viel zerstört. Aber auch der spätere Wiederaufbau hat manchen Schaden angerichtet. Der klassisch-schöne alte Übergang vom Kreuzberg über das Hallesche Tor in die südliche Friedrichstadt – sie gehört bis zur Kochstraße zum Stadtteil Kreuzberg – ist durch eine einfallslose, fast frivole Baupolitik gewissermaßen noch einmal zerstört worden. Ausgelöscht wurde damit auch einer der schönsten Plätze der Hauptstadt, der Belle-Alliance-Platz.

Dennoch sind Ruhepunkte städtebaulicher Erinnerung geblieben: Kirchenbauten, große Friedhöfe, auf deren Grabsteinen sich viele bedeutsame Namen finden, die breiten meist vom militärischen Bedarf bestimmten Straßenzüge, darunter die erwähnte Paradestraße. An ihr liegt auch heute noch die im burgähnlichen Stil gehaltene ehemalige Dragonerkaserne; seit 1919 ist sie Finanzamt. Diese Kaserne lag auf meinem Schulweg; bis zur Revolution 1918 war von hier allabendlich der »Zapfenstreich« zu hören. Auf dem Bürgersteig, mit dem Rücken an die Kasernenmauer gelehnt, saß bis Kriegsbeginn bei trockenem Wetter regelmäßig ein ehemaliger Soldat in sauberer Uniform und mit Orden. Er hatte nur ein Bein. Neben ihm lag seine Mütze, in die Passanten hin und wieder eine Münze warfen.

Viel später erst habe ich mich gewundert, daß dieses nicht eben militärisch werbende Bild vor der Kaserne jahrein, jahraus hingenommen wurde. Vielleicht war es eine Art Sonderhilfe für Veteranen. Auch auf der Plattform des Schinkel-Denkmals auf der Spitze des Kreuzbergs verkaufte an einem offenen Stand ein ehemaliger Soldat in alter Uniform mit Orden Postkarten. Da wir unsere Sonntagsspaziergänge oft auf dem Kreuzberg machten, habe ich das deutlich in Erinnerung.

Bewußtes und selbstverantwortliches Leben fing etwa mit der Schulzeit an, am 1. April 1910. Meine Eltern hatten – ich hörte es gelegentlich aus ihren Gesprächen über die Schule, die ich besuchen sollte, ohne es eigentlich zu verstehen – den Wunsch, daß ich »etwas Ordentliches lernen« sollte. Sie schulten mich in das Königliche Kaiser-Wilhelm-Realgymnasium in der Kochstraße 66, nahe dem heutigen Checkpoint Charlie, ein. Zunächst mußte ich dort allerdings in die »Königliche Vorschule zu Berlin« gehen, die im selben Gebäude in den drei ersten Schuljahren (sechs Halbjahre) auf meine Schule und auf das gegenüberliegende Friedrich-Wilhelm-Gymnasium vorzubereiten hatte.

Später einmal fragte ich meinen Vater, wie er gerade auf diese Schule für mich gekommen sei. Seine Antwort: Damals stand in der Zeitung ein Bericht über eine gerichtliche Verhandlung gegen den Direktor, den einige Eltern wegen der Verweigerung von Versetzungen als zu streng verklagt hatten. Wie auch immer, ich habe keinen Grund, mit meiner Schule unzufrieden zu sein.

Übrigens fielen alle drei Schulen in der Kochstraße dem Bombenkrieg restlos zum Opfer einschließlich des ebenfalls benachbarten Elisabeth-Lyzeums.

Daß mit der Schule der Ernst des Lebens begann, habe ich zwar gespürt, aber nicht erlitten. Die Schularbeiten, das Frühaufstehen und der mehr als halbstündige Schulweg über Belle-Alliance-Straße, Hallesches Tor und Friedrichstraße – nur bei Regenwetter bekam ich einen »Sechser« (fünf Pfennig) für eine Teilstreckenfahrt mit dem Pferdeomnibus vom Halleschen Tor bis zur Kochstraße – wurden durch das Gefühl der Freiheit auf dem Schulweg, die schnell gewachsene Gemeinschaft mit Schulfreunden und neue Interessen kompensiert. Kümmernisse hatte ich nicht, zu Hause herrschte Harmonie, der sonntägliche Kirchgang war selbstverständlich – und daß wir sparsam leben mußten, habe ich damals gar nicht wahrgenommen.

Die Problematik des Lebens drang erst auf mich ein, als ich Zeitung lesen konnte. Der erste interessante Stoff ergab sich mir 1912 aus dem Balkankrieg; die Erwachsenen sprachen viel davon. Ich nahm Partei, und zwar für die Türken, weil die anderen in der Überzahl waren, und verfolgte das Geschehen genau bis zum Fall von Adrianopel und zur Tschataldscha-Linie (der damaligen türkischen Maginotlinie). Das Zeitunglesen führte mich auch zu anderen Themen. Schließlich begann ich sogar, hin und wieder Reichstagsberichte zu lesen.

Aber die Zeitung war nicht die einzige politische Anregung. Damals war es üblich, daß die, die es sich leisten konnten, in den großen Schulferien in die Sommerfrische verreisten. Der Harz, das Riesengebirge und die Ostseebäder waren die meistgenannten Ferienbereiche. Für uns kamen solche Ziele nicht in Frage. Meine Mutter fuhr mit mir und meinem jüngeren Bruder regelmäßig zu unseren bayrischen Großeltern in die Oberpfalz, in die Nähe des 1936 allzusehr erweiterten Truppenübungsplatzes Grafenwöhr.

In den Dörfern waren wir als »die Berliner« bekannt, und meine Großväter nahmen mich als den Älteren nach der Nachmittagsandacht gern mit ins Wirtshaus, mal in dieses, mal in jenes. Dort wurde vor allem politisiert, laut und hart. Die »Preußen« und »Berliner« kamen dabei schlecht weg, was in mir Widerspruch weckte. Jedenfalls, diese bayrischen Erlebnisse und die Zeitungslektüre waren grundlegender politischer Anstoß.

Die Schule war da steriler. Wir feierten Kaisers Geburtstag (27. Januar) und den Sieg von Sedan (2. September). Von den Ansprachen verstand ich wenig, aber ich liebte eben das Vaterland. Bei den Schulferien mußten Gedichte aufgesagt werden. Vorher hatte ich Angst, steckenzubleiben. Aber wenn ich in der Aula auf dem Podium stand, ging es trotzdem gut.

Besonderen Eindruck machte auf mich der Zeppelin, der 1912 auf dem Tempelhofer Feld gelandet war. Nahe heran kam ich nicht, zuviel Menschen waren da, doch ihr erkennbarer Stolz steckte mich an. Da wir nahe wohnten, durfte ich zu der alljährlichen Kaiserparade gehen. Sie endete mit dem Abmarsch vom Tempelhofer Feld in die Stadt. Es waren wohl alle Regimenter beteiligt, jedes in seiner eigenen, immer bunten Uniform. Feldgrau kam erst nach Kriegsausbruch und zunächst nur vereinzelt in den Straßen in Sicht.

An den Rändern der Paradestraße standen stets dicht gedrängt Menschen. Viele wußten Bescheid über die verschiedenen Regimenter. Höhepunkt für die Zuschauer waren die Kürassiere, die hoch zu Roß in Zwölferreihen vom Feld herunterritten, mit silbernem Helm, der als Spitze einen Adler hatte. Zuerst kam in dieser Begleitung die Kaiserin in offener Kutsche, dann zu Pferde der Kaiser mit ausländischen Gästen. Was mich am meisten faszinierte, war ein arabischer Soloreiter, der vor den Kürassierreihen ritt und auf zwei Kesselpauken, die links und rechts vom Sattel hingen, wirbelnd trommelte. Der Beifall für den Paradeabmarsch war groß und einhellig, soweit ich das aus meinem kleinen Blickwinkel beurteilen konnte.

Der große Einschnitt in jeder Hinsicht war der Mord von Sarajevo und der ihm folgende Erste Weltkrieg. Am 29. Juni 1914, einem Sonntag, bei schönstem Wetter hatten meine Eltern mit uns einen Ausflug nach Mariendorf gemacht. Wir fuhren mit der Straßenbahn zurück und stiegen in der Belle-Alliance-Straße, Ecke Yorck- und Gneisenaustraße, aus. Zu unserer Überraschung standen dort viele Menschen, zeitunglesend und eifrig diskutierend. Mein Vater ging mit mir zu einer Gruppe und zeigte mir in einem Extrablatt die dicke Überschrift »Mord in Sarajevo an Thronfolger Erzherzog Franz Ferdinand«. Ich begriff zunächst nur, daß es Schlimmes war. Die Leute sprachen ernst miteinander. Und als wir zu Hause waren, fiel im Gespräch meiner Eltern das Wort Krieg.

Nichtsdestoweniger fuhr meine Mutter in den großen Ferien mit uns in die oberpfälzische Heimat zwischen Weiden, Amberg und Bayreuth. In den Wirtshausgesprächen zeigten sich Zorn über den Mord und Meinungsverschiedenheiten über die Folgen. Viel war von Krieg die Rede.

Am 2. August 1914 ganz früh wurden wir von meiner Mutter buchstäblich aus dem Schlaf gerissen. Ein Telegramm meines Vaters verlangte sofortige Rückkehr. Das Gepäck war schon gepackt. Die Postkutsche zum nächsten Bahnhof (Vilseck) fuhr nicht, denn es war Sonntag. Zwei Brüder meiner Mutter trugen das Gepäck. Wir mußten laufen, etwa eine Stunde. In den Dörfern gaben große weiße Plakate die Mobilmachung bekannt. Der eine der beiden Onkel suchte das Datum seines Stellungsbefehls.

Der Abschied war traurig, der Tag sehr heiß, der überfüllte Zug hatte überdies Verspätung, denn die Militärzüge hatten Vorrang. Trotzdem war ich nicht müde. Ich stand fast nur im Gang und hörte den aufregenden Gesprächen zu. Häufiges Thema war, ob England gegen uns in den Krieg eintreten würde; die Männer stritten darüber. Als wir spätabends auf dem Anhalter Bahnhof ankamen, wartete mein Vater schon seit Stunden. Zu Hause fiel ich ins Bett.

Einen halben Monat später, Mitte August, erhielt mein Vater seinen Stellungsbefehl. Wir begleiteten ihn zu seinem Sammelplatz, einer Schule. Wie alle hatte er auch einen einfachen Pappkarton mit für die Rücksendung der Zivilsachen. Wir zogen noch mit zum Potsdamer Bahnhof. Der Abschied in dem Gedränge war kurz, aber auf dem Nachhauseweg hatte meine Mutter immer wieder Tränen in den Augen. Da erst wurde mir dieser Abschied klar. Und ich fragte mich, warum gerade mein Vater in den Krieg mußte, da doch so viele andere Männer noch da waren ...

Er war zum 35. preußischen Infanterieregiment nach Brandenburg (Havel) eingezogen worden. Anfang September erhielten wir ein Telegramm, daß sein Regiment »ausrücke«. Meine Mutter fuhr mit mir hin, es war schwierig, ihn auf dem mit Soldaten und Angehörigen überfüllten Bahnhof zu finden. Es dauerte auch nicht lange, bis der Zug abfuhr. Die Soldaten sagten immer wieder, daß der Krieg bald aus sein würde, bei der Abfahrt sangen sie.

In der Schule lösten ältere Lehrer jüngere ab, die nun Soldat waren. Der erste Gefallene war unser beliebter Gesanglehrer Dr. Göldner. Er hatte sich noch in der großen Pause auf dem Schulhof verabschiedet, in der eindrucksvollen Uniform eines Gardeoffiziers. Nur wenige Wochen später kam die Nachricht, daß er in Frankreich »den Heldentod gestorben« war. Wir waren alle traurig.

Aus der Frühzeit des Krieges ist mir auch dies in Erinnerung geblieben: An einem Tag im Sommer 1913 war mein Vater mit mir zu einem großen Sportplatz im Südosten Berlins gefahren, in Treptow. Ein französischer Flieger, Pégoud, führte dort Kunstflüge vor. Sensation: Er konnte mit seinem Doppeldecker auf dem Rücken fliegen. Ich war begeistert. Im Spätherbst 1914 las ich dann, daß Pégoud als Flieger gefallen war. Deutsche Flieger hätten zu seiner Beerdigung einen Kranz abgeworfen; dies fand ich gut.

Über den Krieg wurde im Unterricht wenig gesprochen. Es war selbstverständlich, daß Deutschland gewinnen mußte und würde. An den offiziellen Feiertagen wurde der Gefallenen gedacht und das Durchhalten beschworen. Einer Siegesfeier erinnere ich mich besonders, des Sonderfriedens mit Montenegro. Diese Feier veranlaßte mich, alsbald im Atlas das Land zu suchen. Ich war enttäuscht, es war mir zu klein.

Natürlich lasen wir die Zeitungen, diskutierten auch, bis Mitte 1918 zuversichtlich. Jedoch wurde der Wunsch immer vordringlicher, der Krieg möge bald zu Ende gehen. Die Nachmittagszeitungen brachten regelmäßig den neuesten Heeresbericht (das Heer war im Ersten Weltkrieg noch beherrschender Truppenteil). Lange bevor Erich Maria Remarque seinen berühmten Buchtitel daraus machte, war ich schon des so oft wiederkehrenden Satzes überdrüssig: »Im Westen nichts Neues.«

Mein Vater war an der Westfront. Je länger der Krieg dauerte, um so mehr wuchs die Angst. Am schlimmsten waren die großen Postpausen. Damals hatten die Truppenteile noch keine anonyme Feldpostnummer, sondern wurden exakt adressiert. Das führte zwecks Geheimhaltung von Truppenkonzentrationen etc. zu plötzlichen Postsperren, manchmal drei bis vier Wochen lang. Lebte der Vater überhaupt noch? Meine Mutter hatte oft verweinte Augen.

Die Mutter hatte überdies Sorge um das tägliche Leben. Seit Februar 1915 gab es Lebensmittelkarten. Die Zuteilungen waren nicht nur gering, sondern – im Unterschied zum Zweiten Weltkrieg – auch unregelmäßig und fielen zuweilen aus. Die Folge war, daß man »Schlange stehen« mußte, stundenlang. Meine Mutter schickte mich als den älteren oft zum »Anstehen«. Dabei mußte ich nicht selten die mündlichen Schulaufgaben machen. Nicht selten auch passierte es, daß ich mit leerer Tasche nach Hause kam, weil die Ware, zumal Butter, nicht gereicht hatte und weil manchmal die Verkäuferin, obwohl ich »dran war«, den hinter mir stehenden Erwachsenen für die letzte Zuteilungsportion vorzog.

Gehungert haben wir oft, und den Geruch erfrorener Kohlrüben im Kochtopf aus dem berüchtigten Kohlrübenwinter 1916/17 habe ich heute noch in der Nase. Wenn wir nicht während der großen Ferien zu den Großeltern in die Oberpfalz hätten fahren können, ich weiß nicht, wie wir durchgekommen wären; das Schicken von Lebensmitteln war verboten. Aber trotz Hunger und Kälte – auch Kohle war knapp – zeigte sich bis zum Streik im Januar 1918 kein offenes Aufbegehren. Bei dem Anstehen nach den Zuteilungen machten sich Ärger, Wunsch nach Frieden, Unzufriedenheit mit »oben« durchaus erkennbar. Aber man blieb diszipliniert, und zuweilen beschwichtigte auch einer: »Die draußen haben es noch schlimmer.«

In der Schule wurden wir schon im zweiten Kriegsjahr angehalten zu Aktivitäten für die »Kriegswirtschaft«. Die Lehrer hielten Sammelstunden ab, zu denen wir brachten, was wir auftragsgemäß gesammelt hatten. Das gewünschte Material wechselte: Mal waren es Konservendosen aus Weißblech, mal Altgummiteile, mal ausländisches Geld, mal anderes. Wir gingen beliebige Straßenzüge ab, klingelten im Bewußtsein vaterländischer Pflicht ungeniert an den Wohnungen und sagten unseren Wunsch. Zuweilen hatte man wirklichen Erfolg; ich bekam einmal von einer alten Dame im Tiergartenviertel sogar ein türkisches Goldstück, das mir in der Klasse geziemenden Respekt einbrachte. Die Regel war Bedauern, daß man nichts zu geben hatte, gelegentlich erntete man auch ein Schimpfwort. Für besondere Sammelerfolge gab es Prämien; in meinem Arbeitszimmer hängt ein Kunstdruck mit der Handschrift des Deutschlandliedes und der Abbildung des Hauses, in dem Hoffmann von Fallersleben es auf Helgoland geschrieben hat.

In einem Sommer wurde uns nahegelegt, barfuß in die Schule zu gehen, um Leder zu sparen. So wanderte ich barfuß über das Hallesche Tor durch die Friedrichstraße zur Kochstraße. Erfreulicherweise wurde die Empfehlung nicht wiederholt. Ab und zu gingen wir klassenweise zu dem Platz, auf dem vor dem Reichstag der »Eiserne Hindenburg« stand, eine riesige, von einem Gerüst umgebene Holzstatue, die mit Nägeln beschlagen werden sollte. Es gab Nägel mit eisernen, versilberten und vergoldeten Köpfen zu entsprechend gestaffelten Preisen, ich glaube: zehn Pfennig, fünfzig Pfennig und eine Mark. Man sagte uns, dies sei ein Opfer für die Kriegskosten. Die Stelle, an der man nagelte, konnte man sich aussuchen. Ich hatte eine Lieblingsstelle, die ich später wiedererkennen wollte – aber ich sollte sie nicht mehr finden.

Unsere Schule hatte unter unserem Gesanglehrer Rippich einen angesehenen Chor. Dies und gewiß auch der verpflichtende Name der Schule führten dazu, daß bei Besuch offizieller ausländischer Persönlichkeiten manchmal ein Konzert zu ihren Ehren gegeben wurde. Ich kann mich an einen türkischen Prinzen und einen hohen bulgarischen Besucher erinnern, weil wir für sie die türkische und die bulgarische Nationalhymne einüben mußten. Weniger Freude machte mir, wenn wir im Winter Eis von den Gehwegen hacken mußten.

So verging ein Kriegsjahr nach dem anderen. Alle Jahre einmal kam mein Vater – er war als Bayer inzwischen zu einem bayrischen Truppenteil versetzt worden, denn das bayrische Heer hatte (was ich damals natürlich nicht wußte) einen Sonderstatus im deutschen Heer von der Reichsgründung 1871 her – für zwei Wochen auf Urlaub. Wenn er kam, war die Freude groß, wenn er fuhr, flossen die Tränen. Da viele Väter Soldat waren, wurde ihr Urlaub auch in der Klasse Gesprächsthema. Übrigens hatte ich weder als Bayer noch als Katholik – meist war ich der einzige in der Klasse – noch mit meinem für Berlin absonderlichen Vornamen irgendeine Beschwernis.

Besonderen Eindruck machte auf mich mein stattlicher, hochgewachsener Religionslehrer während der Kriegsjahre. Er war der später wegen seiner öffentlichen Kritik an nationalsozialistischen Greueln berühmt gewordene Kardinal Clemens Graf von Galen, damals Pfarrer an der Clemens-Kirche unweit unserer Schule.

Die Endlosigkeit des Krieges drückte auf die Stimmung. Daß die Erwachsenen immer häufiger auch laut überlegten, wie lange das noch gehen sollte, blieb uns nicht verborgen. Für mich wurde der Friede zu einem politischen Thema, als die Zeitungen Mitte 1917 die Auseinandersetzungen und schließlich den Beschluß einer Friedensresolution durch den Reichstag berichteten. Diese Diskussionen gaben übrigens meinem politischen Interesse einen weiteren nachhaltigen Schub.

Im März 1918 flammte noch einmal Hoffnung auf, als mit Rußland in Brest-Litowsk Frieden geschlossen wurde. Die Lehrer schienen wieder zuversichtlicher. Aber ab Mitte des Jahres, als die Heeresberichte auch nach den großen Westoffensiven keine nennenswerte Veränderung erkennen ließen, sank die Stimmung schnell. Und als dann Bulgarien aus dem Krieg ausschied und die Auseinandersetzungen in der deutschen Führung offenbar wurden, rechnete man mit einem baldigen Ende des Krieges.

Wenn mein Eindruck aus langer Erinnerung mich nicht täuscht, dann wurde zwar im Volk der Krieg für verloren gehalten. Aber man glaubte an die »Vierzehn Punkte«, die der amerikanische Präsident Wilson im Januar 1918 verkündet hatte. Daß der Krieg so verloren würde, wie es schon mit dem Waffenstillstand offenbar wurde, erwartete man nicht. An den Gesichtern unserer Lehrer konnte man Enttäuschung, Zorn und Kritik ablesen. Alles umsonst, die Opfer, der Hunger, die ganzen Kriegsjahre ...

Am Morgen des 9. November 1918 ging ich zur Achtuhrstunde wie immer in die Schule. Am Vorabend waren durch unseren Stadtteil vom Südosten her die Lübbauer Jäger marschiert, ein Eliteregiment aus dem Spreewald. Irgend etwas Ungewöhnliches lag in der Luft. Doch der Weg zur Schule zeigte noch nichts. Überraschend wurden wir sofort wieder nach Hause geschickt. Auf dem Heimweg fiel mir auf, daß viele Menschen unterwegs waren. Ich legte die Schulsachen ab und verließ voller Neugier die Wohnung.

Vor der Dragonerkaserne in der Belle-Alliance-Straße standen viele Menschen, Soldaten und Zivilisten. Von Demonstration war die Rede, man sollte in die Stadt ziehen, das Schloß sollte das Ziel sein; schließlich setzte sich das Ganze in Bewegung: Richtung Hallesches Tor und Innenstadt. Einige Soldaten trugen ihr Gewehr mit dem Lauf nach unten. Parolen wurden gerufen: Schluß mit dem Krieg, wir wollen eine Arbeiterregierung, der Kaiser soll abdanken. Ein Droschkenkutscher wurde mit Hallo begrüßt; er hatte seine Jacke mit ihrem roten Futter nach außen angezogen. Man schob ihn an die Spitze. Langsam nur kam der Zug vorwärts, weil immer mehr Menschen sich anschlossen. Handgreiflichkeiten, Ausfälle, Widerstand gab es nicht.

Als die Schloßbrücke Unter den Linden erreicht war – es wird gegen vierzehn Uhr gewesen sein –, lief durch die Reihen die Parole: Zum Cirkus Busch, dort spricht Karl Liebknecht. Zu dem Cirkus Busch hätte man den Lustgarten zwischen Dom und Spree überqueren müssen. Das wurde zwar versucht, aber die Menschen stauten sich so, daß nur Umkehr blieb. Von irgendwoher kam die Parole: »Zum Marstall.« Das hieß also jenseits des Schlosses. Der Zug teilte sich irgendwie, ich ging mit zum Marstall. In der Menge verbreitete sich das – später bestätigte – Gerücht, die Republik sei ausgerufen.

Mittlerweile hatte es schon gedunkelt. Die Menge löste sich auf. An der Mündung der Breiten Straße zum Schloß hin hockte neben einer Litfaßsäule ein Soldat mit roter Kokarde hinter einem Maschinengewehr. Auf eine Frage antwortete er: »Im Schloß sind Kaiserliche.« Ich ging zurück auf den Platz, zu dem Begas-Brunnen, der damals in der Mitte stand. Plötzlich war aus verschiedenen Richtungen Maschinengewehrfeuer zu hören. Die Leute liefen aufgeregt zu den Häusern. Ich wußte zunächst nicht, wohin ich sollte. Da packte mich ein Matrose am Arm und zog mich zum Brunnen mit den Worten: »Los, Junge, schnell in den Brunnen.« Der Brunnen hatte einen großen Marmorrand und war natürlich ohne Wasser. So kletterten wir hinein und warteten liegend ab hinter der Innenwand. Als die Schießerei aufgehört hatte, kletterten wir wieder heraus, verloren uns aber im Dunkel. Die Straßenbeleuchtung funktionierte nicht.

Ich machte mich auf den Weg nach Hause, hungrig und bedrückt. Als ich nach einer halben Stunde in der Lindenstraße am Gebäude des ›Vorwärts‹, des Zentralorgans der SPD, vorbeikam, konnte ich dort im Schaufenster bei Notlicht eine Extraausgabe sehen mit der Überschrift »Der Kaiser hat abgedankt«. Über das Hallesche Tor und die Belle-Alliance-Straße kam ich zur Wohnung. Ich klingelte voller Sorge, was meine Mutter wohl sagen würde. Sie sagte kein Wort, schloß mich nur fest in die Arme. Und ich war froh, bei ihr zu sein.

Die Kaiserzeit aber war zu Ende. Daß etwas zerbrochen war, spürte ich. Doch einen Monat später kam der Vater, vor Weihnachten ...

Kurt Karl Doberer wurde am 11. September 1904 in Nürnberg geboren. Er absolvierte ein Ingenieurstudium an der Höheren Technischen Staatslehranstalt in Nürnberg und studierte außerdem an der Hochschule für Wirtschafts- und Sozialwissenschaften in Nürnberg sowie an der Hochschule für Politik in Berlin. 1933 emigrierte er als Mitglied der Akademischen Legion im Reichsbanner nach London und kehrte 1949 nach Deutschland zurück. Er veröffentlichte über fünfzig Bücher, meist, neben einigen Romanen, zu politischen und technischen Themen.

KURT KARL DOBERER

# Der Pfennig war das Mark der Währung

Als ich auf die Welt kam, war es üblich, wahrscheinlich in Anlehnung an einen alten Brauch der Germanen, daß man sich, sobald man genügend stubenrein war, nackend auf ein Bärenfell warf und so photographieren ließ. Obwohl man mir später sagte, daß es in einem Photoatelier in der Grünstraße war, in dem dieses Ereignis stattfand, ist mir die Erinnerung daran nicht mehr gegeben.

Meine frühesten Erinnerungen stammen aus der Zeit, als ich fünf Jahre alt war, es dürfte also um das Jahr 1909 gewesen sein. Wir wohnten in der Schweinauer Straße, die parallel zur eigentlichen Verkehrsader aus Nürnberg heraus von Sankt Leonhard nach Schweinau führte.

Auf ihr konnten sich die Hochradfahrer produzieren. Es war die Gelegenheit, wo ich so ein ausgefallenes Fahrzeug wahrscheinlich zum ersten- und letztenmal sah. Aber auch die gewöhnlichen Fahrräder wurden von der Stadtverwaltung noch mit großem Mißtrauen betrachtet. Man mußte einen richtigen Führerschein haben. Der wurde allerdings gegen Entrichtung der Gebühr ohne Fahrprüfung ausgestellt. Darin war auch die Nummer des Fahrrades aufgeführt. Mein Vater besaß einen solchen Führerschein für sein Fahrrad, dessen Nummer wie beim Auto, aus Blech gestanzt, an prominenter Stelle vorn und hinten angebracht und für die Polizei leicht leserlich sein mußte. Ob Autos zu dieser Zeit auch solche Nummern führen mußten, kann ich nicht sagen, denn ich kann mich nur an ein einziges Auto erinnern, das sich einmal in unsere Straße verirrt hatte.

Verkehr wurde in der Schweinauer Straße ausschließlich durch Pferdefuhrwerke dargestellt – in Form von Lieferwagen, Müllfahrzeugen, die die kleinen Kehrichtkübel entleerten, und im Sommer durch den Sprengwagen. Besonders der Sprengwagen sorgte für das Vergnügen der Kinder. Die Hosen hochgekrempelt, die Röcke geschürzt, so liefen wir hinterher, um uns vom ausströmenden Wasser die nackten Beine und manchmal auch ein bißchen mehr besprühen zu lassen.

Bei dieser Gelegenheit hatte ich auch mein erstes Liebesabenteuer. Ein Mädchen, das auf der anderen Straßenseite wohnte, nahm mich nach Hause mit. Im langen Gang, den die Wohnung hatte, hatten die Eltern eine Schaukel an die Decke geschraubt, und da schaukelten wir und schaukelten.

Mein Vater war Sozialist und Kassierer beim Sanitätsverein. In den Angestelltenstatus war er dadurch geraten, daß er bei der Firma Schuckert entlassen worden war, weil er hartnäckig den 1. Mai als Feiertag betrachtet hatte.

Er war Funktionär bei der Partei, hatte einen vollen Bücherschrank und arbeitete im Heine-Club an seiner Fortbildung. Er lernte Geschichte und Englisch. Das letztere lernte die ganze Familie mit. Ich weiß noch genau, wie meine Mutter zu mir sagte: »Drink good milk«, so einfach war diese Sprache.

Wir wohnten im vierten Stock. Im dritten lebte eine kleine Beamtenwitwe mit zwei musikalischen Töchtern und einem Logierherrn. In dieser Zeit, da die Wohnungen ziemlich groß und die Gehälter ziemlich klein waren, hatten viele Familien einen Logierherrn, mit dessen Miete die Familienfinanzen aufgebessert wurden.

Im zweiten Stock, also schon in den etwas vornehmeren Etagen, wohnte die Familie Hamburger. Von Frau Hamburger bekam ich ab und zu selbstgebackenen Mazzes. Obwohl ich seitdem nie mehr welchen gesehen habe, weiß ich heute noch, wie er schmeckt und wie er aussieht.

Im ersten Stock war die Familie Geissler zu Haus. Sie hatte im Hinterhaus einen Metallbetrieb. Frau Geissler nahm mich häufig mit in ihren Garten am Ludwigskanal. Sie züchtete Nelken, deren Duft mir nach achtzig Jahren immer noch in der Nase liegt. Sie steckte mir

Nelken in alle meine Knopflöcher und auf den Tiroler Hut, und so marschierte ich stolz nach Hause. Wie man sieht, wurde ich von den Frauen des ganzen Hauses verwöhnt. Es war eine friedliche, freundliche Zeit.

Schon früh steuerte mich mein Vater zur Technik. Mit fünfeinhalb Jahren besaß ich eine kleine Dampfmaschine und einen Eisenbahnzug, der von einer richtigen, mit Spiritus geheizten Lokomotive gezogen wurde.

Der große Traum für Jungen, die kleinen und die halbwüchsigen, war um 1910 der Flugzeugbau. Viele dachten daran, ein Flugzeug zu bauen, auch wir im Hinterhof der Schweinauer Straße. Modelle lieferten die Bilderserien, die mit Liebigs Fleischextrakt geliefert wurden. Sie wurden eifrig studiert. Es mußte eine Entscheidung zwischen einem Aeroplan vom Typ Blériot und dem Farman-Doppeldecker getroffen werden. Inzwischen bauten wir den Kabinensitz aus einem halben Faßdeckel und verschiedenen Brettern, die im Hof herumlagen. Wichtig war, daß das Kabinenstück schön angestrichen wurde, einmal blau, dann wieder rot. Die Farbe bezogen wir aus den Fässern eines Malereigeschäftes, das sich auch im Hof befand.

Praktische Grundlage für diese Flugbegeisterung war die Flugwoche, die in diesem Sommer auf dem Exerzierplatz bei der Schweinauer Kaserne stattfand. Kaum höher als die Hausdächer kamen die leichten Flugmaschinen herein, um über unseren Köpfen hinweg zum Landen anzusetzen. Ein Name ist mir fest im Gedächtnis geblieben: der des Piloten Hirth, der ein Jahr später den Fernflug von München nach Berlin ausführte.

Die Erinnerung an diese Zeit liegt wie in Nebelschwaden versteckt. Nur da und dort, oft nicht an eine feste Zeit gebunden, tauchen Fetzen des Erinnerns im Gedächtnis auf. Es muß auch in diesem Sommer 1910 gewesen sein, daß ich mit meinem Vater auf dem großen Volksfest auf dem Ludwigsfeld war.

Schon von weitem empfing uns der Lärm der Orgeln von Karussell und Schiffschaukel, der Duft von gebratenen Heringen, das Festessen des kleinen Mannes. Vom Eingang her hörten wir das Geschrei des billigen Jakobs, der jedem, der es bezahlen wollte, Einmaliges anbot. Eine goldene oder fast goldene Uhr, zwar ohne das übliche Uhrwerk, aber doch herrlich anzusehen, mit ebenso goldiger Kette; dazu Manschettenknöpfe für den feinen Herrn aus dem gleichen Edelmetall und ein goldiges Kettchen für die Braut – alles zusammen nicht für zehn Mark, nicht für fünf Mark, für eine Mark konnte der glückliche Besitzer den kostbaren Schatz, in feines rosa Fließpapier gewickelt, nach Hause tragen.

Das war aber nur der Beginn der Wunder, bei deren Anblick man Mund und Ohren aufsperren konnte. Da war eine Zeltbude, so groß wie ein ganzes Haus, da konnte man für fünfzig Pfennig, Kinder und Soldaten vom Feldwebel abwärts zahlten die Hälfte, Meerjungfrauen mit Fischschwänzen, siamesische Zwillinge, Riesen und Zwerge sehen. Um die Gaffer hereinzulocken, spielte eine Riesenorgel, die mit beweglichen Figuren besetzt war.

Die Orgel konnte man von außen bewundern. Nach Riesen, Zwergen und Meerjungfrauen mit Schwänzen stand mein Sinn nicht. Eher faszinierte mich ein Mann, der an einer Stange viele blaue, rote, gelbe Luftballons hielt. Ob ich einen solchen Ballon bekommen habe, das weiß ich heute nicht mehr. Aber ich weiß noch, daß Spaßvögel oder Leute, die sich dafür hielten, am Werk waren. Mit einer kleinen Schere bewaffnet, näherten sie sich unauffällig den glücklichen Besitzern eines Luftballons, um im richtigen Moment bei den Unachtsamen den Bindfaden abzuschneiden. Immer wieder sah man einen solchen Ballon dann über den Köpfen der Volksfestbesucher entschweben, in den Himmel aufsteigen und schließlich, in der lauen Luftströmung kleiner und kleiner werdend, auf Nimmerwiedersehen entschwinden.

September 1910 wechselte ich vom Kindergarten in der Nelkenstraße zur Schule in der Schweinauer Straße. Meine Laufbahn dort begann mit einem gutem Omen. Zur Eingewöhnung seiner Erstkläßler hielt der Lehrer eine nagelneue Einpfennigmünze hoch und ließ raten, was das für ein Geldstück wäre. Ich ließ mich durch den glänzenden Schein nicht verblüffen und erklärte laut, das Stück sei ein Pfennig, worauf der Pfennig mir in Anerkennung meines schnellen Reaktionsvermögens überreicht wurde.

Das war aber nicht das Ende der Geschichte. Die halbe Klasse wollte nach dem Ende der Schulstunde wissen, was ich für den Pfennig kaufen würde. Eine ganze Schar schloß sich mir auf dem Heimweg an, keinen Zweifel darüber lassend, daß sie sich an dem Vergnügen beteiligen wollte. An der Zahl der Mitesser gemessen, blieb nur die Möglichkeit, entweder eine Oblate zu kaufen, die es in rosa, grüner oder gelber Ausführung im Bäckerladen gab und die in ihrer Größe von fünfzehn mal zwanzig Zentimetern für einen Pfennig meine Kumpane befriedigen konnte. Da aber der Kolonialwarenladen näher war und die Schulkameraden überdies zum Kauf drängten, entschied ich mich für einen Schnürriemen aus Lakritz, der überdies bequemer zu teilen war. Am Ende zogen alle befriedigt ab.

Diese Episode zeigt, daß der Pfennig in dieser Zeit für viele Menschen das Mark der Währung war. Das war auch am Haushaltwarengeschäft Ecke Grünstraße, Schwabacher Straße zu sehen, wenn es seine Fünfundneunzig-Pfennig-Woche veranstaltete und das Schaufenster entsprechend dekorierte. Weckeruhren, Küchenwaagen, Brotschneidemaschinen und viele andere nützliche Dinge waren dann um diesen Preis zu haben.

Das Jahr 1911 brachte einen tiefen Einschnitt in mein Leben. Mein Vater war nach kurzer, schwerer Krankheit gestorben. Er hatte noch den Umzug von Sankt Leonhard nach der Gartenstadt geplant und war Mitglied der Baugenossenschaft geworden. Im Wald vor der Stadt wurde eine Siedlung von Einzelhäusern gebaut, die alle ein Stück Garten vor und hinter dem Haus hatten. Nun mußten wir den Umzug ohne unseren Vater bewerkstelligen.

Von der Gartenstadt waren eben die ersten Häuser fertiggestellt: zwei Häuserreihen am Hirschensuhl und am Finkenbrunn. Die dritte Häuserreihe war unsere am Buchenschlag. Hier standen nur die Häuser mit den geraden Hausnummern. Wo die zweite Häuserreihe entstehen sollte, war noch Wald. Die drei Straßen bildeten ein nach vorn offenes Viereck, in dem das Waschhaus für alle Einwohner in einem hohen Föhrenwald stand. Links vom Eingang zum Finkenbrunn befand sich das Verwaltungsgebäude, das der Architekt trutzig gebaut und mit einem Turm versehen hatte. Hier waren auch die Läden untergebracht, die die Einwohner mit Lebensmitteln versorgen sollten, der Konsum und der Metzger.

Da man den Buchenschlag noch nicht als Straße bezeichnen konnte, mußte unser Möbelwagen weitab halten. Der Transport zum Haus geschah auf Schienen mit den Loren, die zum Straßenbau verlegt waren. Ich erinnere mich an das Wehklagen meiner Mutter, als die Lore mit unserem Geschirr aus den Geleisen sprang.

Zu dieser Zeit war die Gartenstadt nicht einfach ein Teil Nürnbergs, sie lag für sich allein draußen vor der Stadt. Auch die Straßenbahn fuhr nicht bis zu uns.

So waren wir denn ein durchaus selbständiges Gemeinwesen, und wir fühlten uns auch so. Die Gärten um die Häuser waren nicht mit Gras besät, um als Rasen zu protzen. In den Vordergärten wuchsen Johannisbeeren, Stachelbeeren, Erdbeeren und Blumen. In den Hintergärten wuchs das Gemüse, wuchsen gelbe Rüben, Spinat und Salat. Kartoffeln bauten wir auf den Äckern an der Minervastraße. Dank Konsum und Metzger hatten wir zum Leben alles, was wir brauchten. Metzelsuppe holten wir von der Wirtschaftsbaracke am Ende des Hirschensuhls. Dort feierten die Gartenstädter auch ihre rauschenden Feste. Hier wählten sie ihren Bürgermeister. Er war es natürlich nur ehrenhalber, denn die Gartenstadt hatte ihre reguläre Verwaltung.

Zur Schule mußten wir Kinder zum Gibitzenhofer Schulhaus marschieren. Da ging es im Winter eine dreiviertel Stunde durch Wald und Schnee. Es war ein weiter Weg, aber wir überstanden ihn ohne den heute ortsüblichen Streß. Wenn wir um die letzte Ecke kamen, hofften wir natürlich, das Schulgebäude abgebrannt zu sehen. Aber dieses Glück hatten wir nie.

Ich war in die Klasse eines frömmlerischen Lehrers gekommen, der

Kurt Karl Doberer etwa 1906.

mich als konfessionslose Halbwaise seinen kleinen Heiden nannte und auch entsprechend einreihte. Nachdem ich in der ersten Klasse mit der besten Note abgeschlossen hatte, bekam ich von diesem Lehrer die schlechtesten Zensuren meiner ganzen Schulzeit. Aber auch diese Zeit ging vorüber, und ich bekam wieder verständnisvolle Lehrer.

Unsere Freizeit verbrachten wir Kinder im Sommer meistens mit Spielen im Hochwald, der um das zentrale Waschhaus lag. Nach dem Dunkelwerden waren besonders im Winter die Abende nicht mehr lang, denn es gab ja noch kein elektrisches Licht. Immerhin hatte die Gartenstadt schon Gas zur Beleuchtung und zum Kochen. In der Küche war eine Gasuhr angebracht, die durch Einwerfen einer Münze in Gang gehalten werden mußte. Das Licht vom Gasglühstrumpf war zwar nicht gerade ideal, aber uns, die wir an die Petroleumlampe gewöhnt waren, erschien es feenhaft. Auch vom Plumpsklo zum Spülklosett waren wir eine Zivilisationsstufe höher gestiegen.

Auf dem Platz vor dem Waschhaus trafen sich zu besonderen Anlässen auch die Erwachsenen. An einem Juliabend, an dem die Ermordung des französischen Sozialisten Jean Jaurès bekannt wurde, standen die Männer in Gruppen beisammen. Sie waren sich klar, daß nun ein Krieg nicht mehr aufzuhalten war.

Ein paar Wochen später war er blutige Wirklichkeit. Die Volksstimmung wurde durch Gerüchte angeheizt. So brachte man am Tunnel beim Rangierbahnhof links und rechts dicke Holzpfosten an, zwischen die ein Stahlseil gespannt wurde, das bärtige Landwehrsoldaten bedienten und bewachten. Es hieß, daß ein russisches Spionageauto abgefangen werden sollte, das Gold von Frankreich nach Rußland – oder auch umgekehrt – bringen sollte.

Wir Kinder spürten den Krieg nur in den allmählich knapper werdenden Lebensmitteln. Das führte dazu, daß ich an einer ersten Friedensdemonstration teilnahm. Wir waren am Ring aufgestellt, um beim Besuch König Ludwigs in Nürnberg hurra zu rufen. Wir verabredeten aber, statt dessen »Hunger ham mer« zu rufen. Das hörte in den allgemeinen Hochrufen natürlich kein Mensch; wir waren trotzdem stolz darauf, unsere Meinung geäußert zu haben.

Irgendwann gab es einen längeren Landaufenthalt auf dem Bauernhof eines Freundes meines Vaters. Bei der Rückkehr war ich sehr verwundert darüber, wie schwarz und klein unsere Brotration geworden war.

Trotzdem fühlte ich mich nun in meiner Gibitzenhofer Schule sehr wohl, ging freudig hinein und schloß am 14. Juli 1918 mit der Gesamtnote Eins ab.

Mit diesem Zeugnis in der Tasche ging ich mit meiner Mutter zur städtischen Berufsberatung.

»Mechaniker will ich werden«, sagte ich, als der Mann mit dem Bart mich fragte. Der murmelte etwas und schaute in die Liste der freien Lehrstellen. Dann sagte er, daß Tapezierer ein sehr schöner Beruf sei. Nein, sagte meine Mutter langsam, er muß Mechaniker werden; hier ist sein Zeugnis, und er wird auch in die Abendstunden gehen.

Das mit den Abendstunden hatten wir von Bekannten gehört. Es sollten dort auch Arbeiterkinder »vorwärts«kommen können. Unsere Energie siegte dann auch. Der Berufsberater brachte mich in die städtische Lehrwerkstätte.

So kroch ich nun jeden Morgen vor sechs Uhr in die Straßenbahn. Bei einem spannenden technischen Jules-Verne-Roman, den ich während der Fahrt las, wachte ich langsam auf, und um sieben Uhr begann mein Tagwerk. Zwei Stunden hatten wir Mittagszeit, da löffelten wir die Universalmohrrübe aus den Kübeln. Zehn Stunden war das Arbeitspensum. Also arbeiteten wir von früh sieben bis am Abend um sieben.

Zwei Monate später kam der November 1918 und damit das Ende des Krieges. Auch wir Lehrlinge machten unsere kleine Revolution. Mitten in der Arbeitszeit versammelten wir uns auf den Stiegen und schoben uns auf den Ausgang zu. Als die Vordersten vor den Meistern zurückweichen wollten, schoben die Hinteren weiter. Bald standen wir auf der Straße, formierten uns und marschierten zum Straßenbahndepot, um die anderen Lehrlinge herauszuholen.

Im Garten einer Wirtschaft wählten wir unsere Betriebsräte und beschlossen, auch für Lehrlinge den Achtstundentag zu verlangen.

Annelies Herrmann-Kupper wurde am 21. Juli 1906 in Schlesien geboren. Sie studierte Schulmusik an der Universität Breslau. Ab 1935 war sie Opernsängerin an den Theatern Breslau, Schwerin und Weimar. Von 1940 bis 1946 war sie an der Staatsoper Hamburg, von 1946 bis 1966 an der Staatsoper München. Außerdem war sie ab 1958 Professorin an der Staatlichen Hochschule für Musik in München. Sie lebt heute in der Nähe von München.

## Annelies Herrmann-Kupper
## »Große Zeit« im kleinen Rahmen

»O Susanna, wie ist das Leben schön ...«, sangen die Rekruten unten im Kasernenhof und wuschen ihr Drillichzeug an der Pumpe, als ich oben in Vaters Dienstwohnung das Licht der Welt erblickte. Das erzählte mir mein Vater, als ich ein junges Mädchen war und der Erste Weltkrieg und mit ihm das Kaiserreich zu Ende gegangen waren. Der alberne alte Schlager hatte nun einen bitteren Sinn.

Kindheit und Alltag im Kaiserreich: ein paar Jahre glücklicher Jugend, umsorgt und geborgen in einem kleinen Beamtenhaushalt. Wir lebten in Ratibor, der gemütlichen Kleinstadt in den schönen Oderwäldern. Vater ging früh und nachmittags, auch oft sonntags in den »Dienst«, er pfiff gern (laut und falsch), und Mutter war eine schöne junge Frau und sang gern (leise und rein). Ich habe die Eltern in diesen Jahren nur sorglos, fröhlich und zufrieden gesehen.

Mein Bruder kam zur Welt, damit war die Familie fürs erste komplett. Das Beamtengehalt war klein und Maßhalten geboten, obwohl meine Mutter eine gute Mitgift in die Ehe brachte: Die hatte mein

Großvater aus Spaß und Laune in Goldstücken auf den Tisch gezählt, die brachten dann auch noch Zinsen – Gold war der Maßstab des Wohlstandes. »Hat man nicht auch Gold daneben«, singt Rocco in Beethovens Fidelio. Gegenüber dieser Freude an Gold- und Münzwerten sind wir arme Scheinwerfer geworden!

Unsere bescheidenen Kinderwünsche wurden liebevoll erfüllt, Advent und Weihnachten mit geheimnisvollem Zauber still gefeiert. Wir waren nicht anspruchsvoll, Sparsamkeit war ein wichtiger Punkt der Erziehung. Dennoch war der Begriff »standesgemäß« ein Leitgedanke in unserem Alltag.

Ein Standessymbol war zum Beispiel der Spaziergang am Sonntag in Matrosenkleid und Lackschuhen (sie drückten meist), mit Botanisiertrommel und Schmetterlingsnetz ausgerüstet, zur »Schönen Aussicht«. Da trank Mutter eine Tasse Kaffee und Vater sein Seidel Bier, und wir Kinder durften uns für ein »Fünferl« von der bunten Blechhenne ein buntes Blechei, mit Liebesperlen gefüllt, legen lassen. Weniger begüterte Familien mit reicher Kinderschar ließen sich eine Kanne heißes Wasser bringen und den mitgebrachten Kaffee aufbrühen. Am Zaun hing ein Schild: »Der alte Brauch wird nicht gebrochen, hier dürfen Familien Kaffee kochen« – aber das war für uns nicht »standesgemäß«, obwohl wir Kinder das sehr lustig fanden.

Ebenso war die kleine Privatschule standesgemäß – lieber wäre ich in die große Volksschule gegangen. Eine kleine, buckelige ältere Lehrerin brachte uns in einem strengen Ton die ersten Kenntnisse bei, die mich erst interessierten, als ich lesen lernte; denn da erst wurde ich wach und rege und eine Leseratte, die ich heute noch bin.

Standesgemäß kam auch ein Dienstmädchen ins Haus, ein junges polnisches Bauernmädchen, das in der Stadt »Benimm« und Haushaltsführung lernen sollte, mit Namen Antonia. Sie sprach ein hartes Deutsch, das sogenannte Wasserpolnisch, und ich bewunderte ihre schöne Tracht, wenn sie am Sonntag zur Kirche ging oder Ausgang hatte: ein weiter, enggefältelter langer Rock, eine bunte Jacke mit blinkenden Knöpfen und breiter Klöppelspitze, die bunte seidene Schürze und das große bunte Kopftuch. Und hübsch war sie auch, wir hingen sehr an ihr.

Meine Mutter hatte Heimweh nach den Bergen, sie stammte aus dem Eulengebirge in der Grafschaft Glatz. Vater ließ sich daher versetzen, erst nach Waldenburg, später nach Glatz, da war das Ziel der Wünsche erreicht. In den Ferien fuhren wir zur Großmutter nach Bad Altheide, sie hatte ein großes Haus und einen noch größeren Garten mit einem Bächlein, Platz genug für die große Enkelschar. Schon die Eisenbahn war ein großes Erlebnis, noch mehr die Kutschen- und Schlittenfahrten in der lieblichen Grafschaft Glatz.

Sparsam war meine Mutter, wir fuhren nicht standesgemäß in der dritten Klasse, sondern »vierter Dampf«, das war auch viel interessanter, da hatte man Platz zum Herumlaufen, die meist bäuerlichen Fahrgäste lachten und unterhielten sich, und Körbe mit Hühnern und Gänsen reisten mit.

Das Automobil war noch eine Seltenheit im Straßenverkehr. Ein Auto ist nur in Erinnerung geblieben – der Kaiser fuhr durch Glatz in einem großen schwarzen Auto, ich stand im Gedränge am Straßenrand, da war das Auto, darin ein kleiner Mann ohne Krone, aber mit einem blitzenden Helm und einem silbernen Adler darauf. Das war eine Enttäuschung, das konnte kein Kaiser sein!

Ein gewisser Wohlstand zog in unser Leben ein: Ein Blüthner-Flügel wurde gekauft, ich erhielt Klavierunterricht. Klavierspielende Gäste kamen ins Haus, ich bewunderte sie und lernte die Salonmusik der Kaiserära kennen: ›Großmütterchen‹, das ›Gebet einer Jungfrau‹, ›Seemannslos‹, und natürlich mußte ich mich produzieren. Ein klägliches Unterfangen. Ich war gehemmt und am Klavier nur glücklich, wenn ich allein mit diesem Freund war. Aber sowohl Flügel als auch Konservatorium waren standesgemäß!

Eine dunkle Erinnerung habe ich an eine große, langsam ziehende und brummende Zigarre am Himmel: das Luftschiff des Grafen Zeppelin!

In diese Idylle brach der Erste Weltkrieg ein. Noch sehe ich die Extrablätter; ich war acht Jahre alt, es war weder daheim noch in der Schule von Politik gesprochen worden, ich verstand nichts, empfand nur hilflose Angst. Der gewohnte Alltag fand ein jähes Ende. Vater ging nicht mehr zum »Dienst«, er mußte auf dem Schützenplatz Soldaten rekrutieren, Freiwillige registrieren, und bald fuhren die langen Eisenbahnzüge mit singenden, blumengeschmückten jungen Menschen nach Ost und West; dann wurde Vater zur Westfront eingezogen.

Mein Großvater Kupper war Teilnehmer des Feldzugs 1870/71 gewesen, er sprach nie über den Krieg und schüttelte den Kopf, wenn ich nach seinen Kriegserlebnissen fragte, zeigte nur seine Verdienstmedaillen. Er war der Prototyp des Untertans, der Gehorchen und Nichtfragen gelernt hatte und nicht gefragt sein wollte.

Mein Vater war ein liberal denkender, pflichtgetreuer Beamter und Offizier, aber er erkannte bald die Sinnlosigkeit des Krieges und den Größenwahn des Kaisers. Und Mutter zeigte sich tapfer und lehrte uns Kinder das Beten und das geduldige, sorgenvolle Warten auf die Feldpost. Im dritten Kriegsjahr wurde mein Vater als verschüttet gemeldet, aber er überlebte, sein Bursche grub ihn in der Nacht in größter Gefahr aus.

Vater kam nach einem Nervenzusammenbruch auf Erholungsurlaub nach Hause, das war eine schwere Zeit für uns daheim. Er sprach wenig über alle Schrecken des Krieges, war nervös und gereizt und erholte sich schwer. Kaum geheilt, wurde er wieder an die Westfront eingezogen, aber mit einem weniger gefahrvollen Auftrag eingesetzt: Er bewachte eine Kompanie gefangener Russen, die Pionierarbeiten leisten mußten und viel hungerten.

Wir Deutschen hungerten alle, für die armen Russen blieb wenig übrig. Vater organisierte, was er konnte, die Russen verehrten ihren »Panje Leutnant«. Sie sammelten und kochten Fliegenpilze und ließen sich das vom »Panje Leutnant« nicht verbieten! Viel später las ich in einem Pilzbuch, daß die Fliegenpilze in Sibirien wirklich ungiftig und erst bei ihrer Wanderung nach Westen giftig geworden sind. (Das ist aber kein Politikum!) Sie haben auch Vaters Russen nicht geschadet.

Mutter fuhr in den letzten Kriegsjahren auf Hamstertour in ihre Grafschafter Heimat, dazu gehörte viel Mut, die Polizei strafte und konfiszierte die Lebensmittel. Mutter verstand es wohl, auch eine karge Mahlzeit etwas schmackhafter zu machen: Aber die sogenannten »Kälberzähne« – dicke Graupen in harter Schale – und das bittere »klietschige« Brot, mit viel Sägespänen gebacken, füllten knapp die hungrigen Mägen und schmeckten überhaupt nicht. Mutter kochte Zuckerrübensirup, und eine Sirupschnitte war die herrlichste Leckerei.

»Standesgemäß« war nicht mehr aktuell! Statt Lackschuhen trugen wir nun Holzsandalen, »Klapperlatschen« genannt, aus alt wurde neu gemacht. Gefroren haben wir nicht, ein Ofen konnte geheizt werden, und im Ofenrohr brutzelten die Äpfel von der Hamstertour und wärmte sich die Muckefuck-Kaffeekanne. Der Kaiser war nicht mehr der »liebe Mann« in Berlin, von den »Sozis« wurde Böses geflüstert, ich sah auch mal eine rote Fahne, aber weder Elternhaus noch Schule klärten uns Kinder auf; wir sangen patriotische Lieder, unverstanden und ungeliebt.

Ich besuchte das »Königin-Luise-Lyzeum«, da ging es recht preußisch zu. Ich habe ungute Erinnerungen an diese Kriegsschulzeit. Oft fiel der Unterricht aus wegen Siegesfeiern am Anfang, dann wegen Lehrermangel. Die alten pensionierten Lehrer taten resigniert und hungrig ihren Dienst, ich erinnere mich keiner beeindruckenden Lehrerpersönlichkeit. Musikunterricht fiel am meisten aus, nur einmal kam ein junger Lehrer in den Musiksaal, er berichtete uns, daß ein genialer Komponist gestorben sei. Ich hatte bisher nur die Gipsköpfe von Mozart und Beethoven bewundern können. Aber daß es in unserer harten Kriegszeit auch lebende Komponisten gab, war mir wie ein Wunder, dann lohnte es sich wohl, daß Susanna das Leben schön fand! Es muß 1916 vom Tod Max Regers die Rede gewesen sein.

Das Kriegsende und den Zusammenbruch des Kaiserreiches erlebten wir in Glatz, dem Ziel unserer Wünsche. Vater kam heim in seinem alten Soldatenmantel, ohne Achselklappen, aber mit dem Band des »Eisernen Kreuzes«, auf das er stolz war. Er hatte nie an einen Sieg geglaubt und das bittere Ende schon 1916 angekündigt, er sah auch die Schatten des Hitlerregimes am Horizont, wir glaubten ihm lange nicht.

Ein bitteres Nachspiel hatte der Erste Weltkrieg für die Eltern. Es kam eine Liste von Kriegsverbrechern heraus, auf der stand ein Leutnant Paul Kupper. Vater hatte ein reines Gewissen und vermutete, das Opfer einer Verleumdung zu sein. Wir Kinder sollten davon nichts erfahren, aber die Sorge und Aufregung blieb uns nicht verborgen. Mutter nähte ihre letzten Goldstücke in den Jackensaum und in Vaters Schuhe. Es war der Rest der Aktion »Gold gab ich für Eisen«. Der Vater trug auch eine eiserne Uhrkette, die er für seine goldene erhalten hatte. Es stellte sich dann heraus, daß ein Namensvetter von Vater gesucht wurde, und der Angsttraum verging.

Hunger, Elend und Not brachten alles »Standesbewußtsein« zur Strecke. Der neue Alltag sah anders aus, als es der alte gewesen war. Vater ging zwar wieder zum »Dienst«, er saß in der Inflationszeit am Hauptgeldschalter der Post und kassierte Wäschekörbe voll Papiergeld, eine verrückte Aufgabe. Zwischendurch kam er schnell nach Hause und brachte Geld, ein paar Billionen Mark, und Mutter lief damit in irgendwelche Geschäfte und kaufte, was es gerade gab. So kamen meine Cousinen und ich zu Nähmaschinen! Und ein Bauer brachte meiner Mutter das Geld für eine Hypothek, eine einstmals hübsche Summe, für die sich Mutter jetzt ein Paar Hausschuhe kaufen konnte.

Auf dem Höhepunkt der Inflation brachte Vater mich nach Breslau, da das Lyzeum in Glatz mit der mittleren Reife abschloß und ich Abitur machen sollte und wollte. Ich kam ins Oberlyzeum und Lehrerinnenseminar der Ursulinen. Das waren dann noch vier sehr produktive, richtungweisende Schuljahre. Wie mein Vater mein Studium finanziell geschafft hat, ist nur zu bewundern, da auch mein Bruder studierte und meine Schwester als Nesthäkchen zur Welt kam. Schule und Internat mußten in Weizenwährung, die täglich stieg, gezahlt werden. Das war nur unter großen Opfern, viel Fleiß und Schweiß im Gemüsegarten möglich.

Nach dem Lehrerinnenexamen studierte ich noch Schulmusik, ich strebte in irgendeiner Form zur Musik. Und da entdeckte jemand meine Stimme, und ich studierte Gesang, der Weg in ein erfülltes Leben schien mir offen. Ich wußte: »O Susanna, wie ist das Leben doch so schön!«

Regi Relang wurde am 23. August 1906 in Stuttgart geboren. Sie war freiberufliche Modefotografin, unter anderem ständige Mitarbeiterin der Zeitschrift ›Madame‹ in München. Sie wurde mit der Oscar-David-Hill-Medaille, dem Kulturpreis der deutschen Gesellschaft für Fotografie und dem Bundesverdienstkreuz ausgezeichnet. Sie lebt heute in München.

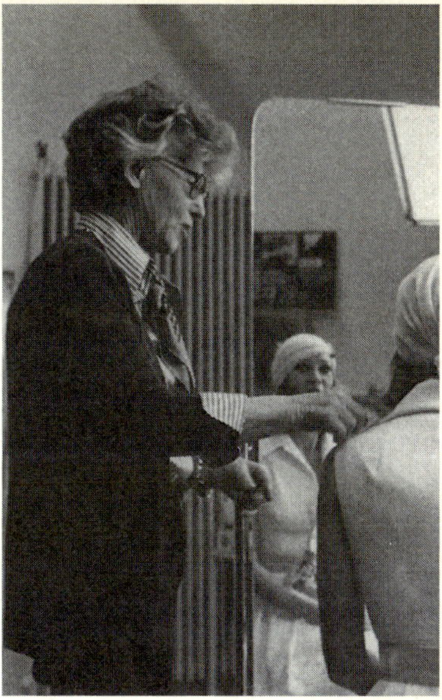

## Regi Relang
## Jedes Kind hatte seinen Feldgrauen

Vom Kaiserreich hatten wir wenig Ahnung, vom Königreich etwas mehr, da wir in Stuttgart wohnten. Wir waren vier Geschwister, alles Mädchen, das letzte und, wie sich herausstellte, das beste, kam 1911 zur Welt.

Meine jüngere Schwester und ich, wir lagen soeben im heißen Sand unter der Palme, als das Telefon klingelte (die Palme) und die Geburt einer vierten Tochter ankündigte. Unser Vater war so ärgerlich – er sah sie sich erst nach drei Tagen an.

Als ich in den Kindergarten ging, aus glänzenden Papierstreifen phantastische Muster webte, begegneten wir am Lessingbrunnen einer schwarzverschleierten Dame, wir machten unseren Knicks: Das war die Königin!

Auf dem Heimweg, im Herbst, wurden die wunderbaren kantigen Kastanien gesammelt, die schönsten lagen in Graf Zeppelins Garten in der Rehlenbergstraße. Keck schwang ich mich über den rostigen

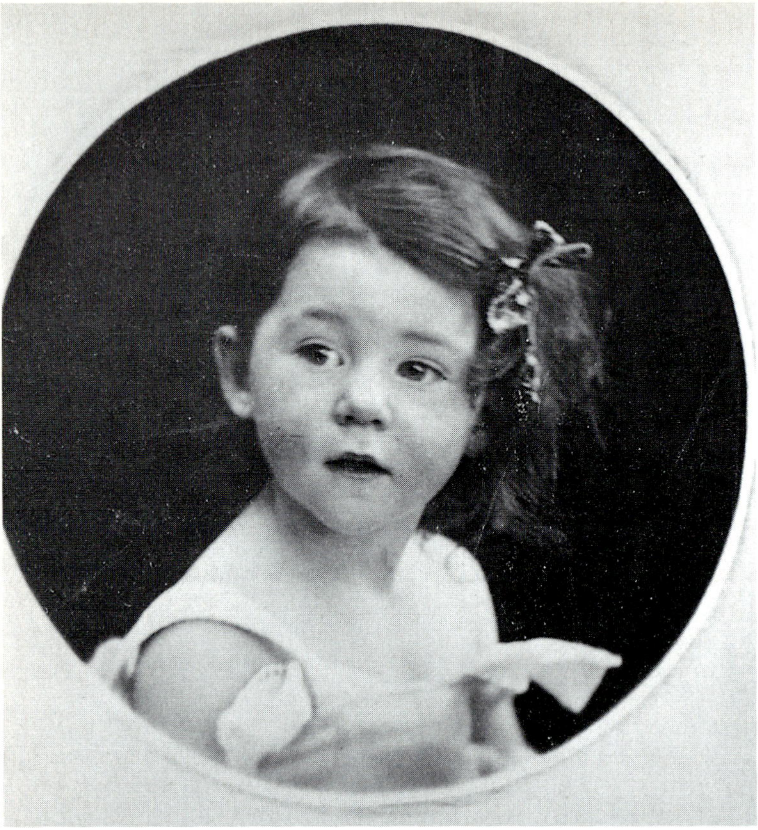

Regina Relang im Alter von etwa drei Jahren.

Drahtzaun und warf sie den anderen zu: ich war ein mageres, bewegliches Kind.

Auch erinnere ich mich und träume noch heute davon, daß ein riesiger Zeppelin über uns hinwegflog und hinter dem Berg verschwand. Damals, 1911, muß es auch ein Erdbeben gegeben haben, ich sehe uns Kinder noch zitternd in Nachthemden auf der Straße stehen.

Wenn meine Mutter von der Arbeit nach Hause kam – sie entwarf Spitzen und Stickereien aller Art für Tiefenthal und Co. –, liefen wir ihr mit lautem Geschrei entgegen. Sie war eine sehr moderne Frau, sie wollte einen Beruf ausüben, aber keine Hausarbeit oder Kocherei tun. Das haben alle Töchter von ihr geerbt.

Im Sommer 1915 waren wir mit dem Kindermädchen am Bodensee; da erhielten wir die Nachricht, daß unser Vater, Professor an der Kunstgewerbeschule, eingezogen werde. Meine ältere Schwester brach in Tränen aus, wir anderen begriffen noch nicht, was das heißen sollte, hatten aber ein schlechtes Gewissen, weil wir nicht weinten.

Nun waren wir in die Ehrenhalde umgezogen. Fünf große Zimmer, die vier Töchter im Kinderzimmer aufgestapelt. Manchmal kam auch eine von uns ins Elternschlafzimmer, was wegen der abendlichen Erzählspiele eine Katastrophe war.

Die kindliche Ehre war schon damals scharf umrissen. Ich war zwischen vier und fünf Jahren, ich wurde zur Gymnastik in die Kanzleistraße geschickt. Damals machte man alles zu Fuß. Da ich spät dran war, erbat ich einen Fünfer (fünf Pfennig). Ich wußte, daß dort die Elektrische vorbeifuhr, ich stieg in die Linie 7. Ich saß also in der Bahn und wartete auf die Kanzleistraße, aber sie kam und kam nicht. Dafür kam die Endstation, das Bubenbad. Dort stieg ich aus und stellte mich hinter eine hohe eiserne Tür – total verloren! Und wie es oft seltsam geht, eine Bekannte meiner Mutter fand mich und lieferte mich zu Hause ab. Nach der Gymnastikstunde gefragt, erfand ich die kühnsten Figuren. Die Schande konnte ich nicht eingestehen.

Unser Vater war ein wundervoller Zeichner. Wenn er uns etwas vorzeichnete, so war es, warum auch immer, ein großes Herz mit lodernden gelbroten Flammen. Nun kam der Herr Professor, neununddreißig Jahre alt, an die Isonzofront; ob er gekämpft hat, weiß ich nicht, vor allem zeichnete er im Schützengraben all die bärtigen Köpfe seiner Kameraden und hatte nach dem Krieg eine große, erfolgreiche Ausstellung.

Der Erste Weltkrieg war ausgebrochen. Ich erinnere mich noch zu Beginn an das tobende Glockenläuten. Wir kleinen Mädchen strickten Strümpfe, beherrschten das Fersenmachen aus dem Effeff. Jedes Kind hatte seinen »Feldgrauen«, der die Strümpfe und Päckchen zugeschickt bekam. Ich hatte den Neffen unseres Kindermädchens.

Tag und Nacht rollten die Züge an unserem Haus vorbei. Sie kamen aus dem Tunnel, rumpelten nach Westen die Steige hinauf. Die Soldaten standen in offenen Güterwagen und sangen »In der Heimat, in der Heimat, da gibt's ein Wiedersehen ...«.

Jeden Morgen im Krieg trabten wir zur Schule die Atzenbergstraße hinab mit klappernden Holzsandalen. Da wußten die Leute, die Langskinder kommen, es ist »zehn vor acht«.

Im Krieg, das muß Anfang 1915 gewesen sein, mußten wir mit der Schule zum Laubsammeln in den Kräherwald. Wir kletterten auf die Bäume, wiegten uns hin und her, rupften das Laub ab und steckten es in große Rupfensäcke. Es hieß später, man hätte das Laub nicht gebraucht, man hätte es vermodern lassen.

Mit acht Jahren erhielt ich die ersten Geigenstunden von Gräfin Scheler, die auch die Stauffenbergsöhne unterrichtete. Meine Mutter ließ mich an meine englische Patin schreiben: »Meine Geige hat die Farbe meiner Haare.« Aber das war mir etwas peinlich. Der Fußweg zur »Stunde« in der Eugenstraße war fünfundvierzig Minuten hin, fünfundvierzig Minuten zurück. Man machte alles zu Fuß. Mein Traum war es, einen Schatz zu finden, und tatsächlich fand ich auf dem Trottoir ein Zweipfennigstück, aber dann bekam ich doch ein schlechtes Gewissen und legte es wieder zurück.

Unser Lieblingsonkel war der Onkel Martin Lang, der mit neunzehn Jahren die ›Spatzenweisheit‹ geschrieben hat. Alle Söhne meines Großvaters, der einen wallenden weißen Bart hatte, waren hochbegabt, Vater Paul, der Martin und der Onkel Sascha, der Normaljokkel, er war Wasseringenieur. Mit dem Onkel Martin spielten wir das »Steiff-Spiel«, das waren Leute »mit dem Knopf im Ohr«, von den Steiff-Puppen abgeleitet. Wir Mädchen hingen wie Trauben an dem Onkel und taten sehr gewichtig, diese Menschen zu entdecken.

Wir wohnten im zweiten Stock eines großen Wohnhauses, eine geräuschvolle Familie mit vier lebendigen Kindern. An die Wohnung war ein halboffener Balkon angebaut, auf dem gegessen wurde. Ich erinnere mich an einen Essensgast, den Herrn von Sanden, Offizier, der seinen riesigen Säbel abschirrte, wenn er sich zu Tisch setzte. Wir staunten ihn andächtig an.

In den ersten Jahren in der Ehrenhalde gab es noch Petroleumlampen, die jeden Abend ins Wohnzimmer unserer Mutter hereingebracht wurden. Der Plafond dieses Zimmers war mit hundert kleinen, goldenen Sternen bemalt. Wenn wir nach dem Essen uns zehn Minuten lang auf den Teppich legen mußten, machte ich mit den Augen das Blinzelspiel, so daß die Sterne ganz nah herankamen und sich auch wieder entfernten.

Wir gingen alle zuerst in die Rothertsche Mädchenschule. In der vierten Klasse bei Fräulein Dornbusch, eng in grauen Flanell gekleidet, mußten wir zum Abschied sagen: »Gott strafe England.« In der fünften Klasse schwärmten wir alle für Fräulein Fröhlich. Sie wurde »die Sonne mit schwarzen Rändern« benannt, denn sie trug eine orangefarbene Jacke, schwarz gesäumt.

Natürlich spielten wir während des Krieges auch »Soldaterles«, die Jüngste mit dickem Kinderbauch »Madamerles«. Eine Spezialität meiner dritten Schwester, die wohl auch die weiblichste war. Wir erfanden Theaterstücke, spielten Scharaden ex tempore, es muß oft sehr komisch gewesen sein, denn die Erwachsenen bogen sich vor Lachen.

*Links:* Die Mutter Minna Lang-Kurz. *Rechts:* Der Vater Professor Paul Lang-Kurz.

Das »Hexerles« war ein grausames Spiel. Die Hexe saß unter dem Blüthner-Flügel im Wohnzimmer oder im Wasserhahnen, im untersten Gang des Hauses. Zischend fuhr sie heraus, und das arme Kind auf meinem Rücken zitterte vor Angst.

Wunderbar aber war das Spiel Mustafa und Fatme nach Hauffs Märchen im verdunkelten Schlafzimmer unserer Eltern. Die Vorhänge waren dunkellila mit eingewebtem Jugendstilmuster. Ich habe selten so kostbar in Gold und Silber gelebt. Stoffe und Möbel waren von unserem Vater entworfen, die Vorderseiten der Mappenschränke waren mit Schildpattblumen ausgelegt.

Mein buschiges rotes Haar war ein besonderer Faktor in unserer Familie. Es ist ja seltsam, daß Mütter besonders stolz auf rothaarige Töchter sind. Ich wurde nach dem Haarewaschen in die Sonne gesetzt, und die gesamte Familie mußte die funkelnde Last bewundern. Dagegen schrien mir die Bauernbuben auf der Schwäbischen Alb nach: Olle Hex, olle Hex! Natürlich hatte ich das ganze Gesicht voller Sommersprossen – schwäbisch Roßmucken genannt. Ich war darüber so unglücklich, daß ich mich extra noch einmal in die Sonne legte. Meine Mutter behandelte mich dagegen mit »Dr. Frucht's Schwanenweiß«. Seidem sind sie verschwunden.

Allmählich rückte das Indianerspielen heran. Wir »besaßen« den ganzen Kriegsberg, das Territorium meiner Freundin Gisela von H. In der Ehrenhalde schlichen wir auf dem Bauch die Weinbergtreppen der Frau Gaukler hinauf, nach strengen Regeln durften aber keine Erdbeeren genascht werden, die Missetäter wurden an einen Baum gefesselt.

Bei einem Kriegsbergfest, hundert Böllerschüsse, zogen wir in großem Indianerstaat auf, Gisela im Schutz ihrer großen Schwester. Beim Rückweg braute sich Unheil zusammen. Die Buben aus der oberen Ehrenhalde schlugen mit Weidenruten zur Belustigung der Umstehenden auf mich ein – ich bat um freien Abzug für die »Squaws« in dunkelgrünen Samtmäntelchen mit weißen Häkelkragen – aber dem armen Tokeichun blieb nur mit blutenden Händen die Flucht übrig.

Im letzten Kriegssommer war ich bei meiner Freundin Gisela auf einem Schloß bei Neu-Ulm. Mit dem »Streitwagen«, einem Eselgespann, fuhren wir nach Neu-Ulm, um Brot zu holen. Jede Person bekam für eine Woche einen Laib Brot. Man mußte sehr vorsichtig einteilen, da das Brot feucht und klebrig war.

Schon zeichnete sich als Zukunft das Mädchengymnasium ab. Ich bekam Lateinstunden beim Herrn Pfarrer. Schöner aber war das gemeinsame Kartenspiel im Schloß am Samstagabend. Gerne wäre ich nun wieder zu Eltern und Geschwistern nach Hause gegangen, aber ich wagte nichts zu sagen! Doch im Herbst 1918 holte mich die Mutter zurück, und so wechselte die eigentliche Kindheit in die arbeitsamere Mädchenzeit hinüber.

Karl Holzamer wurde am 13. Oktober 1906 in Frankfurt a.M. geboren. Von 1926 bis 1931 studierte er Philosophie, Germanistik und Romanistik. Von 1946 bis 1962 war er Professor für Philosophie, Pädagogik und Psychologie an der Universität Mainz, von 1962 bis 1977 Intendant des ZDF. Er lebt heute in Mainz.

## Karl Holzamer
## Der gestopfte Sweater

Es war im Kriegsjahr 1916 oder 1917 – so genau kann ich mich nicht mehr erinnern –, jedenfalls am 27. Januar des Jahres, am Geburtstag von Kaiser Wilhelm II. In der Turnhalle der Holbein-Mittelschule in Frankfurt-Sachsenhausen fand die übliche Schulgeburtstagsfeier mit Gesang und Rezitationen und einer Rede des Rektors statt. Ich war aus meiner dritten oder vierten (damals wohl siebten oder sechsten) Klasse ausgewählt worden, ein Geburtstagsgedicht vorzutragen. Kurz vor der Feier – und das weiß ich noch genau – musterte mich mein Klassenlehrer von oben bis unten und entdeckte zu seiner mißbilligenden Enttäuschung, daß ich nur einen Sweater (heute sagt man Pulli, also damals ein Pulli in Wolle) – und der war noch an abgewetzten Stellen gestopft – angezogen hatte.

Aber so war die Lage: eine mit fünf Kindern im Alter von eins bis zehn Jahren allein sorgende Mutter, der Vater in Flandern im Kriege, Kartenwirtschaft für die Nahrungsmittel und Textilien in ungenügender und auf »Ersatz« gestützter Weise. Es war damals jedenfalls in dieser Beziehung für die Zivilbevölkerung schlechter als später im Zweiten Weltkrieg. Ganz schlimm war der Rübenwinter 1917, der neben einer unbarmherzigen Kälte auch die leibliche Not zumal für Kinder einbrachte. Mein jüngster Bruder ist mit eben drei Jahren im

Mai 1918 an den Folgen der Unterernährung gestorben. Mir steht noch heute vor Augen, daß er sein Kaffeetäßchen, das statt mit Milch mit einem leicht geweißten Malzkaffee gefüllt war, umstülpte, weil er nach Milch verlangte.

Warum ich nun gerade am Ende meiner Erfahrungen und Erlebnisse im Kaiserreich beginne? Sicherlich deswegen, weil diese Eindrücke bei einem damals zehn- bis zwölfjährigen Jungen, der der älteste seiner Geschwister war, am tiefsten haften; aber auch deswegen, weil sie eine Lage besser als vieles andere erhellen, von der eine Wohlstandsgeneration von heute sich keine Vorstellungen machen kann und die sie nur in einem Entwicklungsland für möglich halten möchte. Ja, selbst bei einer Generation, die den Zweiten Weltkrieg aktiv mitgemacht hat, ohne die Leiden des Ersten zu kennen, setzt die Empfindungskraft zuweilen aus.

Eines Tages brachte uns Lehrer Morig – wohl auf höhere Anweisung – eine Frucht in einer Mehrzahl von Exemplaren mit in die Klasse, die wir nur vom gelegentlichen Ansehen in Blumengärten als »Paradiesapfel« kannten. Es waren Tomaten. Beim zaghaften Anbeißen vermutete wohl jeder den bekannten Geschmack eines Apfels und war demgemäß »bitter« enttäuscht. – So wurde über die Jugend eine Frucht propagiert und in der Bevölkerung breiter eingeführt, die nicht nur Nahrungsersatz, sondern eine Köstlichkeit war. Auch die blumenbestandene Fensterbank unseres Klassenzimmers bereicherte sich um Tomatenpflanzen.

Bei einem Rückerinnern an die frühe Kindheit gehen die Konturen von Erzählungen und Berichten anderer über einen selbst und das tatsächlich noch Erinnerte ineinander über. Woran ich mich aber ohne Konturenverwischung erinnern kann, war ein langer Fußweg mit meiner Mutter, die den Kinderwagen mit dem Baby (meiner Schwester) schob, vom äußersten Ende Niederrads (auf Schwanheim zu) in die Mitte Sachsenhausens. Dorthin rollte der Umzugswagen, den mein Vater begleitete. Ich war damals gerade vier Jahre alt.

Ich erwähne diese Nebensächlichkeit, weil wir mitten auf den Straßen, die heute vom Stadion und von der Autobahn her gefährlich überlastet sind, im Spaziergängerschritt und ohne Gefährdung gehen konnten. Heute sehr belebte Straßen waren vor dem Ersten Weltkrieg tatsächlich noch Spielstraßen für Kinder und Jugendliche. Fußball kam erst richtig nach dem Kriege auf. Schlagball, den man heute nicht mehr kennt, beherrschte die Straße, bis einmal ein Fuhrwerk oder gar eins der noch seltenen Automobile ankam. Wenn dann vielleicht beim Bremsen des Autos der Motor aussetzte, mußte sich der Fahrer nach draußen vor das Gefährt begeben und den Motor vor der Haube mit einer Kurbel anwerfen.

Als Poststempel verwendete man in späteren Jahrzehnten ein

Goethe-Zitat: »Frankfurt stickt [steckt] voller Merkwürdigkeiten« – und das stimmte in jenen frühen Jahren unseres Jahrhunderts wirklich: wenn die Milch von Haus zu Haus und von Wohnung zu Wohnung angedient wurde, wenn die Oberräder Gärtner auf Handkarren das eben geerntete Gemüse und die Salate anboten und die Messerschleifer sich mit lauten Rufen für ihr Geschäft bemerkbar machten. Und wie schön war es für den Jungen, im nahe gelegenen »Gemalten Haus« im Bembel den kühlen »Äppelwoi« für den Vater zu holen: nicht Folklore wie heute, sondern Wirklichkeit.

Aus dieser fast etwas spießbürgerlichen Ruhe heraus war es verständlich, daß man sich am Vorabend des Krieges gar nicht vorstellen konnte, daß dieses satte und auch nach damaligen Begriffen wohlgerüstete deutsche Kaiserreich sich in ein selbstzerstörerisches Kriegsabenteuer würde treiben lassen. Für mich – wie sicher für manche andere – waren die tödlichen Schüsse auf den österreichischen Thronfolger und seine Gattin am 28. Juni 1914 in Sarajevo auch zu ersten Schreckschüssen geworden. Ich erinnere mich, daß ich in Begleitung meines Vaters wohl bei einer großen politischen Veranstaltung in der Frankfurter Festhalle, in der später die ersten Radrennen stattfanden, von der Gefahr hörte, die dieses Attentat auslösen konnte. Und in der Tat, die Antwort Österreichs an Serbien brachte den Bundesgenossen Deutschland auf der einen und Rußland auf der anderen Seite in Zugzwang und uns zur Kriegserklärung.

Die ausrückenden Truppen in den Eisenbahnwagen – am Südbahnhof miterlebt – wurden blumenbekränzt bejubelt und mit der Siegeszuversicht bedacht, daß man Weihnachten wieder friedlich zu Hause verbringen dürfte. Es kam anders. Wir, die Kinder, Mütter und älteren Mitbürger, sorgten uns um die materielle und nahrungsmäßige Sicherung. So kauften wir einen kleinen Leiterwagen voll mit Lebensmitteln auf Vorrat ein, von denen mir noch ein großer Zuckerhut in bester Erinnerung ist. Dies, bevor dann die notwendige Rationierung einsetzte, auf die man zunächst in keiner Weise vorbereitet war.

Zum Verständnis einer Zeit sind die scheinbar äußeren Umstände wichtig und lehrreich. Wer kann sich heute noch vorstellen, daß die Soldaten in ihren auffallenden blauen Uniformen und blitzenden Helmen in den Krieg zogen und die Franzosen, die ich als erste Kriegsgefangene am Seehof zwischen Sachsenhausen und Oberrad sah, rote, knalligrote Hosen trugen. Das triste Feldgrau kam erst mit der Schutzbedürftigkeit und der Tristesse des modernen Krieges.

Man wird über diese äußeren und doch tiefer charakterisierenden Kennzeichen hinaus fragen dürfen: Hat ein Kind, das bis zu seinem beginnenden dreizehnten Lebensjahr das Kaiserreich erlebte, schon die gesellschaftliche und politische Eigentümlichkeit erfassen können? Ich wage es zu bejahen.

Die Familie Holzamer im Jahr 1915, nachdem der Vater zur Marineinfanterie eingezogen worden war. Ganz rechts Karl Holzamer.

Da war das gesellschaftliche Umfeld (so würde man heute sagen) der Schule. Es gab noch keine verpflichtende Grundschule für alle. Gymnasien, Oberrealschulen und vor allem die Mittelschulen (heutige Realschulen) hatten zum Teil solche Grundklassen vorgeschaltet. Die Besucher der Volksschulen mit acht Jahrgängen konnten sich nach der dritten Klasse für die genannten »höheren« Schultypen entscheiden und mußten für die Gymnasien und Oberrealschulen oder Realgymnasien eine Aufnahmeprüfung bestehen. Der Anteil der sogenannten Arbeiterkinder an den Gymnasien war gering. Der sogenannte »Aufstieg« bis zum Akademiker vollzog sich meist über zwei, drei Generationen (außer bei den Geistlichen, die sich vielfach aus sehr »einfachen« Kreisen rekrutierten).

Nach dem Abschluß vor der gymnasialen Oberstufe erwarb man die »mittlere Reife« (das sogenannte Einjährige), mit der man nur einen einjährigen Militärdienst zu absolvieren brauchte oder sich auch für höhere Chargen beim Militär qualifizieren konnte. Es war schon Klassengeist in der damaligen Gesellschaft, obwohl wir die bunten Mützen in den von Jahrgang zu Jahrgang wechselnden Farben und Litzen, die wir als Gymnasiasten trugen, mehr als Solidaritätszeichen zu »unserer« Schule verstanden. Wir dünkten uns keineswegs »besser«.

Richtigstellen muß man auch das Pauschalurteil, daß die breite Masse der Bevölkerung und ihre Kinder vom Aufstieg völlig ausgeschlossen worden seien. Das Beispiel der künftigen Geistlichen habe ich schon erwähnt, die über Internate oder Stiftungen (natürlich kirchlicher Prägung) gefördert wurden. Ich darf aber auch mich selbst als Geförderten erwähnen, der ohne diese nie hätte eine höhere Schule oder eine Universität besuchen können. Hundertfünfzig Reichsmark in Gold als Jahresschulgeld am Gymnasium war schon eine harte Sache. Meine Eltern haben aber nie diese Summe bezahlen müssen, wie ich auch in den zwanziger Jahren (natürlich dann in der Weimarer Republik) dank der Studienstiftung des Deutschen Volkes mit nur geringen eigenen Aufwendungen das Studium (und sogar mit einem Auslandssemester in Paris) absolvieren konnte.

In der politischen Ebene mußte und konnte ich mich ja noch nicht bewegen, außer daß ich vom Vater und den Älteren überhaupt Erfahrungen mitbekommen habe. Da bestand zum Beispiel noch das alte Dreiklassenwahlrecht in Preußen, der teilweise Ausschluß von Katholiken von höheren Staatsämtern und das Verbot der Niederlassung der Jesuiten in Deutschland, das erst mit der Revolution 1918 verschwand, obwohl mancher Ordensangehörige sich freiwillig zum Kriegsdienst gemeldet hatte. Von der Toleranz und Liberalität, auf die unser Direktor Dr. Bieber die Schule einzustimmen suchte, habe ich auch etwas zu spüren bekommen. Bei der großen Zahl von Juden in Frankfurt hatten wir allerdings relativ viele jüdische Mitschüler, die ganz selbstverständlich wie alle anderen behandelt wurden und auf deren Feiertage die gleiche Rücksicht genommen wurde wie bei den Katholiken.

Der Zwiespalt zwischen dem Bewußtsein, ein guter Deutscher zu sein und sein zu wollen, und der fehlenden Anhänglichkeit an das konkrete Staatsgefüge blieb. Das ist meine politische Erinnerung an das Kaiserreich, die positiv in der Weimarer Republik fast überwunden war, aber dann unter Hitler wieder massiv als traurige Dialektik hochkam.

Mit einer schönen und noch lebendig vor mir stehenden Erinnerung aus den Jahren 1909 und 1910 möchte ich schließen. Alle diese Eindrücke haben mit der Luftfahrt zu tun: die Internationale Luftfahrtausstellung auf dem der Festhalle zur heutigen Autobahn nächstgelegenen Gelände, der Zeppelin und die große Zeppelinhalle eben an dieser Stelle und die Fahrt des »Parseval«, eines ballonartigen unstarren Luftschiffs – ähnlich dem Zeppelin, nur kleiner – über Frankfurt.

Auch meine Zeitgenossen werden dieses nur kurzlebige Luftschiff, das nach seinem Erfinder August von Parseval benannt war, nicht kennen. Bei mir ist die Beziehung zur Luft und Luftfahrt geblieben, auch wenn ich die schöne Fliegerei im Kriege hätte vermissen können.

Kurt Bittel wurde am 5. Juli 1907 in Heidenheim (Brenz) geboren. Er studierte an den Universitäten Heidelberg, Berlin, Wien und Marburg Vor- und Frühgeschichte, klassische Archäologie, alte Geschichte und Geologie, war Direktor des Deutschen Archäologischen Instituts in Istanbul, ordentlicher Professor an den Universitäten Tübingen und Istanbul und ist seit 1972 Honorarprofessor an der Universität Tübingen. Er hat zahlreiche internationale Ehrenämter und Auszeichnungen erhalten, unter anderem den Pour le mérite für Wissenschaften und Künste. Er lebt in Heidenheim.

KURT BITTEL

## Lateinunterricht bei Oberpräzeptor Ölschläger

In meiner Kindheit war vom Kaiserreich nicht sehr oft die Rede. Ich erinnere mich nicht, daß mein Vater jemals den Kaiser mit seinem vollen Namen genannt hat. Er sagte stets »S. M.«, eine Abkürzung, die nicht gerade besonderen Respekt verriet.

Das angestammte Königshaus von Württemberg, wo ich 1907 geboren bin, stand viel höher. Das zeigte sich nicht nur darin, daß der Geburtstag des Königs, sogar der der Königin mit viel größerer Anteilnahme begangen wurde als der des Kaisers. Das eine war ein Akt treuer Anhänglichkeit, das andere mehr eine Pflicht.

Freilich hing in unserem Kinderzimmer eine große farbige Weltkarte des Norddeutschen Lloyds mit Deutschland und seinen Kolonien in Blau, und auch wir Kinder verspürten etwas vom Stolz, daß das Kaiserreich in weiten Teilen der Erde Geltung erworben hatte. Aber im Grunde genommen waren die Gefühle von 1866 immer noch nicht ganz verdrängt.

Mein Großvater (väterlicherseits) hatte damals mit den Hessen bei Aschaffenburg gefochten. Sein Gewehr wurde in der Familie sorgsam aufbewahrt, bis es die Amerikaner 1945 mitnahmen. Und eine Großtante, eine Lehrerstochter, erzählte mehr als einmal von den aufregenden Tagen nach der Schlacht von Tauberbischofsheim (24. Juli 1866), als die siegreichen Preußen nach Süden vorrückten und der Dorfbüttel in seinem schwäbischen Dialekt ausgerufen habe: »Leut, sperret d'Mädle ein, d'Preuße kommet.« Aber das waren Erinnerungen an die Vergangenheit, die zwar bei der älteren Generation noch lebendig waren, aber bei den Jungen kaum mehr zur Geltung kamen.

Wenn wir Kinder Soldaten spielten, gaben weder der Krieg von 1870/71 und noch weniger der von 1866 die Anregung, sondern der Herero-Aufstand von 1904 in Deutsch-Südwestafrika. Dabei gab es immer ein langes Hin und Her, wer ein Herero sein sollte und wer zur begehrten und bewunderten kaiserlichen Schutztruppe gehören durfte.

Mein Vater, von väterlicher Seite hessischer, von mütterlicher schwäbischer Herkunft, war Leiter der Heidenheimer Filiale der Württembergischen Vereinsbank, während meine Mutter in beiden Zweigen ihrer Vorfahren rein schwäbischer Abstammung war. Die Stadt Heidenheim an der Brenz, in der wir lebten und in der ich aufgewachsen bin, hatte damals rund zwölftausend Einwohner, zu viele, als daß sich alle beim Namen kannten, aber doch so wenige, daß alle mehr oder weniger voneinander wußten. Obwohl von hohem Alter, hatte sie doch, seit dem 15. Jahrhundert württembergisch, als Landstädtchen mehr oder weniger vor sich hingedämmert, bis auch sie im Verlaufe des 19. Jahrhunderts vom sogenannten Industriezeitalter erfaßt worden war. Eine Anzahl von Fabriken – namentlich für Textil- und Metallerzeugnisse – entstand.

Das führte nicht nur zur Erhöhung der Bevölkerungszahl, sondern auch zu einer immer stärkeren Differenzierung der Einwohnerschichten, zu einem deutlichen, auch äußerlich erkennbaren Unterschied von Hoch und Nieder, von Industriellen einerseits, Handwerkern und Arbeitern andererseits. Eine Art Mittelschicht bildeten die Diener von Staat und Gemeinde sowie die Vertreter der kleineren Gewerbe. Doch wäre es nicht zutreffend, wenn man daraus schließen wollte, die sogenannten Schichten der Stadtbewohner (und der Vororte) hätten sich gegenseitig abgesondert, oder es hätten sich rasch scharfe Gegensätze herausgebildet, die nach schwerwiegenden Lösungen verlangten.

Die politischen Parteiungen standen sich, wenigstens bei uns und in meiner frühen Jugend, nicht schroff gegenüber. Das rührte vielleicht zum Teil auch daher, daß alle den heimischen schwäbischen Dialekt in milderer oder ausgeprägterer Form sprachen und daß im Grunde jeder vom anderen wußte, was er »für einer war«.

Die Deutsche Partei, die Nationalliberalen und die Sozialdemokraten waren vertreten. Der Vater der damaligen Stütze in meinem Elternhaus war sozialdemokratischer Gemeinderat, und ich bin als

Kind und als Junge in seiner Familie ein und aus gegangen. Ich erinnere mich noch sehr gut, gelegentlich eines Waldspazierganges meinen Vater gefragt zu haben, was denn Sozialdemokraten eigentlich seien. Das sind Leute, sagte er, die wollen, daß alle gleich an Besitz und Recht sind: eine sehr einfache und nicht ganz zutreffende Antwort, die mir aber gefiel und lange nachging.

Solche und ähnliche Fragen kamen zu Hause oft zur Sprache. So habe ich noch eine vage Erinnerung an die zweite Marokkokrise 1911, während die Balkankriege 1912 und 1913 mir sehr viel deutlicher im Gedächtnis geblieben sind. Die Sympathien derer, bei denen ich lebte, waren mehr bei den Türken, die damals Osmanen hießen, zum Teil vielleicht, weil die Württembergische Vereinsbank einst beim Bau der anatolischen Bahn (nicht der Bagdad-Bahn) von Eskischehir nach Angora beteiligt war, sicher aber, weil die Beziehungen des kaiserlichen Deutschland – wie man sieht, dachte man in dieser Hinsicht doch kaiserlich – zum osmanischen Sultanshof und zur Hohen Pforte besonders eng waren. Damals konnte man natürlich noch nicht entfernt voraussehen, daß die Türkei dereinst in meinem ferneren Leben eine so große Rolle spielen sollte.

Lebhaft erinnere ich mich noch an große Manöver, die im September 1912 in der Gegend meiner Heimat stattfanden. Die Soldaten trugen noch farbige Uniformen, nicht das spätere Feldgrau. Zu Hause hatten wir als Einquartierung einen Deutschen, der in Australien lebte und jetzt seiner militärischen Dienstpflicht genügte. Der stattliche uniformierte Mann aus dem fernen Lande zog mich mächtig an. Wenn er zu Hause oder um das Haus war, wich ich nicht von seiner Seite. Sein Gewehr anfassen zu dürfen machte mich glücklich. Als das Regiment zum Abtransport auf dem Bahnhofsvorplatz angetreten war, gab es einen tränenreichen Abschied.

Jungdeutschland mit den Südwesterhüten und dem prämilitärischen Zuschnitt übte auf die Jugend, so auch auf mich, eine starke Anziehung aus, besonders bei den jährlichen Aufmärschen am Sedantag, dem 2. September; man bedauerte, noch nicht alt genug zu sein, um aufgenommen werden zu können.

Wie sehr inzwischen der bürgerliche Teil der Bevölkerung sich wenigstens äußerlich zum Kaiserreich bekannte, zeigte sich beim hundertjährigen Jubiläum der Schlacht bei Leipzig am 18. Oktober 1913. Als abends auf den Höhen Pechfeuer brannten und das alte Schloß auf seinem Felsen in magischer Beleuchtung erstrahlte, war jung und alt auf den Beinen und der Hochrufe kein Ende. Wahrscheinlich hat kaum jemand daran gedacht, daß es ausgerechnet das württembergische Kontingent gewesen ist, das unter Normann-Ehrenfels während der Schlacht zu Napoleons Feinden überging.

In den ersten Septembertagen 1913 kam ich zur Schule, nicht in die Volksschule, sondern in die dreijährige Elementarschule, die nur für solche Schulanfänger bestimmt war, welche anschließend in die höhere Schule, sei es die Lateinschule, sei es die Oberrealschule, übergehen sollten. Dieses Schulsystem nimmt sich heute vielleicht so aus, als ob es eine streng ständische Gliederung der Einwohnerschaft unserer Stadt beweise. In Wirklichkeit war es durchaus darauf abgestimmt, welchen Beruf die Eltern ihren Kindern in der Zukunft zugedacht hatten.

Es waren daher in den Klassen der Elementarschule und dann in der anschließenden höheren Schule neben sogenannten Herrensöhnen auch in sehr erheblicher Zahl Kinder aus Handwerker- und Arbeiterfamilien. Manche von ihnen haben die ganze Schule mit Erfolg durchlaufen, und mit manchen von denen, die heute noch leben, bin ich unvermindert befreundet. Daß es damals in diesen Schulen nur Schüler, aber noch keine Schülerinnen gab, versteht sich von selbst. Knaben- und Mädchenschulen waren noch streng getrennt.

Die Schulzeit bis 1918 möchte ich etwas ausführlicher schildern, denn sie befolgte ein System, das man heute nicht mehr kennt, und sie bildete eine Grundlage für das ganze weitere Leben.

Man saß auf alten, harten Schulbänken je zu zweit oder zu viert, schrieb in der ersten Klasse auf der Schiefertafel mit dem Griffel und hatte dem Lehrer gegenüber großen Respekt. Aber zunächst fing es noch verhältnismäßig milde an, denn unserem Lehrer Schmidt waren wir sehr zugetan, weil er uns verständig zu nehmen wußte. Um uns die Biblische Geschichte anziehend und vertraut zu machen, denn die Religion spielte in dieser Schule altwürttembergischen Stils keine geringe Rolle, ließ er uns die Josephsgeschichte aufführen. Ich war nicht wenig stolz, die Rolle des Joseph übernehmen zu dürfen. Als Gefängnis des ägyptischen Pharaos diente der Papierkorb, in den ich mich stellen mußte. Was eigentlich Frau Potiphar von mir wollte – ich weiß noch sehr gut, welcher Schulfreund diese Rolle spielte – blieb mir freilich völlig unklar.

In der zweiten Klasse wurden die Zügel dann sehr stark angezogen, die meisten kindlichen Spiele hatten ein Ende, und der musische Anteil am Unterricht beschränkte sich auf das Auswendiglernen von Kirchenliedern und, was die weltliche Poesie betraf, von Balladen Ludwig Uhlands, die gewissermaßen zur geistigen Substanz des damaligen Württembergers gehörten.

In der Lateinschule, die in der Heidenheimer Chronik zum erstenmal 1535 erscheint und für die ich bestimmt war, änderte sich daran kaum etwas. Der Präzeptor, später Oberpräzeptor, hieß Ölschläger und machte seinem Namen alle Ehre; gewiß nicht zu unserem Schaden, doch allzuoft zu unserer Pein. Und dabei hatte im Revolutions-

Ein Ferienbild aus dem Sommer 1912. Kurt Bittel (links stehend) mit seinem Bruder Heinz.

jahr 1848 eine Klasse einer Heidenheimer Schule eine Versammlung auf einer Wiese vor der Stadt abgehalten, bei der für »Aufhebung des Schulzwanges sowie des Prügelsystems« demonstriert wurde. Der Gang der Ereignisse brachte es mit sich, daß von diesen vorlauten Forderungen nichts in Erfüllung ging. Fast alles blieb beim alten, wenn auch mit der Zeit in Einzelheiten Milderungen eintraten. Die Strafen mit dem Stock auf die Handflächen und unseren rückwärtigen Teil, Arrest und seltener Karzer blieben bestehen und wurden uns reichlich zugemessen.

Neben aller strengen Zucht und Ordnung lernten wir jedoch viel und gut, wahrscheinlich mehr, als eine lauere Behandlung bewirkt hätte. Ich denke noch heute dankbar an diese Anfangsjahre in der Schule zurück, namentlich an den Unterricht in Latein, wo unerbittlich gepaukt wurde, vielleicht doch nicht ganz der falsche Weg, diese nicht leichte tote Sprache in junge, oft ablenkbare Köpfe hineinzubringen. Freilich gab es auch dabei Seltsamkeiten. Ut mit dem Indikativ in konjunktivischen Sätzen war ein Vergehen, das sogleich mit dem Stock geahndet wurde. Und wer kann es sich heute noch vorstellen, daß bei Ölschläger wegen Deklinationsfehlern die ganze Klasse

Kinder im August 1914. Kurt Bittel ist der zweite von rechts mit der Fahne.

im Chorus hersagen mußte: Wer nicht deklinieren kann, den sieht man für ein Rindvieh an.

Die wöchentlichen schriftlichen Arbeiten, ›Argumentum‹ und ›Proloco‹ im Wechsel, waren oft harte Proben. Nach der Rückgabe vom ›Proloco‹, also in jeder zweiten Woche, trat man aus den Bänken und wurde nach den Ergebnissen neu loziert, der Beste hinten, der Schlechteste vorn; daher der Name dieser Klassenarbeit, die oft als Extemporale geschrieben wurde. Es entsprach auch dem Stil der alten Lateinschule, daß viele Begriffe nicht in Deutsch, sondern in der klassischen Sprache verwendet werden mußten.

Gemessen an den heutigen Möglichkeiten, Wünschen und Lebensgewohnheiten, spielte sich alles noch in einem sehr bescheidenen Rahmen ab. Reisen in der Vakanz, immer mit der Eisenbahn und überwiegend in der vierten Wagenklasse, waren selten und wurden nur von den einigermaßen Begüterten unternommen. Meist bestanden sie in Besuchen bei Verwandten oder in kürzeren Aufenthalten im nahen Vorarlberg oder in der benachbarten Schweiz. Erst in meinem achtzehnten Lebensjahr bin ich in das nur zwei Eisenbahnstunden entfernte bayrische München gekommen.

Doch legte man, heute im Rückblick gesehen, bemerkenswert weite Strecken zu Fuß zurück. Bei solchen Gelegenheiten habe ich auch zum erstenmal Denkmäler des Altertums in den Wäldern gesehen, Grabhügel und Befestigungen, die neben den im väterlichen Garten mehrfach gefundenen römischen Münzen meine Phantasie anregten und nicht ohne Einfluß auf meine spätere Berufswahl waren. Die Schule kam solchen Neigungen entgegen.

Unverkennbar kündigte sich freilich die neue Zeit an. 1910 habe ich das erste noch sehr langsam und niedrig sich bewegende Flugzeug gesehen, das man zu jener Zeit noch Aeroplan nannte, und zwei Jahre später nahm mich mein Vater im Automobil, das einem seiner Freunde gehörte, zur ersten Fahrt in diesem neuen Verkehrsmittel mit. Was wir unterwegs sahen und wie die Reise auf den geschotterten Straßen, die lediglich gewalzt, aber ohne künstlichen Belag waren, vor sich ging, nämlich mit mehr als einer Panne, steht mir noch sehr lebhaft vor Augen.

Am 3. August 1914 wollten meine Eltern mit meinem Bruder und mir zur Vakanz in die Schweiz reisen, wo wir zwei Jahre zuvor schon einmal gewesen waren und wo ich die erste, noch bescheidene Probe im Bergsteigen abgelegt hatte. Der Ausbruch des Ersten Weltkrieges verhinderte die Abreise. Diese Wochen sind mir noch in lebhafter Erinnerung. Die Ausrufung des Kriegszustandes am 31. Juli, einem Freitag, sechs Uhr abends, mit Trommelschlag und Hornsignal ist mir noch ganz gegenwärtig, sogar die Stelle in der Stadt, wo ich das erlebte. In wenigen Minuten waren die Straßen voll von Menschen. Man kann heute manchmal lesen, daß in jenen ersten Tagen alle Menschen von großer Begeisterung ergriffen gewesen seien. Das kann ich nicht bestätigen. Zunächst herrschte bei uns große Bestürzung, denn man war sich des Ernstes des Geschehens vollkommen bewußt, um so mehr, als seit dem Attentat von Sarajevo Hochspannung geherrscht hatte. Die Kirchen beider Konfessionen waren überfüllt.

Begeisterung kam erst auf, als die ersten Siegesnachrichten einliefen: Lüttich, Namur, Antwerpen, Tannenberg. Das Mißlingen an der Marne wurde nicht ganz verschwiegen, man erfuhr immerhin, daß ein wesentlicher Rückschlag erfolgt war. Bei jedem Sieg läuteten die Kirchenglocken, die Fahnen wurden aufgezogen. Bald passierten die ersten Truppentransporte unseren Bahnhof und hielten dort kürzer oder länger an. Man begrüßte die Soldaten mit Jubel und verteilte Lebensmittel und Getränke. Ich hatte nur Wasser anzubieten, was natürlich kaum jemand wollte.

Wir Jungen bildeten zwei Heere, die sich heftig bekämpften. Wir waren mit alten Uniformstücken unserer Väter bekleidet und hatten Waffen aus Holz oder Blech. Sogar Krankenschwestern mit Häubchen und Tragbahren fehlten nicht. Das ging aber nur bis zum Ende der Sommerferien 1914. Dann kam die Schule wieder zu ihrem Recht.

Am Siege hat in diesen Tagen kaum jemand gezweifelt. Doch gab es die eine oder andere bedenkliche Stimme. Noch sehe ich unsere Familie am Dienstag, 4. August, nachmittags auf dem Balkon unseres Hauses sitzen, als mein Vater mit der Nachricht von der Kriegserklärung Englands zu uns kam. Er sagte: »Nun ist der Krieg nicht zu gewinnen, denn das ganze britische Weltreich wird gegen uns stehen.« Das löste eine heftige Debatte mit meinem Großvater aus, der mehr zur konservativen Seite neigte, während mein Vater lange Zeit in England verbracht hatte und das Land und seine Kräfte gut kannte. Am Ende sollte er recht behalten.

Sehr bald veränderte der Krieg unser Leben grundlegend. Die wehrfähigen Männer wurden eingezogen, Verwundete trafen ein und füllten die Lazarette, einige Fabriken wurden auf Kriegslieferungen umgestellt, dabei mehr und mehr Frauen zum Füllen von Granaten herangezogen. Die Lebensmittel wurden knapp und ab Frühjahr 1915 fortschreitend rationiert. Wie wenig man anfangs auf Organisation über weitere Räume eingestellt war, zeigt, daß es im benachbarten Oberamt Ulm schon einige Zeit Brotmarken gab, bei uns aber noch nicht. Als wir dort einmal Einkehr hielten, versagte man uns das Brot.

Die Einschränkungen auf allen Gebieten nahmen sehr schnell zu. Dabei war unsere Familie insofern zunächst noch bessergestellt, als wir vor der Stadt etwas Land hatten, auf dem Kartoffeln, Getreide und Mohn für Öl angebaut wurden. Wir Kinder waren streng zur Mitarbeit angehalten, im Herbst auch bei den Verrichtungen an und auf der Dreschmaschine, beim Transport der Säcke zu und von der Mühle. Reisen in der Vakanz gab es nicht mehr. Wenn wir auf eine benachbarte Höhe gingen und starker Westwind wehte, konnten wir manchmal den fernen, dumpfen Kanonendonner aus den Vogesen hören. Dann blieben wir nachdenklich stehen.

Mehr und mehr überschattete der Krieg alles, die Einschränkungen nahmen stetig zu. Wir Schüler sammelten Altmetall, Brennesseln zur Verwertung bei Geweben und streiften im Wald das Laub von den Bäumen, das gedörrt wurde und als Pferdefutter an die Front ging. Zenterweise lieferten wir es ab und bekamen gelegentlich ein Ei pro Kopf, was es sonst so gut wie nicht gab. Wer es einigermaßen vermochte, hamsterte in den umliegenden Dörfern: Milch, Mehl, Eier, Brot. Das führte oft zu Streit mit den Bauern und förderte soziale Gegensätze.

Die Kontrollen waren scharf und wurden von den Landjägern (Gendarmen) an Straßen und Bahnhöfen ausgeübt. Daraus entstand schlechte Stimmung, und oft kam es zu häßlichen Szenen, die deutlich machten, daß der soziale Friede sehr gestört war. Eine Frau schüttete auf dem Bahnsteig dem Landjäger in ihrer Erregung die Milch über den Kopf, und mehr als einmal haben wir unsere Hamsterbeute, soweit sie unzerbrechlich war, vor der Stadt durch das Zugfenster die Böschung hinuntergeworfen, um sie später dort abzuholen – soweit sie noch vorhanden war.

Die Versorgung in allem wurde immer schlechter und erreichte schließlich einen Grad, wie er während des Zweiten Weltkrieges und danach nicht entfernt erreicht worden ist. Ich weiß noch sehr gut, daß mein Bruder und ich einmal das dürftige Essen, das zum drittenmal auf dem Tisch stand, nicht anrührten, worauf meine Mutter mit Tränen in den Augen sagte: Was soll ich euch denn hinstellen, ich habe sonst nichts. Dazu gesellten sich andere einschneidende Mängel, die sich gegen Kriegsende häuften. Kohleferien gab es vielfach in Herbst und Winter, weil es an Brennstoff fehlte, und häufige Erkrankungen an Grippe, die man damals noch Influenza nannte.

Eine Tages im November 1918 standen vor einem Gasthaus in der Hauptstraße Posten in grauen Mänteln mit Mützen ohne Kokarden schief auf dem Kopf und mit umgehängten Gewehren, deren Lauf nach unten gerichtet war, was man noch gar nicht kannte. Ich sehe sie noch vor mir, als ob es heute wäre. Hier war für einige Tage das Quartier des Arbeiter- und Soldatenrates, der zunächst unsere Geschicke in die Hand nahm.

Am 10. November floh Wilhelm II. nach Holland. Das Kaiserreich war zu Ende.

Dolf Sternberger wurde am 28. Juli 1907 in Wiesbaden geboren. Von 1925 bis 1932 studierte er Philosophie, Literatur und Kunstgeschichte. Als Redakteur der ›Frankfurter Zeitung‹ bekam er im Dritten Reich Berufsverbot. Er war Mitherausgeber der Zeitschrift ›Die Wandlung‹, Mitherausgeber der ›Gegenwart‹, Mitarbeiter und Berater der ›Frankfurter Allgemeinen Zeitung‹. Von 1960 bis 1972 war er ordentlicher Professor und Institutsdirektor der Universität Heidelberg. Er ist Ehrenpräsident der Deutschen Akademie für Sprache und Dichtung, hat zahlreiche Bücher und Aufsätze verfaßt und lebt heute in Darmstadt.

## Dolf Sternberger
## Der Kaiserjunge

Ein einziges Mal habe ich den Kaiser gesehen. Es war bei der Maiparade in Wiesbaden.

Zwischen den riesigen bleichen Säulen des Kurhauses, auf den oberen Stufen, stand ich mit meinen Eltern, an der Hand gehalten, eingezwängt in einer dichten Menge, die starr war vor Begierde und kaum Raum hatte, sich zu regen. Alle Menschen blickten in ein und derselben Richtung. Auch mir wurde ein solcher Blick für Minuten vergönnt, nach langem Warten wohl, ein Blick von der Höhe der Arme oder Schultern des Vaters.

Ich sah einen weißen, ganz rein gefegten Platz, eine Fläche von feierlicher Leere. Das Geviert unterhalb der Kurhausstufen war von allem Gedräng ausgespart, kein Makel eines verlorenen oder verirrten Menschenflecks beschädigte den Plan. Berittene, welche die Kanten säumten, mochten ihn ausgespannt haben. Aber drüben, am gegenüberliegenden Rande, da schimmerte es: dort, wo sonst die finsteren Gitterstäbe den verbotenen Bezirk umschlossen, der »Bohlinkrien«

genannt wurde. So wenigstens verstand ich das geheimnisvolle Wort, das dichtes, dunkles Gebüsch bezeichnete und Weganfänge, die an allen vier Ecken von außen durch die Gattertore zu gewahren eben erlaubt schien, die verschwanden mit einer raschen Biegung im Düster. Und drinnen rauschte es unaufhörlich vom Wasser, so daß kein andrer Laut je vernehmlich wurde – gleich als ob das Wasser zu übertönen und zu ersäufen hätte, was im Gebüsch sich begab.

Dort also, vor dem eisernen Zaun und ihn verdeckend, schimmerte es weiß und silbern: Pferde und Reiter. Weiße Pferde und weißsilberne Reiter. Sie standen wohl in einer Reihe, aber sie trippelten immer ein bißchen hin und her, vor und zurück. Es war weit weg, ich konnte nicht viel unterscheiden – es mußte herrlich sein. Aber es ging etwas vor (und es war gewiß eben dieses Vorgangs wegen, daß mich mein Vater gerade jetzt emporgehoben hatte).

Irgendein kleines Wesen, eine Winzigkeit von dunklerer Färbung, war von einem Hochgestiefelten, der sich herunterbog, zu dem einen der Schimmel hingebracht und hingeschoben worden. Ja, da stand etwas.

»Siehst du's?« fragte meine Mutter. »Der Junge begrüßt den Kaiser.«

Der Kleine hatte eine Uniform an und einen Tschako auf dem Kopf wie die Husaren. Ich sah es nicht, aber ich mußte es doch sehen können, meine Mutter beschrieb alles (ich glaube, sie hatte das Opernglas mitgenommen), und so sah ich es denn auch. Ich sah es auf eine blinde Weise, und jedenfalls wollte ich es nachher ganz bestimmt gesehen haben. Der Bub hielt etwas empor. Einen Kornblumenstrauß. Und er trug ein Gedicht vor, sagte meine Mutter.

Alle ringsumher, die ganze dichte und reglose Menge auf den Kurhausstufen, hörte es, das Stimmchen, denn alle nickten einander zu und machten einander mit einem wiegenden und wispernden Entzükken darauf aufmerksam. So hörte ich's denn auch und sagte ja zu den Fragen meiner Mutter.

Aber dann geschah etwas Unbeschreibliches. Das Winzige, das also ein Bub war (wie ich), der eine Husarenuniform trug (wie ich eine haben wollte), der einen Strauß hinaufgereicht und ein Gedicht vorgetragen hatte – auswendig –, dies Wesen wurde hinaufgehoben auf den Schimmel des silbernen Kaisers und saß oben bei ihm auf dem Pferd. Das sah ich wirklich, und es war unglaublich wunderbar.

Ich weiß nicht, wer es hinaufhob, und ich weiß auch nicht, ob es da droben bleiben durfte, um die Parade mit anzusehen. Ich habe die Parade nicht gesehen – entweder weil es meinem Vater zu lang dauerte und er mich wieder herabließ auf die steinerne Stufe bei einer der bleichen Säulen oder vielleicht auch, weil es schon spät war und wir uns alle drei davondrückten, um nach Hause zum Mittagessen zu gehen.

So blieben mir der Kaiser und die Parade und der Mai für lange verknüpft mit dem einen einzigen Vorgang, den ich selber aufgefaßt hatte. Nein, nicht nur verknüpft, sondern dargestellt in diesem Vorgang, ausgefüllt von ihm. Ein kleiner Bub wie ich, ein Auserwählter, war zu ihm, dem erhaben Unkenntlichen, aufs Pferd hinaufgehoben worden.

Nicht Roß noch Reisige sichern die steile Höh, wo Fürsten stehn. Immer, wenn das Lied an diese Stelle kam bei Festlichkeiten in der Schule, verschmolzen die Worte zu dem Traumbild vom Bowling Green – wo Fürsten stehn. Dort vor dem eisernen Staket standen Fürsten am hellen Sonntag, der hieß Mai und Parade: Ich wußte, wo Fürsten stehn.

Die steile Höh zwar hatte eher ich selber innegehabt auf den Kurhausstufen und auf den Schultern meines Vaters. Aber diesen irritierenden Gedanken wußte ich stets zu verscheuchen. Denn das Roß war dagewesen, und »reisig« und »steil« war's auch nach Klang und Schimmer, nämlich weiß und silbern. Und die Höh bedeutete doch die Höhe des Kaiserschimmels, denn wie hoch hinauf hatte der kleine Bub blicken und sein Gedicht aufsagen müssen, und wie hoch hinauf vor allem war er dann geschwebt, um bei dem Kaiser zu sitzen. Manchmal war mir's, als wäre ich das selber gewesen. Die hohe Wonne ganz.

Aber später war ich es ganz und gar nicht mehr selber gewesen. Das war nach dem Kriege. Nachdem ich die feldgrauen Züge gesehen hatte, die wieder heimkamen und so entsetzlich grau waren, die stummen Männer, die auf ihrer Gulaschkanone vorbeifuhren, gleich bei uns um die Ecke am Michelsberg, und denen ich kleine Zigarettenpäckchen austeilte, wie man mich geheißen hatte, so arm waren sie. (Ich war elf Jahre alt.) Auch nachdem ich einen Stahlhelm erbettelt hatte von einem dieser stummen Männer, in der Abenddämmerung in der Ecke eines Schulhofes, der vorübergehend zum Kasernenhof geworden war. Und nachdem ich mit einer langen Peitsche geschlagen worden war von einem anderen Soldaten auf demselben dämmerigen Hof – der Gutenbergschule. Dieser war böse und zornig und zischte etwas durch die Zähne, während er schon mit der langen Peitsche ausholte.

Ich begriff's nicht, denn ich war nicht allein, und alle von uns liefen weit herum in der Stadt, fuhren ein Stück weit mit auf wackligen Trittbrettern von Offiziersautos und auf Protzen, um schließlich ein Koppel oder ein Seitengewehr oder einen Stahlhelm zu ergattern, was ja alles offenbar nicht mehr gebraucht wurde.

Der Stahlhelm war außen grau und grün angestrichen in einem

unregelmäßigen Muster, und innen roch er seltsam traurig. Ich wußte gar nichts mit ihm anzufangen. Er lag viele Jahre lang oben auf der Mansarde in einer geräumigen Rumpelkammer bei der Festung aus Pappmaché und beim Kasperltheater, mit dem ich nicht mehr spielte.

Aber immer, wenn dort oben irgend etwas zu holen war, wenn ich den schweren, glanzlosen eisernen Schlüssel im Türschloß des Mansardenzimmers umgedreht hatte, durch den Türspalt hereingewischt und alsbald in dem Zauberreich der vergessenen Dinge in dem stillen, kalten Staubduft des Raums versunken war, immer holte ich dann auch den Stahlhelm hervor, betrachtete ihn von allen Seiten und roch innen an den ledernen Teilen. Es war der Geruch des verlorenen Krieges.

Hans Georg von Studnitz wurde am 31. August 1907 in Potsdam geboren. Nach Schule und Banklehre ging er von 1924 bis 1928 als Bank- und Reedereikaufmann nach Valparaiso und Buenos Aires, dann in die USA. Ab 1930 schrieb er für die ›Neue preussische Kreuzzeitung‹, dann für die Zeitungen des Scherl-Konzerns und wurde deren Korrespondent in Wien, Rom, Spanien, Indien, London, Nahost und Den Haag. Er berichtete nach 1945 über die Nürnberger Prozesse, wurde Chefredakteur zunächst der ›Hamburger Allgemeinen Zeitung‹, dann des ›Hamburger Anzeigers‹. Danach war er Pressechef der Deutschen Lufthansa. Er lebt heute am Chiemsee.

## Hans-Georg von Studnitz
## »Morgen kommt die Kaiserin«

In Abwandlung des Wortes von Talleyrand über die Süße des Daseins vor der Französischen Revolution neige ich am Ausgang meines Lebens zu der Feststellung: Wer das Deutschland vor 1918 nicht gekannt hat, weiß nicht, wie schön unsere Heimat war.

Ich frage mich oft, wie ich zu dieser Erkenntnis gelangt bin. 1907 geboren, habe ich nur meine frühe Kindheit in der Kaiserzeit verbracht. Auf ihre letzten Jahre fiel der Schatten des Ersten Weltkrieges, dessen Ende alles in Frage stellte, was uns geprägt hatte. Gleichwohl hinterließ das Kaiserreich in mir Eindrücke, die ich nie mehr vergaß. Es formte in mir Auffassungen, die ich kaum zu korrigieren brauchte. Ich bin darum nie auf die Idee gekommen, die Bundesrepublik als das freieste Gemeinwesen der deutschen Geschichte zu betrachten. Dem Nationalsozialismus stand ich anfangs skeptisch, dann kurze Zeit hoffnungsvoll gegenüber – bis die Ereignisse im Sommer 1934 mich die Vorboten der Katastrophe erkennen ließen, der wir entgegentrieben.

Wenn ich den Glauben an die Deutschen nicht verloren habe, so, weil ich sie als Kind glücklich und groß erlebt habe, als eine Nation, die nicht von Freiheit schwätzte, weil sie frei war; die sich nicht um Gleichheit quälte, weil jeder auf dem Platz stand, wohin er gehörte. Ich habe die Deutschen gekannt, bevor sie erniedrigt wurden. Ich gebe die Hoffnung nicht auf, daß meine Landsleute sich eines Tages wieder mit den Maßstäben messen lassen, die an gesunde Völker gelegt werden.

Mein Elternhaus stand in Potsdam, dem Herz der Hohenzollernmonarchie. Mein Vater entstammte einem siebenhundertjährigen Geschlecht, das wie der Großteil des schlesischen Adels den Weg von Maria Theresia zu Friedrich dem Großen gefunden hatte in einer Zeit, die von dynastischen Konflikten, aber noch nicht von Völkerhaß und Nationalismus gezeichnet war. Aus österreichischen wurden die Studnitze preußische Untertanen.

Meine Mutter war die Tochter Max Schinckels, eines Hamburger Kaufmanns, der, in Moskau in die Lehre gegangen, Olga Berckemeyer aus dem Patriziat seiner Vaterstadt geheiratet hatte. Als Bankier brachte er es zu einem der bedeutendsten Wirtschaftsführer der Kaiserzeit. Er saß in Dutzenden von Aufsichtsräten, darunter der großen Reedereien, der Farben- und Sprengstoffgesellschaften, und wurde Ehrenpräsident der Deutschen Bank. Er stand Wilhelm II. persönlich nahe. Telegramme des Monarchen an meinen Großvater begannen mit der Chiffre »S. M. an M. S.«. Als Präsident des Hamburger Rennvereins verstand Max Schinckel es, den Kaiser für das Hamburger Derby zu interessieren, das alljährlich von dem Herrscherpaar besucht wurde und der Freien Hansestadt imperialen Glanz vermittelte. Er umgab auch die Taufakte auf den Hamburger Werften, wo Schlachtschiffe und Riesendampfer wie die »Imperator« im Beisein der Majestäten und Max Schinckels vom Stapel liefen. 1917 erhob Wilhelm II. meinen Großvater in den erblichen Adelsstand, eine Auszeichnung, die ihm so schmeichelte, wie sie meiner Großmutter gleichgültig war.

Wie das deutsche Großbürgertum identifizierte sich Max Schinckel mit dem Kaiserreich. Er hatte bei den Metzer Dragonern als Freiwilliger gedient, den Krieg 1870/71 mitgemacht und 1914 einen großen Teil seines Vermögens in Kriegsanleihe gezeichnet. Der Sturz des Kaisers zerbrach in ihm den Glauben an die Rechtschaffenheit der Deutschen, an die Sauberkeit ihrer politischen Moral, an ihre Intelligenz und an ihre Fähigkeit zur Treue. Mit dem in Doorn exilierten Monarchen blieb er in Verbindung. In Schinckels Enkeln zerstörte die Revolution die ersten Berufsträume. Meine Brüder sahen sich wie der Onkel Erni als Berliner Gardedragoner, wie der Onkel Bogislav als Torgauer Husar, wie der Onkel Felix als Gardekürassier. Ich hatte mich wie Onkel Oswald für die kaiserliche Marine entschieden, eine Hoffnung, die im Juni 1919 unterging, als sich die deutsche Schlachtflotte unter Admiral von Reuter in den dunklen Wassern von Scapa Flow selbst versenkte.

In der Ehe meiner Eltern verbanden sich hanseatischer Wohlstand mit der Strenge preußischen Junkertums. Durch die Apanage meiner Mutter wurde mein nicht eben aus großen Verhältnissen kommender Vater in die Lage versetzt, das sorgenfreie Leben eines Gardeoffiziers zu führen. Er stand bei der reitenden Artillerie und nahm mit meiner Mutter am Gesellschaftsleben einer Garnison teil, die von den vornehmsten Regimentern der preußischen Armee gebildet wurde. In unserem Stall standen mehrere Reitpferde und ein Schimmel, der einen in Dunkelblau und Gelb, unseren Wappenfarben, gehaltenen Dogcart zog, mit dem meine Eltern an freien Sommerabenden durch die Havellandschaft kutschierten.

Die Strahlen eines prächtigen Aufzugs wärmten uns Kinder allmorgendlich, wenn wir, begleitet von Gouvernanten und Ammen, auf den Balkon unseres am Neuen Garten gelegenen Hauses traten, um den Vorbeimarsch der Leibhusaren und des Gardedukorps zuzusehen, deren Übungsschwadronen auf das Bornstedter Feld zogen, während in anderer Richtung die gelben und roten Ulanen zu Manövern nach Glienicke trabten. Dem Trompeterkorps der Husaren ritt ein aus Deutsch-Südwestafrika rekrutierter schwarzer Kesselpauker voraus. Wenn der Mohr die Schlegel hob und die auf Schimmeln berittene Regimentsmusik die Hörner ansetzte, um Preußens Gloria in die Morgenluft zu schmettern, stand uns das Herz still. Unsere Betreuerinnen wischten sich die Augen, und wir zitterten vor Begeisterung.

Eine Viertelstunde später wiederholte das Gardedukorps, das »erste Regiment der Christenheit«, den Aufzug womöglich noch großartiger. Montiert auf Rappen, im silbernen Küraß mit dem goldenen Gardestern, glichen die Reiter unter adlergekrönten, schimmernden Helmen den Helden der trojanischen Sage. Auch später in England, an königlichen Geburtstagen und Hochzeiten, habe ich nie ein schöneres militärisches Schauspiel gesehen.

Einmal im Jahr nahmen die Majestäten vor dem Potsdamer Stadtschloß im Lustgarten die Parade des Gardekorps ab. Es war der größte Tag im Jahreslauf der Garnison. Aus der das Paradefeld überblikkenden Wohnung des Hofphotografen Höffert erlebten wir Kinder, wie der Kaiser hoch zu Roß, mit wehendem Federbusch und vergoldetem Marschallstab, umgeben von den Prinzen seines Hauses und der Generalität, das Defilee der Truppen, darunter der Batterie meines Vaters, abnahm. Freude war das Element dieses Tages, der abends in den Casinos der Regimenter mit Schampus und Bowle begossen

Hans-Georg von Studnitz (der zweite von links) mit seinen vier Brüdern.

wurde. Der Armee haftete noch nichts von dem tödlichen Ernst an, mit dem die Feldgrauen aus dem Ersten Weltkrieg heimkehrten und in den Zweiten zogen.

Unsere Erziehung lehnte sich an die vom Hof gegebenen Vorbilder. Wir waren fünf Brüder, die älteren im gleichen Alter wie die Söhne des Kronprinzen. Wie sie wurden wir in Kieler Matrosenanzüge gekleidet, in blauweiß gestreifte für die Schule und weiße für Nachmittag und Abend. Unter den Klassenkameraden wirkten wir wie Zebras und wurden als solche verspottet. Meine Mutter scherte das nicht. Alljährlich mußten wir sie nach Berlin in die Leipziger Straße zum Textilhaus Arnold Müller begleiten, wo uns neue Garnituren Marinekleidung anprobiert wurden. Die Prozedur wiederholte sich im benachbarten Schuhhaus Stiller, wo uns unbequeme Lackschuhe angepaßt wurden. So ausstaffiert, durften wir sonntags die Eltern in den Neuen Garten begleiten, der die kronprinzlichen Residenzen im Marmorpalais und in Cecilienhof umgab. Nicht selten trat beim Passieren des Parktores die vom I. Garderegiment gestellte Wache unter das Gewehr, um vor den vermeintlichen Kindern des Thronfolgers zu präsentieren. Eine Verwechslung, die meine Mutter und wir Jungen so genossen, wie sie meinem Vater unangenehm war!

Wenn die Eltern zu Hof gingen, drang die Spannung bis ins Kinderzimmer. Durch das Schlüsselloch beobachteten wir, wie meine Mutter von ihrer Kammerjungfer in ein enges Korsett geschnürt wurde, ehe man ihr eine gewaltige Seidenrobe über das kunstvoll frisierte Haupt zog. Nebenan hörten wir den Vater stöhnen, wenn er, von seinem Burschen assistiert, in seine Uniform schlüpfte und mit Galanteriesporen bewehrte Tanzstiefel überzog.

In unsere Vorstellungen von Hoffestlichkeiten gehörten auch die Palastdamen der Kaiserin, Gräfin Keller und Fräulein von Gersdorff. Wir begegneten ihnen bisweilen auf der Straße und wurden von ihnen huldvoll angesprochen. Dabei standen wir jedesmal eine Rede und Antwort, mit deren Tenor meine Mutter keineswegs einverstanden war.

Auch der um acht Jahre jüngere Bruder meines Vaters brachte Hofluft in unser Kinderzimmer. Als königlicher Kadett wurde er zu Pagendiensten bei Staatsdiners abkommandiert, wo er hohen Gästen aufwartete. Wir durften seine Pagentracht bewundern und gerieten in Entzücken über die Bundhosen, deren Taschen mit Wachstuch gefüttert waren zur Aufbewahrung des Konfekts, das die Tafelnden den jungen Leuten zusteckten. Mein Onkel, der die Waffengattung öfter wechselte, erfreute uns alljährlich durch neue Konterfeis, auf denen ihn sein Photograph bald als Gardeartilleristen, dann als Kavalleristen in hellblauem, silberverschnürtem Dolman und gewaltiger Pelzmütze und schließlich als Generalstäbler im Schmuck von Biesen und Hosenstreifen ablichtete, die in Bischofslila gehalten waren. Wir klebten diese Bilder in Alben, in denen wir Photos von Angehörigen des Kaiserhauses sammelten. Mit dem Verlöschen der Erinnerungen an die Monarchie machten sie einem anderen Sammelobjekt, Postkarten mit Ozeandampfern, Platz.

Zu den Obliegenheiten, denen wir uns in Potsdam zu unterwerfen hatten, gehörte der sonntägliche Kirchgang. Keine Kirche lag von unserem Wohnsitz weiter entfernt als die Garnisonkirche am Potsdamer Lustgarten. Der Gedanke, ein näher benachbartes Gotteshaus aufzusuchen, wäre uns jedoch nie gekommen. Die Garnisonkirche barg die Gruft der Preußenkönige Friedrich Wilhelm I. und Friedrich II., ein Mausoleum im Ruch der Heiligkeit. Schon in der Vorschule hatten wir gelernt, daß Napoleon Bonaparte im Oktober 1806 hier in die Worte ausbrach: »Lebte Friedrich II. noch, so stände ich nicht hier.«

Die Brüstung der Predigtkanzel schmückte das Relief eines zur Sonne aufsteigenden Preußenadlers. Krone, Szepter und Reichsapfel prangten auf der Kanzeldecke. Über ihnen wachte das dreieckige Auge Gottes. Auf den Emporen des Längsschiffes nahmen die Abordnungen Potsdamer Truppenteile Platz. Sie blickten auf die Feldzeichen der friderizianischen Garde, die die Pfeiler des Tempels umgürteten. Wenn das Orgelwerk mit seinen schellenschlagenden Engeln, flügelschwingenden Adlern und kreisenden Sonnen in Bewegung kam, erwachten die während der Andacht eingeschlafenen Vaterlandsverteidiger auf ihren Holzbänken und spähten ängstlich nach der dem Altar gegenüber gelegenen Königsloge, in der »S. M.« nicht weniger ungeduldig als seine Soldaten das Ende der Philippika von der Kanzel erwartete. Dauerte dem Kaiser der Sermon zu lange, so schickte er nach dem Gottesdienst seinen Flügeladjutanten zum Pfarrer und ließ ihm eine goldene Taschenuhr mit der Mahnung überreichen, sich nächstes Mal kürzer zu fassen.

Dem Balkon im ersten Kirchenstock für das kaiserliche Gefolge benachbart lag die Loge für die Angehörigen der Offiziere der Garderegimenter. Meine Mutter besaß einen Schlüssel zur Logentür, die stets versperrt war, um »Unbefugten« den Zutritt zu verwehren. Bei gutem Wetter hielt das Kaiserpaar vor dem Gotteshaus Cercle. Meine Mutter versank in einen tiefen Knicks, und wir machten einen Diener vor der Kaiserin, die in blaßlila Seide mit dazu passendem Sonnenschirm und breitrandigem federgeschmücktem Hut genau unserer Vorstellung von einer Landesmutter entsprach. Die flüchtige Begegnung mit der hohen Frau lieferte unserer Gouvernante ein probates Erziehungsmittel. Wann immer die von uns im Kinderzimmer angerichtete Unordnung einen Kulminationspunkt erreicht hatte, scheuchte sie uns mit dem Hinweis zum Aufräumen, die Kaiserin habe für morgen ihren Besuch angesagt, und bis dahin müsse alles an seinem Platz sein. Da sie jedoch niemals erschien, verlor die Mahnung schnell an Wirkung!

Dem Potsdamer Klima fehlte die Spritzigkeit der Berliner Luft. Der Sommer brütete dumpf über den die Stadt einschließenden Havelarmen, auf denen Lastkähne ankerten und Hunderte von Segeln in der lauen Luft standen. Am schönsten war Potsdam im Frühling, wenn die königlichen Gärten erwachten, in Sanssouci die Tulpenbäume blühten, vor dem Marmorpalais Stiefmütterchen gesetzt wurden, der Pfingstberg im jungen Grün der Birken schimmerte, die Orangerie ihre Lorbeerbäume freigab und die Holzverschalungen von den marmornen Bildwerken genommen wurden, die Genien und Götter vor dem Frost geschützt hatten. Der Winter mit seinen wochenlangen Eisvergnügen auf dem Heiligen See, den Rodelpartien auf dem Kapellenberg und den Schlittenfahrten durch die tiefverschneite russische Kolonie lag hinter uns. Durch die Jahreszeiten waren die Potsdamer Sehenswürdigkeiten und Ausflugsziele mit dem königlichen Haus innig verbunden. Weilte der Kaiser im Neuen Palais, so wurde ein das Schloß umgebendes Areal abgesperrt. Wissenschaftler wie Professor Kania und Feuilletonisten wie Ludwig Sternaux erläuterten uns die

Geschichte der Potsdamer Bauten. Wir wußten in Babelsberg, dem neogotischen Sitz Wilhelms I., so Bescheid wie in Charlottenhof, das einer Villa der Antike nachgebildet war, und auf der Pfaueninsel mit einem königlichen Gemäuer, das an die Kulisse einer Verdi-Oper erinnerte.

Residierte die kaiserliche Familie in Potsdam, so war sie überall gegenwärtig. Man konnte ihr auch im Wildpark begegnen, einem umgatterten Revier in der Nachbarschaft von Sanssouci. Dort gab es Gedenksteine, die vermeldeten, daß »S. M.« an diesem Ort einen weißen Zwölfender gestreckt habe. »Wildpark« hieß auch der hinter dem Neuen Palais gelegene Privatbahnhof, den die Majestäten bei Fahrten zwischen der Potsdamer Sommerresidenz und der Reichshauptstadt benutzten.

Von Polizeischutz, Leibwächtern, in Gebüschen versteckten Detektiven, mit denen die Mächtigen von heute Anschlägen auf ihr Leben zuvorzukommen trachten, war in der Kaiserzeit nichts zu spüren. Das Automobil des Monarchen bewegte sich ohne Vorreiter durch Stadt und Land. Vielleicht konnte Wilhelm II. nicht wie Graf Eberhard mit dem Barte sein Haupt in jedes Untertanen Schoß legen. Aber Attentäter, die Wilhelm I. und Bismarck nachgestellt hatten, bedrängten ihn auch dann nicht, als während des Ersten Weltkrieges Kummer und Elend sich ausbreiteten. Die beißenden Sottisen des ›Simplicissimus‹ auf den »Reisekaiser« taten seiner Autorität sowenig Abbruch wie die Burleske des Hauptmannes von Köpenick das Prestige des Militärs nicht schmälerte.

Ausnahmen bildeten der von dem Schriftsteller Maximilian Harden gegen den Fürsten Eulenburg, einen Intimus des Kaisers, eingeleitete Skandalprozeß oder politische Affären wie das von Wilhelm II. dem ›Daily Telegraph‹ gewährte Interview zum Burenkrieg, der »Panthersprung« nach Agadir oder die Zabernaffäre. Sie warfen Schatten auf die Sorglosigkeit der Kaiserzeit, von denen wir in Potsdam freilich kaum berührt wurden. Sowenig wie das Ansehen des preußischen Staates, für das der Schutzmann mit Pickelhaube geradestand. Er glich dem Londoner Bobby, ohne einen Gummiknüppel zu tragen. Seine einzige Waffe war ein dekorativer, langer Säbel, der, ohne eingesetzt zu werden, seine Aufgabe als Drohgebärde voll erfüllte. Es gab keine Gestapo. Die innere und äußere Sicherheit gewährleistete die Armee, ein Volksheer, in dem hoch und niedrig dienten und dessen Beliebtheit der des obersten Kriegsherrn nicht nachstand.

Verglichen mit dem, was folgen sollte, war das Wilhelminische ein goldenes Zeitalter. Morgens um sechs Uhr wurden die frischen Brötchen vor jedermanns Haustür geliefert. Eine Stunde später klingelte Bolles weißer Wagen die Hausfrauen auf die Straße, um sie mit frischer Milch zu versorgen. Größere Geschäfte schickten Einkäufe ins

Haus. Tante-Emma-Läden hielten bis spät in die Nacht offen. Wie in Frankreich konnte man auch Sonntag vormittags Lebensmittel erstehen. Post und Zeitungen wurden werktags dreimal, sonntags einmal ausgetragen. Es gab keine Schlangen. Nicht einmal für Opernkarten brauchte man anzustehen. An jeder Straßenecke warteten Mietdroschken, für Familien Zweispänner. Auf den Bahnhöfen wimmelte es von Gepäckträgern. Dienstleute erledigten private Besorgungen. Handwerker kamen sofort, Ärzte und Geistliche machten Hausbesuche. Dienstboten hießen noch nicht »Raumpfleger«. Wenn sie stahlen, konnten sie sofort entlassen werden. Auf die heute übliche Bescheinigung, daß sie wertvolle Arbeit geleistet und sich auf eigenen Wunsch veränderten, hatten sie keinen Anspruch.

In den Schulen gab es eine Platzordnung, die den Eltern verriet, wie es um die Leistungen ihrer Sprößlinge bestellt war. Von ländlichen Regionen abgesehen, heirateten junge Leute spätestens dann, wenn sich Nachwuchs einstellte. Ehewillige Offiziere und Beamte, die von ihrem Sold und Gehalt die Kosten eines Mehrpersonenhaushalts nicht bestreiten konnten, mußten eine Kaution nachweisen. Eingebildete Krankheiten verschafften keine Privilegien. Nur reiche Leute konnten solche Launen in Sanatorien ausleben, die nicht über die Sozialversicherung abgerechnet werden durften. Vereinzelt gab es Morphinisten. Als Massenübel war Rauschgiftsucht unbekannt. Wehrdienstverweigerer wurden Deserteure genannt. Wie der spätere Bundespräsident Gustav Heinemann konnten junge Leute es nicht erwarten, eingezogen zu werden. Wer für nicht tauglich befunden wurde, grämte sich ein Leben lang und wählte manchmal den Freitod.

Gewiß war die Gesellschaft der Kaiserzeit eine Ranggesellschaft, deren Mechanismus auch durch Titel und Orden reguliert wurde. Dafür fehlte Korruption. »Travailler pour le Roi de Prusse« war eine Ehre, die Geld nicht aufzuwiegen vermochte. Steuersünder waren Ausnahmen. Jährlich wurden Listen der Bürger veröffentlicht, die die höchsten Einkommensteuern leisteten, eine Aufzählung, um deren Spitzenposition der Großindustrielle Friedrich Krupp und der Fürst Henckel-Donnersmark in edlem Wettstreit lagen. Die kleinen Leute hatten Spaß an diesem System und freuten sich, daß es auch ganz unten Abstufungen gab, die Aufsteiger erklimmen konnten. Gleichheit für alle bestand nur vor dem Gesetz und beim Militär, wo Prinzen sowenig wie Gemeinen durchgelassen wurde, beim Schießen das Schwarze in der Scheibe zu verfehlen.

Die Schneidigkeit des Kaisers gefiel dem Volk und stand in merkwürdigem Kontrast zu seiner liberalen Gesinnung. Später durfte sich nur Ludwig Erhard, der Schöpfer des Wirtschaftswunders, an Beliebtheit mit dem Kaiser vergleichen. Wie dieser den Deutschen seiner Epoche verkörperte, so war jener das Lieschen Müller der Jahre nach

1945. Unter Wilhelm II. – das ist heute vergessen – gingen Arbeiter und Unternehmer aufeinander zu, trat eine Sozialgesetzgebung in Kraft, die ihresgleichen suchte, verband sich die so lange tonangebende Feudalschicht mit dem aufstrebenden Bürgertum, vergoldeten, wie in England und Frankreich, Adlige durch eheliche Verbindungen mit Kommerzienratstöchtern ihre Krone, trugen industrielle Vermögen zur Auffrischung heruntergekommener Landgüter bei.

Sicher war es nicht mehr das alte Preußen, das dieser Hohenzoller regierte, ein blutarmes Land mit einer Bevölkerung deutscher Kolonisten und slawischer Bauern, das nach Mirabeau einer Armee »gehörte«. An seine Stelle war ein moderner Großstaat getreten, der, von einer expandierenden Wirtschaft getragen, sich Aufgaben setzte, denen der »Friedenskaiser« Wilhelm II. besser entsprach als die meisten Monarchen seiner Zeit.

Antisemitismus, der mit dem Ende der zwanziger Jahre Deutschland zu vergiften begann, gab es im Reich Wilhelms II. nicht einmal in Ansätzen. Von den Eskapaden des Hofpredigers Stoecker nahm niemand Notiz. Wie schon Bismarck bediente sich der Kaiser gern jüdischer Ratgeber wie des Reeders Albert Ballin, des Bankiers Carl Fürstenberg und des Industriellen Walther Rathenau. Ihre Intelligenz und Weltoffenheit empfand er als wohltuend, weil sie ihn vor einseitiger Urteilsbildung und zu starker Beeinflussung durch seine aristokratische Umgebung bewahrte. Große jüdische Familien wie die Oppenheim, Goldschmidt-Rothschild, Friedländer-Fuld, Guggenheim, Hahn, Salomonsohn, Klemperer, Warschauer, Schwabach, Hagen und Mendelssohn, die in der Weimarer Republik eine dominierende Rolle spielen sollten, bauten ihre Stellung unter dem Kaiserreich auf. Wie der junge Bleichröder dienten sie auch in Garderegimentern und stellten der Armee Generale. Nicht wenige wurden nobilitiert. Im Ersten Weltkrieg fielen sie zu Tausenden für Kaiser und Reich und riefen nach 1918 den »Bund jüdischer Frontsoldaten« ins Leben.

In Wilhelm II. wirkte nicht nur die Tradition friderizianischer Toleranz gegen Andersgläubige, sondern auch das freisinnige Erbe seiner englischen Mutter Viktoria, einer Schwester Eduards VII., und seiner Großmutter, der Kaiserin Augusta aus dem Hause Sachsen-Weimar. Die geistige Offenheit Berlins tat ein übriges. In Geschmacksfragen war Wilhelm II. ein Kind seiner Zeit, die sich vom Kitsch der Gründerjahre und der Skurrilität des Jugendstils nur langsam löste, aber auch Maler wie Max Liebermann und Dichter wie Gerhart Hauptmann nach oben trug.

Die Kaiserzeit wirkte weit über die Revolution hinaus. Sie erhielt sich noch lange in der Potsdamer Idylle. Zwar verschwanden aus dem Stadtbild die Hofequipagen. Die Potsdamer wurden des Vergnügens beraubt zu erraten, ob sie eine Prinzessin oder »nur« eine Hofdame beförderten. Der Asphalt erholte sich von dem Stakkato, mit dem die Rösser des kaiserlichen Marstalls das Straßenpflaster strapaziert hatten. Durch Gewichte an den Fesseln waren sie während des Einfahrens daran gewöhnt worden, die Hufe scharf aufzusetzen. Verkehrspolizisten wurden auf diese Weise vorgewarnt, daß sich ein Gespann mit hohen Herrschaften näherte. Der Kaiser selbst hatte sich früh an das Automobil gewöhnt. Eine neben dem Kühler angebrachte Kaiserstandarte deutete auf den Rang des Insassen. Der Chauffeur bediente über einen Blasebalg aus schwarzem Gummi das Horn, dessen Tatütata dem Monarchen den Weg bahnte. Dieses Signal blieb ihm vorbehalten wie die mittlere Durchfahrt des Brandenburger Tors in Berlin.

Unsichtbar blieben nun auch die türkischen und siamesischen Prinzen, die à la suite der Garderegimenter gestanden und der Residenz mit ihren dunkelhäutigen Lakaien und nervösen Araberhengsten ein exotisches Kolorit verliehen hatten. Die Hohenzollern blieben Potsdam treu. Das Kronprinzenpaar bezog den erst während des Krieges fertiggestellten »Cecilienhof«, ein nach englischen Vorbildern erbautes schloßähnliches Haus. Die Kaisersöhne Eitel Friedrich, August Wilhelm und Oskar verweilten in ihren Villen am Rande von Sanssouci und des Neuen Gartens. Der von Legenden umwobene reichste Hohenzoller, Prinz Friedrich Leopold, und sein Sohn, der Turnierreiter Prinz Friedrich Sigismund, behielten ihre Residenzen in Glienicke. Friedrich Leopold brauchte sich nicht länger in seine auf Stege gearbeiteten engen Stehhosen zu zwängen, die ihm nicht erlaubten, sich zu setzen.

Die Potsdamer Geschäftsleute nahmen wie ganz Potsdam von der Republik kaum Notiz. Sie posierten weiter als »Hoflieferanten« mit Schaufenstern, die mit den Wappen ihrer fürstlichen Kundschaft geschmückt waren. Liepe sorgte weiter für Delikatessen und Südfrüchte, Hellwig für feines Briefpapier, Rabin für Torten und Sahnebaisers. Heidkamp rahmte wie eh und je die neuesten Porträts aus dem Kaiserhaus, die in Postkartenformat überall zu haben waren. Gadebusch belieferte nun die Reichswehr mit Rennpreisen, Schnapsbechern, Zigarettenetuis und Serviettenringen.

Auf den Potsdamer Schulen blieb alles beim alten. Während der Morgenandacht in der Aula des Realgymnasiums blickten wir auf drei riesige Wandbilder, den Kaiser, die Kaiserin und die Burg Hohenzollern darstellend, die von Adlern umflogen wurde. Lehrer wie Schüler blieben Monarchisten und empörten sich gemeinsam, als zum erstenmal der 27. Januar, Kaisers Geburtstag, nicht schulfrei war. Unsere königstreue Einstellung erfuhr einen neuen Impuls, als die beiden ältesten Kronprinzensöhne, Wilhelm und Louis Ferdinand, bei uns eingeschult wurden. Sie trugen schwarzweiß karierte Breeches, die wir sofort nachmachten, und zeigten Leistungen, die wir nicht so schnell übernehmen konnten. Louis Ferdinand wurde Primus omnium, während Wilhelm als Zweitbester abschnitt. Wir knüpften schnell freundschaftliche Beziehungen mit den Prinzen, ohne daß es uns eingefallen wäre, es an Distanz zu ihnen fehlen zu lassen. Dazu war unser Respekt vor den Trägern des erlauchtesten Namens der preußischen Geschichte zu groß.

Das Andenken an die Kaiserzeit hüteten wir in der Republik als ein Vermächtnis, das sich jedem Ersatz entzog. In den neuen Gewalten eine Autorität zu sehen, kam uns überhaupt nicht in den Sinn. Ebert, den wir durchaus nicht lächerlich fanden, mußte das so hinnehmen wie Hindenburg, den wir verehrten.

Die Vergötterung, die später Hitler von dem überwiegenden Teil des Volkes gezollt wurde, erschien mir immer als Ausdruck des Bedürfnisses nach einem Symbol, das die Gloriole der Monarchie ersetzen konnte.

Der Zentralfigur, die für uns Kinder unfaßlich so unvermittelt abgetreten war, begegnete ich erst anderthalb Jahrzehnte nach dem Ende der Monarchie. Im Winter 1936 lud mich Wilhelm II. nach Doorn ein, um sich über den Spanischen Bürgerkrieg unterrichten zu lassen, dem ich als Korrespondent der Berliner Scherl-Zeitungen von Anfang an beiwohnte. 1940, kurz vor dem deutschen Einmarsch in die Niederlande, den ich als Journalist im Haag erlebte, rief mich der Kaiser abermals zu sich.

Das Zusammentreffen mit dem Herrscher, der einer ganzen Epoche seinen Namen aufgedrückt hatte, enttäuschte mich nicht. Ich stand einem Fürsten gegenüber, der unter anderen Umständen und besser beraten als bedeutende Figur in die Geschichte hätte eingehen können.

Vielseitig gebildet, ein gewandter Linguist, der im Verkehr mit preußischen Landeskindern gern berlinerte, ein glänzender Redner und Liebhaber geschliffener Pointen, war Wilhelm II. alles andere als ein Serenissimus. Seine weit über dem deutschen Durchschnitt liegende Auffassungsgabe hinderte ihn freilich, Probleme zu vertiefen, und verführte ihn zu voreiligen Urteilen. Der Kaiser langweilte sich schnell, was Ohrenbläsern Chancen bot. Sein gelegentlicher Mangel an Takt war ein Erbe seiner aus dem Haus Hannover kommenden Großmutter, der Königin Viktoria von England. Eine Eigenschaft, die er mit der Mehrzahl seiner Untertanen teilte und die seine Politik mit zusätzlichen Problemen belud. Aber die Deutschen liebten den Kaiser ja gerade, weil er ihnen in so vielem glich.

Für eine Auseinandersetzung mit den Weltmächten war der »Friedenskaiser« nicht geschaffen. Ohne einen Bismarck, ohne einen Moltke konnte er sie gar nicht bestehen. Einen Nibelungentod auf dem

Schlachtfeld zu wählen entsprach den christlichen Vorstellungen des Kaisers nicht.

Die beiden Besuche in Doorn sind mir unvergeßlich geblieben. Ich lernte dort einen Monarchen kennen, unter dessen Regnum die Deutschen sich voll entfaltet hatten, einen Herrscher, der sie ungeachtet der Mißgriffe, die ihm unterliefen, glücklicher machte als alle, die nach ihm kamen. Er stand für eine nationale Harmonie, die wir verloren haben.

Fritz Fischer wurde am 5. März 1908 in Ludwigsstadt (Oberfranken) geboren. Er studierte Theologie, Philosophie und Geschichte in Erlangen und Berlin. Von 1939 an leistete er Kriegsdienst und war bis 1947 in Gefangenschaft. Von 1948 an war er ordentlicher Professor für mittlere und neuere Geschichte in Hamburg. Er unternahm zahlreiche Forschungs- und Vortragsreisen in viele europäische Länder, in die USA, nach Kanada und nach Japan. Er ist Mitglied der British Academy und Ehrenmitglied der American Historical Association, D. Litt. h.c. der Universitäten Sussex, East Anglia und Oxford und Dr. phil. h.c. der Universität Kassel. Er veröffentlichte unter anderem: ›Griff nach der Weltmacht‹ (1961), ›Krieg der Illusionen (1969) und ›Bündnis der Eliten‹ (1979).

## Fritz Fischer
## Sonnige Kindertage im nördlichsten Zipfel Frankens

Der Marktflecken Ludwigsstadt, wo ich am 5. März 1908 geboren wurde, liegt im nördlichsten Zipfel des damaligen Königreichs Bayern, umschlossen von thüringischem Gebiet, heute von der Grenze zur DDR. Dies war ein grünes Land: Frankenwald und Thüringer Wald mit tief eingeschnittenen Tälern, mit schier endlosen Fichten- und Tannenwäldern. Die karge Ackerkrume liegt über Schiefer und Urgestein, Basalt und Granit.

In diesem damals von Touristen und Urlaubern kaum berührten engbegrenzten Raum wuchs ich auf. Es gab wenige ausgebaute Straßen, die Eisenbahn war der Hauptverkehrsträger (neben der Nord-Süd-Strecke Berlin-Halle-Probstzella-Nürnberg-München, an der Ludwigsstadt liegt, gab es einige »Lokalbahnen«). Auf der hohen Eisenbahnbrücke, die den ganzen Ort überspannte, brausten Tag und Nacht die Züge, gezogen und geschoben von schweren Dampflokomotiven, was die Phantasie von uns Kindern beflügelte und Fernweh weckte. Unter den zwölfhundert Einwohnern meines Geburtsortes waren etwa ein Dutzend kleine und mittlere Bauern, deren Höfe offen zur Straße lagen, den Hauptteil der Beschäftigten aber bildeten die Forstarbeiter und die »Schieferbrücher«, dazu die Arbeiter in den Schiefertafelfabriken, die vor allem die Schultafeln herstellten, wie sie alle Schüler damals benutzten, und die Arbeiter in einigen Textilfabriken. Unter den Handwerkern waren die »Schieferdecker« die wichtigsten, da nicht nur alle Dächer, sondern auch die Haus- und Scheunenwände gegen Kälte und Regen mit Schiefer abgedeckt waren (und großenteils heute noch sind), was den Dörfern und Städten im nördlichen Teil Frankens einen strengen, fast düsteren Ausdruck gab, der sie sehr von der Heiterkeit der mit roten Ziegeln gedeckten Orte des südlichen Franken unterschied.

Hühner, Stallhasen, Ziegen (die Kuh des Arbeiters), Schweine, Kälber wurden vor den Häusern vor aller Augen geschlachtet, und wir Kinder sahen halb entsetzt, halb gespannt zu. Die drei oder vier »Fabrikbesitzer« wohnten in ansehnlichen Häusern. Doch mehr abgehoben von der übrigen Bevölkerung waren die »Studierten« und die Beamten: der Forstmeister, der Dekan (»Königlich Bayerisches Dekanat« stand an seinem burgähnlichen Haus neben der Kirche), der Amtsrichter, der Arzt, der Apotheker, der Rektor der Volksschule (der wie die Lehrerinnen der geistlichen Schulaufsicht unterstand, was sie als demütigend empfanden und meinen Eltern oft klagten) und die Vorstände von Eisenbahn und Post, beide kgl. bayerisch. Ihre Stellung zeigte sich am deutlichsten in der Kirche, wo die Beamten auf der ersten Empore in Höhe der Kanzel einen eigenen Sitzbereich hatten, zu dem an der Außenseite des Kirchturms eine Steintreppe hochführte; das war wohl einmal der Bezirk der adligen Patronatsherrschaft. Zu dieser bevorzugten Gruppe gehörte mein Vater, damals »Adjunkt« bei der Eisenbahn, der aufgrund seiner Schulbildung zum »gehobenen mittleren Beamtendienst« aufsteigen konnte.

Mein Vater stammte aus dem östlich an den Frankenwald anschließenden Fichtelgebirge, damals das bayerische Sibirien genannt wegen seiner Kälte und Abgelegenheit. Er war eines von fünf Kindern eines kleinen Bauern in Sparneck am Waldstein, von denen die drei Buben Beamte wurden, einer beim Zoll, der andere in einer Stadtverwaltung und der dritte, mein Vater, bei der Eisenbahn. Das Geld, das der Besuch der Realschule in Wunsiedel kostete, erwirtschaftete die Mutter aus dem »Milchgeld«. Die Kosten der Uniform für den Einjährig-Freiwilligen-Dienst beim Infanterieregiment in Bayreuth waren schwer zu beschaffen, die ganze Familie mußte mithelfen. Ich erinnere mich, daß mein Vater jede dritte Nacht auf der Station der vielbefahrenen D-Zug- und Güterzugstrecke Nachtdienst hatte, im Krieg noch öfter. Wohl um uns Kindern diese Plackerei zu ersparen und aus eigenem Bildungsdrang (er konnte noch in seinem neunzigsten Lebensjahr recht gut Französisch sprechen) schickte er unsere zwei Jahre ältere Schwester auf die höhere Töchterschule und uns Zwillingsbuben aufs Gymnasium in das weit entfernte Ansbach.

Die ihm mögliche Karriere hat er schnell durchlaufen. Er ging ganz im »Dienst« auf, der zehn bis zwölf Stunden dauerte. Die Familie gab es für ihn nur am Sonntag, wo wir alle regelmäßig zur Kirche gingen. In der Erziehung war er äußerst streng, ohne je zu prügeln. Sein Lieblingswort war: »Friß, Vogel, oder stirb!« – wohl eine Mischung aus Luther und Darwin. Seine Drohung hieß: »Dann kannst du Schwarzbrot essen oder nach Amerika auswandern!« Von ihm habe ich (frei nach Goethe) die Statur und die körperliche Widerstandsfähigkeit, das Pflichtgefühl und das systematische Denken geerbt.

Die väterliche Familie im Fichtelgebirge ist zurück bis 1496 nachweisbar; alle waren Bauern. Meine Mutter, eine geborene Schreider, stammte aus einer bürgerlichen Unternehmerfamilie, deren verschiedene Zweige seit dem 18. Jahrhundert im Thüringer Wald, im Frankenwald und im Fichtelgebirge als Hammerwerksbesitzer ansässig gewesen waren. Sie hatten ihre wassergetriebenen Anlagen nach dem Ende ihrer Metallwarenfabriken (Eisenwerkzeuge, Bestecke) auf Brauereien, Mühlen, Porzellanfabriken umgestellt, zeitweise auch Schiefer- und Steinbrüche betrieben. So erwarb ein Schreider das Gut und die Brauerei »Gabe Gottes« im Saaletal, ein anderer 1809 den ausgedehnten Besitz Falkenstein bei Lauenstein, nach der Familie Schreidershammer genannt, mit Brauerei und einer Kette abhängiger Gastwirtschaften, großer Land- und Forstwirtschaft, eigener Jagd, Mahl- und Schneidemühle, Gärtnerei, Fischerei und einem Landgasthaus, zu dem von weit her Gäste kamen.

Der Vater meiner Mutter, 1850 in »Gabe Gottes« geboren, war zwölf Jahre Braumeister bei seinem Vetter in Falkenstein, bis der häufige Wechsel zwischen Dampfhitze und Eiskeller ihn zwang, seinen Beruf aufzugeben. Er lebte später in Ludwigsstadt und erwarb durch Holzhandel ein ansehnliches Vermögen, das er seinem einzigen Kind, meiner Mutter, hinterließ. Er stand dabei in Verbindung mit den Brüdern seiner Frau (einer geborenen Hopf in Probstzella), die diesseits wie jenseits der Grenze Landwirtschaft und Gasthöfe betrieben, wie mit dem Besitzer des Falkenstein, Karl Schreider, der das Unternehmen zur Blüte brachte. Mit diesem Ort und den Menschen dort blieb auch meine Mutter immer eng verbunden; die Besuche dort haben mir für mein ganzes Leben die vielfältigsten Eindrücke und Anregungen gegeben.

Meine Mutter, im gleichen Jahr wie mein Vater 1878 geboren auf dem Falkenstein, hatte den kaufmännischen Sinn, aber nicht die Robustheit ihres Vaters geerbt, sondern die Zartheit ihrer Mutter. Sie war einige Zeit bei den Herrnhutern in »Heilig«-Ebersdorf erzogen

Fritz Fischer (links) mit seinem Zwillingsbruder Max.

worden, einer Residenz der Fürsten Reuß, den Beschützern der Herrnhuter. Deren empfindsam-selbstquälerische Frömmigkeit (von der die lange Widmung in unserer Familienbibel ein Zeugnis gibt) nahm sie nicht an, wohl aber hegte sie lebenslang ein Mißtrauen, ja eine tiefe Abneigung gegen die Pfarrer der lutherischen Staatskirche mit ihrem Amtsanspruch und ihrer Dogmatik. Sie liebte einen Lehrer, doch ihr Vater verbot die Heirat, weil er ihn für einen Sozialdemokraten hielt, denen sein ganzer Haß galt, weil Bismarck, sein Abgott, sie gehaßt und verfolgt hatte. Als ihr Vater zu ihrem größten Schmerz 1901 nur einundfünfzig Jahre alt, gestorben war, verlobte sie sich 1903, nun fünfundzwanzig Jahre alt, mit einem Beamten (dessen Existenz ihrer Mutter im Unterschied zum Auf und Ab der freien Wirtschaft so viel ruhiger erschien), meinem Vater, der eine stattliche Erscheinung war und ihr wohl auch den Vater ersetzen sollte.

Sie war damals eine reizende, schöne junge Frau. 1904 war die Heirat. Die Mitgift war – neben neuen, recht aufwendigen Möbeln im Jugendstil – so groß, daß nunmehr die Aufgabe der Anlage und Verwaltung des Vermögens an meinen Vater ging, der dem aber nicht gewachsen war. Weil er arglos einem nahen Verwandten, der eine Porzellanfabrik betrieb, doch nahe vor dem Bankrott stand, eine große Summe Geld geliehen hatte, gab es erste Zerwürfnisse in der Ehe. Mein Vater legte einen großen Teil des Vermögens in neuen westpreußischen Bodenkreditpapieren an, die sich 1919 in nichts auflösten, und nachdem er als guter deutscher Patriot große Summen für

Kriegsanleihen gezeichnet hatte, die auch in nichts zerrannen, ging das Vermögen endgültig in der Inflation 1923 verloren. Wir waren von da an – Eltern und drei Kinder auf Schulen und im Studium – auf das bescheidene Gehalt eines mittleren Beamten angewiesen, was den Eltern ein großes Opfer abverlangte.

Wir bewohnten in Ludwigsstadt die erste Etage und das Dachgeschoß eines geräumigen Hauses (Küche und sechs Zimmer), genannt die »Löwenburg«, etwas außerhalb des Ortes gelegen. Tagsüber fuhren die Bauern mit Ochsen, oft auch mit Kühen im Gespann vorbei. Frühmorgens um fünf Uhr, im Winter mit Windlichtern, schlurften die »Schieferbrücher« vorbei, die zur Arbeit gingen, wohl fast eine Stunde lang; denn es gab ja weder Fahrrad noch Motorrad, weder Auto noch Autobus. Wir Kinder, wenn wir sie hörten, kuschelten uns ängstlich-mitfühlend in die Betten.

Alles Einkaufen beim Bäcker, Metzger, im Kramladen wurde mit der Tragetasche oder dem Leiterwagen besorgt. In der Küche und in der Wohnstube oder im Kinderzimmer mußte jeden Morgen Feuer gemacht werden, mußten Holz, Kohlen und Asche geschleppt, die Petroleumlampen geputzt werden. Immerhin gab es fließendes (Kalt-) Wasser, aber noch kein Badezimmer (und nur Plumpsklo). Das tägliche Baden der Kleinkinder und später das allwöchentliche große Badefest ging daher in Holzzubern vor sich, für die auf dem Herd das Wasser dampfend heiß gemacht wurde. Dafür gab es zur Freude der Mutter einen kleinen Garten vor dem Haus mit Blumen, Spalierobst und Rasenfläche und einen großen Garten hinter dem Haus, den Sommerberg hoch, mit Gemüsebeeten, Erdbeeren, Stachelbeeren, Johannisbeeren und Obstbäumen, so daß wir zum Teil Selbstversorger waren.

Als wir drei Kinder ins Spielalter kamen, tat meine Mutter einen Schritt, der Aufsehen erregte: Sie räumte die kostbaren Salonmöbel auf den Boden und machte aus dem Salon ein Kinderspielzimmer. Das hatte zur Folge, daß nicht nur viele erwachsene Bekannte diese Neuerung besichtigen wollten, sondern auch die Kinder der Nachbarschaft noch zahlreicher zu uns zum Spielen kamen. Einen öffentlichen kirchlichen oder städtischen Kindergarten oder einen Kinderspielplatz gab es damals in dem Marktflecken noch nicht. Bestaunt wurde auch unser Weihnachtszimmer (das Wohnzimmer) mit dem riesigen Tannenbaum und herrlichem Glasschmuck aus den nahen Glasbläsereien und dem, was wir Kinder zum Fest geschenkt bekommen hatten – bei weitem nicht soviel, wie es heutzutage üblich ist: erst ein Schaukelpferd, dann eine Ritterburg, dann eine aufziehbare Eisenbahn.

Für unsere Freunde aus den kinderreichen Arbeiterfamilien waren das Wundersachen. Wenn wir sie unschuldig fragten: »Was hast du bekommen?«, war die Antwort: »Ein Sacktuch.« »Was ist denn darauf?« »Ein Kürassier!« »Und du?« »Ein Sacktuch.« »Was ist darauf?« »Ein Dragoner«, »Ein Ulan«, und so ging es fort. Selbst bei dem Schmied, der am offenen Feuer stand und Pferde beschlug, und bei dem Zimmermann, der täglich frühmorgens auf die Baustellen wanderte, beide unsere Nachbarn, ging es ähnlich bescheiden zu.

Die Atmosphäre der kleinen Stadt, aber zugleich auch die Einfachheit der Lebensformen selbst in unserer Familie spiegeln zwei Episoden wider, die mir noch lebhaft in Erinnerung sind.

Es gab damals noch kein Taschengeld für Kinder, allenfalls mal eine Münze als Belohnung für die oder jene Hilfe in Haus und Garten. Eines Sonntags zogen wir beiden Buben die große Glocke an der Apotheke auf dem Marktplatz und verlangten vom alten Apotheker am Fenster »für fünf Pfennig Lakritzen«. Ohne böse zu werden, verkündete er kopfschüttelnd: »Für fünf Pfennig kann i nix geb'n, für zehn Pfennig z'allerwengst, für zwoanz'g Pfennig hat's erst a Wirkung!« – aber leider hatten wir eben keine zehn Pfennig und mußten ohne Lakritzen abziehen.

Ein anderes Mal kehrten wir mit oder ohne Wissen der Eltern im Wirtshaus einer Mahlmühle im Loquitztal ein, im Besitz von einem Zehner und einem Pfennig. Wir bestellten ein Seidel Bier, das zehn Pfennig kostete, und ein Brötchen, das zwei Pfennig kostete. Darauf machte uns der Wirt aufmerksam, und wir antworteten: »Auf den Pfennig kommt's doch nicht an.« Darauf der Wirt: »Der Pfennig ist doch mein Verdienst!« Seine Gutherzigkeit verhalf uns aber doch zu dem Gewünschten.

Als Hilfe hatte meine Mutter in den ersten Jahren ihrer Ehe eine nahe Verwandte, die zugleich bei ihr den Haushalt lernen sollte (ihr Mann fiel später im Krieg als erster aus der Familie im August 1914). Die größte Entlastung für meine Mutter war es, daß das Mädchen uns oftmals »ausführte«; dann konnte Mutter sich ausruhen oder einmal im Monat in die Kupfermühle ins »Kränzle« gehen, einen Damenkreis der »Gesellschaft«. Solche Ausflüge endeten nicht selten mit einer Katastrophe, wenn wir wilden Buben etwa beim Schützenfest (»Vogelschießen«) vom fahrenden Karussell sprangen und dabei unsere Sonntagsmatrosenanzüge und das Sonntagskleid des Mädchens demolierten oder wenn wir in handfeste Schlägereien verwickelt waren. »Die Fischersbuben sind die schlachtesten«, konnte man dann hören.

Mehrfach im Jahr besuchten wir die Verwandten auf dem Falkenstein, in Probstzella, in Steinbach auf der Heide, um alle Tanten, Onkel und Cousinen zu begrüßen und die Ställe und Scheunen und die vielen neuen technischen Anlagen zu besichtigen. Dabei wie auch bei unseren Nachbarn im Ort bekamen wir Kinder drastische Eindrücke von der Schwere der Landarbeit, besonders bei der Ernte, beim Kornschneiden der Reihen der Männer mit der Sense, beim Garbenbinden und Hockenaufsetzen der Frauen und beim Beladen der hohen, von Pferden gezogenen Erntewagen: Unsere Mithilfe war noch bescheiden, sie beschränkte sich aufs Hüten der Gänseherden auf den Stoppelfeldern.

Natürlich ging es einmal im Jahr auch auf die Burg Lauenstein (heute bayerischer Staatsbesitz), eine Bilderbuchburg, die in unsern Träumen und Spielen eine große Rolle spielte; die aber auch, auf 900 zurückgehend, erste geschichtliche Vorstellungen weckte. Dort begegneten wir den ersten »Wandervögeln«, die aus dem Gebiet um Plauen kamen, und den »Wickersdörfern«, den Schülern eines Landschulheims in Thüringen, alle mit offenem Hemdkragen, der damals revolutionär neuen Tracht.

Unvergessen sind die ersten Besuche an Ostertagen im Maintal auf Schloß Banz mit seinen vorgeschichtlichen Sammlungen und im Wallfahrtsort Vierzehnheiligen, wo wir der katholischen Welt in ihrer volkstümlichsten Form inmitten der Barockbauten begegneten. Am schönsten war aber das Schlittenfahren und das Rodeln im Winter auf den tiefverschneiten Hängen der Täler – Skifahren gab es noch nicht – und das Beerensuchen im Sommer (Heidelbeeren und Preiselbeeren). War es auch Arbeit, so wurden wir doch belohnt, wenn wir, Becher und Körbe voll, über einem der Täler auf einer Lichtung im Gras saßen und unsere Mutter mit heller, tragender Stimme sang: »Wer hat dich, du schöner Wald, aufgebaut so hoch da droben ...« oder »O Täler weit, o Höhen ...« oder »Wenn im Tale die Heckenrosen blühen ...« Diese Melodien hielten mich lebenslang mit ihr und der Heimat verbunden, wo immer ich auch in der Welt war.

Von der Mutter habe ich (wieder frei nach Goethe) »die Lust zu fabulieren«, den Einfallsreichtum, die kritische Begabung (sie konnte großartig Menschen nachahmen), die Unabhängigkeit des Geistes, den unbeugsamen Mut zum Selbstsein geerbt.

Wir beiden Buben waren gerade mit sechs Jahren in die Schule gekommen, da brach der Erste Weltkrieg aus. Der Tag der Mobilmachung ist das erste für mich datierbare Ereignis, das von außen in unser Leben eingriff; denn an diesem Tage (Sonntag, 2. August 1914) kamen plötzlich viele Männer, begleitet von Frauen und Kindern, aus den Dörfern und aus unserer kleinen Stadt zur Eisenbahn, um zu ihren Regimentern zu fahren. Ich höre noch das Weinen und Wehklagen der Frauen beim Abschiednehmen. Die Aufregung nahm nicht ab, mein Vater kam kaum mehr zum Schlafen.

Wochenlang herrschte eine Hysterie der Spionenfurcht. Jedes Auto wurde angehalten, und es waren wohl die ersten Autos, die wir überhaupt sahen; denn in Ludwigsstadt besaß meines Wissens niemand ein Auto, auch der Oberforstmeister fuhr zweispännig in der Kutsche oder im Jagdwagen. Waren im Auto Ausländer, so machten die Umstehenden oft drohende Miene. Die Schule fiel jetzt des öfteren aus, weil immer irgend etwas gefeiert oder für irgend etwas gesammelt wurde. Bald begannen immer häufiger die Kirchenglocken zu läuten, zahllose Fahnen, weißblau oder schwarzweißrot, wehten von den Häusern, besonders auf dem viereckigen Marktplatz, wo sich viele Menschen versammelten, vor denen auch mein Vater vaterländische Reden hielt.

Es gab immer neuen Jubel über Siegesmeldungen. In den Schaufenstern erschienen Bilder des bayerischen Königs und des deutschen Kaisers (von dem wir jetzt erstmals etwas erfuhren), der Kronprinzen und Hindenburgs; dazu »Cartoons« aller Sorten mit Karikaturen der Feinde Deutschlands ringsum. Es gab im Schreibwarenladen farbige Heftchen über die Schlacht bei Tannenberg, über die Schlacht (der Bayern) zwischen Metz und den Vogesen, über den Fall von Antwerpen. Wir konnten wohl schon lesen oder lernten es sehr schnell, denn bald besaßen wir eine kleine Bibliothek von diesen Kriegsbüchern.

Aber merkwürdig, bald wurde es stiller, die Fahnen wurden weniger, und im November fuhr mein Vater in einer Kutsche und bald in einem Schlitten ins Gelände, um die »Jugendwehr«, eine wohl eben erst gegründete Organsation zur vormilitärischen Ausbildung, das Ausheben von Schützengräben zu lehren, was wir Kinder mit gespanntem Interesse verfolgten. Die Stimmung wurde ernster und ernster. Statt der Reden auf dem Marktplatz gab es nun »lebende Bilder« im großen Saal des Hotels zum Schwarzen Adler, in denen Germania überlebensgroß ihre Kinder zum Durchhalten aufforderte. Nach dem ›Deutschland, Deutschland über alles‹ und der ›Wacht am Rhein‹ sangen wir nun das trutzige ›O Deutschland hoch in Ehren‹ (mit dem »Haltet aus, haltet aus im Sturmgebraus«), das ›Niederländische Dankgebet‹ (mit dem »Wir treten zum Beten vor Gott den Gerechten«) und das Lutherlied (mit dem »Und wenn die Welt voll Teufel wär'«) als eine Art von Nationalhymne.

Es mehrten sich die Nachrichten über Verluste. Wir haben in unserer Familie sieben Männer im Felde verloren. Es war im Frühjahr 1915 ein mir nie mehr aus dem Gedächtnis gekommener Augenblick, als der Postbote ein Telegramm brachte; meine Mutter machte es mit zitternder Hand auf, las es und fiel wie ein gefällter Baum ohnmächtig zu Boden. Ihr geliebter Vetter, einziger Sohn der Familie ihres Onkels in Probstzella, war im Westen gefallen. Die gleiche erschütternde Szene wiederholte sich ein Jahr später, als wiederum der einzige Sohn des anderen Onkels in Steinbach an der Heide in Rumänien fiel.

Auch wenn sie die weiteren Todesnachrichten aus der Familie mit mehr Fassung ertrug, so ist meine Mutter doch nie wieder so fröhlich gewesen wie vor dem Kriege. Ihr Gemüt wurde noch düsterer, als sie die Tochter, unsere Schwester Gretel, nach langer Erkrankung an der damals unheilbaren Kopfgrippe im achtzehnten Lebensjahr verlor. Und als der Zweite Weltkrieg ihr den sehr geliebten Sohn, meinen Zwillingsbruder Max, nahm, da schrie sie in ihrer Verzweiflung, sie wolle Gott erwürgen, wenn es ihn gäbe.

Im vierten Kriegsjahr, in dem Monat, in dem ich neun Jahre alt wurde (es war der Monat der russischen Revolution, die den Zaren stürzte, wenige Tage vor der amerikanischen Kriegserklärung an Deutschland), bestanden mein Bruder Max und ich die strenge Aufnahmeprüfung für das humanistische Gymnasium in Ansbach, auf die wir durch den Dekan in Ludwigsstadt ein halbes Jahr lang vorbereitet worden waren. Das weit entfernte Ansbach, früher Residenzstadt der Markgrafen von Ansbach-Bayreuth, war gewählt worden, weil es dort ein Internat gab, das protestantische Alumneum, das zusammen mit dem Gymnasium in einem festungsartigen Bau, dem früheren Staatsgefängnis der Markgrafen, untergebracht war.

Der Schulalltag im Alumneum war genau eingeteilt: nach Andacht und Frühstück (Malzkaffee und Marmeladenbrot) wurden von 7.15 Uhr bis 7.45 Uhr die unregelmäßigen lateinischen und griechischen Verben abgehört, wobei Fehler mit Ohrfeigen geahndet wurden. Von 8 Uhr bis 12 Uhr (für die Oberklassen wohl bis 13 Uhr) war Unterricht. Dabei kamen neben den Sprachen Mathematik und Physik durchaus nicht zu kurz. 12.30 Uhr Mittagessen, viel Kohlrüben und Kartoffeln. Mittagspause mit Fußball oder Handball auf dem Spielplatz des Gymnasiums. Von 14 Uhr bis 16 Uhr Turnen, Zeichnen, Musik oder Arbeitsstunden. Dann eine Tasse Kaffee und von 16.15 Uhr bis 17 Uhr »Trieb«, das heißt eine Dreiviertelstunde Spaziergang in Zweierreihe mit einem Inspektor als Aufsicht. Von 17 Uhr bis 19 Uhr wieder Arbeitsstunde. 19.30 Uhr Abendessen und um 21 Uhr für die kleineren, um 22 Uhr für die größeren Schüler »Licht aus« – immerhin waren diese ein bis zwei Stunden die einzigen für freie Lektüre. In diesen Stunden lernte ich Gottfried Keller, Conrad Ferdinand Meyer, Wilhelm Raabe, Theodor Storm, Theodor Fontane kennen. Freie Nachmittage gab es schlechterdings nicht.

Da das Internat noch keine Badewannen und Brausen für die Schüler (mit Ausnahme wohl im Krankenzimmer) besaß, zogen wir alle am Sonnabendnachmittag in das dampferfüllte öffentliche Warmbad zum Duschen und ab und zu in ein Wannenbad, oft stundenlang wartend inmitten einfacher »Leute« und Soldaten und Verwundeter. Noch im ersten Sommer lernte ich im Freibad schwimmen (Ulanenwachtmeister als handfeste Lehrmeister), was dann in dem kleinen Ludwigsstadt, wo kein Mensch schwimmen konnte, riesiges Aufsehen machte, so daß wir in einem Brauereiteich immer wieder den Kopfsprung vormachen mußten. Im Winter konnten wir an Sonntagen auf dem Beckenweiher Schlittschuh laufen.

Das schönste aber an der größeren Stadt, in der ich nun lebte, war das Erlebnis der Musik. Hier ging mir eine neue Welt auf in den Konzerten: Ich, das Dorfkind, hörte die ›Schöpfung‹ von Haydn in der Orangerie und um Ostern jedes Jahr die großen Passionen und Messen von Bach in der St. Johanniskirche. Fast alle Schüler des Gymnasiums – Mädchen waren keine zugelassen, diese besuchten wie auch unsere Schwester die höhere Töchterschule in Ansbach – und auch jüngere Lehrer waren in der Wandervogelbewegung, viele schon vom Vorkrieg her. Ich selbst wurde Mitglied des Jungnationalen Bundes (Junabu). Mit Klampfe (Gitarre), Wimpel und Rucksack zogen wir viele Sonntage ins Land, auf benachbarte Burgen, übernachteten bei Bauern im Stroh und sangen schier unerschöpflich. Viele Lieder – Wander-, Landsknechts- und Liebeslieder – blieben mir lebenslang aus dieser Zeit ein Besitz. Anders als im Schulsystem waren bei diesen Fahrten auch Mädchen dabei, die freilich sehr auf Distanz bedacht waren. Die wurde auch eingehalten.

Natürlich war der Krieg immer gegenwärtig. Bei Schulausflügen und auch bei den »Bünden« wurden fast regelmäßig vormilitärische Übungen abgehalten und »Vorarbeiten« im Gelände, Sturmangriff und »Einbruch« in die feindliche Stellung mit »Hurra« geübt, so als wäre es noch 1914. Das steigerte sich noch in den Jahren unmittelbar nach dem Kriege mit Übungen in Ansbach auf der Höhe des Bismarckdenkmals, in Eichstätt (wohin ich 1922 überwechselte) auf der Höhe der Liebfrauenkapelle neben der Willibaldsburg.

Für meine Mutter war es in den Jahren 1917/18 und 1918/19 besonders schwer, für drei der Schule wegen auswärts untergebrachte Kinder die Wäschepakete (wie es allgemein üblich war) zu schicken und zahllose Pakete mit Lebensmitteln aufzugeben, die sie bei unseren Verwandten und Bekannten auf dem Lande beschafft hatte. In den Ferien konnten wir in diesen Jahren sehr oft nicht nach Hause fahren. Wir verlebten sie großenteils bei den Eltern unserer neuen Schulfreunde, bei Pfarrer- und Lehrerfamilien in der Umgebung von Ansbach: wunderbar idyllisch trotz Krieg und Revolution, ohne elektrischen Strom (auch im Alumneum gab es nur Karbidlampen) mit Petroleumlampe, mit fließenden Brunnen im Hof, großen Gärten, Hausmusik und erstaunlich reichhaltigen Bücherwänden. Wie in Ansbach war auch hier der allsonntägliche Kirchenbesuch selbstverständlich.

Das Kriegsende kam so überraschend für uns Schüler wie für die Mehrzahl der deutschen Bevölkerung. Irgendwann war wieder einmal große Aufregung, die Lehrer des Gymnasiums und auch der

Portier hatten große Angst vor dem »Pöbel«, der sich in den engen Gassen drängte und drohende Parolen rief, dann aber viel friedlicher war, als man befürchtet hatte. (Von der Arbeiterbewegung, von Gewerkschaften, von der Sozialdemokratie wußte ich wenig oder nichts, obwohl ich doch aus einem Ort mit viel Arbeitern kam, und im Gymnasium waren wir in Sexta und Quinta noch mit den griechischen Sagen und mit der Geschichte des klassischen Altertums beschäftigt.)

Die Rückkehr der Soldaten von der Westfront, die mit klingendem Spiel tagelang vorbeizogen, war für uns Schüler kein Anlaß zu düsteren Gedanken. Die Ansbacher Ulanen kamen erst etwa ein Jahr später von der Krim in ihre Stadt zurück, alte Männer, so schien es, in langen grauen Mänteln, eskortiert von blutjungen Kameraden, die noch die schmucken grünen Uniformen der Kaiserzeit trugen. Die Aufregung wuchs wieder, als im Dezember/Januar 1918/19 Nachrichten von Bürgerkriegskämpfen im fernen Berlin uns erreichten, und noch mehr, als die »Räterepublik« in München mit Geiselmorden und dem Einmarsch der Freikorps und der neuen Reichswehr das Wort vom »Bolschewismus« populär machte und erneute Ängste weckte. (Vom »weißen Terror« erfuhren wir nichts.)

Mein Vater war damals sehr ungehalten darüber, daß der Direktor des Alumneums sich mehr um die Politik (der Deutschnationalen Volkspartei, in Bayern die »Mittelpartei«) ereiferte als um die Erziehung und Ausbildung der ihm anvertrauten Schüler. Das »Diktat« von Versailles, Separatistenaufstände und ihre Niederwerfung, Kapp-Putsch, Kämpfe in Oberschlesien, Ruhrkampf, Hitler-Putsch – erst von 1924 an kehrte nach so vielen Aufregungen für einige Zeit eine gewisse Ruhe ein.

Was hatte sich geändert? Für die Eisenbahner in Ludwigsstadt, wo meine Eltern bis 1922 lebten, und in ganz Bayern war es besonders traurig, daß ihre schönen hellblauen Uniformen verschwanden und mit der neuen Reichsbahn die schwarzen Hosen und dunkelblauen Jacken der Preußen kamen. Der König war nicht mehr da. »Wenn wir unsern Kini wieder hab'n, ist all's gout«, hörte man oft. Sonst aber hatte sich das Leben in den kleinen Orten, in Ludwigsstadt, Ansbach, Eichstätt (der 1200jährigen Bischofsstadt, wo ich im März 1926 achtzehnjährig Abitur machte), danach in der Universitätsstadt Erlangen und sogar in Berlin, wohin ich im Mai 1928 kam, gegenüber der Kaiserzeit wenig gewandelt. Es blieben die Titel, die Trennung der Stände, die Isolierung der Sozialdemokratie, die Abneigung gegen die Republik, die Hoffnung, daß das Alte einmal wiederkehren möchte – die Wahl des kaiserlichen Generalfeldmarschalls von Hindenburg zum Präsidenten der Republik gab dafür einige Zuversicht –, dazu die

Universitäten (ganz überwiegend) und die Kirchen auf seiten der vergangenen Zeit.

Es bedurfte noch vieler Erschütterungen und schmerzlicher Umwege, bis aus den Banden der Tradition sich die Gesellschaft der Bundesrepublik und ihre Einbindung in Europa bilden konnte.

Alwin Münchmeyer wurde am 19. März 1908 in Hamburg geboren. Dort machte er nach dem Abitur eine Lehre. Seit 1937 ist er Mitinhaber der Firma Münchmeyer & Co. Er war Beiratsvorsitzender des Bankhauses Schröder, Münchmeyer, Hengst & Co., Präsident des Deutschen Industrie- und Handelstages sowie des Bundesverbandes Deutscher Banken. Er ist Ehrendoktor der Universität Hamburg, wo er noch heute lebt.

## Alwin Münchmeyer
## Es gab zwei Welten – die unsere und die andere

Unsere Welt war damals in Ordnung. Selbst der Erste Weltkrieg und der Rücktritt des Kaisers konnten sie in ihren Grundfesten nicht erschüttern.

Als ich 1908 geboren wurde, war diese Welt schon fertig. Meine Vorfahren glaubten, sie sei für immer gemacht. »Die Alten ehre stets / Du bleibst nicht ewig Kind / Sie waren, was Du bist / Und Du wirst, was sie sind«, schrieb meine Mutter neben das Photo der Großeltern in mein Lebensbuch. Das Leben lag bereit wie ein Maßanzug, in den die jeweils nachfolgende Generation nur hineinzuschlüpfen brauchte. Der materielle Wohlstand und die gesellschaftliche Stellung schienen für alle Zeit gesichert.

Mein Vater war ein achtbarer Kaufmann. Er hatte in der dritten Generation die Firma Münchmeyer & Co. geerbt. Wir »machten« damals in Kaffee und anderen Überseeprodukten, wie es in Hamburg hieß. Wir »machten« jedoch auch schon seit Jahrzehnten in Geld. Bereits zu Zeiten meines Urgroßvaters war der Firmenname im In- und Ausland so bekannt geworden, daß wir unser Akzept auch anderen Außenhandelshäusern zur Verfügung stellen konnten. Über diese Im- und Exportfinanzierung fingen wir an, uns im Bankgeschäft zu etablieren. Und je etablierter wir wurden, desto selbstverständlicher bot man uns angesehene Ehrenämter an vom Präses der Hamburger Handelskammer bis zum Aufsichtsratsmandat bei der Deutschen Bank.

Meine Vorfahren hatten uns neben der Firma auch die notwendige Geisteshaltung vererbt. Die moralischen Verhaltensmöglichkeiten waren geprüft und gewogen. Was sich als redlich und nützlich erwies, hatten wir uns zu eigen gemacht. Wahrheitsliebe, Fairneß, Selbstdisziplin und Leistungswille zählten zu den unverrückbaren Tugenden. Unser gesicherter Stand machte es uns leicht, die Spielregeln einzuhalten.

Die Kirche besuchten wir regelmäßig, ohne den lieben Gott alltäglich zu Rate zu ziehen. Mit der Obrigkeit hatten wir uns dahingehend arrangiert, daß wir allenfalls geplante Vorhaben kritisierten. Sobald ein Regierungsbeschluß erging, standen wir fest hinter der Entscheidung der höheren Gewalt. Unsere persönliche Verantwortung hatte Grenzen. Wenn wir selbst rechtschaffen blieben, so meinten wir, trügen wir an großen politischen Veränderungen keine Schuld.

Auch unser Verhältnis zum Kaiser war eindeutig. Im Bewußtsein unserer wirtschaftlichen Bedeutung nannten wir ihn unseren »hohen Verbündeten«, ließen es aber an preußischer Ehrerbietung mangeln. So teilte der Kaiser beispielsweise unserem Bürgermeister eines Tages mit, er habe die Gnade gehabt, einen Hamburger in den Adelsstand zu erheben. Der Bürgermeister schrieb zurück, das wolle er den Betreffenden zwar gerne wissen lassen, müsse jedoch der Ordnung halber darauf hinweisen, daß man einen Hamburger nicht »erheben« könne. Obwohl schon Bismarck den Hanseaten Souveränitätsschwindel und politische Selbstüberschätzung vorgeworfen hatte, hielten wir an unserem Standpunkt fest. Zweifel fanden in unserer Welt keinen Platz.

Als ich klein war, ahnte ich noch wenig von den steifen Kleidern, die man mir schon geschneidert hatte. Meine Welt bestand aus Frau Beincke, die mich in ihrer gütigen Fülle und derben Zärtlichkeit vor allem Ungemach schützte. Sie war die typische Kinderfrau mit Dutt und gestreiften Kleidern und sprach so messingsch, daß sie bei den Erwachsenen als Original galt.

Meine Eltern führten damals ein großes Haus. Selbstverständlich wohnten wir im richtigen Teil von Hamburg, nämlich rechts der Alster in der Pöseldorfer Magdalenenstraße. Das andere Alsterufer war einfach »keine Gegend«. Die Sommermonate verbrachten wir in Rissen an der Elbe. 1906 hatte mein Vater dort einen Besitz gekauft, der so groß war, daß ich als kleiner Junge immer Angst hatte, mich zu verirren. Natürlich gab es damals noch keinen Bus und keine S-Bahn. Mein Vater fuhr jeden Morgen eine halbe Stunde mit der Kutsche nach Blankenese und von dort mit dem Dampfzug in die Stadt.

Personal hatten wir reichlich. Kutscher und Gärtner, Fensterputzer, Silberputzer und Waschfrauen machten uns das Leben leicht und angenehm. Neben Frau Beincke zählten allein in der Magdalenenstraße vier weibliche Angestellte zum festen Stamm. In der Küche regierten Kochmamsell und Unterköchin. Für die Ordnung im Haus sorgten ein sogenanntes Serviermädchen und ein Kleinmädchen, das die oberen Stockwerke sauberhielt und gleichzeitig bei meiner Mutter die Zofenrolle spielte. Das Serviermädchen stand in der Hierarchie höher. Sie war deshalb für die repräsentativen Räume im Parterre zuständig und bediente bei Tisch.

Während Frau Beincke bei uns Kindern schlief, teilten sich die vier anderen zwei Doppelzimmer im Souterrain. Sie hatten einmal in der Woche einen halben Tag und alle vierzehn Tage Sonntag nachmittags frei. Was sie verdienten, weiß ich nicht mehr. Viel kann es jedoch nicht gewesen sein. Als Gretchen, die frühere Unterköchin meiner Mutter, 1934 zu meiner Frau und mir kam, erhielt sie ganze vierzig Reichsmark im Monat.

Meine beiden jüngeren Schwestern und ich wurden schon früh als »gnädige Herrschaft« behandelt. Genau wie unsere Eltern hatten wir zu den Angestellten ein freundliches, aber distanziertes Verhältnis. Zärtlichkeiten gab es nicht. Den jungen Herrn nahm man nicht auf den Schoß.

Überhaupt achtete mein Vater streng darauf, daß wir nicht verwöhnt oder gar verzärtelt wurden. Im Winter mußten wir ohne Handschuhe gehen, und unsere Schlafzimmer wurden nie geheizt. Als meine Großmutter meinen beiden Schwestern deshalb einmal dicke grüne Steppdecken zu Weihnachten schenkte, stieg mein Vater noch in der gleichen Nacht persönlich in ihr Zimmer und nahm sie ihnen wieder weg. Er sorgte auch dafür, daß wir nachts mit ausgestreckten Beinen schliefen. Meine Schwestern wollten sich sogar daran erinnern, daß er mit einer Reitpeitsche erschien, wenn er sie mit angewinkelten Knien erwischte. Auf jeden Fall hieß es in anderen Hamburger Häusern: »Wenn ihr nicht artig seid, werdet ihr erzogen wie die Kinder Münchmeyer.« Darauf waren wir beinahe stolz. Wir haben meinen Vater trotzdem sehr verehrt und kamen auch später noch mit allen Problemen zu ihm.

Zudem war er mit sich selbst nicht weniger streng. Er stand jeden Morgen um sechs Uhr auf, um zu reiten, und ging nach dem Frühstück eine halbe Stunde zu Fuß ins Kontor. Ein eigenes Auto hat er nie besessen. Selbst eine eigene Kutsche gab es nur draußen in Rissen.

Wenn meine Eltern in der Stadt abends ausgingen, wurde eine Mietdroschke bestellt.

Und sie gingen oft aus. Ein rechter Hanseat hatte seine gesellschaftlichen Verpflichtungen. Montags traf man sich im philharmonischen Konzert. Die Liebe zur Musik spielte dabei die geringste Rolle. Es gehörte sich einfach, dort gesehen zu werden. Wer in der Pause nicht grüßend durch die Halle wanderte und mit einigen anderen Kaufleuten angelegentlich die Tee- und Kaffeepreise verglich, setzte seine Zugehörigkeit zur Kaufmannselite aufs Spiel.

Im Winter folgten noch mindestens zwei Diners pro Woche. Lohndiener wurden bestellt, und die Köchinnen liefen mit langen Listen zu dem renommierten Feinkosthändler Michelsen.

Bei den Gesellschaften trugen die Herrn einen Frack und rauchten nach dem Essen in der Bibliothek. Die Damen trugen lange Kleider und saßen später auf feinen Seidenmöbeln im Salon. Die Kaufleute blieben fast immer unter sich. Mein Vater kannte eigentlich nur Geschäftsfreunde und Regimentskameraden. Aus seiner Zeit bei den Düsseldorfer Ulanen kannte er auch Franz von Papen, mit dem er noch später Meinung und Irrtümer teilte.

Die reichen Hamburger Bürger wollten sich jedoch auf keinen Fall gesellschaftliche Inzucht nachsagen lassen. Es gehörte deshalb zum guten Ton, sich zwei bis drei exotische Bekannte zu halten. So kann ich mich erinnern, daß bei uns zuweilen eine pompöse, schillernde Person auftauchte, die laut Kaufmannsjargon »in Arien machte«. Die unterhaltsame Dame namens Münch war nämlich Opernsängerin.

Nur zweimal im Jahr ging es bei uns in der Tat weniger steif zu. Dann tagte der Aufsichtsrat, den mein Vater eigens für die Verwaltung seines Weinkellers ernannt hatte. In der Magdalenenstraße lagerten immerhin fast fünftausend Flaschen. Im Keller herrschte eine penible Ordnung. Mein Vater betrieb selbst sein Hobby nach ehrbaren kaufmännischen Grundsätzen und notierte in gestochener feiner Schrift jede Bestandsveränderung in seinem großen Weinbuch. Nach den nächtlichen Aufsichtsratssitzungen jedoch erschien sogar er manchmal recht blaß am Frühstückstisch.

In unserer ordentlichen Kaufmannswelt hatte natürlich auch meine Mutter ihren festen Platz. Sie wußte genau, was sie als Frau ihres Mannes zu tun hatte, und damit war sie denn auch fast ununterbrochen beschäftigt. Wir Kinder bekamen sie eigentlich nur zu den Mahlzeiten zu Gesicht. Morgens beaufsichtigte sie den Haushalt, gab Anweisungen an das Personal und führte das Ausgabenbuch, das mein Vater regelmäßig kontrollierte. Nachmittags ging sie zu Wohltätigkeitsveranstaltungen, zum Schneider oder zu irgendwelchen Teegesellschaften.

An eine dieser Teegesellschaften bei uns zu Hause kann ich mich noch gut erinnern. Es muß im Sommer gewesen sein, denn die Damen trugen helle Kleider und weiße Hüte. Frau Beincke hatte mich prächtig herausgeputzt, mir einen frischen Matrosenanzug und blütenweiße Socken angezogen. Sogar die Mütze mit dem Schriftzug »MS Preußen« mußte ich aufsetzen, obwohl wir Hanseaten doch eigentlich gar nicht so preußisch gesinnt waren.

Den Aufwand verursachten nicht etwa die Freundinnen meiner Mutter, sondern Wilhelm II., der in der Stadt war. Der Bürgermeister hatte ihn wie üblich am Dammtor begrüßt, wo zu seiner Ankunft immer ein roter Teppich ausgerollt wurde. Später im Rathaus ließ er den Kaiser dann wieder den Hanseatenstolz spüren. Der Bürgermeister empfing ihn nicht etwa unten vor dem Portal, sondern erwartete ihn stehend oben an der Treppe. So fuhr denn der Kaiser auch nicht gleich nach seiner Ankunft ins Rathaus. Sein erster Weg führte ihn in die preußische Gesandtschaft, die neben meinem Elternhaus lag.

Die prachtvolle Kutsche mit dem schneidigen »hohen Verbündeten« wollten sich auch die Damen der Teegesellschaft nicht entgehen lassen. Und so standen sie mit uns Kindern in der Einfahrt, bis der Kaiser endlich heranrollte. Das große Empfangskomitee muß »Wilhelm Zwei« einigermaßen überrascht haben. Die Hamburger zollten ihm meistens nur sparsamen Beifall. Anders als in Berlin wurde auf der Straße selten hurra geschrien, und meine Eltern hatten auch kein Kaiserbild im Wohnzimmer. Im Vorbeifahren beugte er sich denn auch weit aus der Kutsche, um die Damen auf das charmanteste zu grüßen. Vermutlich wurde selten bei einer hanseatischen Teegesellschaft so begeistert von ihm gesprochen wie nach dieser Begegnung.

Im April 1914 kam ich in die Schule. Jeden Morgen mußte ich nun mit meinem Vater zu Fuß an der Alster entlang bis zur Esplanade gehen. Dort unterrichtete Fräulein Lachmund, die furchtbar streng war und ihrem Namen wahrlich keine Ehre machte. Natürlich war es eine Privatschule, und manchmal kam der Schulbesitzer Herr Bertram persönlich in die Klasse. Er trug einen steifen Gehrock und prüfte uns ausschließlich im Rechnen. Dafür hatte er guten Grund. In seiner Schule waren die Söhne der gesamten Hamburger Kaufmannschaft versammelt, die später einmal die Preise exotischer Gewürze im Schlaf kalkulieren sollten.

In der Tat war die Schule sehr elitär. Das Namensregister meiner ersten Klasse liest sich fast wie der heutige Hamburger Stadtplan. Es waren die gleichen Namen, die auch auf den Einladungslisten meiner Eltern standen. Und selbst als Zweijähriger, so schreibt meine Mutter in meinem Lebensbuch, feierte ich meinen Geburtstag schon mit Carl Edgar Petersen, aus dessen Familie zahlreiche Bürgermeister hervorgingen.

Wir wuchsen vollkommen isoliert auf. Es gab zwei Welten, die

Die Eltern von Alwin Münchmeyer mit ihren Kindern Margarete, Alwin (in der Mitte) und Gertrude.

unsere und die andere. Von der Existenz der anderen erfuhr ich allerdings erst am Ende der Kaiserzeit.

Wenige Monate nach meiner Einschulung feierte mein Vater seinen neununddreißigsten Geburtstag. Er hatte seine besten Freunde nach Rissen eingeladen. Wir Kinder tobten um den Tisch und genossen die Ausgelassenheit der Erwachsenen. Plötzlich schlug die Stimmung um. Das Telefon hatte ein paarmal geklingelt, und die Fröhlichkeit in den Gesichtern war einem verstörten Ausdruck gewichen, den ich nicht mehr verstand.

Wir schrieben den 30. Juli 1914. Am nächsten Tag sollte Reichskanzler Bethmann Hollweg offiziell von der russischen Generalmobilmachung erfahren. Über den bevorstehenden Kriegsausbruch gab es schon am Vorabend keinen Zweifel mehr. Die Anrufer hatten meinen Vater und seine Freunde zu ihren Regimentern berufen.

»Krieg ist wie Weihnachten«, soll damals ein junger Leutnant ausgerufen haben, und in den Chroniken wimmelt es von lachenden Kriegsbegeisterten und blumengeschmückten Gewehrläufen. Bei uns war das anders. Mein Vater und seine Freunde gehorchten zwar widerstandslos ihrem patriotischen Pflichtbewußtsein, aber in erster Linie waren sie doch hanseatische Kaufleute. Mit dem Ausland machten sie Geschäfte, und in den Partnerfirmen dort saßen ihresgleichen. Auch jetzt verbot ihre Ordnung ihnen jegliche Zweifel. Die Obrigkeit hatte entschieden. Sie zogen jedoch mit größtem Unbehagen an die Front.

Wir Kinder merkten vom Krieg zunächst fast gar nichts. Mein Vater war für eine Weile fort, aber viel schlimmer erschien uns der Abschied von Frau Beincke. Sie war eben nur eine Kinderfrau, die nicht einmal richtig Deutsch sprach. Da ich nun zur Schule ging, mußte ein gebildetes Kinderfräulein ins Haus. Fräulein Otto trug nicht mehr gestreifte, sondern eigene Kleider und durfte mit uns im Eßzimmer essen. Gebildet wird sie wohl gewesen sein, aber wir konnten sie nicht leiden.

Im Februar 1915 fiel der Bruder meines Vaters in der Masurenschlacht. Jetzt wußte ich, daß Krieg Tod bedeutet. »Heldentod« nannten es meine Mutter und die Lehrer. Die Männer »fielen auf dem Felde der Ehre«. Mein Vater kam nach dem Tod seines einzigen Bruders zurück und war in Hamburg zuständig für die Gefangeneninspektion beim neunten Armeekorps in Altona.

Neun Monate war er im Krieg gewesen. Erzählt hat er uns nichts davon. Aus den Aufzeichnungen meiner Mutter weiß ich, daß er schon bald das Eiserne Kreuz bekam. Er hat den Marnerückzug und die aussichtslosen Schützengräbenkämpfe an der Aisne mitgemacht. Vielleicht ahnte er schon 1915 etwas über den Ausgang. Zweifel zu äußern wäre ihm jedoch auch jetzt einem Verrat am Vaterland gleichgekommen.

Zwischen Heldentod und Lebensmitteln schien es einen merkwürdigen Zusammenhang zu geben. Je häufiger das Wort auftauchte, desto weniger gab es zu essen. Wir lernten schon früh, was Lebensmittelkarten bedeuteten. Die Butter wurde rationiert. Später bekam jeder dreißig Gramm in der Woche. Meiner jüngsten Schwester erzählten wir damals, Schlagsahne sei aus Walfischfett gemacht. Sie ekelte sich davor, und wir konnten ihre Portion mitessen.

Trotzdem ging das gesellschaftliche Leben weiter. Montags die Philharmonie und dann die Diners. Meine Mutter entwickelte eine Menge Phantasie. Ich habe noch eine handgeschriebene Menükarte aus dem Jahr 1917. Zur Vorspeise gab es Steckrübensuppe, als Hauptgang Steckrübensteak und zum Nachtisch Steckrübenpudding.

Auch die Kälte machte uns später zu schaffen. Die Alliierten saßen auf den Kohlen. Wir sammelten Holz und Tannenzapfen oder froren.

Überhaupt schien das Sammeln für alle, die nicht an der Front waren, gegen Ende des Krieges die wichtigste Beschäftigung zu sein.

Die Regierung sammelte Gold vom Ehering bis zur Uhrkette und gab uns dafür Eisenschmuck. Die Sozialdemokraten sammelten Stimmen, und wir Kinder sammelten Altmaterial.

Ich war damals schon auf dem Wilhelm-Gymnasium, denn die Vorschule dauerte nur drei Jahre. Die Lehrer ermunterten uns immer wieder, alte Blechdosen und altes Papier zusammenzutragen. Meine Mutter unterstützte das sehr. In meinem Lebensbuch schrieb sie damals: »Jedes Kind wurde patriotisch erzogen. Jeder mußte, wenn auch noch so klein, helfen, wo und wie er konnte.«

So zogen mein Freund Hinni Berckemeyer und ich dann nachmittags von Haus zu Haus. Zwar lernten wir auf diese Weise die Köchinnen der Nachbarschaft kennen, aber auch jetzt blieben wir in unserem Viertel und damit in unserer Welt.

Wenn wir kein Altmaterial sammelten, spielten wir Krieg. Zu Weihnachten und zum Geburtstag bekamen wir damals fast immer Kanonen und Soldaten. Wir bauten riesige Schlachtenformationen auf, und im Kinderzimmer tobten die Kämpfe. Allerdings wußten wir zuwenig über den tatsächlichen Krieg, als daß unsere Schlachten irgendeinen Bezug zur Realität gehabt hätten. Und wir hatten auch kein klares Feindbild. Es waren nicht etwa Engländer, Franzosen oder Russen, die wir Deutsche besiegten. Wir identifizierten uns mit vielfarbigen Heerscharen, die unsere Phantasie geschaffen hatte.

In der Wirklichkeit wurde die Zahl unserer Feinde immer größer. Zu Beginn des Krieges hatten wir noch auf die Unterstützung der Japaner und insbesondere der Italiener gehofft. Nur mühsam fanden wir uns damit ab, daß sie sich auf die Seite der Stärkeren schlugen. Dennoch glaubten wir wohl an unseren Sieg, bis im April 1917 der amerikanische Kongreß der Kriegserklärung gegen Deutschland zustimmte. Die Übermacht aus Übersee machte uns berechtigte Angst.

Gegen Ende des Krieges erstarkten ganz andere Feinde. Sie sprachen unsere Sprache und lebten in unserem Land. Nur waren sie eben in jener anderen Welt zu Hause, von der wir Kaufmannskinder nichts wußten. Ihre Anführer waren auch keine feindlichen Generäle, gegen die man mit Geschützen vorgehen konnte. Nach Kriegsende wurden einige von ihnen skrupellos ermordet. Sie hießen Karl Liebknecht oder Rosa Luxemburg und kämpften mit Worten, die wir nicht verstanden. Wir wußten nur, daß sie etwas wollten, das unsere Ordnung nachhaltig erschüttern könnte. Ihre Anhänger waren deshalb eindeutige Gegner und hießen bei uns zu Hause »die schrecklichen Kerls«.

Am 6. November 1918 bin ich ihnen zum erstenmal begegnet. Sie kamen mir entgegen, als ich von der Schule nach Hause ging. Es waren lauter Matrosen. Sie standen auf Lastwagen, schwenkten rote Wimpel und brüllten: »Nieder mit dem Kapitalismus, nieder mit dem Kaiser, es lebe der Arbeiter- und Soldatenrat!«

Wenige Tage zuvor hatten einige Admirale auf eigene Faust einen wohl aussichtslosen Angriff auf die britische Flotte geplant, um die Ehre ihrer Waffengattung noch im letzten Augenblick zu retten. Die Matrosen hatten sich geweigert und in Kiel den ersten Matrosenrat eingerichtet. Von dort breiteten sich die Unruhen aus, und jetzt marschierten die Aufständischen zum Hamburger Rathaus.

Ihr Geschrei und die roten Fahnen machten mir panische Angst. Ich war völlig durcheinander. So schnell ich konnte, lief ich in das erste Haus, das ich kannte. Glücklicherweise wohnte dort meine Großmutter, der ich schluchzend in die Arme fiel. Jetzt war ich auf einer vertrauten Insel geborgen, und von dort aus rückten wir die Dinge für uns zurecht.

Die Männer da draußen waren gefährlich und würden möglicherweise schießen. Der Kaiser mußte vermutlich zurücktreten, und wir hatten keine Ahnung, ob die Kommunisten oder die Sozialdemokraten den Sieg davontragen würden. Obwohl wir den Kaiser preußischer Herkunft nicht sonderlich geliebt hatten, schienen uns doch ohne ihn und die bewährte Monarchie an jeder Ecke verborgene Gefahren zu lauern.

Zwar kannten wir in Hamburg schon so etwas wie eine Demokratie, denn unsere Bürgerschaft wählten wir schon lange. Aber bisher hatte es doch zumindest ein Klassenwahlrecht gegeben, das unsere sozialen Vorrechte sicherte. Seit wir denken konnten, waren Kaufmannschaft und politische Führung in Hamburg identisch.

Wir fürchteten auch um unser Geld. Der verlorene Krieg hatte uns ein Vermögen gekostet. Als mein Urgroßvater 1909 starb, hinterließ er 13 Millionen Goldmark. In guter patriotischer Gesinnung hatten wir den größten Teil in Kriegsanleihen angelegt, und die sollten bald wertlos werden. Viel konnte nicht mehr übrig sein, und die Geschäfte gingen schlecht. Ob es nach dem Krieg gelingen würde, die gestörten Auslandskontakte rechtzeitig wiederherzustellen, erschien fraglich.

Meine Großmutter wußte das alles, denn sie war eine kluge Frau. Als elfjähriger Junge verstand ich natürlich nur wenig. Sie konnte mich jedoch davon überzeugen, daß die Meuterei da draußen trotz allem nicht unser Ende bedeutete. Solange wir an unseren Werten festhielten und unseren Vorfahren treu blieben, hatten wir uns nichts vorzuwerfen. Wir mußten nur weiter rechtschaffen bleiben, dann würde uns schon wieder eine Chance geboten. Unsere Ordnung sollte unverbrüchlich fortbestehen. Zweifel fanden darin auch jetzt keinen Platz.

Als meine Großmutter mich endlich beruhigt hatte, entließ sie mich mit den Worten: »Nun erst recht, mein Junge.«

Karl Schönböck wurde am 4. Februar 1909 in Wien geboren. Nach dem Abitur besuchte er die Wiener Akademie für Musik und darstellende Kunst und hatte danach Engagements als Schauspieler in Wien, Berlin und München. Außerdem drehte er zahlreiche Filme, unter anderem: ›Försterchristel‹, ›Feuerwerk‹, ›Die Wahrheit über Rosemarie‹, ›Das schwarze Schaf‹ und ›Eine hübscher als die andere‹. Er lebt heute in München.

## Karl Schönböck
## Die Schönböck, die Zanetti und die Balaban

»Der Herr Onkel schickt mich. Ich soll euch nach Wien bringen.« Wir konnten den Sprecher nicht sehen, er stand noch draußen im Garten. Aber wir erkannten seine trotz der Jugend schon tiefe, männliche Stimme. Es war mein Cousin Karl Weinfurther, den mein Vater aus Wien zu uns in die Sommerfrische geschickt hatte, weil er in diesen Tagen seinen verantwortungsvollen Posten nicht verlassen konnte.

Und obwohl wir es natürlich noch nicht ahnten, bedeutete dieser Satz für unsere kleine Welt den Anfang vom Ende der »Kaiserzeit«. Er signalisierte den Ausbruch des Ersten Weltkrieges, das nahende Ende der bürgerlichen Sicherheit, der Kontinuität, des fast selbstverständlich voraussehbaren Verlaufs des Lebens, der Geborgenheit in einer Welt, von der man glaubte, daß man sich auf sie verlassen könne.

Mein Vater war bei der Donauschiffahrt wie die Familie seit Generationen. Meine sämtlichen Onkel, Vettern und Cousinen, meine

Schwester und mein Schwager waren bei der »k.k. privilegierten Donau-Dampfschiffahrtsgesellschaft«, wie sie in der Kaiserzeit hieß, als sie noch die Donau von Regensburg bis zum Schwarzen Meer beherrschte. Und es lag sicher auch an der totalen, radikalen Veränderung unserer Welt, die wir im Kindesalter erleben mußten, daß mein Bruder und ich die ersten waren, die nicht zur Schiffahrt gingen.

Unsere Vorfahren waren schon bei der Gründung der Donau-Dampfschiffahrt 1829 dabeigewesen. Vorher waren sie »Schiffmann« gewesen, wie der Name des Gewerbes damals war. Sie transportierten Güter und Waren mit ihren »Plätten« die Donau hinunter und zogen sie, beladen mit anderen Waren, wieder stromaufwärts. »Plätten« oder, wenn sie von Ulm kamen, wo die Donau schiffbar wurde, auch »Ulmer Schachteln« genannt, waren flachbodige Holzschiffe, die mit schweren Rudern an Bug und Heck gesteuert wurden, aber sonst nur von der Strömung flußabwärts getragen wurden. Stromaufwärts zog man sie mit extra dafür gezüchteten, besonders starken, schweren Pferden.

Es war ein harter Beruf, diese oft tiefliegenden, schwerbeladenen Schiffe mit der Kraft der Arme durch die Strudel und Felsengen und stets wechselnden Untiefen der damals noch nicht regulierten Donau zu steuern und immer ins richtige Fahrwasser zu bringen. Und sie waren starke, aber auch wilde, jähzornige und ungebärdige Männer, meine Vorfahren, die am Anfang des 16. Jahrhunderts aus der Mark Brandenburg in das »Erzherzogtum Österreich ob der Enns« eingewandert waren, wo aus den Herren von Schönebeck durch den örtlichen Dialekt die Schenböcks und schließlich die Schönböcks wurden.

Meine Großtante erzählte mir, daß man noch in ihrer Jugend, um die Mitte des 19. Jahrhunderts, in Linz von ihnen sagte: »Des san die Schönböcks, die kommen aus Brandenburg, wo die großen Leit her san.«

Plätten habe ich noch als Kind manchmal die Donau hinuntertreiben sehen, auch riesige Flöße. Jetzt sind sie längst verschwunden.

Wir waren eine deutsch-österreichische oder österreichisch-deutsche Familie. Mein Vater stammte aus Linz und hatte als junger Kapitän meine Mutter in Passau, der bayerischen Grenzstadt, kennengelernt. Er hatte wie üblich von der Pike auf als Matrose angefangen und brachte es bis zum Schiffsoberinspektor, das heißt, er war der nautische Chef der österreichischen Donaustrecke von Regensburg bis Preßburg oder Poson, wie die Stadt ungarisch damals hieß, die Krönungsstadt der ungarischen Könige, die dann nach 1918 von den Siegern der Tschechoslowakei zugesprochen wurde und nun Bratislava genannt wird.

Sie war eine jener Städte mit gemischter Bevölkerung, wie sie in der

Monarchie öfter vorkamen: ein Drittel Ungarn, ein Drittel Slowaken, ein Drittel Deutsche.

Als mein Vater die leitende Stellung am Land bekam, zogen meine Eltern nach Wien, wo die Zentrale der »D. D. S. G.« war, in ein Haus am Praterkai gegenüber den ausgedehnten Hafenanlagen, wo auch sein Büro lag. Und da kamen wir Kinder zur Welt, dort verlebten wir die ersten Jahrzehnte unseres Lebens, und meine Mutter lebte dort, bis sie im Jahr 1945 vor den Russen fliehen mußte.

Die Hälfte unserer Verwandtschaft lebte also in Deutschland, hauptsächlich in Bayern. Sie hatten Stadtwohnungen und Landhäuser vor der Stadt. Und auf einem solchen Landhaus eines Onkels verbrachten meine Mutter, meine Geschwister und ich vor dem Ersten Weltkrieg jedes Jahr die Sommerferien.

Daß wir dazu eine Grenze überschritten, kam uns dabei gar nicht zum Bewußtsein. Es gab keinen Paß und kein Visum, keine Grenz- und keine Devisenkontrolle. All diese lästigen Dinge brachte uns erst der Krieg, und sie haben uns dann nie mehr verlassen. Wir gingen einfach die paar Schritte aufs Schiff und stiegen eineinhalb Tage später in Passau aus. Und das war's!

Für uns Kinder war die alljährliche Schiffsreise in den Ferien ein Erlebnis, auf das wir uns schon lange freuten. Einige Tage vor der Abreise wurden die großen Reisekörbe vom Speicher geholt, und mein Bruder und ich benutzten die Gelegenheit, sie wie ein Schleppzug auf der Donau zusammenzuhängen, sie mit allerlei Krimskrams zu beladen, uns dann hineinzusetzen und »Schiff« zu spielen, bis unsere schon leicht entnervte Mutter uns herausholte. Am Abend vor der Abfahrt kam dann »der Schweizer mit acht Mann«, wie es bei uns hieß. Schweizer war der Name des Hafenlotsen, und er kam mit acht Matrosen, um unser umfangreiches Gepäck an Bord zu bringen. Das Schiff fuhr erst morgens um acht Uhr ab, aber wir hatten dank der Stellung meines Vaters das Privileg, schon am Vorabend an Bord zu gehen und da übernachten zu dürfen.

Es war ein wunderbares, erregendes Gefühl, das stille, nur wenig beleuchtete Schiff zu betreten, diesen unverwechselbaren Schiffsgeruch nach Holz, Teer, Wasser und Maschinenöl einzuatmen und in den hübschen, eleganten Kabinen in die frisch duftenden Betten zu steigen. Etwas Besonderes waren auch die an der Wand angebrachten schwenkbaren elektrischen Nachtlämpchen, denn zu Hause hatten wir noch Gaslicht und auf dem Nachttisch eine Kerze oder ein sogenanntes »Nachtlicht«: einen in einem besonderen Glas auf Öl schwimmenden Korkring mit einem Docht in der Mitte.

Manchmal sehe ich diese speziellen Gläser noch in Antiquitätenläden, neben Messingleuchten, in denen man die Kerze verschieben kann, Messingmörsern, Kaffeemühlen, Kaffeeröstpfannen, hübsch bemalten Porzellannachttöpfen, Petroleumlampen und Gashängelampen. Teure Antiquitäten heute, bei uns damals einfaches, selbstverständliches Haushaltsgerät. Tempora mutantur!

Am Morgen dann, während all die anderen Passagiere sich an Bord drängten und das Schiff sich mit erst langsamen, dann immer schneller werdenden Schlägen seiner Räder auf seine Reise stromaufwärts begab, konnten wir, noch im Nachthemd – Pyjamas gab es damals noch nicht –, gemütlich aus dem großen Außenbordfenster der Kabine auf die allmählich entschwindende Reichsbrücke und die immer kleiner werdende neoromanische Kaiserjubiläumskirche zurückblikken. Es ging in die Ferien! Herrlich!

Ein anderes Ereignis, auf das wir uns jedes Jahr freuten, war die Firmung der Schleppkinder im Winterhafen, in der Freudenau. »Schlepp« hießen die riesigen Frachtkähne ohne eigene Antriebskraft, die von starken Frachtschiffen, damals in Österreich wie in Frankreich »Remorqueur« genannt, zu zweit, zu dritt, ja manchmal zu viert an dicken Drahtseilen schwer beladen den Strom hinauf und hinunter gezogen wurden. Auf jedem Schlepp lebte ein Schlepplotse oder ein Schleppsteuermann mit seiner meist kinderreichen Familie und fuhr mit ihr das ganze Jahr über zwischen Regensburg und dem Schwarzen Meer hin und her. Schule gab es für die Schleppkinder nur, wenn in den strengsten Wintermonaten die Schiffahrt eingestellt war und die Schlepps und Schiffe im Winterhafen lagen, mit Stegen untereinander verbunden, eine schwimmende Stadt.

Zu Pfingsten, wenn im hauptsächlich katholischen Österreich die Zeit der Firmung kam, waren sie alle über Tausende von Kilometern auf der Donau unterwegs. Darum veranstaltete die Direktion der »D. D. S. G.« – dies die heute noch gültige Abkürzung des Firmennamens – jeden Winter im Winterhafen eine Firmung der Schleppkinder. Da kam der Kardinal-Erzbischof von Wien, und die Honoratioren der »D. D. S. G.« erschienen im Gehrock und Zylinder. Es war ein richtiges gesellschaftliches Ereignis. Und wir durften mitfahren in die Freudenau. Dort wurden dann in der schwimmenden hölzernen Kirche die Kinder der Schleppsteuerleute, -lotsen und -matrosen gefirmt, und wir genossen es, dabeizusein.

Wir delektierten uns an den duftigen Faschingskrapfen, die es bei der Gelegenheit gab, schlenderten über die hölzernen Stege von Schlepp zu Schlepp und von Schiff zu Schiff, und es war für uns ganz selbstverständlich, die Besatzungen Deutsch, Ungarisch, Serbisch, Kroatisch und Rumänisch reden zu hören. Wie es auch ganz normal war, daß einer der Kapitäne meines Vaters Ritter v. Zanetti hieß und einer Balaban und einer Schiavon. Und der Bürodiener meines Vaters hieß Zenaro und ein hünenhafter Gepäckträger am Hafen Ponello und einer der Direktoren der »D. D. S. G.« Csatàry; denn die österreichische Dampfschiffahrtsgesellschaft bediente damals die ganze Donau von Regensburg bis zur Sulinamündung, und erst zwei verlorene Kriege haben sie zu ihrer heutigen geringen Bedeutung schrumpfen lassen und den Russen zu ihrer überragenden Stellung in der Donauschiffahrt verholfen.

Alle arbeiteten friedlich mit den Viehböcks und Stöttbauers und Scherers und Schönböcks zusammen und verständigten sich untereinander in einer Sprache, die Milowan Djilas einmal in einem anderen Zusammenhang in seinem Buch über Marschall Tito die Sprache genannt hat, die Josip Broz am besten beherrschte: die Alltagssprache der k. u. k. Armee, dieser Armee, in der es vier Religionsgemeinschaften gab, Katholiken, Protestanten, Juden und Mohammedaner. Letztere, die »Bosniaken«, habe ich noch auf dem Hof einer nahe gelegenen Kaserne exerzieren gesehen, in feldgrauen Uniformen, aber mit rotem Fes. Sie waren eine Elitetruppe der k. u. k. Armee, in deren oberster Führung fast alle Nationen des Reiches vertreten waren, die Benedek und v. Boréovich, die Spanocchi und Piccolomini und Colloredo, die Horthy und v. Auffenberg.

Als wir aus den letzten Friedensferien nach Wien zurückgekommen waren, sahen wir sie tagelang unter unseren Fenstern kampieren, die Soldaten dieser Armee, noch ahnungslos, was ihnen bevorstand. Die Dienstmädchen unseres Hauses – damals hatte noch jede bürgerliche Familie wenigstens eines – liefen zu ihnen hinunter mit Waschkörben voll belegter Brote und Obst, bevor sie dann vor unseren Augen die Schiffe der »D. D. S. G« und die Waggons der Donau-Uferbahn bestiegen Richtung Serbien. Lachend und fröhlich winkend, wie einem neuen, unbekannten Abenteuer entgegen, fuhren sie ab. Wie sollten sie wissen, was auf sie zukam nach dreiundvierzig Jahren des Friedens?

Dreiundvierzig Jahre Frieden? Ja, in Europa und auch hier nur in einem Teil Europas. Denn schon wenige tausend Kilometer von uns entfernt gab es kriegerische Auseinandersetzungen, und sie rissen nicht ab, bis sie dann in den großen Krieg mündeten, der die Welt unserer Kindheit für immer vernichtete: Der Russisch-Türkische Krieg von 1878, die Balkankriege von 1912/13, die das Osmanische Reich bis auf eine kleine Ecke um Konstantinopel-Istanbul vom europäischen Kontinent verdrängten. Dazwischen der Russisch-Japanische Krieg, eine erste Vorahnung des modernen Massenkrieges, mit den Schlachten von Liaojang und Mukden, der blutigen Belagerung und Erstürmung von Port Arthur und der Seeschlacht von Tsuschima, in der fast die ganze russische Flotte vernichtet wurde. Der spanisch-amerikanische Krieg um Kuba, der Feldzug der Türken und Engländer gegen die Mahdisten, der Burenkrieg, in dem die Engländer die ersten Konzentrationslager errichteten – das alles gab es ja, während unsere Eltern und wir uns im Frieden wähnten.

Es gab ja noch kein Radio und kein Fernsehen, das die Geschehnisse rund um den Erdball ins Wohnzimmer gebracht hätte. Und was man in der Zeitung las, darüber dachten die meisten Menschen wohl wie der Bürger im ›Osterspaziergang‹ im Faust:

> Nichts Beßres weiß ich mir an Sonn- und Feiertagen,
> Als ein Gespräch von Krieg und Kriegsgeschrei,
> Wenn hinten, weit in der Türkei,
> Die Völker aufeinanderschlagen.

Bis dann die Schüsse von Sarajevo auch unsere bürgerliche Ruhe und die scheinbare Kontinuität unseres Lebens beendeten. Es waren die Startschüsse zur Vernichtung eines Reiches, das man als ein Musterbeispiel eines vereinten Europas ansehen könnte. Von Cetinje bis Aussig an der Elbe, von Triest bis Lemberg – eine Währung, eine gut funktionierende Verwaltung, eine Rechtsordnung, kein Paßzwang, eine Amtssprache, dasselbe Schulsystem, dieselben Bahn-, Post-, Telefon- und Telegrafentarife, die gleichen Kaffeehäuser, die gleichen Theater, meistens von denselben Architekten, Hellmer und Fellner, erbaut. Für uns Selbstverständlichkeiten, es war einfach so und schien unverrückbar!

Aber wir sahen natürlich nur die Oberfläche und mußten dann mit fassungslosem Erstaunen feststellen, daß die Sonderinteressen stärker waren als das Zusammengehörigkeitsgefühl, daß die Völker der Monarchie auseinanderstrebten und sich an ihrer Zerschlagung beteiligten. Ein großer englischer Staatsmann, Lloyd George, hat einige Jahre nach dem Ersten Weltkrieg gesagt: »Wenn es die österreichisch-ungarische Monarchie nicht gegeben hätte, man hätte sie schaffen müssen.« Zu spät.

Man glaubte an die Utopie des Präsidenten Wilson – und was entstand? Nur kleinere Vielvölkerstaaten, deren Zusammensetzung kaum »gerechter« war als die des großen Reiches. Die Tschechoslowakei, belastet mit dreieinhalb Millionen Deutschen in Böhmen und Mähren, mit über 300000 Ungarn und Tausenden Ruthenen. Rumänien mit einer halben Million Siebenbürger Sachsen und Banater Schwaben und über einer Million Ungarn; und Jugoslawien, das bis heute noch unter den Gegensätzen zwischen den katholischen Kroaten, den orthodoxen Serben und den mohammedanischen Albanern im Kosovo leidet. Es gibt keine reinen Nationalstaaten in Europa und wird sie nie geben. Die Nationen Europas müssen sich über alle Gegensätze hinweg eines Tages einigen, oder sie werden auf dem Müllhaufen der Geschichte enden.

Wir machten dann alle Stufen des Zerfalls des Reiches in unserer kleinen Kinderwelt mit. Von der Euphorie der ersten Kriegsjahre mit ihren Siegesmeldungen, der Heldenverehrung und dem Kriegskitsch – ich besitze heute noch ein Bierglas, in das die Köpfe von Wilhelm II. und Kaiser Franz Joseph I. kunstvoll eingeätzt sind mit dem Spruch »Viribus Unitis« darunter – über das langsame Nahen der Katastrophe, den Hunger ab 1916, der den Zusammenbruch von 1918 noch lange überdauerte, das Leben bei einer Petroleumlampe, als es kein Gas mehr gab; Mangel an Heizmaterial, Mangel an allem. Allgemeine Verarmung infolge der Zerstörung der bestehenden, gewachsenen Wirtschaftsstrukturen.

Eine lange, unruhige, entbehrungsreiche Zeit begann. Unsere ahnungslos-sorglose Jugend war vorbei.

Wolfgang Höpker wurde am 8. Februar 1909 in Bromberg geboren. Nach dem Abitur studierte er Soziologie und politische Geographie und promovierte 1934 in Jena. Von 1934 bis 1945 war er, unterbrochen vom Kriegsdienst, Redakteur der ›Münchener Neuesten Nachrichten‹. 1948 war er Mitbegründer der Wochenzeitung ›Christ und Welt‹, ab 1958 deren Bonner Korrespondent, seit 1971 der ›Deutschen Zeitung/Christ und Welt‹. Von 1979 an war er in Bonn außenpolitischer Kommentator des ›Rheinischen Merkur/Christ und Welt‹ und zugleich leitender Redakteur der Monatsschrift ›Afrika-Post‹. 1988 erhielt er den Konrad-Adenauer-Preis für Publizistik der Deutschland-Stiftung. Er ist Verfasser zahlreicher Bücher.

Wolfgang Höpker

## Ostdeutsche Heimat – Verwehte Spuren

Vom Kaiserreich über die Weimarer Republik und die Hitler-Zeit zur zweiten deutschen Republik: Der Rückblick schweift über vier Abschnitte deutscher Geschichte. Für den 1909 Geborenen, der bei Ausbruch des Ersten Weltkrieges fünf Jahre alt und beim Zusammenbruch der Monarchie ein knapp Zehnjähriger war, kann die Erinnerung an das Kaiserreich nur ein Zusammentragen einzelner Mosaiksteine sein, die zu einem Gesamtbild zusammenzufügen schwerfällt. Es ist die Rückbesinnung auf die verlorene ostdeutsche Heimat – verwehte Spuren gewinnen wieder Umrisse, halbvergessene Städte und Landschaften tauchen aus dem Gedächtnis auf.

Bromberg, mein Geburtsort, 1920 anhand des Versailler Diktats ohne Abstimmung in den wiedererrichteten polnischen Staat eingegliedert, war seit der Wiener Kongreßakte von 1815 Hauptstadt eines Regierungsbezirks der Provinz Posen. Als junger Assessor und dann als Regierungsrat verdiente sich dort mein Vater in der preußischen

Verwaltungslaufbahn die ersten Sporen. Aus Kindheitserinnerungen dämmert Bromberg auf als eine sympathische, um ein modernes Gesicht bemühte Provinzstadt des alten Preußen, in der neben Beamten die Militärs das Sagen hatten. Die alte deutsche Kolonialstadt, die 1346 das Magdeburger Stadtrecht erhielt, hat noch einige spätgotische Kirchen, doch blieb sie relativ arm an historischen Bauten. Bromberg konnte nicht mit Städten am nahen Ufer der Weichsel konkurrieren, schon gar nicht mit Danzig, aber auch nicht mit Thorn, das als bedeutender Handelssitz schon 1280 Mitglied der Hanse war und seither mit mittelalterlichen Backsteinbauten paradiert.

Das verschüttete, nun wieder zum Leben erweckte Kindheitsgedächtnis registriert ein für die damalige Zeit typisches Elternhaus vom Zuschnitt des höheren Beamten. Trotz karger Besoldung – Beamte hatten dem Staat zu dienen, ohne an ihm zu verdienen – wohnte und lebte man »standesgemäß«. Das war nicht immer leicht und an Zuschüsse aus der Privatschatulle gebunden. Doch hatte mein Vater, als er eine damals erst Achtzehnjährige heiratete, eine »gute Partie« gemacht, man konnte kräftig in den Haushalt einschießen. Sein Vater, der schon 1897 gestorben war, hatte es zwar zum Geheimen Vortragenden Rath im preußischen Innenministerium in Berlin gebracht, nachdem er zuvor am preußischen Oberpräsidium in Königsberg (mit Dienstwohnung am Schloßteich) als Beamter relativ hoch eingestuft war. Aber in der väterlichen Familie besaß man kein nennenswertes Vermögen, Sparsamkeit war dort die Devise.

In der elterlichen Wohnung in Bromberg gab es einen von schweren Portieren verhängten Salon mit einer hohen Visitenkartenschale als Prunkstück; sie thronte auf einem gußeisernen Geflecht, in dem sich nach Jugendstilmanier Meerjungfrauen und Seerosen ineinander verschlangen. Vom Salon zum anliegenden Eßzimmer konnte man »durchdecken« für obligate Abendeinladungen vor allem während der Wintersaison. Wie sich versteht, waren meine Eltern Mitglieder der Bromberger Kasinogesellschaft »Erholung«, in der unter dem Zepter des Regierungspräsidenten die Honoratioren der Stadt bei Vortragsabenden mit anschließendem Tanz eine Art Heimstatt hatten.

Man hielt sich ein Dienstmädchen, wenn nicht gar zwei, meine Mutter sprach davon, daß Minna dank unermüdlichen Arbeitseifers wohl eine »Perle« sei. Plastischer in Erinnerung ist mir die liebenswerte Kinderfrau, die es zu meiner Aufzucht und der meines drei Jahre jüngeren Bruders im elterlichen Haus gab. Sie wurde »Mamuschka« genannt und stammte aus der Bromberg nahen Kaschubei am Rand der Tucheler Heide. Die Kaschuben, ein Volksstamm der Pomoranen an der unteren Weichsel (auf den im übrigen Günter Grass seine Herkunft zurückführt), sprechen ähnlich wie die Sorben eine slawische Sprache, die nicht mit dem Polnischen identisch ist. In kaschubischem Singsang lehrte uns die Mamuschka vielerlei Lieder, am einprägsamsten den Weihnachtsgesang mit dem Refrain »Wärst du, Kindchen, im Kaschubenlande, wärst du doch bei uns geboren . . .!« Ansonsten wies die »Herrschaft« Vertraulichkeiten mit den Dienstboten zurück, die Deutschen in der Kaiserzeit lebten in einem Klassenreich mit strenger gesellschaftlicher Hierarchie. Dies verhinderte nicht, daß wir Kinder nur zu gern Minna beim Einkaufen zum Bromberger Marktplatz begleiteten, neugierig darauf, was sie in ihrem großen Deckelkorb an Fleisch, Fisch, Obst, Gemüse nach langem Feilschen an den Ständen eingehandelt hatte.

Höhepunkte der Kinderzeit waren Landpartien mit der Pferdekutsche vor die Tore der Stadt, in die Fichtenwälder um Rinkau oder zum Wongrowitzer See, wo unser großer Königspudel eilends Schwimmkunststücke vorführte. Einen Pudel zu haben war Tradition der Familie, er taucht schon auf alten Daguerreotypien Mitte des vorigen Jahrhunderts auf einem Ehrenplatz bei Gruppenaufnahmen der Altvorderen auf. Zu den Utensilien der Ausflüge gehörten für uns Kinder Strohhut, Botanisiertrommel und ein Netz zum Schmetterlingsfang. Wie auch sonst bei besonderen Anlässen waren wir in Matrosenanzüge gezwängt, was wohl als Bekundung patriotischer Gesinnung, als Applaus für Tirpitz' Flottenpolitik galt.

Im Elternhaus dachte und lebte man konservativ, nach preußischem Kodex. Um so überraschender stellt sich heute im Rückblick dar, daß neben der ›Bromberger Rundschau‹ auch die ›Königsberger Hartungsche Zeitung‹ abonniert war, ein Intelligenzblatt liberaler Couleur (das 1933 konsequent sein Erscheinen einstellte). Dies mag begründet sein in der Anhänglichkeit der Familie an Königsberg, wo mein Vater geboren und mein Großvater für lange Zeit im Korps der höheren Beamten privilegiert war. Es war ein Tribut an die Rolle Königsbergs, das mit der Krönung der preußischen Könige in der Schloßkapelle als Schicksalsstadt der Hohenzollern galt, an die Stadt Immanuel Kants, an die geistige Ausstrahlung der Metropole Ostdeutschlands – die heute als Kaliningrad zu einer hermetisch gegen die Außenwelt abgeschirmten sowjetischen Militärbasis abgesunken, zu einem Torso deformiert ist.

Zur Lektüre, die daheim auf dem Lesetisch auslag, gehörte auch die ›Berliner Illustrirte Zeitung‹, die, Flaggschiff des Hauses Ullstein, 1914 die für die damalige Zeit staunenswerte Auflage von einer Million erreichte. Aus Berlin kam weiter regelmäßig der ›Kladderadatsch‹, die 1848 gegründete satirische Zeitschrift, recht brav und eher »staatserhaltend« – anders als der bissige, autoritätsfeindliche ›Simplicissimus‹, von dem sich aus dem fernen München gelegentlich ein Exemplar in die elterliche Wohnung verirrte.

Zur Kindheitserinnerung an Bromberg gehört auch das auf dem Alten Markt postierte Denkmal Friedrichs des Großen; es war 1861 von König Wilhelm I. eingeweiht worden, der auf der Rückreise von seiner Krönung in Königsberg nach Berlin hier Station machte. Der Alte Fritz war für Bromberg eine Symbolfigur. Als bei der ersten Teilung Polens im Jahr 1772 der Netzedistrikt mit Bromberg an Preußen fiel, hat der König die Neuerwerbung sogleich für eine weit vorausschauende Kolonisationspolitik genutzt. Mit scharfem Blick für Logistik erkannte er den verkehrspolitischen Rang der Region, zügig nahm er den Bau des »Bromberger Kanals« in Angriff, der über Brahe und Netze die Weichsel mit der Oder verbindet. Das war ein friedlicher, auf Förderung von Landwirtschaft und Gewerbe bedachter Dirigismus.

Erst Mitte, verschärft dann Ende des vorigen Jahrhunderts, bekam die preußische Polenpolitik eine aggressive, das Verhältnis von Deutschen und Polen mehr und mehr belastende Note. Ein Bild davon gewann ich später als Gymnasiast in den zwanziger Jahren aus Gesprächen mit meinem Vater, einigermaßen gereift und damit hellhörig für historische Fatalitäten in den 1919 an Polen verlorenen deutschen Ostgebieten.

Zündstoff lag genug bereit. Die Hoffnungen der Polen auf einen eigenen Staat waren ungebrochen, der nationale Gedanke war unter ihnen höchst virulent, weit ausgreifende Erwartungen polnischer Historiker machten auch vor Regionen nicht halt, die seit Jahrhunderten zu Preußen gehörten. Daß man von deutscher Seite das Vordringen des polnischen Elements mit Sorge und Unbehagen beobachtete, war verständlich. Aber auch dann muß die von Bismarck verantwortete Polenpolitik als verhängnisvoll, als weit überzogen empfunden werden. Sie gipfelte im Ansiedlungsgesetz von 1886, das mit Erwerb polnischer Besitzungen in Posen und Westpreußen »zur Stärkung des deutschen Elements gegen polonisierende Bestrebungen« dienen sollte.

Zur Vertiefung des Gegensatzes trug der in der Ära nach Bismarck 1894 ins Leben gerufene »Ostmarkenverein« bei. Er beschleunigte den Zusammenschluß der Polen in militanten Verbänden. Anders als im überwiegend polnisch besiedelten Regierungsbezirk Posen fand im Bezirk Bromberg, wo der deutsche Bevölkerungsanteil gut die Hälfte betrug, der Nationalitätenkonflikt nur einen gedämpften Widerhall. Die Stadt Bromberg, 1913 am Vorabend des Ersten Weltkriegs zu mehr als siebzig Prozent deutsch, galt als geistiger Vorort des posenschen Deutschtums.

»Ja, Kinder, es ist Krieg ...«, rief die Mutter, als wir in den ersten Augusttagen des Jahres 1914 am Mittagstisch saßen. Derweilen ertönte von der Straße her Pferdegetrappel, untermischt mit Marschmusik.

Wir stürzten ans Fenster und starrten wie gebannt auf den Ausritt des in Bromberg stationierten Grenadierregiments zu Pferde. Die Reiter, die Lanze gezückt, trugen zum Teil noch ihre blauen Uniformen, das Gros war schon in Feldgrau gekleidet. Dem folgten mit Donnergetöse die Geschützlafetten von drei Feldartillerieregimentern, die an der auf den Rinkauer Wald zielenden Danziger Straße ihre Kasernen hatten. Es war der Abmarsch zur nahen Ostfront, wo nach dem Kriegseintritt Rußlands das geographisch so exponierte Ostpreußen aufs höchste gefährdet schien. Um so erlösender war, als Ende August die Kunde vom Sieg in der Schlacht bei Tannenberg kam (der dann zur Quelle des Hindenburg-Mythos wurde). Auch von der Westfront häuften sich Siegesmeldungen – aus Kindheitserinnerungen schält sich ein in schwarzweißrotem Fahnenwald ertrinkendes Bromberg heraus.

Nach einem Zwischenspiel in Berlin-Lichterfelde, wo er in der Kadettenanstalt für an die Front ausgerückte Erzieher einspringen mußte, war mein Vater zunächst als Kreiskommissar ins besetzte Litauen abbeordert worden. 1916 wurde er als Landrat in den an Schlesien grenzenden Südwesten der Provinz Posen, nach Schmiegel, versetzt. Die Familie zog mit, es galt, die große Dienstwohnung im Neubau des Landratsamtes mit Leben zu füllen. Das unscheinbare Landstädtchen hatte durchaus geschichtliches Profil, das der evangelische Ortspfarrer beredt erläuterte. Während der Reformation war Schmiegel ein Zentrum der Sozinianer gewesen, einer in Polen entwickelten protestantischen Religionsgemeinschaft, die ein freies, undogmatisches Christentum lehrte und von italienischen Glaubensflüchtlingen Zulauf bekam. Mit der polnischen Gegenreformation nahmen die Verfolgungen gegen die Sozinianer zu, 1658 wurden sie als »Ketzer« radikal des Landes verwiesen, sie wanderten vor allem nach dem Westen nach Brandenburg, aber auch nach Hamburg aus.

Das nach der Art schlesischer Kolonialstädte um den »Ring« gruppierte Schmiegel hatte nur Kopfsteinpflaster, über das an Markttagen die Pferdefuhrwerke der Bauern rumpelten. Sorgen um Ernährung gab es hier in der Agrarprovinz während der Kriegszeit nicht, vom Hamstern wußte man nur vom Hörensagen. Das flache Land ringsum war bis vor die Tore der Kreisstadt von Windmühlen durchsetzt, das Drehen ihrer großen Flügel verfolgte uns Kinder bis in die Träume hinein. Nur zu gern spielten wir im Verein mit polnischen Jungen der Nachbarschaft Krieg; den großen Garten des Landratsamts hatten wir zu diesem Zweck kreuz und quer mit Schützengräben und Unterständen aufgewühlt. Der Landrat galt gerade hier in altpreußischem Stil als allgewaltiger Souverän, ehrerbietig zogen die Leute vor ihm den Hut oder im Winter die Pelzkappe. In jedem Klassenzimmer der Grundschule hing ein grellbunt koloriertes Bild Wilhelms II., das die

Schüler auf Geheiß des Direktors zu Kaisers Geburtstag am 27. Januar mit Girlanden und Efeuranken schmückten. Ehrfürchtig bestaunten wir bei Exkursionen in die Provinzhauptstadt Posen das massige Kaiserschloß, das der Monarch dort als Symbol der Reichseinheit in den Ostprovinzen in neoromanischem Stil hatte errichten lassen.

Für die Ferien wurden trotz Kriegs- und Notzeit schon lange im voraus Reisepläne geschmiedet. Da lag aus dem Schmiegel benachbarten Schlesien die Einladung der Tante Marie vor, die, wenn auch herrschsüchtig und eisern auf Etikette bedacht, in der Familie hoch respektiert war. Wie ihre Schwester, die Mutter meines Vaters, kam sie aus einer in Liegnitz ansässigen großbürgerlichen Familie; vom Justizrat, ihrem Vater, wurde erzählt, daß er in einer von vier Schimmeln gezogenen Kalesche durch die Stadt zu fahren pflegte. Die unverheiratete Tante hatte sich denn auch in ihren späten Jahren »standesgemäß« in ein adliges Damenstift in Bad Warmbrunn nahe Hirschberg am Riesengebirge einkaufen können. Das war ein Schloßkomplex der Reichsgrafen Schaffgotsch, einer weitverzweigten niederschlesischen Magnatenfamilie, wo Tante Marie inmitten alter Mahagonimöbel aus ihrem Besitz Cercle hielt. Von Besuchen in Warmbrunn ist mir vor allem der Kurpark des Thermalbades im Gedächtnis haftengeblieben mit Ausblick nach Süden bis hin zu der über dem Gebirgskamm sich kahl als Granitkegel erhebenden Schneekoppe.

Als ein anderes Ferienziel lockte Erfurt, das großelterliche Haus dort am Dalbergsweg, in dem meine Mutter aufgewachsen war. Auf langer Bahnfahrt vom Posenschen nach Thüringen war reizvoll der Wechsel in Berlin zum Anhalter Bahnhof (der heute als Ruinenstumpf in der geteilten Stadt unter Denkmalschutz steht). Der Großvater hatte den Titel Oberverwaltungsgerichtsdirektor, ein zungenbrechendes Wort vor allem bei Anrede durch die Hausangestellte Frieda, die trotz langer Übung zur klammheimlichen Freude der Enkel sich dabei noch immer verhaspelte. Ich sehe noch den liebenswerten, grundgütigen alten Herrn mit langem Bart am Schreibtisch sitzen mit der Couponschere vor Wertpapieren aus seinem beträchtlichen Kapitalbesitz. Als Patriot, langjähriges Mitglied der Deutschkonservativen Partei zweigte er erkleckliche Summen für Kriegsanleihen ab – Vorspiel für das Zerrinnen seines Vermögens in der Inflation 1923, deren Geldzerstörung er noch Jahre später fassungslos gegenüberstand.

Attraktion für uns Jungen in Ferienwochen war der »Eiserne Hindenburg«. Im Lichthof eines Patrizierhauses in Erfurts malerischer Altstadt war eine wohl zehn Meter hohe Holzfigur des Feldherrn postiert, in die man nach Klimmzügen über Leitern und Tribünen Nägel einschlug. Je nach Größe kostete jeder Drahtstift gleich mehrere Reichsmark, eine Spende für die Kriegskasse der kaiserlichen Regierung. Noch ahnten wir damals nicht, daß nach dem Verlust der Provinz Posen Erfurt unser rettender Hafen sein würde: die Hauptstadt eines preußischen Verwaltungsbezirks, in die mein Vater als Oberregierungsrat versetzt wurde und wo ich so bis zum Abitur 1928 meine Gymnasialjahre absolvierte.

Der Zusammenbruch des Hohenzollernreiches bedeutete, ausmündend in das Versailler Diktat, den Verlust weiter Ostgebiete. An Stelle des preußischen Landrats rückte in Schmiegel ein polnischer Starost ein. Wenn auch die Polen meinen Vater in ein Internierungslager gebracht hatten, so war der Wechsel doch eher eine Wachablösung – ein Vergleich mit der Barbarei der Massenaustreibung aus den deutschen Ostgebieten bei Ende des Zweiten Weltkriegs wäre vermessen.

Nachfolger meines Vaters wurde ein Graf aus polnischer Magnatenfamilie, der nahe von Schmiegel in einem Barockschloß residierte. Der preußische Landrat hatte auf Honoratiorenebene mit ihm gesellschaftlich verkehrt und war mit ihm wohl auch in großen Fichtenwäldern auf die Jagd gegangen. Kurzum, der Abschied von Schmiegel ging in honoriger Form vonstatten. Auf dem Bahnhof Altboyen, an einer Stichbahn zur Hauptlinie von Posen über Lissa nach Breslau, warteten wir im Januar 1919 auf den Zug, der in einem eigenen Güterwaggon auch unser Mobiliar abtransportierte. Da erschien auf dem Perron der polnische Graf und Starost mit einem großen Strauß Rosen, den er chevaleresk mit Handkuß meiner Mutter überreichte.

Diese Kindheitserinnerung blieb haften. Sie verhilft gegen all das Schreckliche, was zwischen Deutschen und Polen während und nach dem Zweiten Weltkrieg geschah, zu einem Polenbild mit versöhnlichem Tenor. In meinem dann in Erfurt etablierten Elternhaus dachte man deutschnational und trauerte der Kaiserzeit nach. Meine Mutter war im Vorstand des Königin-Luise-Bundes. Der Vater schwor weiterhin auf Schwarzweißrot und neigte der Legende vom Dolchstoß zu, dem allein die Niederlage des Kaiserreiches zuzuschreiben sei. Aber dies änderte nichts daran, daß er das Polenproblem vorurteilsfrei auszuloten versuchte.

Er kam dabei rasch auf das zu sprechen, was er eine »verpaßte Sternstunde im deutsch-polnischen Verhältnis« nannte: den Verzicht des preußischen Kronprinzen und späteren Königs und Kaisers Wilhelm I. auf eine Heirat mit der Prinzessin Elisa Radziwill. Das polnische Fürstengeschlecht der Radziwills litauischer Wurzel war mehrfach mit den Hohenzollern verschwägert, sein Palais in Berlin wurde mit Ankauf durch Bismarck Ende der siebziger Jahre zur Reichskanzlei. Die ungestüme Jugendliebe Wilhelms I. zur schönen Polenprinzessin hatte sich um das Jahr 1826 herum bis zu einer Verlobung verdichtet. Doch wurde unter Druck preußischer Kronjuristen das Eheprojekt durch ein Gutachten durchkreuzt, das eine Verbindung der Hohenzollern mit den Radziwills als »nicht ebenbürtig« einstufte. Diese Episode ist heute kaum mehr als vergilbte Geschichte. Aber die Romanze am preußischen Königshof wirft nachdenkliche Betrachtungen darüber auf, ob mit den preußischen Ostprovinzen als Bindeglied unter dynastischem Vorzeichen eine deutsch-polnische Symbiose möglich gewesen wäre, die den beiden Nachbarvölkern namenloses Leid erspart hätte.

Die Deutschen sind nach den Nackenschlägen der Nazizeit in heute gängiger Version geschichtsscheu. Zugleich ufert die Rückerinnerung an das eine Zeitspanne von kaum mehr als vier Jahrzehnten umfassende Kaiserreich nur zu oft in eine eindimensionale Geschichtsschreibung aus, die sozialhistorische Zwangsläufigkeiten konstruiert oder aus heutiger Sicht schulmeisterlich Schuldsprüche fällt.

Die Wilhelminische Zeit, auf deren Ausklang hier aus eigenem Erleben bloß ein Streiflicht zu werfen war, war in ihrer Sozialstruktur keineswegs nur eine Untertanengesellschaft. Der forsche Herr mit dem hochgezwirbelten Schnurrbart, der schnarrenden Stimme, mit oft in Taktlosigkeit umschlagendem Humor war kein Tyrann – er wollte geliebt werden, nicht Leid verursachen. Er war mehr als ein guter Schauspieler, er besaß eine schnelle Auffassungsgabe, eine respektable Intelligenz, das lange Exil in Doorn nach seiner Abdankung hat er nicht ohne Würde verbracht.

Im kaiserlichen Deutschland hatten beim jähen Wandel vom Agrarland zum Industrieland fortschrittliche Kräfte die beste Aussicht auf Erfolg. Es hat dort mehr Freiheit und Liberalität als sonstwo in Europa gegeben. Offenkundig bleiben die Mängel in der Sozialstruktur, wenn auch gedämpft durch Machtbildung der Besitzlosen in Gewerkschaften und in einer mehr und mehr selbstbewußten Sozialdemokratie.

Bei alldem bleibt für den Rückblick als goldene Regel, daß Geschichte aus ihrer Zeit heraus verstanden werden muß und nicht nachträglich mit modernistisch-moralistischen Vorstellungen und Ideologien betrachtet und abgewertet werden darf.

Karl Klasen wurde am 23. April 1909 in Hamburg geboren. Er studierte Rechtswissenschaften und schloß das Studium 1933 mit der Promotion ab. 1935 trat er als Syndikus in die Filiale der Deutschen Bank in Hamburg ein, wurde dort 1948 Direktor und anschließend Präsident der Landeszentralbank in Hamburg. 1952 kehrte er zur Deutschen Bank zurück und war zusammen mit F. H. Ulrich Sprecher des Vorstandes. Von 1970 bis 1978 war er Präsident der Deutschen Bundesbank. Er lebt heute in Hamburg.

## Karl Klasen
## Mein Vater arbeitete auch am Wochenende

Geboren im Jahre 1909, habe ich mit Bewußtsein natürlich nur wenige Jahre des Kaiserreichs miterlebt. Es sind nur einige Ereignisse, an die ich mich deutlich erinnern kann. So an einen Tag, an dem der Kaiser zur Taufe eines der großen Passagierdampfer der Hamburg-Amerika-Linie nach Hamburg kam. Er fuhr mit dem Auto bis zu den St.-Pauli-Landungsbrücken, um dann von dort mit dem Schiff zur Werft Blohm & Voß überzusetzen.

Da wir am Hafen wohnten, ging meine Mutter mit mir zu den Landungsbrücken, damit ich den Kaiser sehen könnte. Es standen dort einige Reihen Neugieriger, so daß, als der Kaiser im offenen Wagen vorbeifuhr, meine Mutter mich hochheben mußte, damit ich auch einen Blick erhaschte. Eine Erinnerung daran, wie der Kaiser damals aussah und wie er angezogen war, habe ich nicht mehr, nur weiß ich noch, daß man sich am Elterntisch später mit einem gewissen Stolz auf die Hamburger republikanische Tradition unterhielt, weil der »Jubel« der spalierbildenden Bürger sich in bescheidenen Grenzen gehalten hatte.

Mein Vater als gelernter Ewerführer war damals schon als Inspektor bei seiner Firma Lütgens & Reimers tätig. Das war eine Ewerführerei, die mit Barkassen und einer großen Zahl von offenen und gedeckten Schuten die Waren aus den in Hamburg ankommenden Überseeschiffen abnahm. Wenn die Schiffe am Kai festmachten, was überwiegend der Fall war, so erfolgte das Entladen, das sogenannte Löschen, einerseits von Land, also vom Kai aus, wo dann die Güter in die Lagerhallen und von dort mit der Eisenbahn oder mit Fuhrwerken weitertransportiert wurden. Von der Seeseite besorgten Schuten das Löschen. Machten die Seeschiffe mitten im Hafenbecken fest, so wurde beiderseits mit Schuten entladen.

Die Arbeit meines Vaters, der kontrollieren mußte, daß die Schuten, die bei den Schiffen gebraucht wurden, rechtzeitig da waren und, wenn sie voll beladen waren, auch rechtzeitig von den Hafenschleppern wieder abgeholt wurden, war für mich sehr interessant. Eine besonders große Freude war es, wenn ich einmal – meistens war das am Sonnabend oder Sonntag – mit ihm in der Barkasse mitfahren durfte. Wenn mein Vater an Bord der Schiffe gehen mußte, um den Stand der Arbeiten zu überprüfen, wurde ich dann immer von dem Barkassenführer betreut, damit ich nicht ins Wasser fiel.

Die Arbeit meines Vaters beeinflußte das Familienleben sehr, da seine Arbeitszeit für heutige Verhältnisse ungewöhnlich lang war. Spätestens um sechs Uhr morgens ging er ins Geschäft. Es wurde dann die Arbeit im Hafen für den Tag eingeteilt. Da wir in der Nähe vom Hafen wohnten, kam er mittags für kurze Zeit zum Essen nach Haus, hielt einen kurzen Mittagsschlaf von etwa einer Viertelstunde und begab sich anschließend wieder in den Betrieb.

In der Zeit zwischen achtzehn und neunzehn Uhr nahm meine Mutter mich bei schönem Wetter an die Hand, und wir spazierten zu den Landungsbrücken, um meinen Vater, der dort von einer Barkasse abgesetzt wurde, in Empfang zu nehmen. Dann ging es schnell in unsere Wohnung, und nach einem kurzen Abendessen mußte mein Vater wieder ins Geschäft. Erst spätabends, meist war ich schon im Bett, kam er wieder nach Hause. Er arbeitete auch am Sonnabend und am Sonntagvormittag. Wenn Hochwasser in Hamburg war (was durch Böllerschüsse von den Wallanlagen am Hafentor verkündet wurde), mußte mein Vater auch am Sonntagnachmittag wieder fort, um sich bei Kontrollfahrten zu vergewissern, daß die Fahrzeuge der Firma nicht zu fest und richtig vertäut waren, damit sie durch das Hochwasser nicht unter Wasser gedrückt wurden.

An normalen Sonntagen machten meine Eltern mit mir einen Nachmittagsspaziergang. Wir schritten immer dieselbe Strecke von unserer

Wohnung zunächst zu den Landungsbrücken, wo wir einen kurzen Halt einlegten, damit mein Vater einen Überblick bekam, welche Schiffe aufgekommen waren und am nächsten Tag entladen werden mußten. Von den Landungsbrücken ging es die Helgoländer Allee hoch und anschließend die Reeperbahn auf der einen Seite hinauf bis zur Großen Freiheit und auf der anderen Seite hinunter. Die Reeperbahn war damals noch, wenigstens soweit ich das sehen konnte, sehr bürgerlich. Gelegentlich kehrten meine Eltern mit mir auch in ein Lokal ein, manchmal sogar in eines, in dem eine Musikkapelle spielte. Die Eltern tranken eine Tasse Kaffee, ich bekam eine Brause.

Manchmal wurde auf dem Rückweg in einem Fischgeschäft ein Stück geräucherter Aal gekauft. Dann war das sonntägliche Abendessen besonders üppig. Brot wurde immer »zugeklappt« gegessen, nur bei besonderen feiertäglichen Anlässen wurde es aufgeklappt verzehrt, das heißt, auf jede Hälfte kam Belag.

Meine Großmutter hatte in Wenningstedt auf Sylt ein Logierhaus, durch dessen Vermietung sie ihren Lebensunterhalt bestritt. Von April bis Oktober war sie dort, die übrige Zeit im Winter bei uns in Hamburg. In diesem Haus, das sich jetzt noch in unserem Eigentum befindet, konnte sie bis zu dreißig Logiergäste aufnehmen, die pro Übernachtung damals eine Mark fünfzig bis zwei Mark fünfzig zahlten. Für mich hatte das den großen Vorteil, daß ich mit meiner Mutter im Sommer immer auf Sylt sein konnte. Um die Vermietungsmöglichkeiten meiner Großmutter nicht einzuschränken, wohnten meine Mutter und ich – und wenn mein Vater auf Urlaub war, auch dieser – in einem kleinen Nebenhaus. Das Haupthaus hatte den offiziellen Namen »Villa Max«, die Nebenwohnung hieß »Villa Moritz«. Dort waren wir auch im August 1914 bei Ausbruch des Ersten Weltkrieges.

Mein Vater war in Hamburg, da er seinen Urlaub später antreten wollte. Er hatte bei der Marine gedient und mußte sich am zweiten Mobilmachungstag stellen. Die Sommersaison 1914 auf Sylt, die im vollen Gang war, wurde sofort abgebrochen. Alle Gäste versuchten, unverzüglich abzureisen. Da der Hindenburgdamm, der jetzt die Insel Sylt mit dem Festland verbindet, noch nicht existierte, fuhr man damals von Munkmarsch, das an der Wattenmeerseite von Sylt liegt und über einen kleinen Hafen verfügt, mit Schiffen nach Hoyer's Schleuse und von dort weiter mit der Eisenbahn. Die Schiffe kamen jedoch nur bei Hochwasser durch das Wattenmeer und hatten keinen großen Tiefgang. Es war daher unmöglich, alle Reisenden, wie sie es wünschten, sofort abzutransportieren. Ich erinnere mich, daß aus unserem Hause die Kurgäste von ihren Bemühungen, morgens in Munkmarsch einen Schiffsplatz zu bekommen, an zwei bis drei Tagen immer wieder zurückkehrten, weil ihr Vorhaben nicht geglückt war.

Nachdem die Gäste abgereist waren, mußten auch wir, die wir

keine ständigen Bewohner auf der Insel waren, nach Hamburg zurückkehren, weil Sylt auch während des Ersten Weltkrieges zum Sperrgebiet erklärt und im Laufe der Zeit mit Bunkern befestigt wurde. Da unser Haus auf Sylt meiner Großmutter und meinem Vater gemeinsam gehörte, bekam er während des Krieges einmal einen Sonderurlaub und die Erlaubnis, nach Sylt zu fahren, um dort nach dem Rechten zu sehen. Meine Mutter und ich durften mitfahren.

Als ich einmal mit meinem Vater auf dem Weg von Wenningstedt nach Westerland war – man ging damals immer zu Fuß –, begegneten uns zwei jüngere Offiziere zu Pferd. Mein Vater, der bei der Marine seine aktive Dienstzeit abgeleistet hatte und jetzt den Rang eines Obermatrosen einnahm, grüßte offenbar nicht besonders exakt. Als wir an den Offizieren vorbei waren, kam der eine zurückgeritten, herrschte meinen Vater an und sagte: »Kerl, grüßen Sie mich jetzt anständig, sonst bringe ich Sie von der Insel runter!«

Nach diesem Intermezzo kamen wir zwar glücklich an ihm vorbei, aber mich hat dieses Erlebnis sehr beeindruckt. Es stürzte für mich eine Welt zusammen, als ich miterleben mußte, daß mein Vater, der für mich eine unantastbare Autorität war, von einem so viel jüngeren Mann derart demütigend behandelt werden durfte und vor ihm strammstehen mußte. Rückblickend habe ich das Gefühl, daß dieses Erlebnis sehr entscheidend für meine lebenslange Einstellung gegenüber dem preußischen Militär gewesen ist.

Zu Anfang des Krieges war mein Vater auf einem Lazarettschiff, der »Portia«, tätig. Da es zunächst auf See keine kriegerischen Auseinandersetzungen gab, war das ein erträglicher Posten, zumal das Schiff häufiger zur Vervollständigung und Ergänzung seiner Ausrüstung nach Hamburg kam. Bevor es im Hamburger Hafen einlief, tutete es. Dieses Signal kannten meine Mutter und ich so genau, daß wir einmal – wir waren auf dem Neuen Wall, als wir es hörten – sofort im Eilschritt umkehrten, um meinen Vater nicht zu verfehlen. Später kam er dann zur Marineinfanterie nach Flandern.

Mir als siebenjährigem Jungen wurde ebenfalls immer bewußter, wie gefährlich der Kriegsdienst in der kämpfenden Truppe war. Wenn mein Vater jetzt nach einem Urlaub wieder an die Front zurückkehren mußte, wurde der Abschied immer tränenreicher. Die Ernährungslage wurde auch immer schlechter. Gelegentlich wurden als Zusatzverpflegung Gutscheine zum Bezug von Kartoffeln verteilt. Ich erinnere mich, daß ich im Steckrübenwinter 1917 von meiner Mutter und Großmutter an den Hafen geschickt wurde, wo in der Nähe der Landungsbrücken eine Verteilungsstelle für Kartoffelbezugsscheine eingerichtet worden war. Als ich hinkam, standen dort schon mehrere hundert Menschen. Ich mußte mich einreihen, und natürlich waren alle Gutscheine verteilt, als ich an die Reihe kam.

Deutlich erinnere ich mich noch an die Enttäuschung meiner Mutter und Großmutter, als ich erfolglos heimkehrte; auch an skeptischen Betrachtungen über meinen künftigen Lebenserfolg wurde nicht gespart.

Während des ganzen Krieges kamen wir hier in Hamburg nie in irgendeine Gefahr durch feindliche kriegerische Einsätze. Einmal gab es von dem Platz aus, auf dem sonst das Hochwasser angekündigt wurde, eine Knallerei, und es wurde behauptet, daß feindliche Flugzeuge gesichtet worden wären. In der Hauptsache aber bestand unser Leiden im Ertragen der unzureichenden Ernährungssituation, die immer schlechter wurde.

Ganz deutlich steht mir noch vor Augen, wie sich für uns das Ende des Krieges ankündigte. An einem nebligen Spätherbsttag stand plötzlich mein Vater unerwartet vor unserer Haustür und trat mit der Erklärung ein: »Uns hebbt se rutsmeeten!« Er ging dann am nächsten Morgen sofort an seinen Arbeitsplatz. Wir folgten ihm in Gedanken mit großer Sorge, weil Gerüchte gingen, daß Soldaten, die noch die alte Uniform trugen, von rebellierenden Truppen erschossen worden seien.

Aber mein Vater schätzte die Gefahr richtig ein. Er kehrte am Abend, denn zerstört war damals in Hamburg ja nichts, von seinem Arbeitsplatz ruhig zurück und berichtete, daß ihm unterwegs nur einige jüngere Soldaten begegnet wären und gefragt hätten, ob er etwas dagegen hätte, wenn sie ihm die Kokarde und den Obermatrosenwinkel abnehmen würden. Er habe dagegen nicht protestiert, sondern nur erklärt, daß er über das Ende des Krieges froh sei.

Das war für uns das Ende des Kaiserreichs.

Rudolf Pörtner wurde 1912 in Bad Oeynhausen geboren. Er studierte Geschichte, Germanistik und Soziologie und arbeitete ab 1938 als Journalist. 1974 wurde er mit dem Ceram-Preis ausgezeichnet. Er veröffentlichte zahlreiche Bücher, unter anderem: ›Mit dem Fahrstuhl in die Römerzeit‹ (1959), ›Das Römerreich der Deutschen‹ (1967), ›Alte Kulturen ans Licht gebracht‹ (1980), ›Das Schatzhaus der deutschen Geschichte‹ (1982), ›Mein Elternhaus‹ (1984) und ›Schatzinsel der Forscher und Erfinder‹ (1986).

## Rudolf Pörtner
## »... aber wie's war, wird's nie wieder werden«

Den Geschichtsbüchern kann ich entnehmen, daß es 1912, im Jahr meiner Geburt, 30000 Millionäre in Deutschland gab; daß die Sozialdemokraten mit hundertzehn Abgeordneten stärkste Fraktion im Reichstag waren und daß der 1882 geschlossene »Dreibund« zwischen Deutschland, Österreich-Ungarn und Italien feierlich erneuert wurde. Im selben Jahr begann der Balkankrieg, traf der Kaiser in Baltischport mit dem russischen Zaren zusammen, feierte Krupp sein hundertjähriges Bestehen. Gerhart Hauptmann erhielt den Nobelpreis für Literatur, Max Reinhardt hob Hofmannsthals ›Jedermann‹ aus der Taufe, in Ägypten entdeckte der Archäologe Ludwig Borchardt die Büste der Königin Nofretete. Die meisterörterte Katastrophe des Jahres war der Untergang des englischen Luxusdampfers »Titanic«.

Aber das alles sind für mich nur Namen und Daten.

Meine ersten Erinnerungen erhellen teils vage, teils blitzartig-deutlich Vorgänge im Frühjahr und Sommer 1914. Ich sehe mich zum

Beispiel auf einer leeren Schulbank. Mutter entkleidet mich, entblößt meinen rechten Arm zur ersten Impfung (die verspätet stattfand), ein bebrillter Mann in einem furchterregenden weißen Mantel läßt mich für einen Augenblick erschauern, und sein Gehilfe in einer laubfroschgrünen Uniform bereitet mit irgend etwas Weichem, leicht Brennendem die Impfung vor. Der Einstich schmerzt merkwürdigerweise überhaupt nicht – und das war's auch schon.

Dann ein anderes Bild, das sich auf meiner Netzhaut fixiert hat – ich sitze auf der Holzbank eines kleinen Motorbootes, neben mir mein Vater, der meine Hand hält; mir gegenüber mein Großvater, schnaufend und schwer atmend, der dicke Fricke, Gastwirt und Bäkker. Der Motor tuckert. Mir ist etwas ängstlich zumute, denn ringsum ist Wasser, so weit man sehen kann, und das Boot schlingert.

Dann eine Kirmes: Karussells, Honigkuchenbuden, Musik – und viele Menschen. Mutter nimmt mich auf den Arm, sie geht mit mir zu der nahe gelegenen Zigarrenfabrik, in der Vater beschäftigt ist, sie winkt zu einem Fenster hinauf, und er kommt herunter auf die Straße, lacht, fährt mir mit der Hand durch das Haar – und ich staune, denn er hat einen Bleistift hinterm Ohr. Das habe ich noch nie gesehen; es prägt sich ein.

Meine Mutter, die nichts vergaß, was Kinder und Familie betraf, hat mir diese frühen Erlebnisse später bestätigt und erklärt. Der Grünuniformierte, der als dienstbarer Geist des Weißkittels fungierte, war ein Zöllner, früher Sanitätsgefreiter in der kaiserlichen Armee. Das tuckernde Boot fuhr auf das Steinhuder Meer hinaus, das schon damals ein beliebtes Ausflugsziel zwischen Minden und Hannover war, und die Männer hatten sich schon vor der Überfahrt zur Inselfestung Wilhelmstein »mächtig einen geballert«. Und die erste Kirmes, die ich – für einen Augenblick wenigstens – bewußt miterlebte, war der Oeynhausener Zwiebelmarkt, der alljährlich im Oktober auf dem Kaiser-Wilhelm-Platz abgehalten wurde.

Zu dieser Zeit war also schon Krieg. Aber man merkte noch wenig von ihm. Noch herrschte Siegestrunkenheit, obwohl die Marneschlacht bereits verloren war und die Fronten anfingen zu erstarren zum vierjährigen, erschreckend opferreichen Weltkrieg.

Auch als mein Vater kurze Zeit später zu den Fahnen gerufen wurde, wie man damals sagte, war die Stimmung noch zuversichtlich. Ich habe den Abschied noch vor Augen: wie er schwippen, munteren Schritts unseren Blicken entschwand, als sei er auf dem Weg zu einer Festivität. »Keine Sorge«, rief er uns zu, »ich bin bald wieder da.« Ich verstand nicht, warum Mutter weinte und mich fest in die Arme schloß.

Später habe ich es begriffen. Sie war im achten Monat. Im Februar 1915 kamen Zwillinge zur Welt, zwei Mädchen, und obwohl die

Versorgung noch einigermaßen funktionierte, stellten sich bald Schwierigkeiten ein. Milchhändler Büsching, der an der rechten Hand nur zwei Finger hatte, war zwar nicht kleinlich, wenn er vormittags gegen zehn bimmelnd mit seinem zweirädrigen Karren vorfuhr, aber die Milch wurde knapper und knapper, und er mußte rationieren. »Heute gibt's nur einen Liter pro Haushalt«, erklärte er kategorisch, »und auch nur da, wo Kinder im Haus sind.« Wenn ihn die zu kurz gekommenen Frauen dann beschimpften, fuhr er gleichmütig weiter, und das mahlende Geräusch der eisenbeschlagenen Räder und das Scheppern der Milchkannen übertönte ihr Gebelfer.

Meine Erinnerungen mehren sich jetzt, aber sie rücken zusammen, überschneiden und verdichten sich, werden zu lebenden oder stehenden Bildern, die ich nicht mehr im einzelnen datieren kann.

Junge Männer sah man bald nicht mehr. Die Frauen übernahmen ihre Arbeit. Die Briefe trug nun Frau Grewe aus, eine kleine, mütterliche Frau, in einer Art von Uniformjacke, die ihr bis fast an die Knie reichte. Bäuerinnen rollten Handwagen zum Markt, und im Herbst, wenn sie ihre Kartoffeln auslieferten, führten sie die Pferde am Zügel, manchmal auch ein gemächlich dahintrottendes Kuhgespann.

Am stärksten aber hat sich mir das Bild der Arbeiterinnen eingeprägt, die in der Weserhütte – einem Eisenwerk, das nun gänzlich auf Kriegsproduktion umgeschaltet war – die Männer ersetzen mußten. Die »Hütte« lag gleich gegenüber auf der anderen Seite der Straße, und wenn ich auf einen Mauervorsprung kletterte, konnte ich in eine der großen Fabrikhallen blicken. Da sah ich sie dann »Granaten putzen« (so nannten wir ihre Tätigkeit jedenfalls), Hände und Arme bewegten sich maschinenmäßig auf und ab, hin und her, sie hatten kaum Zeit, aufzublicken – obwohl ich mich an eine freundliche, grauhaarige Frau erinnere, die mir gelegentlich zuwinkte, wenn ich meine Nase flach ans Fenster drückte.

Abends auf dem Heimweg, wenn sie ihre Schicht beendet hatten, sangen sie das ›Fledermaus‹-Lied: »Glücklich ist, wer vergißt, was nicht zu ändern ist.« Im blassen Schein der Gaslaterne, die vor unserem Hause brannte, wirkten sie dann selbst wie Fledermäuse: grau, schemenhaft, fast wesenlos.

In den letzten Kriegsjahren wurden in der Weserhütte auch Bagger gebaut mit mächtigen Schaufeln und einer verglasten Fahrerkabine: Schützengrabenbagger, wie es hieß. Die Ungetüme rollten auf klirrenden Gleitketten, und wenn sie mit schrecklichem Gedröhn und Getöse auf der mit blauen Basaltsteinen gepflasterten Straße vorbeirasselten, erzitterten die Wände. Ich bin häufig neben ihnen hergestapft bis zu den Weserwiesen, wo sie probeweise Gräben auswarfen – wenn sie nicht vorher stehenblieben und mühselig repariert werden mußten.

Auch Flugzeuge hatten es mir angetan. Wenn ich Motorengeräusch in der Luft hörte, lief ich aufgeregt in den Garten, zeigte wild gestikulierend auf den Vogel, der da oben flog, und rief: »Flieger, Flieger.«

Einmal habe ich so einen Aeroplan sogar leibhaftig gesehen. Er war auf der Rehmer Insel – die keine Insel war, allenfalls eine Halbinsel, gebildet durch den Zusammenfluß von Werre und Weser – notgelandet, was sich mit Windeseile herumgesprochen und eine Hundertschaft Neugieriger angezogen hatte. Ich war einfach mitgelaufen und konnte den wunderlichen Flugapparat nun aus der Nähe beäugen. Er war beängstigend klein: ein zerbrechliches Gebilde aus Holz, Draht und versteifter Leinwand.

Auch die beiden Insassen sehe ich noch deutlich vor mir. Der Pilot – ein junger Leutnant, wie ich aufschnappte, ohne zu wissen, was darunter zu verstehen sei – saß ein wenig blasiert und gelangweilt am Steuerknüppel, aß Sommerbirnen aus einem kleinen Körbchen, das ihm eine Frau aus Rehme mitgebracht hatte, und blickte ausdauernd auf seinen Mechaniker, der am Motor herumwerkelte.

Es dauerte eine knappe halbe Stunde, bis das Ding wieder flott war. Der Mechaniker warf den Propeller an, der nach etlichen vergeblichen Anläufen aufheulend zu rotieren begann und einen durchsichtigen, schimmernden Kreis beschrieb. Dann hoppelte der sonderbare Vogel auf der Weserwiese einige Male hin und her, nahm einen Anlauf und war wieder in der Luft. Nach einer Ehrenrunde über Kochs Lagerhaus entschwand er unseren Blicken. Wir haben noch wochenlang darüber gesprochen, und ich war sehr stolz, dabeigewesen zu sein.

Das muß im Sommer 1917 gewesen sein. Ich war damals fünf Jahre alt, ein Tütengewicht mit einem akkuraten »Pony«, den Mutter selbst unter Schnitt hielt. Werktags trug ich einen »kratzenden« knallroten Sweater mit blanken Knöpfen, sonntags den obligaten »Kieler Anzug«, im Winter einen gefütterten Manchestermantel, der mir zu dieser Zeit längst zu klein geworden war.

Aber wie gesagt, die Bilder sind zeitlich schwer zu orten. Bilder wie diese ...

Ich sehe mich mit meiner Mutter und einem hochrädrigen Kinderwagen aus weißem Korbgeflecht, in dem die Zwillinge, hübsch herausgeputzt, einander gegenübersitzen, im Kurpark spazierengehen. Freundliche alte Damen bleiben stehen, bewundern die beiden Kleinen und erkundigen sich nach Alter und Befinden. Und Mutter, stolz auf ihre beiden Minimädchen, beide blond mit Ringellocken, wird nicht müde, diese und andere teilnahmsvolle Fragen zu beantworten.

Oder ich gehe mit der Nachbarstochter Lina zu »Hahnen Mühle«, wo es verbilligte Haferflocken zu kaufen gibt. Sie sind noch warm, wenn sie in die mitgebrachten Behälter gefüllt werden, und wir essen davon, was wir eigentlich nicht dürfen. Aber sie schmecken wundervoll und hinterlassen ein wohltuendes Gefühl der Sättigung.

Oder ich stehe mit meinem kleinen gelbroten »Bollerwagen«, den mir der Weihnachtsmann gebracht hat, in einer Schlange bei Kohlenhändler Kappmeier in klirrender Kälte. Mutter hat mich allein gelassen, weil sie nach Hause mußte, die Zwillinge zu versorgen. Ich stehe als zehnter oder zwölfter in der Schlange und friere erbärmlich. Und nach einer Stunde bin ich noch immer keinen Meter vorgerückt. Denn die Erwachsenen, die »Großen«, wie sie genannt wurden, nehmen von meiner Winzigkeit keine Notiz, allenfalls sagen sie: »Du hast ja Zeit zum Warten.« Und ich stehe auf der Stelle, zähneklappernd und zitternd, mit eiskalten Füßen, und mein Wagen bleibt leer, und Kappmeiers knapp bemessener Kohlevorrat wird immer kleiner.

Genauere Umrisse gewinnen erst wieder die Wochen, in denen Vater »auf Urlaub« war, ich nehme an: im Herbst 1917.

Er kam nachts. Wir hörten es klingeln. Mutter riß das Fenster zur Straße auf, sah ihn dort unten im Schein der Gaslaterne stehen, schwer bepackt, ich sprang die Treppe hinab und stürzte ihm entgegen. Bis zum Morgengrauen saßen wir dann in der gaslichthellen Küche, und ich hörte ihn erzählen, stundenlang. Ich weiß nicht mehr, was alles er sich von der strapazierten Seele redete, aber seine Worte waren grimmig, ich hatte derart Schreckliches nie gehört.

Ich habe noch im Ohr, wie er mit wilder Entschlossenheit ankündigte, daß er stehlen gehen werde, wenn Frau und Kinder nichts mehr zu essen hätten; und daß Mutter sagte: »Und wenn sie dich dann einsperren ...« Aber er blieb dabei. »In Notzeiten«, brach es aus ihm heraus, »gelten andere Gesetze, gelten die Gesetze des Krieges auch zu Hause.« Punkt und Schluß.

Die dann folgenden Wochen waren anders als sonst. Ich durfte bei meinem Vater auf dem Schoß sitzen, er las mir Märchen vor, er baute mir einen Drachen, der allerdings die fatale Neigung hatte, wie ein Stein vom Himmel zu fallen, wenn er eine gewisse Höhe erreicht hatte. Ich stiefelte mit seinen verbeulten nägelbeschlagenen Knobelbechern auf der Straße herum und kam mir mächtig erwachsen vor.

Manchmal war ich allerdings auch eifersüchtig. Ich hatte das Gefühl, daß er mir etwas wegnahm (ohne zu wissen, was), ich bockte dann, tat so, als sei er ein Fremder, ein Störenfried. Einmal, daran erinnere ich mich genau, trat ich nach ihm, und Mutter nahm mich nachher ins Gebet und sagte, das dürfte ich nie wieder tun, Vater sei ganz traurig über meine Widerborstigkeit.

Und dann verschwand er wieder, und es war alles wie vorher. Der Krieg hatte uns wieder im Griff mit all seinen Sorgen und Nöten, der winterlichen Kälte und dem Kampf ums tägliche Brot und die tägliche Milch für die Zwillinge. Gelegentlich fehlte es sogar an Kartoffeln,

*Links:* Die Eltern von Rudolf Pörtner in ihrer Verlobungszeit 1904/1905. *Rechts:* Die Mutter Dora Pörtner mit ihren 1915 geborenen Zwillingen Dora und Wilma.

wir lebten dann von Steckrüben: von Steckrübensuppe, Steckrübengemüse, Steckrübenmarmelade. Steckrübensirup galt als Kostbarkeit und wurde nur in kleinen Rationen zugeteilt.

Schon damals kam es vor, daß Mutter von weit zurückliegenden Friedensjahren zu erzählen begann, von einer Zeit, da es genug zu essen gab, die Kohlen ins Haus gebracht wurden und die Väter zu Hause waren, sich ums Geldverdienen und den Garten kümmerten und ein Machtwort sprachen, wenn die Kinder über die Stränge schlugen.

Später, in den Jahren nach dem Krieg, die ebenfalls von Meister Schmalhans diktiert waren, habe ich dann noch viel von der »guten alten Zeit« gehört, und je mehr ich davon aufnahm, um so mehr setzte sich in mir die Vorstellung fest, daß es eine wunderbare Zeit gewesen war, in der Moral und Ordnung herrschten, das Böse geziemend bestraft wurde, das Wort Mangel ein Fremdwort und der Alltag des Kaiserreiches eine unablässige Folge von Jubelfeiern, Festen und Paraden war.

Wie sehr Erinnerung dazu neigt, zu verklären und zu schönen, ist mir später klargeworden. Das Bild vom Kaiserreich, sozusagen mit der Muttermilch aufgenommen, hat diesen Ernüchterungsprozeß jedoch unbeschadet überstanden.

Das Dorf, aus dem meine Eltern kamen, war ursprünglich ein sehr armes Dorf. Es war so arm, daß man von »Herrgotts Löhne« sprach, »wo das Brotmesser vor der Kirchentür hängt« – denn es gab derart wenig zu essen, daß die tausend Seelen, die es um die Mitte des vorigen Jahrhunderts gezählt haben mag, angeblich mit einem einzigen Brotmesser auskamen.

Aber dann wurde der armselige Flecken Eisenbahnknotenpunkt, und mit der Bahn kam nicht nur Arbeit, sondern auch Geld ins Land – ein bißchen sogar der Ruch der Ferne. Als sich dann auch die Zigarrenindustrie, angezogen von billigen Arbeitskräften, in der Region ansiedelte, mehrten sich die Zeichen beginnenden, wenn auch sehr bescheidenen Wohlstandes. Die zweirädrigen Handkarren, mit denen die Familienväter einmal in der Woche ihre in Heimarbeit entstandenen Nikotinspargel abliefern fuhren, gehörten seitdem zum Bild des Dorfes.

In der Nähe des großen Bahnhofs, der aus unerfindlichen Gründen etwa zweieinhalb Kilometer außerhalb des Ortes gebaut wurde, bekundeten eine Düngerfabrik, kurz Knochenmühle genannt, ein aufwendiges Postgebäude und das »Hotel zur guten Hoffnung« den neuen zukunftsträchtigen Geist. Hier in der Nähe des Bahnhofs entstand sogar eine herrschaftliche Villa, eine richtige Villa aus teuren weißen Ziegeln, mit Freitreppe, Turm und vielen Balkonen – und einem weitläufigen Park, für dessen Pflege eigens ein Gärtner angestellt wurde.

Schließlich sorgten auch die von unternehmungsfreudigen Tischlern gegründeten zahlreichen »Möbelbuden« dafür, daß die Brotmesserlegende langsam, aber sicher außer Kraft gesetzt wurde.

Der dörfliche Charakter des Ortes (man sprach in der Tat von Löhne-Ort und Löhne-Bahnhof) blieb aber gewahrt – und die Kirche Zentrum des Dorfes: topographisch, geistig, moralisch, um nicht zu sagen: disziplinarisch. Hier waltete nämlich ein Pastor seines Amtes, der zu den minden-ravensbergischen »Erweckern« zählte und mehr Seelenfeldwebel als Seelenschäfer war, streng und gerecht, vor allem aber streng.

Zweimal am Sonntag, vormittags und nachmittags, hielt er mit nasaler Stimme seine gefürchteten Predigten, in denen er gegen Sozialisten und Egalmacher wetterte, den Verfall der Sitten beklagte, Tanzböden und Karussells der Hölle und dem Teufel zuschrieb und die Sünder der Gemeinde öffentlich zu Umkehr, Reue und Buße aufrief.

Auch in der pastoralen Praxis scheute er nicht vor drastischen Belehrungen zurück. Einer Kleinbauerntochter, die offenbar einen allzu lockeren Umgang mit den jungen Burschen des Dorfes pflog, ließ er die Finger der rechten Hand über dem Zylinder seiner Petroleumlampe so lange schmoren, bis sie gleichsam geröstet waren. »So, du Verirrte«, sprach er dazu mit seiner sonoren Nasentrompeterstimme, »so wird dein Leib einst in der Hölle glühen, wenn du von deinem sündigen Wandel nicht ablässest.«

Die Erfolge seiner Seelenwalkerei waren allerdings bescheiden. Die Sozialdemokraten erhielten von Wahl zu Wahl mehr Stimmen, in den Wirtshäusern – eines davon gehörte meinem Großvater – wurde maßlos getrunken, gekartet und geflucht, und daß die Töchter des Dorfes sich in »Vorliebe« übten und es dann meist schrecklich eilig hatten, unter die Haube zu kommen, hat er ebenfalls nicht abstellen können. Die Bauernsöhne heirateten ohnehin erst, wenn verläßliche Zeichen erkennen ließen, daß mit baldigem Nachwuchs zu rechnen war.

Neben dem protestantischen Erwecker waren die beiden Lehrer die Respektpersonen im Dorfe, vor allem natürlich der Hauptlehrer, der die vier oberen Jahrgänge der zweiklassigen Zwergschule unterrichtete, während ein meist jüngerer Bildungsadept den unteren Klassen das Abc, das Einmaleins und das Vaterunser beibrachte.

Der Hauptlehrer gehörte wie der Pastor zum Stammpersonal der Gemeinde. Ihm stand ein eigenes Wohnhaus zur Verfügung nebst umzäuntem Garten, in dem die Ehefrau Blumen, Gemüse und Frühkartoffeln anbaute. Er selbst bewirtschaftete einige Morgen Ackerland mit Hilfe der Bauern, die ihm die Arbeit des Pflügens abnahmen. Die »Colone« hatten auch die ungeschriebene Verpflichtung, die Schulmeisterfamilie in gewissen Abständen zum sonntäglichen Essen einzuladen und mit Wurst und Schinken zu versorgen. Zum Ausgleich dafür bestimmte in der Schule die Größe der Höfe (und sicherlich auch der schweinernen Subsidien) den Platz der Bauernkinder. Die Sitzordnung nach schulischen Leistungen war noch nicht erfunden.

Auf der Ebene des Dorfes repräsentierten Lehrer und Pastor zugleich die staatliche Autorität zusammen mit dem Dorfvorsteher, der seine Aufgaben allerdings ehrenamtlich, allenfalls gegen ein geringes Entgelt versah. Auf der nächsthöheren Ebene vertrat ein Amtmann die Obrigkeit als Herr von fünf Dörfern, die zu einem Amtsbezirk zusammengeschlossen waren, im übrigen aber ein Eigenleben führten nach Brauch und Art der Väter und dem, »was sich gehörte«.

Der Amtmann kam daher mit einem Minimum an Verwaltung aus. Er beschäftigte einen einzigen »Schruiwer«, der in gestelzter Schönschrift, die Abwärtsstriche mit feinziseliertem »Druck«, die notwendige Korrespondenz versah und seines Dienstherrn Anordnungen zu Papier brachte. Dazu kam ein Amtsgendarm, dem für die Ausübung seiner Pflichten ein behördliches Fahrrad zur Verfügung stand. Dienstfahrzeug des Amtmannes war eine amtseigene einspännige

Kutsche; das dazugehörige Pferd mußte allerdings von einem Bauern ausgeliehen werden.

Der Amtmann kannte sich in seinen fünf Dörfern wie in seiner Westentasche aus, und seine Autorität war nahezu unbegrenzt. Einmal verurteilte er einen Kleinbauern, der sich im Zustand der Volltrunkenheit ungebührlich aufgeführt hatte, zu drei Tagen Arrest, bei Wasser und Brot hinter dem eigenen Ofen abzusitzen. Und der Verurteilte gehorchte ihm aufs Wort.

Solche Geschichten konnten Vater und Mutter zu Dutzenden aus dem Ärmel schütteln. Das lag sicher auch daran, daß jegliches Ereignis im Dorf mit Ausdauer und Leidenschaft durchgehechelt wurde. Nachrichten von draußen drangen in die umfriedete Welt nur spärlich ein. Am ehesten kannten sich noch die Sozialdemokraten dank der in Bielefeld erscheinenden ›Volkswacht‹ im Land und ein wenig auch in der Politik aus. Die Bauern lasen ein in Herford erscheinendes konservatives kaisertreues Blättchen, aber auch das nur im Winter. Pünktlich zum 1. April jeden Jahres bestellten sie »die Zeitung« ab, denn in den Sommermonaten hatten sie ohnehin keine Zeit zum Lesen.

Das Dorf stillte seinen Nachrichtenhunger also sozusagen selbst, und so war es ganz natürlich, daß die Gespräche, die die Männer an den Theken führten oder die Frauen beim Spinnen, bei der Gartenarbeit oder beim sonntäglichen Kirchgang, bevorzugt den Sonderlingen, Käuzen und Außenseitern galten.

Einer von ihnen war der »Galoppmeier«, der in einem Heuerlingshaus auf dem Hof meiner Großmutter lebte: ein armer Teufel und Tagtotschläger, der nur arbeitete, wenn es sich nicht vermeiden ließ, harmlos und geistig minderbemittelt, aber immer darauf bedacht, durch dumme Streiche von sich reden zu machen. Als Narr und Einfaltspinsel vom Dienst scheint er dem Dorf unerschöpflichen Gesprächsstoff geliefert zu haben. Vater konnte stundenlang von seinen Torheiten und Possen erzählen. Die folgende Geschichte hatte es ihm besonders angetan:

Galoppmeier war auf eine etwas ungewöhnliche Art an eine Frau geraten. Die Ehehälfte, mit der er sein Strohlager teilte, war Magd bei einem Bauern gewesen. Der hatte sie beschlafen und geschwängert, so daß sich eines Tages die Notwendigkeit ergab, sie unverzüglich an den Mann zu bringen. Galoppmeier übernahm die Aufgabe, das gefallene »Luid« wieder ehrbar zu machen, ohne zu zögern. Immerhin trug ihm die Heirat außer einem einmaligen Handgeld die Zahlung monatlicher Alimente ein, die seinem armseligen Hausstand zugute kamen. Das hinderte ihn nicht, die derart erworbene bessere Hälfte öffentlich zu schmähen, wenn er gerade im Streit mit ihr lag. War er betrunken, pflegte er lauthals hinauszuposaunen, daß er eine »Keoh mit 'n Kalw« gekauft habe.

Als das »Kalw« schon Konfirmandin war, starb der Bauer, und seine Witwe beschloß, die leidige Angelegenheit aus der Welt zu bringen, und bot dem überraschten Ziehvater als Abschlußzahlung »hundert Thaler auf die Hand«. Die rechtliche Prozedur fand im Amtsgericht in Bad Oeynhausen statt. Das heißt: Galoppmeier unterzeichnete, soweit er dazu fähig war, ein Dokument, und die Bäuerin zählte ihm dreißig goldene Zehnmarkstücke auf den Tisch: eine unfaßbare Summe. Galoppmeier kam sich vor wie Hans im Glück. Und so verhielt er sich auch ...

Am Bahnhof des Rheumabades mietete er einen Rollstuhl mitsamt dem dazugehörigen »Wolkenschieber«, dem er das erste der dreißig Goldstücke in die Hand drückte, ließ sich in eine Wolldecke wickeln und gab Order, ihn nach Löhne zu fahren: eine Strecke von immerhin acht Kilometern. Ein zweites Goldstück zerschmolz in einem Feinkostgeschäft, wo er Schokolade, Bonbons und andere Köstlichkeiten erstand, dazu einen Korb voll Apfelsinen, die damals noch eine Rarität waren.

Den nächsten Aufenthalt legte er vor einem »Badehaus VIII« genannten Wirtshaus in der Wilhelmstraße ein. Ohne seinen Rheumatikerkarren zu verlassen, ließ er sich »einen Korn und ein Bier« kredenzen, lud auch seinen Schieber und einige Passanten zum Umtrunk ein und rollte dann weiter zur nächsten Kneipe, wo er die nächste Runde »warf«, ebenfalls ohne seinen fahrbaren Untersatz zu verlassen. Und so ging es weiter von Wirtshaus zu Wirtshaus, von Krug zu Krug – und es gab mindestens ein Dutzend Restaurierungsstationen an der geschotterten Landstraße nach Löhne-Ort.

Inzwischen hatte die alkoholselige Prozession einen ganzen Schweif von Mitläufern gebildet. Auch Kinder folgten ihr in Scharen, und sie alle wurden mit Süßigkeiten, Orangen und Brauselimonade, dazumalen »Sissy« genannt, traktiert. Spätestens an der sechsten Kneipe fühlte sich der kleine ziegenbärtige Galoppmeier im siebenten Himmel der Trunkenheit. Nach wie vor aber weigerte er sich hartnäckig, sein wackliges Gefährt zu verlassen, selbst das vom unmäßigen Bierkonsum stimulierte Pinkeln besorgte er vom Wagen aus.

Als er mit seinem grölenden Gefolge das »Hotel zur guten Hoffnung« erreichte, sang er die ›Wacht am Rhein‹, kurz darauf im Bahnhofswartesaal, wo er sich bis vor die Theke rollen ließ, brachte er ein Hoch auf »Es Em« aus, allerdings nur noch lallend und sabbernd, denn da war er bereits »voll wie eine Haubitze«. Die restlichen zweieinhalb Kilometer zwischen Bahnhof und Ort lag er dann wirklich wie krank in seinem Krankenwagen. Das hinderte ihn nicht, mit seiner fröhlichen Kumpanei auch vorm »Gasthof zur Alten Post« noch einmal vor Anker zu gehen ...

Schuster Schewe, der gleich nebenan wohnte und seinen Galoppmeier kannte, nutzte die Gelegenheit, ihm unter dem Vorwand dringenden Geldbedarfs den Rest der Barschaft abzunehmen. Es waren noch genau elf Goldstücke und einiges Kleingeld. Die lieferte er mitsamt dem nicht mehr ansprechbaren Ehegatten bei Galoppmeiers Hausfrau ab ... So waren ihr von dem »Kalb«, das sie mit in die Ehe gebracht hatte, immerhin noch hundertzehn Mark geblieben.

Das waren so die Begebenheiten, über die man im Dorfe sprach, mehr als über den Lauf der Welt. Wenn ich Vater oder seinen Schwager Heinrich, gelegentlich auch Besucher wie besagten Schuster oder Fräulein Römermann, eine Tochter des Löhner Hauptlehrers und ebenfalls im Schuldienst tätig, vom alten Löhne erzählen hörte, gewann ich die Vorstellung, daß seine Einwohnerschaft aus lauter Toren, Tölpeln und Querköpfen bestanden hatte. Der Staat war zwar präsent, er hatte auch in jedem Fall das letzte Wort, aber er gewährte seinen Untertanen so viel Freiraum, daß jeder nach seiner Fasson selig werden konnte wie schon beim »Alten Fritz«.

So lebten sie ein Leben, das weitgehend frei von Vorschriften und bürokratischem Reglement war, ein sozusagen unverwaltetes Leben, in dem Tradition mehr galt als Paragraphen.

Dennoch – oder gerade deswegen – muß es ein veranstaltungsfreudiges, festesfrohes Dasein gewesen sein. Einer seiner Kristallisationskerne war ein intensives Vereinsleben. Die jungen Leute waren im Turnverein und trafen sich einmal in der Woche zu körperlicher Ertüchtigung, wozu nach getaner Arbeit ein mannhafter Umtrunk gehörte. Schießen und Strammstehen lernte man im Schützenverein. Wenn man »gedient« hatte, trat man dem Kriegerverein bei. Wer eine musikalische Ader hatte, schloß sich einem Gesangverein oder der kirchlichen Bläservereinigung an, dem Posaunenkorps, wie man im Minden-Ravensbergischen sagte. Hühner- und Taubenzüchter organisierten sich in Geflügelzuchtvereinen. Die Sozialdemokraten hatten ihren politischen Ortsverein, ihre Gewerkschaften und den Arbeiter-Radfahrerklub »Solidarität«, dessen Mitglieder grüne Mützen mit einem roten Stern trugen, bei sonntäglichen Gemeinschaftsausfahrten weiße Sportkleidung wie die Turner.

Und alle diese Zusammenschlüsse begingen ihre Feste, meist sommerliche Zeltfeste mit Karussells, Schiffschaukeln und Schießbuden, Wurst- und Honigkuchenbuden, und feierten lärmende Tanzlustbarkeiten, bei denen man zeigte, daß man einen Marsch von einem Walzer, einen Rheinländer von einem Schieber unterscheiden konnte, und die »Jungens« aus dem Nachbardorf verprügelte, wenn sie allzu offensichtlich ein Auge auf die Schönen des eigenen Dorfes geworfen hatten.

Meine Eltern wußten von solchen Festen ausgiebig zu erzählen, auch von hochgestimmten Ausflügen zur »Porta« oder zum »Hermann«, wo man den großen Denkmälern der nahen und fernen Vergangenheit respektvoll seine Reverenz erwies, ehe man zum vaterländischen Umtrunk überging. Zweimal hatten sie auch eine Kaiservisite miterlebt, einmal in Minden, das andere Mal in Bielefeld. Hier wie dort hatte es außer patriotischen Feiertagsreden und pompösen Empfängen militärische Paraden gegeben. Den obersten Kriegsherrn hatten sie allerdings nur aus der Ferne erblickt. Trotzdem waren sie innerlich gestärkt und gleichsam moralisch aufgerüstet heimgekehrt. Solche Erzählungen haben lange in mir weitergewirkt. Noch als Zwölfjähriger bin ich in meiner Heimatstadt häufig zur Farne-Villa gepilgert, einer monströsen roten Backsteinvilla mit Türmen und Erkern, und habe andächtig zu dem Balkon hinaufgeblickt, von dem »Es Em« einmal eine Rede gehalten hatte, eine seiner vielen törichten Reden, in denen er gegen Sozialdemokraten und streikende Arbeiter wetterte.

Auch an dem schönen Bürgerhaus neben der Bad-Apotheke bin ich immer wieder stehengeblieben und habe respektvoll die schwarze Marmortafel betrachtet, auf der in goldenen Buchstaben der sinnige Vers zu lesen war: »Dieses Haus steht in Gottes Hand, das Kaiserhaus wird es genannt.« Eines Tages, als ich zum x-ten Male zu der Tafel hinaufschaute, tippte mir einer der vielen Altobristen, die in Oeynhausen ihre Pension verzehrten, auf die Schulter und sagte: »Dort hat ›Es Em‹ einmal Quartier bezogen.«

Wie gesagt, später ist mir klargeworden, daß die Erzählungen meiner Eltern sehr stark von jugendlicher Erlebnisfreude geprägt waren. Ihre Erinnerung schönte und verklärte eine Zeit, die durchaus nicht nur auf der Sonnenseite des Daseins angesiedelt war, ja, die den Keim des Untergangs bereits in sich trug. Damals in den zwanziger Jahren, wenn von ihr erzählt wurde, erschien sie mir als die gute alte Zeit, und ich wunderte mich darüber, daß sie ein so jämmerliches Ende gefunden hatte.

Dieses Ende ist mir heute noch gegenwärtig einschließlich der Vorboten, die es ankündigten. Das Essen wurde immer knapper und karger. Die Gefallenenanzeigen im ›Anzeiger und Tageblatt‹ nahmen manchmal eine ganze Seite ein. Im Winter froren wir erbärmlich. Mutter mußte ihren kupfernen Waschkessel abliefern und war fortan gezwungen, ihre Waschtage in der ohnehin nur sechs Quadratmeter großen Küche abzuhalten. Wenn das Gas streikte, saßen wir bei Petroleumlicht am Tisch. Und Onkel Adolf, Mutters Bruder, mußte bei einem Besuch in der Mindener Straße sein kaputtes Bein auf einen Stuhl legen, es war vergipst und geschient. Kurze Zeit später, nach seiner Wiederherstellung, wurde er als vermißt gemeldet, und er ist nie zurückgekommen. Am 2. Januar 1918 starb meine Schwester Do-

Der etwa vierjährige Rudolf Pörtner mit seiner Cousine Lisbeth.

ra, noch nicht drei Jahre alt, an einer Lungenentzündung, entkräftet und unterernährt.

Im April 1918 wurde ich eingeschult, und am 2. September dieses Jahres dekorierte mich Mutter mit einer breiten schwarzweißroten Schärpe. In der Schule fiel der Unterricht aus. Von Fräulein Giese, der ersten, sehr strengen und etwas säuerlichen Lehrerin, erfuhren die sechsjährigen Abc-Rekruten, daß Sedantag sei – und welche Bewandtnis es damit habe. Ich habe ihre Ausführungen allerdings gründlich mißverstanden. Daß die Franzosen und ihr Kaiser in einer Festung eingeschlossen waren, verstand ich gerade noch, aber daß sie sich dann alle übergeben mußten, blieb mir rätselhaft. Mutter lachte aus vollem Herzen, als ich ihr die abstruse Geschichte erzählte.

Zwei Monate später war dann endgültig Schluß. Ich war gerade »auf der Falscheide«, als die Nachricht von Kaisers Abdankung kam. Und ich weiß noch, wie der alte Fricke, mein Großvater, der in der Backstube immer sein mehr als dreißig Jahre altes Militärkäppi trug, Tränen wie Quellwasser weinte. »Nun ist alles vorbei«, würgte er mit schmerzerstickter Stimme. Meine Großmutter, die eine sehr nüchterne Frau war, versuchte, ihn zu beruhigen. »Es geht auch ohne den Kaiser«, sagte sie, »Hauptsache, der Krieg ist zu Ende.«

Der Zusammenbruch hat noch mancherlei Erinnerungsspuren bei mir hinterlassen. Ich sah heimkehrende Soldaten, meist ziemlich heruntergekommen, hohlwangig, schmutzig und von Grauen gezeichnet, aber alle froh, den Krieg überstanden zu haben. Zahlreiche militärische Einheiten zogen an unserem Haus vorüber Richtung Garnison, geordnet und noch immer diszipliniert.

Einmal heulten in der Weserhütte die Sirenen, und die bereits heimgekehrten Männer versammelten sich mit ihren Schießprügeln, die sie noch nicht abgegeben hatten, um das Werk gegen Revolutionäre zu verteidigen. Wirklich wehte auf dem Bahnhof von Bad Oeynhausen etliche Tage eine rote Fahne. Mutter pilgerte extra in die Stadt, um sie mir zu zeigen. Aber ich war enttäuscht. Die Fahne war nicht mehr als ein dreieckiger Wimpel, und auch der hing schlaff und unbewegt, gewissermaßen freudlos von der Stange herab.

Aber alle diese Bilder verblassen neben der Szene im Hause meines Großvaters im Laden neben der »Poststube«. Noch heute habe ich den alten Fricke vor Augen, schluchzend und um Fassung ringend. »Natürlich geht's auch ohne den Kaiser«, höre ich ihn mühsam hervorbringen, »aber wie's war, wird's nie wieder werden.«

## Bildquellennachweis

Seite 17: Archiv für Kunst und Geschichte, Berlin; Seite 22: Foto Blau, Bonn; Seite 128: Schafgans DGPh, Bonn; Seite 171: Doris Demant, Baden-Baden; Seite 177: Bassouls; Seite 188: Foto Feil, Hinterzarten; Seite 200: Camillo Fischer, Bonn; Seite 235: Ullstein Bilderdienst/Inge Kundel-Saro, Berlin; Seite 246: Nürnberger Nachrichten/Herbert Voll, Nürnberg; Seite 254: Sabine Toepffer, München; Seite 265: ZDF/Renate Schäfer, Mainz; Seite 279: Isolde Ohlbaum, München; Seite 307: Andreas Laible, Hamburg; Seite 316: dpa/Bajzat; Seite 323: Richard Schulze-Vorberg, Bonn; Seite 336: Vinxel-Foto Brigitte Seelbach, Königswinter.

Alle übrigen Fotos stammen aus dem Privatbesitz der Autoren.